基礎
英語長文
問題精講

3訂版

中原道喜 著

下永裕基 補訂

旺文社

JN041777

別冊

基礎
英語長文
問題精講

3訂版

中原道喜 著
下永裕基 補訂

旺文社

目次

PART I

PART II

PART III

＊設問は入試で出題されたものと，新たに作成したものがあります。

＊すべての解答・解説・訳は旺文社が独自に作成しました。

次の英文を読み，あとの設問に答えなさい。

1 Foreigners often praise the Japanese (**1**) their honesty and kindness. English newspapers in Japan frequently carry letters to the editor, recounting* how objects lost in trains and public places are returned by Japanese individuals.

2 I have personally experienced such honesty and kindness twice. Once I left a valuable document in a taxi. Within twenty-four hours (2) it was in my hands once again. On another occasion, I lost my wallet in a train. It, too, was returned promptly, (3) and nothing was missing. (4) Such cases are not overlooked by grateful foreigners. One would never think of putting one's briefcase in the overhead rack in an American or European train. (5) It might be gone in minutes.

3 Japanese going abroad should be careful not to neglect their possessions for even a short while. (6) Several of my Japanese friends have had their valuables [*steal*] abroad, (7) to their great inconvenience. Japanese embassies* often handle such cases of (**8**). When checking in at an airport, for example, one must (9) never leave a briefcase out of sight. One should carry one's valuables at all times.

4 The Japanese are not so honest, however, in paying taxes on land and income. Each year, the newspapers are filled with statistics giving the number of doctors, dentists, and landowners attempting to (10) evade taxes. This, however, can be said (**11**) Westerners as well. No one likes paying taxes!

語注：recount「を詳しく述べる」 embassy「大使館」

1 （ **1** ）に入る最も適切な前置詞を答えなさい。

2 下線部（**2**）を次のように言い換えた場合，空所に入る最も適切な1語を本文中から抜き出して答えなさい。

it was (   ) to me

4

A
R
T
I

1

3 下線部（**3**）を次のように言い換えた場合，空所に入る最も適切な1語を答えなさい。

（　　　　）nothing missing

4 下線部（**4**）を Such の指す内容を明確にして日本語に訳しなさい。

5 下線部（**5**）の意味に最も近いものを次の**A**〜**D**から選び，記号で答えなさい。
   A．The briefcase might be found in minutes.
   B．The briefcase might be missing in minutes.
   C．The train might be out of sight in minutes.
   D．The train might start in minutes.

6 下線部（**6**）の〔　〕内の語を文脈に即した正しい形にして答えなさい。

7 下線部（**7**）の意味に最も近いものを次の**A**〜**D**から選び，記号で答えなさい。
   A．and it put them to great inconvenience
   B．because they were greatly inconvenienced
   C．even if they had great inconvenience
   D．though it caused great inconvenience to them

8 （　**8**　）に入る最も適切な語を次の**A**〜**D**から選び，記号で答えなさい。
   A．grief　　**B**．justice　　**C**．theft　　**D**．threat

9 下線部（**9**）の意味に最も近いものを次の**A**〜**D**から選び，記号で答えなさい。
   A．keep an eye on one's briefcase
   B．leave one's briefcase behind
   C．never give up on finding one's lost briefcase
   D．stop worrying about one's briefcase left out of sight

10 下線部（**10**）の意味に最も近いものを次の**A**〜**D**から選び，記号で答えなさい。
   A．accept　　**B**．adjust　　**C**．apply　　**D**．avoid

11 （　**11**　）に入る最も適切な語を次の**A**〜**D**から選び，記号で答えなさい。
   A．by　　**B**．in　　**C**．of　　**D**．to

次の英文を読み，あとの設問に答えなさい。

1 Reading is an endless opportunity, an ever-open door to ever-greater mental growth. (1)Practically all the wisdom of the world is in books. No one can ever read all the good books that have been written, (2)but the more one reads, [　　　　　] one is in true and useful wisdom.

2 (3)No matter how busy you may think you are, you must find time for reading now, or you must (4)surrender yourself to self-chosen ignorance.

3 Never (5)force yourself to read a book that you do not enjoy. (6)There are so many good books in the world that it is foolish to waste time on one that does not give you pleasure and profit (unless reading it is a requirement to pass an examination, or something like that). If you have chosen a book in good faith and have found it unsatisfactory after a fair trial, put it back on the shelf and devote your time instead (7) reading something else that will (8)bear you richer fruit.

4 However, if you find yourself bored by a book that many well-informed people regard as important and readable, be fair with yourself and confess that perhaps the shortcoming is not in the book but in you. (9)Often a book which now (i) (ii) will (iii) easy to (iv) and fascinating to read when you are more (v) intellectually. Sometimes young people, or those who read little, are puzzled or bored by certain great books because they lack the background and the maturity of mind necessary to meet the author of the book on his own intellectual level. But (10)this difficulty will correct itself, provided you go on reading and growing mentally.

1 下線部 (1) を日本語に訳しなさい。

2 下線部 (2) が正しく成立するように，空所 [　　　] に rich という語を基にした表現を入れなさい。なお，必要があれば rich を語形変化させてもよい。

3 下線部（**3**）を次のように書き改めた場合，（ **i** ）および（ **ii** ）に入る適切な語をそれぞれ1語で答えなさい。

　　（ **i** ）（ **ii** ）you may think you are,

4 下線部（**4**）の意味に最も近いものを次の**A**〜**D**から選び，記号で答えなさい。

　　A．compare　　**B**．give over　　**C**．help　　**D**．owe

5 下線部（**5**）の意味に最も近い語を次の**A**〜**D**から選び，記号で答えなさい。

　　A．allow　　**B**．compel　　**C**．entitle　　**D**．permit

6 下線部（**6**）を日本語に訳しなさい。

7 （ **7** ）に入る最も適切な語を次の**A**〜**D**から選び，記号で答えなさい。

　　A．for　　**B**．of　　**C**．to　　**D**．with

8 下線部（**8**）に最も近い意味で bear が用いられた文を次の**A**〜**D**から選び，記号で答えなさい。

　　A．Honestly speaking, I can't _bear_ the noise any longer.

　　B．The angel said to Abraham, "Your wife will _bear_ you a child."

　　C．You should _bear_ in mind that silence is gold.

　　D．Who wants to _bear_ such a heavy bag to the airport?

9 下線部（**9**）が正しく成立するように，（ **i** ）〜（ **v** ）に入るものをそれぞれ次の**A**〜**E**から選び，記号で答えなさい。

　　A．dull or difficult　　**B**．grasp　　**C**．mature　　**D**．prove　　**E**．seems

10 下線部（**10**）の内容の説明として最も適切なものを次の**A**〜**D**から選び，記号で答えなさい。

　　A．the difficulty for you to find the possible errors in the book you read

　　B．the difficulty for you to meet in private the author of the book you read

　　C．the difficulty in appreciating great books due to your immaturity

　　D．the difficulty in finding a book suitable to your needs

次の英文を読み，あとの設問に答えなさい。

1　Looking neither right nor left, her bag flapping against her back, Totto-chan ran all the way home from the station. (1)Anyone seeing her would have thought something terrible had happened. She had started running as (　**2**　) as she was out of the school gate.

2　(3)Once home, she opened the front door and called out, "I'm back!" and went to look for Rocky. He was lying on the porch, cooling off, (4)with his belly flat against the floor. Totto-chan didn't say a word. She sat down in front of Rocky, took her bag off her back, and took out a report card. It was her very first report card. She opened it so Rocky could clearly see her (5)marks.

3　"Look!" she said proudly. There were A's and B's and other characters. Naturally, Totto-chan didn't know yet whether A was better than B or whether B was better than A, so it would have been (　**6**　) harder for Rocky to know. But Totto-chan wanted to show her very first report card to Rocky before anyone else, and she was sure Rocky would be delighted.

4　When Rocky saw the paper in front of his face, he sniffed it, then gazed up at Totto-chan.

5　"(　**7**　), aren't you?" said Totto-chan. "But it's full of difficult words so you probably can't read all of it."

6　Rocky tilted his head as if he was having another good look at the card. Then he licked Totto-chan's hand.

7　"Good," she said with satisfaction, getting up. "Now (8)I'll [and / go / it / Mother / show / to]." After Totto-chan had gone, Rocky got up and (9)found himself a cooler spot. Then he let himself down again slowly, and closed his eyes. It wasn't only Totto-chan who would have said that the way his eyes were closed it really seemed as if he was thinking about that report card.

1 下線部（**1**）を日本語に訳しなさい。

2 （　**2**　）に入る最も適切な1語を答えなさい。

3 下線部（**3**）と同じ用法の once を含む文を次の A ～ D から選び，記号で答えなさい。
- **A.** My brother has stopped smoking *once* and for all.
- **B.** *Once* in a while, she visited us and enjoyed talking.
- **C.** The boy grew terrified and cried *once* left alone.
- **D.** The princess was known for being at *once* clever and beautiful.

4 下線部（**4**）と同じ用法の with を含む文を次の A ～ D から選び，記号で答えなさい。
- **A.** All day long he stayed at home *with* the door closed.
- **B.** There's something wrong *with* my car.
- **C.** I have no pen to write *with*.
- **D.** We played tennis *with* Jane and Sue in the afternoon.

5 下線部（**5**）の意味に最も近いものを次の A ～ D から選び，記号で答えなさい。
- **A.** school achievements
- **B.** scratches on the skin
- **C.** secret codes between the two
- **D.** shooting targets

6 （　**6**　）に入る最も適切な語を次の A ～ D から選び，記号で答えなさい。
- **A.** any　**B.** even　**C.** scarcely　**D.** while

7 （　**7**　）に入る最も適切なものを次の A ～ D から選び，記号で答えなさい。
- **A.** Are you impressive
- **B.** Did you impress me
- **C.** You impress me
- **D.** You're impressed

8 下線部（**8**）の〔　　　　〕内の語を並べ替えて，正しい英文にしなさい。

9 下線部（**9**）の意味に最も近いものを次の A ～ D から選び，記号で答えなさい。
- **A.** found something more attractive than the report card
- **B.** found somewhere more comfortable for himself
- **C.** found that he himself was more composed than before
- **D.** found that he had a better-looking pattern on his side

次の英文を読み，あとの設問に答えなさい。

1 Waiting patiently is hard to do, even for grown-ups. We develop patience, or at least learn to hide our impatience, because we know that it is socially unacceptable (1)to do otherwise. For small children, waiting is especially difficult. They don't care yet about what others think, so they express their impatience openly. In addition, (2)their (i)( )(ii)( ) makes it difficult for them to gauge how (iii)( )(iv)( ) to wait for something. "How much longer?" "Can we go now?" "Are we there yet?" "When is it time?" These are questions that (3)reveal how difficult it is for small children not only to wait, but even to understand the general framework of time passing.

2 Everyday life provides an abundance of opportunities to teach our children how to wait patiently. "I'm hungry!" a child cries impatiently. As we're preparing his food, we can explain to him that the pasta needs to be cooked, the vegetables need to be cut, the orange must be peeled first. "I want an ice cube!" another child demands. By showing her the ice tray and explaining that it takes time for the water to freeze, we help her understand why she has to wait, and give her a science lesson at the same time. We can listen when our children express their impatience, and let them know we understand how hard it can be to wait, while explaining that some things take time, and that we need to learn to be patient (4)while (i)( )(ii) ( ) (iii)( ).

3 It's hard for them to wait for the good things in their lives, too. For children, holidays are major events that they look forward to, and (5)they seem to take forever to come! However, their anticipation of the event can be used to help them learn a great deal about the passage of time, and the meaning of a day, a week, a month. We can help them enjoy the waiting period and learn from it, too. Studying the calendar will help them begin to understand how time is represented graphically, and will give them a rudimentary* awareness of the relative length of units of time.

語注：rudimentary「初歩的な，基本的な」

1 下線部（**1**）の具体的な意味として最も適切なものを次の**A**～**D**から選び，記号で答えなさい。

　A．not to accept those who hide their impatience

　B．not to know it is something socially unacceptable

　C．to show our impatience openly　　**D**．to wait all the time patiently

2 下線部（**2**）が次に示す意味になるように，下の**A**～**H**に示す語を各空所に入れるとき，（　**i**　）～（　**iv**　）に入るものの記号を答えなさい。

「彼らは時間についての認識に限界があるため，何かについてどれだけ待つ必要があるのかを判断するのが難しくなる」

　A．comprehension　　**B**．have　　**C**．limited　　**D**．long　　**E**．of

　F．they　　**G**．time　　**H**．will

3 下線部（**3**）の意味に最も近いものを次の**A**～**D**から選び，記号で答えなさい。

　A．conceal　　**B**．deny　　**C**．refer to　　**D**．show

4 下線部（**4**）が「必要な手順を踏んでいる間は」という意味になるように，次の**A**～**G**から１つずつ選んで各空所に入れるとき，（　**i**　）～（　**iii**　）に入るものの記号を答えなさい。なお，選択肢には使用しないものが１つ含まれている。

　A．are　　**B**．been　　**C**．being　　**D**．necessary　　**E**．steps

　F．taken　　**G**．the

5 下線部（**5**）が指すものを本文中から１語で抜き出して答えなさい。

6 本文の内容と一致するものを次の**A**～**F**から１つ選び，記号で答えなさい。

　A．Waiting with patience seems no more difficult for grown-ups than for small children.

　B．All we can do for children who cannot wait patiently is tell them the importance of keeping quiet while waiting.

　C．We can make various situations of our daily life as good chances for children to learn how to be patient when waiting.

　D．Telling the children the reason why they have to wait can make them even more impatient.

　E．Children can show a lot of patience when waiting for something very nice.

　F．The graphical representation of time in a calendar will provide a good occasion to offer children a science lesson.

11

次の英文を読み，あとの設問に答えなさい。

1 The position of women in American society is sometimes misunderstood by (**1**) from other countries.

2 What people believe the duties of men and women to be (**2**) from one country to another. The role of women in American culture is difficult to understand unless one has grown up in American society. Women play an important part in American life outside the home at the same time that they are the homemakers. They (3)compete with men in every field of employment. Today one-third of all jobs in the United States are held by women, and their work ranges all the way from (4)menial tasks to the professions.

3 (5)Important as women's role in business and community life is in America, most women (6)see themselves primarily as homemakers. More often than not, a woman's job outside the home is simply a means of earning a living until she is married or (**7**) supplementing the family income after marriage so that she can buy things for the house and the family that would not be possible on her husband's salary alone. Since a large proportion of women in America now attend a college or university, another reason for them to work might be because they want to satisfy interests they have developed as a result of their study, or because (8)there is a need in the community in which they live for their services in the area in which they are trained. (9)In spite of a job, however, most married women regard their homes and families as their primary concern.

1 （ **1** ）に入る最も適切なものを次のA～Dから選び，記号で答えなさい。
　A. it　　B. that　　C. the one　　D. those

2 （ **2** ）に入る最も適切な語を次のA～Dから選び，記号で答えなさい。
　A. differed　　B. difference　　C. different　　D. differs

12

3 下線部（**3**）の意味に最も近いものを次の**A**〜**D**から選び，記号で答えなさい。

　A．advance　　**B**．contend against　　**C**．cooperate with　　**D**．follow

4 下線部（**4**）の意味に最も近い語を次の**A**〜**D**から選び，記号で答えなさい。

　A．educational　　**B**．nursing　　**C**．unskilled　　**D**．well-paid

5 下線部（**5**）の意味に最も近いものを次の**A**〜**D**から選び，記号で答えなさい。

　A．Although women's role in business and community life is important in America

　B．If women's role in business and community life is important in America

　C．Since women's role in business and community life is important in America

　D．Unless women's role in business and community life is important in America

6 下線部（**6**）の see と同じ意味で用いられている 1 語を本文中から抜き出しなさい。

7 （　**7**　）に入る最も適切な 1 語を答えなさい。

8 下線部（**8**）を日本語に訳しなさい。

9 下線部（**9**）の意味に最も近いものを次の**A**〜**D**から選び，記号で答えなさい。

　A．Although their jobs are well-paid　　**B**．Even if they are employed

　C．However much they earn　　**D**．Unless they are fired

10 本文の内容に最もよく合致するものを次の**A**〜**D**から選び，記号で答えなさい。

　A．Women play an important role in American life because they are proud of being primarily the homemakers.

　B．Today in the United States men hold twice as many jobs as women.

　C．Most of the US women are active in the field of education these days.

　D．The increased percentage of women enrolling in colleges and universities has caused the unemployment rate for men to go up in America.

次の英文を読み，あとの設問に答えなさい。

1 When you are stressed out or homesick, it's very important that you stay on campus. If you go home each time you start to struggle you will never learn how to work through the difficulties you are experiencing. Another plus of staying on campus through tough times is that you'll find more opportunities to get involved in college life. Joining a campus organization gives you a chance to meet new people and contribute to a (**1**). Some organizations and clubs can also provide comforting connections to your old life. For example, if you sang in a choir at home consider joining a college choir or *a cappella* group. If you worked on your high school newspaper or yearbook*, join the same group at college. Don't be afraid to try new things as well. You could learn to play rugby or water polo*, or join a political organization. (2)Any [   ] off your troubles and introduce you to new activities and friends.

2 Physical exercise, whether it is achieved through playing a sport or working out at a gym, can also cause stress to dissipate*. Exercise keeps your body strong and energized, which can help you manage the rigors* of a college lifestyle. (3)It's also a reason to leave your room and interact with lots of new people. (4)If you're having trouble motivating yourself remember that the hardest part of exercising is getting started. Once you've established a routine, you will see the benefits right away. Force yourself to leave your room and follow a regular exercise schedule. You should also consider group exercise opportunities, such as intramural athletics* and jogging partnerships. (5)A healthy body [   ] a healthy mind.

語注：yearbook「卒業アルバム」 water polo「水球」 dissipate「消える」 rigor「苦しさ」
intramural athletics「学内の運動競技」

1 （　**1**　）に入る最も適切な語を次の**A**〜**D**から選び，記号で答えなさい。

A．cause　　B．conflict　　C．distinction　　D．fund

2 下線部（**2**）の主旨が以下に示す通りになるように，空所〔　　　〕を次の**A**〜
Gの語をすべて用いて満たすとき，その正しい順序を記号で示しなさい。

「どんな活動でもキャンパスでそれらにかかわることで悩み事はなくなるであろう」

A．campus　　B．involvement　　C．mind　　D．on　　E．take
F．your　　G．will

3 下線部（**3**）の It が指すものを，文中の表現を用いて答えなさい。

4 下線部（**4**）を日本語に訳しなさい。

5 下線部（**5**）の空所〔　　　〕を，次の**A**〜**G**の語をすべて用いて満たすとき，そ
の正しい順序を記号で示しなさい。

A．bring　　B．closer　　C．one　　D．step　　E．to　　F．will
G．you

6 次は本文の要約である。（　**i**　）〜（　**v**　）に入る最も適切な語句をそれぞれ
下の**A**〜**H**から選び，記号で答えなさい。

If you feel too weak to （　**i**　） your college life for some reason, you should
not go back to your parents or （　**ii**　） your room.　Instead, you should
（　**iii**　） campus activities.　It （　**iv**　） whether your involvement is similar
to what you （　**v**　） before, or something totally new.　Taking regular
exercise, together with others if possible, will also help you make your mind
healthy.

A．avoid new people in　　　　　　B．carry on with
C．keep yourself involved in　　　 D．just leave
E．makes no matter　　　　　　　 F．shut yourself up in
G．try to clean up　　　　　　　　 H．were committed to

15

次の英文を読み，あとの設問に答えなさい。

1 How many people have told you that the key to success is to follow your passions? I'd bet it's a lot. Giving that advice to someone who's struggling to figure out what to do with his or her life is easy. However, that advice is actually simplistic and misleading. Don't get me wrong, I'm a huge fan of passions and think it's incredibly important to know what （ **1** ） you. But it certainly isn't enough.

2 Passions are just a starting point. You also need to know your talents and how the world values them. If you're passionate about something but not particularly good at it, then it's going to be pretty frustrating to try to craft a career in that area. Say you love basketball but aren't tall enough to compete, or you're enthralled by* jazz but can't (2)carry a tune. In both cases you can be a terrific *fan*, going to games and concerts, without being a professional.

3 Taking this a step further, perhaps you're passionate about something and are quite talented in the field, but there's no market for those skills. For example, you might be a skilled artist and love to paint, or crave* surfing and can ride any wave. But we all know that the market for these skills is small. (3)Trying to craft a career around such passions is often a recipe for frustration. Think of them instead （ **4** ） wonderful *hobbies*.

4 Alternatively, if you have talent in an area and there's a big market for your skills, then that is a great area to find a *job*. For example, if you are an accomplished accountant, there's always a position for someone who can build a balance sheet. For most people in the world, this is where they live. They have a job that uses their skills, but they （ **5** ） to get home to focus on the activities they love — their hobbies. They count the days until the weekend, until vacation, or until retirement.

5 The worst-case scenario is finding yourself in a position where you have no passion for your work, no skills in the field, and there's no market for what you're doing. (6)<u>Take the classic joke about trying to sell snow to those living in snowy regions. Now imagine doing that if you hate snow and are a terrible salesperson.</u> This is a bad situation all the way around.

6 The sweet spot is where your passions overlap with your skills and the market.

語注：be enthralled by「～に魅了される」 crave「を熱望する」

1 （ 1 ）に入る最も適切な語を次のA～Dから選び，記号で答えなさい。
　A．accompanies　　B．drives　　C．follows　　D．teaches

2 下線部（2）の意味に最も近いものを次のA～Dから選び，記号で答えなさい。
　A．afford a musical instrument
　B．get on well with fellow members
　C．sing on key
　D．transport a heavy instrument

3 下線部（3）の意味に最も近いものを次のA～Dから選び，記号で答えなさい。
　A．An effort you make to connect such passions with your career often helps turn your frustration into inspiration.
　B．Frustration often arises when you try to avoid such passions in building up a career.
　C．If you try to shape your career with such passions, you will often manage frustration properly.
　D．Trying to build your career with a focus on such passions often leads you to frustration.

4 （ 4 ）に入る最も適切な語を次のA～Dから選び，記号で答えなさい。
　A．as　　B．by　　C．of　　D．with

5 （ 5 ）に入る最も適切なものを次のA～Dから選び，記号で答えなさい。
　A．don't need　　B．can't wait　　C．should help　　D．won't move

6 下線部（6）はどのような点で the worst-case scenario の例といえるのか，筆者の主張をふまえて 60 字程度の日本語で説明しなさい。

次の英文を読み，あとの設問に答えなさい。

1　When companies want to $_{(1)}$launch a new product or service, they first conduct a statistical survey of the market. This is important to find out (　**2**　) the new product or service will be accepted by consumers. Random sampling is one statistical method that is widely used in market research. Since it is impossible to collect data from everyone, market research companies divide the (　**3**　) into groups. They consider factors such as age, gender, location, and income level. A certain number of people from each group are interviewed to find out their specific likes and dislikes. People are selected "at random" from telephone directories or subscription lists.

2　However, $_{(4)}$there really is very little that is random about random sampling since market researchers need to carefully consider the kind of consumer group, the number of people to be interviewed, and the questions to be asked. In fact, random sampling is done quite $_{(5)}$deliberately. This is because statistical analysis of the data that is collected is conducted to determine the potential sales of a product or service. An $_{(6)}$accurate statistical analysis of sampling results allows companies to understand the market better. Errors in statistical analysis of sampling results can lead to a company making a large investment in the (　**7**　) product. Such decisions can have $_{(8)}$devastating effects on the future of the company. Statistically wrong information published by a company can also mislead consumers into buying a product. Therefore, $_{(9)}$in order not to lose consumers' trust and to sell a product effectively, companies must conduct a carefully considered "random" sampling.

1　下線部（**1**）の意味に最も近いものを次の**A**〜**D**から選び，記号で答えなさい。

　A．improve the image of　　**B**．make an official survey about

　C．put on the market　　**D**．sell even more of

2 （　2　）に入る最も適切な語を次のA〜Dから選び，記号で答えなさい。
  A．if   B．since   C．though   D．while

3 （　3　）に入る最も適切な語を次のA〜Dから選び，記号で答えなさい。
  A．company   B．population   C．products   D．questions

4　下線部（4）および下線部（9）を日本語に訳しなさい。

5　下線部（5）の意味に最も近い語を次のA〜Dから選び，記号で答えなさい。
  A．at random   B．commercially   C．desperately
  D．purposefully

6　下線部（6）の意味に最も近い語を次のA〜Dから選び，記号で答えなさい。
  A．complicated   B．obscure   C．precise   D．rapid

7　（　7　）に入る最も適切な語を次のA〜Dから選び，記号で答えなさい。
  A．expensive   B．industrial   C．latest   D．wrong

8　下線部（8）と同じ位置にアクセント（強勢）の置かれる語を次のA〜Dから選び，記号で答えなさい。
  A．alternative   B．mathematics   C．necessary   D．politician

9　本文の主題として最も適切なものを次のA〜Dから選び，記号で答えなさい。
  A．Various ways to conduct a statistical survey.
  B．The history of random statistical analysis.
  C．A statistical method commonly used in market research.
  D．The risks of choosing consumers randomly when sampling.

10　本文の内容と一致するものを次のA〜Dから1つ選び，記号で答えなさい。
  A．Sampling surveys require the collection of information from only one kind of consumer group.
  B．How well a product will sell is not determined by market research analysis alone.
  C．Random sampling is the most effective statistical method used in market research surveys.
  D．A good understanding of the potential market is necessary before launching a new product.

次の英文を読み，あとの設問に答えなさい。

1 I earnestly urge all young people contemplating their careers to keep in mind that nothing in work is finally rewarding unless it is work you would be willing to do for (**1**) if you could afford to. This is the ultimate test for lifelong pleasure in a career, of no matter what sort. Money is not the most important thing; fame is passing quickly and uncertain; even status is troublesome and uncomforting after a time. (2)[   ] is satisfaction and occasionally delight in the performance itself.

2 The people I have known who seem to (3)rest most easily within themselves are those who have found, by design or lucky accident, the suitable place made just for them, in whatever field it may be, lofty or (**4**), so long as it gives them a sense of being needed, of being purposeful, and of doing it a little better than most others can.

3 And those who seemed most unhappy, whatever their degree of external success, were the ones to whom the job was a (**5**), not an end, a way of earning a living rather than a way of living. All they can look forward to is retirement, as boring, in a different way, as their jobs are.

4 Do not do what does not please you; it does not (6)pay, (7)no matter [   ]. The pot of gold that appears to be gleaming at the end of the rainbow is less gratifying than the rainbow itself. The best secret for a long and happy life is to be able to approach each new morning with anticipation and zest for the job, whatever it may be.

1 （　1　）に入る最も適切な語を次の**A**〜**E**から選び，記号で答えなさい。

 A．fame **B**．luck **C**．money **D**．nothing **E**．status

2 下線部（**2**）が以下に示す意味になるように，空所〔　　　〕を次の**A**〜**F**の語をすべて用いて満たすとき，その正しい順序を記号で示しなさい。ただし，文頭にくるべき語も語頭を小文字にしてある。

 「最後に残るのは，働くことそのものの満足感と，折にふれて感じる喜びだけなのだ。」

 A．all **B**．at **C**．end **D**．remains **E**．that **F**．the

3 下線部（**3**）の言い換えとして，最も近いものを次の**A**〜**D**から選び，記号で答えなさい。

 A．be most satisfied

 B．leave their friends forever

 C．take more holidays than anybody else

 D．work hardest to win the race

4 （　4　）に入る最も適切な語を次の**A**〜**E**から選び，記号で答えなさい。

 A．addictive **B**．clean **C**．doubtful **D**．humble **E**．precious

5 （　5　）に入る最も適切な語を次の**A**〜**E**から選び，記号で答えなさい。

 A．mean **B**．means **C**．meaning **D**．meaningful **E**．meaningless

6 下線部（**6**）に最も近い用法の pay を含む文を次の**A**〜**D**から選び，記号で答えなさい。

 A．He couldn't make his business *pay* in the end.

 B．How much did you *pay* for that car?

 C．Nobody would *pay* attention to the results.

 D．You'll *pay* for your laziness.

7 下線部（**7**）の空所〔　　　〕を，次の**A**〜**G**の語句をすべて用いて満たすとき，その正しい順序を記号で示しなさい。

 A．attractive **B**．be **C**．how **D**．may **E**．seem

 F．the material rewards **G**．to

次の英文を読み，あとの設問に答えなさい。

1 (1)Alice was beginning to get very tired of sitting by her sister on the bank, and of having nothing to do: once or twice she had peeped into the book her sister was reading, but it had no pictures or conversations in it, "and what is the (**2**) of a book," thought Alice, "without pictures or conversations?"

2 So she was considering in her own mind (as well as she could, (3)[   ] very sleepy and stupid) whether the pleasure of making a daisy-chain would be worth the trouble of getting up and picking the daisies, when suddenly a White Rabbit with pink eyes ran close by her.

3 There was nothing so *very* remarkable in (4A)that; nor did Alice think (4B)it so *very* much (5)out of the way to hear the Rabbit say to itself, "Oh dear! Oh dear! I shall be too late!" (when she thought it over afterwards, it occurred to her that she ought to have wondered at this, but at the time it all seemed quite natural); but, when the Rabbit actually *took a watch out of its waistcoat-pocket*, and looked at it, and then hurried on, Alice (6)started to her feet, for it (7)flashed across her mind that she had never before seen a rabbit with either a waistcoat-pocket, or a watch to take out of it, and burning with curiosity, she ran across the field after (8)it, and was just in time to see it pop down a large rabbit-hole under the hedge.

4 In another moment down went Alice after it, (9)never once considering [   ] get out again.

5 The rabbit-hole went straight on like a tunnel for some way, and then dipped suddenly down, so suddenly that Alice had not a moment to think about stopping herself (**10**) she found herself falling down what seemed to be a very deep well.

1 下線部（**1**）を日本語に訳しなさい。

2 （ **2** ）に入る最も適切な語を次の**A～D**から選び，記号で答えなさい。

A．cover　　B．head　　C．name　　D．use

3 下線部（**3**）が正しく成立するように，空所〔　　　〕を次の**A～G**の語をすべて用いて満たすとき，その順序を記号で示しなさい。

A．day　　B．feel　　C．for　　D．her　　E．hot　　F．made

G．the

4 下線部（**4A**）および（**4B**）が指すものとして最も適切なものを次の**A～G**からそれぞれ選び，記号で答えなさい。

A．the action of hearing the Rabbit saying something to itself

B．the action of the Rabbit taking a watch out of the pocket

C．the fact that Alice thought again later of what had happened

D．the fact that a Rabbit with pink eyes ran close by Alice

E．the fact that the Rabbit had pink eyes

F．whether making daisy-chains would be pleasurable or not

G．whether picking the daisies in the midday heat would be worthwhile

5 下線部（**5**）の意味に最も近いものを次の**A～D**から選び，記号で答えなさい。

A．away from the road　　B．far away　　C．troublesome　　D．unusual

6 下線部（**6**）の意味に最も近いものを次の**A～D**から選び，記号で答えなさい。

A．jumped　　B．looked　　C．remained　　D．went

7 下線部（**7**）の意味に最も近いものを次の**A～D**から選び，記号で答えなさい。

A．burned　　B．shone　　C．came suddenly　　D．dazzled

8 下線部（**8**）の指すものを，英語で示しなさい。

9 下線部（**9**）が以下に示す意味になるように，空所〔　　　〕を次の**A～G**の語をすべて用いて満たすとき，その正しい順序を記号で示しなさい。

「彼女はいったいどうやって再び外に出ることになるかなんて一度も考えずに」

A．how　　B．in　　C．she　　D．the　　E．to　　F．was　　G．world

10 （ **10** ）に入る最も適切な語を次の**A～D**から選び，記号で答えなさい。

A．before　　B．unless　　C．quickly　　D．in time

解答・解説 ● 本冊 p.70

次の英文を読み，あとの設問に答えなさい。

1 To other Europeans, the best known quality of the British, and in particular of the English, is 'reserve'. A reserved person is one who does not talk very much to strangers, does not show much emotion, and (**1**) gets excited. It is difficult to (2)get to know a reserved person: he never tells you anything about himself, and (3)you may work with him for years without ever knowing where he lives, how many children he has, and what his interests are. English people tend to be like that. If they are making a journey by bus, they will do their best to find an empty seat; if by train, an empty compartment*. If they have to share the compartment with a stranger, they may travel many miles without starting a conversation. If a conversation (**4**) start, personal questions like 'How old are you?' or even 'What is your name?' are not easily asked, and (5)it is quite possible for two people to know each other casually for years without ever knowing each other's name. Questions like 'Where did you buy your watch?' or 'What is your salary?' are almost impossible. Similarly, conversation in Britain is in general much more quiet and (6)restrained than, say, in Africa, and loud speech is considered ill-bred.

2 This reluctance to communicate with others is an unfortunate quality in some ways, since it tends to give the impression of coldness, and it is true that the English are (7)not noted for their generosity and hospitality. On the other hand, they are perfectly (**8**) behind their barrier of reserve, and may be quite pleased when a friendly stranger or foreigner succeeds for a time in breaking the barrier down.

3 Closely related to English reserve is English modesty. (9)Within their hearts, the English are perhaps no less conceited* than anybody else, but in their relations with others they value at least a show of modesty.

語注：compartment「列車内の個室，客室」 conceited「うぬぼれた」

1 （ 1 ）に入る最も適切なものを次のA〜Dから選び，記号で答えなさい。

A．as well as　　B．ever　　C．nevertheless　　D．seldom

2 下線部（2）の意味に最も近いものを次のA〜Dから選び，記号で答えなさい。

A．become accustomed to　　B．become acquainted with

C．become engaged to　　D．become wary of

3 下線部（3）を日本語に訳しなさい。

4 （ 4 ）に入る最も適切な語を次のA〜Dから選び，記号で答えなさい。

A．does　　B．is　　C．may　　D．will

5 下線部（5）を日本語に訳しなさい。

6 下線部（6）の意味に最も近い語を次のA〜Dから選び，記号で答えなさい。

A．alert　　B．moderate　　C．private　　D．strict

7 下線部（7）と置き換えて意味の最も変わらないものを次のA〜Dから選び，記号で答えなさい。

A．ill-famed for　　B．infamous for

C．left less conscious of　　D．little known for

8 （ 8 ）に入る最も適切な語を次のA〜Dから選び，記号で答えなさい。

A．human　　B．reserved　　C．strange　　D．surface

9 下線部（9）を日本語に訳しなさい。

10 本文の内容と一致するものを次のA〜Eから2つ選び，記号で答えなさい。

A．A reserved person is one who likes to keep silent about himself, but is inclined to talk about others.

B．English people tend to be communicative, but they rarely ask us personal questions.

C．In Britain, people who speak loudly are considered to be lacking in good manners.

D．English people are not eager to communicate with others, so they may give off the feeling that they are cold and distant.

E．Having an exaggerated opinion of one's own achievements is typically English.

25

次の英文を読み，あとの設問に答えなさい。

1 I have been working for a Japanese cell phone company in Tokyo for the last 15 years. It's a secure job in a major company and I enjoy a relatively high salary (i) my age. I leave home early and it takes about two hours on a crowded train to get to the office. I get Sunday (ii), but on the other days I'm usually in my office till nine o'clock, or even midnight (iii) occasion. But I enjoy seeing the customers excited about our new products and services. Every August I take a six-day summer vacation, usually at my parents' place in Toyama. It's nice to enjoy the space of the countryside after my cramped apartment in the suburbs. However, (1)I spend two days traveling there and back, and then it's straight back to work the next day.

2 Last summer, however, I was able to take 10 days off in August and used the rare chance to take my wife abroad to visit my old friend, Pierre, in Paris. He and I met at university in the US nearly 20 years ago when we were both international exchange students. We shared a love of tennis and soon became good friends, and have stayed (iv) touch. He now works as a supervisor in a post office in eastern Paris.

3 It was lovely to see Pierre again and spend time in the spacious apartment he shares with his wife. I was very surprised to find that they were just back from a month-long summer vacation in southern France and Switzerland. Pierre told us that this is perfectly normal in his job, and that he couldn't believe his ears when I mentioned that my usual vacation is around a week and that I work 12 hours a day, six days a week. His usual workday, he said, was from 9:00 a.m. to 4:00 p.m. He wasn't joking; he was back home by bicycle by 4:20 p.m. every day. He likes his job as (2)the postal service fulfills a vital function in society by connecting people both domestically and internationally. (3)On hearing his story, though, I began to reflect upon my own life and work. Am I working to live, or just living to work?

1 下線部（1）を日本語に訳しなさい。

2 下線部（2）を次のように言い換えたとき，（ **i** ）〜（ **iii** ）に入る適切な語をそれぞれ1語で答えなさい。

the postal service plays a crucial （ **i** ） in people's （ **ii** ） both within or （ **iii** ） the border of the country

3 下線部 (3) の意味に最も近いものを次のA〜Dから選び，記号で答えなさい。

A．Although I had already started thinking about how to enjoy life more, his story was worth listening to.

B．It was not until I heard his story that I made up my mind to find a different job, though.

C．However, what he told me immediately led me to look back on my own lifestyle.

D．Nevertheless, all the while listening to him talk I was about to compare his values with my own.

4 （ **i** ）〜（ **iv** ）に入る最も適切な語を次のA〜Eからそれぞれ選び，記号で答えなさい。ただし，同じ記号を2度以上用いてはならない。また不要な選択肢が1つ含まれている。

A．for　　B．in　　C．off　　D．on　　E．with

5 本文の内容に最もよく合致するものを次のA〜Eから選び，記号で答えなさい。

A．The writer had been vaguely aware that his job was not so worthy even before visiting Pierre in Paris.

B．Pierre could hardly believe that the writer and his wife were living in such a tiny apartment.

C．Pierre told the writer that most workers in France were guaranteed a month-long vacation.

D．Pierre was surprised to find that the length of the writer's usual vacation was almost a fourth of the length of his summer vacation.

E．Pierre goes to work by bike because he doesn't like crowded trains.

次の英文を読み，あとの設問に答えなさい。

1 We often worry about lying awake in the middle of the night — but it could be good for you. (1)A growing body of evidence from both science and history suggests that the eight-hour sleep may be unnatural.

2 In the early 1990s, psychiatrist Thomas Wehr conducted an experiment in which (2)a group of people were plunged into darkness for 14 hours every day for a month. It took some time for their sleep to regulate but by the fourth week the (3)subjects had settled into a very distinct sleeping pattern. They slept first for four hours, then woke for one or two hours before falling into a second four-hour sleep. Though sleep scientists were impressed by the study, among the general public the idea that we must sleep for eight (i) hours persists.

3 In 2001, historian Roger Ekirch of Virginia Tech published a seminal* paper, drawn from 16 years of research, revealing a wealth of historical evidence that humans used to sleep in two distinct chunks*. His book *At Day's Close: Night in Times Past*, published four years later, unearths more than 500 references to a segmented sleeping pattern — in diaries, court records, medical books and literature, from Homer's* *Odyssey* to an anthropological account of modern tribes in Nigeria. Much like the experience of Wehr's subjects, these references describe a first sleep which began about two hours after dusk, followed by a waking period of one or two hours and then a second sleep. "It's not just the number of references — it is the way (4a)they refer to it, as if (4b)it was common knowledge," Ekirch says. During this waking period people were quite active. They often got up, went to the toilet or smoked tobacco and some even visited neighbours. Most people stayed in bed, read, wrote and often prayed. Countless prayer manuals from the late 15th century offered special prayers for the hours in between sleeps.

4 Ekirch found that references to the first and second sleep started to disappear during the late 17th century. ₍₄c₎<u>This</u> started among the urban upper classes in northern Europe and over the course of the next 200 years filtered down to the rest of Western society. By the 1920s the idea of a first and second sleep had receded entirely from our social consciousness. ₍₅₎<u>He attributes the initial shift to improvements in street lighting, domestic lighting and a surge in coffee houses</u> — which were sometimes open all night. As the night became a place for (　ii　) activity and as that activity increased, the length of time people could dedicate to rest dwindled. Strong evidence of this shifting attitude is contained in a medical journal from 1829 which urged parents to force their children out of a pattern of first and second sleep.

5　Today, most people seem to have adapted quite well to the eight-hour sleep, but Ekirch believes many sleeping problems may have roots in the human body's natural preference for segmented sleep as well as the ubiquity* of artificial light.

語注：seminal「独創的で有望な,将来性のある」　chunk「〔切り分けられた〕塊」　Homer's「ホメーロスの（ホメーロスは古代ギリシアの詩人）」　ubiquity「どこにでも存在すること,遍在」

1　下線部（**1**）および下線部（**5**）を日本語に訳しなさい。

2　下線部（**2**）のようなことが行われた理由として考えられる最も適切なものを次のＡ〜Ｄから選び，記号で答えなさい。

A．In order to keep them healthy during the experiment.

B．In order to make their day and night totally reversed before the experiment.

C．In order to make them unable to tell one day from another.

D．In order to tune them to life before gaslights or electric lamps were widespread.

3　下線部（**3**）の意味に最も近い語を次のＡ〜Ｄから選び，記号で答えなさい。

A．citizens　　B．courses　　C．participants　　D．topics

PART II

13

29

4 下線部（**4a**）〜（**4c**）が指す内容をそれぞれ日本語で説明しなさい。

5 （ **i** ）・（ **ii** ）に入る最も適切な語を次の**A**〜**D**からそれぞれ選び, 記号で答えなさい。

　A. alternative　　**B**. consecutive　　**C**. legitimate　　**D**. unsuitable

6 本文の内容に最もよく合致するものを次の**A**〜**D**から選び, 記号で答えなさい。

　A. In Wehr's experiment people were eventually forced to take a 14-hour sleep in a dark place.

　B. In northern Europe people started to divide their sleep into two because caffeine did not allow them to have a good sleep.

　C. In some families, children seem to have not stopped taking their two-phase sleep even in the early 19th century.

　D. As the studies suggest, it could be said, as a whole, that disordered sleep has almost nothing to do with artificial illumination during the night.

次の英文を読み，あとの設問に答えなさい。

1 Scientists believe that humans evolved for millions of years before they learned to use fire about 500,000 to one million years ago.

2 Scientists speculate that lightning started a fire by accident, but humans figured out how to keep it going by appointing somebody keeper of the flame day and night, perhaps the first specialized job. For the first time, (1)humans had a [   ] the environment. It kept night terrors and animals away. It was also (2)sacred, "the only substance which humans can kill and revive (3)at will." The god who controlled lightning was usually the most powerful god in early religions. Most cultures have creation myths of how humans stole or were given fire by the gods and how they were punished and suffered for this (4)divine knowledge. Fire completely transformed food from raw to cooked, which allowed humans to eat (**5**) indigestible foods and made food preservation possible. Control of fire gave humans control of their food supply — a huge (**6**) advantage.

3 Once humans had fire, how did cooking begin? Perhaps by accident, although anthropologists* are still arguing about this. One theory is that an out-of-control fire burned down a hut and accidentally cooked some pigs. (7)People (**i**) in, (**ii**) the cooked meat, and (**iii**) it. Another theory is that a forest fire first roasted meat; still others think that cooking was a more deliberate, controlled act by humans. In any case, now there were more options than raw bar* and tartare*.

4 It was cooking, but was it cuisine? Historian Michael Freeman's definition of cuisine is "a self-conscious tradition of cooking and eating ... with a set of attitudes about food and its place in the life of man." So, cuisine requires not just a style of cooking, but an *awareness* about how the food is prepared and consumed. It must also involve a wide variety of ingredients, more than are locally available, and cooks and diners willing to experiment, which means they are not constricted by tradition. Since early humans were still eating to survive, and had no control over their food supply, (8) cuisine.

語注：anthropologist「人類学者」 raw bar「ロー・バー〔生の鮮魚や貝類を提供するバー〕」 tartare「タルタル〔生の挽き肉料理（タルタルステーキ，ユッケなど）〕」

1 下線部（1）の空所〔 〕を，次のＡ～Ｆの語をすべて用いて満たすとき，その正しい順序を記号で示しなさい。

   Ａ．control   Ｂ．to   Ｃ．tool   Ｄ．tremendous   Ｅ．which

   Ｆ．with

2 下線部（2）の意味に最も近い語を次のＡ～Ｄから選び，記号で答えなさい。

   Ａ．flexible   Ｂ．holy   Ｃ．reusable   Ｄ．terrifying

3 下線部（3）の意味に最も近いものを次のＡ～Ｄから選び，記号で答えなさい。

   Ａ．after death   Ｂ．in spite of themselves

   Ｃ．in the near future   Ｄ．whenever they want

4 下線部（4）の意味に最も近い語を次のＡ～Ｄから選び，記号で答えなさい。

   Ａ．heavenly   Ｂ．inventive   Ｃ．practical   Ｄ．weird

5 （ 5 ）に入る最も適切な語を次のＡ～Ｄから選び，記号で答えなさい。

   Ａ．both   Ｂ．instead   Ｃ．nevertheless   Ｄ．otherwise

6 （ 6 ）に入る最も適切な語を次のＡ～Ｄから選び，記号で答えなさい。

   Ａ．available   Ｂ．creative   Ｃ．religious   Ｄ．survival

7 下線部（7）の（ ⅰ ）～（ ⅲ ）に入る最も適切な語を次のＡ～Ｄからそれぞれ選び，記号で答えなさい。

   Ａ．controlled   Ｂ．liked   Ｃ．tried   Ｄ．wandered

8 （ 8 ）に入る最も適切なものを次のＡ～Ｄから選び，記号で答えなさい。

   Ａ．it might have been   Ｂ．it should be

   Ｃ．it was not   Ｄ．it would no doubt have been

9 本文の内容と一致するものを次のＡ～Ｅから１つ選び，記号で答えなさい。

   Ａ．It is widely believed that early humans made a fire by rubbing sticks together.

   Ｂ．Scientists suppose that some of the early humans actually took the knowledge of fire from another group living nearby.

   Ｃ．A clear consensus about how cooking began does not seem to exist yet.

   Ｄ．According to Michael Freeman, there is no difference worth mentioning between cuisine and cooking.

   Ｅ．Early humans did not just take meals for survival but undoubtedly tried various ways of cooking and eating.

次の英文を読み，あとの設問に答えなさい。

1 The right to water is a vital right because water plays an essential role in the everyday lives and environment of all people, adults and children alike. The right to water includes the right to quality water in sufficient quantity and the right to adequate means of sanitation to prevent diseases and maintain the quality of water resources.

2 Water is an essential daily resource for all people. It is used for (1)direct consumption, for cooking, and for (2)irrigating fields. There are four important principles to guarantee survival and health for all:

· *Water must be available*: this means in sufficient quantity for all personal and domestic uses. The United Nations estimate that each person needs 20 - 50 litres of drinking water per day.

· *Water must be accessible*: water, facilities and adequate services must be accessible within or near homes. (3)Water, facilities, and services must be 〔a / at / affordable / available / cost / is / that〕 for all.

· *Water must be of high quality*: water must be clean, drinkable, and free from all health risks.

· *Water must be stable and reliable*: clean water must be available and accessible under all circumstances (drought, flooding that pollutes water, etc.).

3 Water is essential in children's development process. It is thanks to food and water (4)that a child can grow up healthy. Proportionately, nursing infants and young children have much higher water requirements than adults. (5)Dehydration — an excessive lack of water — in children can cause 〔 *reversible* 〕 harm to their physical and mental development.

4 (6)Having clean water and adequate sanitation facilities in educational establishments plays a 〔education / in / making / right / role / significant / the / to〕 a reality. A child's learning can be significantly impeded* if the school they attend does not have drinking water and clean toilets. Children who drink dirty water and who use dirty and broken sanitation facilities are at great risk of falling ill and, as a result, leaving school. In addition, in developing countries, many girls do not attend school because of the lack of appropriate female-only toilets. Better hygiene in schools has an impact on a major scale: as a result of better hygiene, children have less risk of becoming ill. This means that they (and particularly girls) will attend school more, which leads to greater social development and, ultimately, increased economic development in the country.

語注：impeded = restricted

1 下線部（**1**）とは具体的にどのような意味か，日本語で説明しなさい。

2 下線部（**2**）の意味に最も近いものを次の**A**〜**D**から選び，記号で答えなさい。
  A．enriching our food culture   B．preserving forestry
  C．supplying farm land with water   D．varying areas of industry

3 下線部（**3**）の意味が正しく通るように，〔　　〕内の語を並べ替えなさい。

4 下線部（**4**）に最も近い用法の that を含む文を次の**A**〜**D**から選び，記号で答えなさい。
  A．It was such a cold day *that* the lake froze over.
  B．They are providing important services *that* all of us depend on every day.
  C．Why was it *that* the man started to scream suddenly?
  D．You may take it for granted *that* basic education is free of charge.

5 下線部（**5**）中の〔　　〕内の語を，文脈に最も適切な形に改めなさい。

6 下線部（**6**）の意味が正しく通るように，〔　　〕内の語を並べ替えなさい。

7 本文で述べられていないものを次の **A** 〜 **G** から 1 つ選び，記号で答えなさい。

A．For ensuring all people's survival and health, enough water must be available for both personal and household uses.

B．Even if a flood has polluted water in the area or a drought has caused a water shortage, all people have a right to access safe water.

C．The healthy development of a child requires access to clean water.

D．The water needs of infants and young children are much higher than those of adults.

E．Developing countries depend on international aid for creating the environment for making water supply more stable and reliable.

F．Children may have to drop out of school when they get ill due to the school's poor toilet sanitation.

G．Hygiene improvement in schools will eventually contribute to the economic prosperity of the whole nation.

次の英文を読み，あとの設問に答えなさい。

1 Ludwig van Beethoven is regarded by many as one of the greatest composers of all time. He wrote music of many styles — operas, symphonies, concertos, and chamber music, for example — and was a master of them all. He was born in Bonn, Germany, in 1770 and came from a family of musicians. His father was a singer who also taught violin and keyboard, and his grandfather was a music director. As a result, Beethoven gained remarkable musical skill at a very young age, and many people admired the young genius. (1)Despite this, his focus on his gifts made him seem rude, as he ignored a lot of the rules of polite society.

2 As well as being a very talented musician, therefore, Beethoven was considered a very difficult and proud person. (2)To make things worse, his hearing was bad and he gradually became deafer as he got older. This made him depressed and angry, so the negative parts of his character became even more obvious. He would often shout because he needed others to shout back or he couldn't hear what was being said, which made many people think he was angry with them and was trying to start a fight.

3 For these reasons, Beethoven moved house a lot. In one room he rented in Vienna, he knocked a hole in the wall with a hammer so that he could see the nearby forest, which upset his landlord. Even though his rooms and clothing were usually messy, he used to wash himself all the time and sang loudly while (3)doing so. Visitors found this funny, but people living in the same building apparently hated it. Beethoven would pour buckets of water over himself and this would drip through the floor into their rooms.

4 On the other hand, Beethoven often made brave artistic decisions, such as writing for the piano, an (**4**) choice at the time. He owned several pianos over the years and they often became damaged by his powerful technique, with snapped strings and broken hammers.

(5)Some even [   ]. He used to do this so that he could feel the music through the floor, but it was annoying if his neighbors were beneath him.

5 In his last years, Beethoven's deafness became complete. His health became worse and worse. One day, a couple of years after the performance of his final symphony, he was sick in bed at home. There was a terrible storm. As the thunder boomed loudly, he sat up suddenly, raised his fist and fell back dead. It is fair to say that his life was defined in many ways by his deafness. His last words were, "I shall hear in Heaven."

1 下線部（1）について，this の示す内容が具体的にわかるように，接続詞で始まる英語表現に書き換えなさい。

2 下線部（2）を日本語に訳しなさい。

3 下線部（3）の内容を具体的に日本語で説明しなさい。

4 （ 4 ）に入る最も適切な語を次のA～Dから選び，記号で答えなさい。
　A．anonymous　　B．ethical　　C．indifferent　　D．unusual

5 下線部（5）が文脈上正しく成立するように，空所〔　　　〕を次のA～Eの語をすべて用いて満たすとき，その順序を記号で示しなさい。
　A．cut　　B．had　　C．legs　　D．off　　E．their

6 本文の内容に最もよく合致するものを次のA～Eから選び，記号で答えなさい。
　A．It was his grandfather who raised Beethoven to be a great composer.
　B．Beethoven spoke so loudly and in such a rude way that many people thought they might fall into conflict with him.
　C．People living downstairs were seriously annoyed when Beethoven poured buckets of water over them.
　D．It is said that Beethoven broke some of his pianos with a hammer.
　E．Beethoven was not there when his final symphony was performed on the stage for the first time.

次の英文を読み，あとの設問に答えなさい。

1 It is a common saying that thought is free. A man can never be
(1)hindered from thinking whatever he chooses so long as he conceals
what he thinks. The working of his mind is limited only by the
bounds of his experience and the power of his imagination. But this
natural liberty of private thinking is of little value. It is unsatisfactory
and even painful to the thinker himself, if he is not permitted to
communicate his thoughts to others, and (2)it is obviously of no value
to his neighbours. Moreover it is extremely difficult to hide thoughts
that have any power over the mind. If a man's thinking leads him to
(3)call in question ideas and customs which regulate the behaviour of
those about him, to reject beliefs which they hold, to see better ways
of life than (4)those they follow, it is almost impossible for him, if he is
convinced of the truth of his own reasoning, not to betray by silence,
chance words, or general attitude (5)that he is different from them
and does not share their opinions. Some have preferred, like Socrates,
some would prefer to-day, to face death rather than conceal their
thoughts. Thus freedom of thought, in any valuable sense, includes
freedom of (　**6**　).

2 At present, in the most civilized countries, freedom of speech is
taken as a matter of course and seems a perfectly simple thing. (7)We
are so accustomed to it that we look on it as a natural right. But
this right has been acquired only in quite recent times, and (8)the
way to its attainment has lain through lakes of blood. (9)It has taken
centuries to persuade the most enlightened* peoples that liberty to
publish one's opinions and to discuss all questions is a good thing and
not a bad thing. Human societies (there are some brilliant exceptions)
have been generally (10)opposed to freedom of thought, or, in other
words, to new ideas, and it is easy to see why.

語注：enlightened「開化の進んだ」

1 下線部（**1**）の意味に最も近いものを次の**A**〜**D**から選び，記号で答えなさい。

A．ordered to think
B．prevented from thinking
C．reminded of thinking
D．manipulated into thinking

2 下線部（**2**）の指す内容として最も適切なものを次の**A**〜**D**から選び，記号で答えなさい。

A．a permission to communicate
B．being a thinker
C．liberty of private thinking
D．what he is thinking

3 下線部（**3**）の意味に最も近いものを次の**A**〜**D**から選び，記号で答えなさい。

A．cast doubt upon
B．have a high opinion of
C．invite people to think of
D．take a favorable view of

4 下線部（**4**）の意味に最も近いものを次の**A**〜**D**から選び，記号で答えなさい。

A．the hidden thoughts his neighbours want to hear
B．the leaders that his neighbours obey
C．the people who pursue their own ways of life
D．the ways of life people around him adhere to

5 下線部（**5**）が文脈上つながる部分として，最も近いものを次の**A**〜**D**から選び，記号で答えなさい。

A．it is almost impossible for him
B．the truth of his own reasoning
C．not to betray
D．chance words, or general attitude

6 （　**6**　）に入る最も適切な語を次の**A**〜**D**から選び，記号で答えなさい。

A．conscience　　B．life　　C．secret　　D．speech

7 下線部（**7**）について，2つの it の指す内容を明確にして日本語に訳しなさい。

8 下線部（**8**）を次のように言い換えた場合，（　**i**　）〜（　**iii**　）に入る最も適切な語を答えなさい。

a（　**i**　）of blood has been（　**ii**　）to（　**iii**　）it

9 下線部（**9**）を日本語に訳しなさい。

10 下線部（**10**）の意味に最も近いものを次の**A**〜**D**から選び，記号で答えなさい。

A．against　　B．familiar to　　C．ignorant of　　D．in favor of

次の英文を読み，あとの設問に答えなさい。

1 Japan's education system has gained a reputation overseas as one of the best, if not *the* best, in the world. This reputation (1)rests partly on the high (often very high) scores Japanese schoolchildren attain in international mathematics tests, and on the presumed connection with Japan's economic successes. (2)It is backed up by remarks of specialists impressed by the discipline in Japanese schools, the commitment of mothers and (3)the ability of pupils to absorb masses of facts.

2 That Japanese pupils do well in international written tests is not surprising. (4)To take just such tests is what Japanese pupils are trained for from elementary school to high school. However, if the tests were to evaluate, say, the ability to draw conclusions, to abstract from facts, to organise one's thoughts in an essay, to express oneself in another language or just the ability to ask questions, (5)they would reveal where the Japanese education system is (6)deficient.

3 (7)The aim of Japanese schools could hardly be further removed* from the original meaning of the English word 'education': to bring forth and develop the powers of the mind, rather than merely (8)imparting factual information. Far from sharpening the reasoning ability of its (9)charges, the Japanese education system, on the whole, is (**10**) to such a purpose. Spontaneous reasoning, along with spontaneous behaviour, is systematically suppressed in practically all schools; there is no patience with originality. Pupils are not taught to ask the right questions — indeed to ask any questions at all. Instead, the emphasis is on rote memorisation.

語注：removed = distant

1 下線部（**1**）の意味に最も近いものを次の**A**〜**D**から選び，記号で答えなさい。

A．concentrates　　B．is based　　C．is keen　　D．stays

2 下線部（**2**）の指す内容を本文中から1語で抜き出しなさい。

3 下線部（**3**）を次のように言い換えるとき，空所に入る2語の英語表現を本文中から抜き出して答えなさい。

the pupils' ability to do the （　　　　）

4 下線部（**4**）を日本語に訳しなさい。

5 下線部（**5**）の指す内容を本文中から1語で抜き出しなさい。

6 下線部（**6**）と同じ位置にアクセント（強勢）が置かれる語を次の**A**〜**D**から選び，記号で答えなさい。

A．embarrass　　B．influence　　C．interrupt　　D．politics

7 下線部（**7**）を日本語に訳しなさい。

8 下線部（**8**）の意味に最も近いものを次の**A**〜**D**から選び，記号で答えなさい。

A．covering up　　B．giving　　C．holding　　D．pointing out

9 下線部（**9**）とは何のことか。最も適切なものを次の**A**〜**D**から選び，記号で答えなさい。

A．accusations　　B．expenses　　C．challenges　　D．pupils

10 （　**10**　）に入る最も適切な語を次の**A**〜**D**から選び，記号で答えなさい。

A．favourable　　B．hostile　　C．similar　　D．sufficient

次の英文を読み，あとの設問に答えなさい。

1 (1)Language is so 〔a / much / of / our / part〕 daily activities that some of us may come to (2)look upon it as a more or less automatic and natural act like breathing or winking. Of course, (3)if we give the matter any thought at all, we must realize that there is nothing automatic about language. Children must be taught their native language and the necessary training takes a long time. Language is not something that is inherited; it is an （ 4 ） that can be passed on from one generation to the next only by intensive education.

2 It is difficult to realize the enormously important role that language （ 5 ） in our social behavior. (6)What 〔a / be / like / society without language / would〕? It would of course have no writing or other means of communication by words, for all these are ultimately dependent on spoken speech. Our means of learning would therefore be greatly restricted. (7)We should be obliged, like the animals, to learn by doing or by observing the actions of others. All of history would disappear, (8)（ i ）（ ii ） language there would be no way of re-creating past experiences and communicating them （ iii ） others or （ iv ） sharing in the mental processes of our fellowmen. Indeed, it is very likely that we should not think at all. Many psychologists (9)maintain that thought itself requires the use of language, that (10)the process of thinking is really talking things over with ourselves.

1 下線部（**1**）の意味が正しく通るように，〔　　　〕内の語を並べ替えなさい。

2 下線部（**2**）を１語で言い換えるとき，最も適切な動詞を答えなさい。

3 下線部（**3**）を日本語に訳しなさい。

4 （　**4**　）に入る最も適切な語を次のA～Dから選び，記号で答えなさい。
　A．art　　B．effort　　C．instinct　　D．office

5 （　**5**　）に入る最も適切な１語を答えなさい。

6 下線部（**6**）の意味が正しく通るように，〔　　　〕内の語句を並べ替えなさい。
ただし，society without language は分割せずに使用するものとする。

7 下線部（**7**）を日本語に訳しなさい。

8 下線部（**8**）の（　**i**　）～（　**iv**　）に入る最も適切な語を次のA～Dからそれぞれ選び，記号で答えなさい。
　A．for　　B．of　　C．to　　D．without

9 下線部（**9**）に代えて用いることの<u>できない</u>ものを次のA～Dから選び，記号で答えなさい。
　A．assert　　B．claim　　C．hold　　D．keep

10 下線部（**10**）の意味として最も適切なものを次のA～Dから選び，記号で答えなさい。
　A．ものを考えるということは，さまざまな問題について自分自身と本気で話をすることである。
　B．ものを考えるということは，実は，さまざまなことがらについて自らと対話をすることである。
　C．ものを考えるということは，実は，自分自身といろいろなことに基づいて語り合うことである。
　D．ものを考えるということは，われわれ自身に関する問題について真実を語ることである。

次の英文を読み，あとの設問に答えなさい。

1 ⑴The telephone, television, radio, and the telegraph all [each / communicate / help / other / people / with]. Because of these devices, ideas and news of events spread quickly all over the world. For example, within seconds, people can know the results of an election in Japan or Argentina. An international soccer match comes into the home of everyone with a television set. News of a disaster such as an earthquake or a flood can bring help from distant countries. Within hours, help is (**2**) the way.

2 ⑶How has this speed of communication changed the world? To many people the world has become smaller. Two hundred years ago, communication between the continents took a long time. All news was carried on ships that took weeks or even months to cross the oceans. In the seventeenth and eighteenth centuries, it took six weeks (**4**) news from Europe to reach the Americas. This time difference influenced people's actions. For example, one battle, or fight, in the War of 1812 between England and the United States (**5**). A peace agreement had already been signed. Peace was made in England, but the news of peace took six weeks to reach America. During this six weeks, the large and serious Battle of New Orleans was fought. Many people lost their lives after a peace treaty had been signed. ⑹They [come / died / if / had / have / news / not / would] in time.

3 The spread of communication means that all people of the world have a new responsibility. People in different countries must try harder to understand each other. An example is that people with different religious beliefs must try to understand each other's beliefs and values (**7**) they do not accept them. Sometimes their cultures are quite different. What one group considers a normal part of life is strange to another culture. In some cases, a normal part of one culture might be bad or impolite to the other people. That kind of difference is a possibility for misunderstanding. ⑻People must learn not to judge others, but to accept them as they are. Then understanding between cultures can be better. Misunderstandings can be avoided.

1 下線部（1）が次に示す意味になるように，〔　　　　〕内の語を並べ替えなさい。
「電話，テレビ，ラジオ，電報などはみな，人々が互いに伝達しあうのに役立つ」

2 （　2　）に入る最も適切な語を次のA〜Dから選び，記号で答えなさい。
A．by　　B．in　　C．on　　D．to

3 下線部（3）を日本語に訳しなさい。

4 （　4　）に入る最も適切な1語を答えなさい。

5 （　5　）に入る最も適切なものを次のA〜Dから選び，記号で答えなさい。
A．could avoid
B．could be avoided
C．could have avoided
D．could have been avoided

6 下線部（6）の意味が正しく通るように，〔　　　　〕内の語を並べ替えなさい。

7 （　7　）に入る最も適切なものを次のA〜Dから選び，記号で答えなさい。
A．as though　　B．by the time　　C．even if　　D．unless

8 下線部（8）を日本語に訳しなさい。

9 本文の内容に最もよく合致するものを次のA〜Dから選び，記号で答えなさい。
A．Results from elections such as in Japan or Argentina are often inaccurately spread by various news media at first.
B．People all over the world are unaware of how to help countries in need when there is a disaster.
C．In the 19th century, many soldiers were killed in a war because the peace agreement was not approved quickly enough due to slow communication.
D．Now that communication has become widespread, all people in the world today have to bear a different responsibility than before.

解答・解説 ▶ 本冊 p.143

次の英文を読み，あとの設問に答えなさい。

1 Within the framework of your formal schooling it is important for you to bring an element of (1)inquisitiveness to the classroom. A *desire* to learn makes the act of studying and learning a delight. (2)Too many of your fellow students are too busy complaining about the teachers and *the system* to tend to their studies, which, after all, are the primary reason for being in school. The system has not changed in the thirty years since I was at college and it probably won't alter much over the next thirty years (along with most of the educators). So instead of complaining about it, why not just get on with (3)*beating* "the system"!

2 In the selection of your courses, (4)do not be too eager to pick only those that solely relate to business. (5)A person with a little worldly knowledge is as valuable as he is rare. There are countless subjects to choose from (6)that will give you a wider perspective of this world and make you a better businessman one day — Political Science, History, Geology, Astronomy — to mention (7)but a few.

3 According to the English writer John Dryden, everything in the world is good for something, and I believe that wholeheartedly. I would recommend you take one new subject every year that will give you a wider perspective, a new or different outlook on life. You never know what field of industry you might eventually become involved in or (8) once you're winding your way through those mine fields of the business world.

4 University education is designed to expand your brains, train you to work hard, teach you how to organize your hours and days, meet many people, play sports, chase girls, drink beer, and enjoy life. (Just don't place *too* much emphasis on (9)the last three "subjects" since these somehow seem to get ample share of one's days [and nights] with very little expenditure of hard work or effort.)

1 下線部（**1**）の意味に最も近いものを次のA〜Dから選び，記号で答えなさい。

A．clear purpose of learning　　　B．powerful urge to learn

C．strong leadership in classroom　　D．sufficient breadth of mind

2 下線部（**2**）を日本語に訳しなさい。

3 下線部（**3**）の意味に最も近いものを次のA〜Dから選び，記号で答えなさい。

A．defeating　　B．denying　　C．getting accustomed to　　D．spreading

4 下線部（**4**）を日本語に訳しなさい。

5 下線部（**5**）の意味に最も近いものを次のA〜Dから選び，記号で答えなさい。

A．実社会の知識をいくらかもっている人は，ほんのわずかしかいないと同時に貴重でもある。

B．実社会の知識をほとんどもたない人はほんのわずかであるが，その分だけ貴重でもある。

C．実社会の知識が少しあるという人はほんのわずかであるが，その分だけ貴重でもある。

D．実社会の知識があまりない人は，ほんのわずかしかいないと同時に貴重でもある。

6 下線部（**6**）に最も近い用法の that を含む文を次のA〜Dから選び，記号で答えなさい。

A．All happened in such an instant *that* I had no time to say, "Thank you."

B．As the proverb goes, all is not gold *that* glitters.

C．I don't think my home is *that* different from yours.

D．It was my inconsiderate words *that* hurt my younger brother.

7 下線部（**7**）に最も近い語を本文中から1語で抜き出しなさい。

8 （　**8**　）が以下に示す意味になるように，次のA〜Hの語を並べ替えなさい。

「ちょっとした知識でさえどれほど貴重であるかということ」

A．a　　B．be　　C．even　　D．how　　E．knowledge　　F．little

G．might　　H．valuable

9 下線部（**9**）は具体的に何を表しているか。本文からそのまま抜き出して答えなさい。

10 第3段落において，著者はビジネス社会を何にたとえているか。日本語で説明しなさい。

次の英文を読み，あとの設問に答えなさい。

1 (1)What makes a man a man? Well, I would think the first essential is the realization that everyone owns a *spirit* — a unique, one and one only, individual spirit created *by* oneself *unto* oneself. (2)Only when you comprehend that fact, and that you are in charge of it, and what power it puts at your disposal can you really begin to *do your own thing.* Only then will you not always be waiting for others, walking with others, looking to others for help. You will be looking primarily to (**3**).

2 Many people have an inherent fear of accepting responsibility much (4)akin to the fear of failure. (5)I wish I could remind each such person individually that to (**i**) is no disgrace; not to (**ii**) is disaster. Accepting responsibility is accepting challenge; (6)accepting challenges throws open the [doors / enter / glorious achievements / our / through / which] lives.

3 There are many, many people today — especially among the young — who are unhappy and find little meaning to their lives. Perhaps a lack of *goals* is largely responsible. Without goals, there are no achievements or accomplishments bringing them happiness. For some reason, they fail to (7)tap the potential power of their abilities.

4 (8)Happiness is not something you can create out of nothing or from material objects — even those basics of life surrounding you. Our finest moments of true happiness occur upon the achievement of some goal we have set for ourselves. It might be as simple as cleaning up the backyard or as outstanding as being elected by your fellow human beings to some (9)station in life. Happiness can be helping someone — a friend or, better still, someone you don't know. It is also earning successful marks in school, learning how to drive a car. Happiness is *doing*.

5 (10)Happiness accompanies achievement. Achievement is the product of freely made choices and attitudes, accepted and fulfilled responsibilities, and strong, indomitable* spirits ever willing to *try*.

語注：indomitable「不屈の，負けない」

1 下線部（**1**）の意味に最も近いものを次の**A**〜**D**から選び，記号で答えなさい。

　A. What distinguishes a man from another?

　B. What does a man make to be a man?

　C. What is essential for a man to be a man?

　D. What should a man do to serve another?

2 下線部（**2**）を日本語に訳しなさい。

3 （　**3**　）に入る最も適切な1語を答えなさい。

4 下線部（**4**）の意味に最も近い語を次の**A**〜**D**から選び，記号で答えなさい。

　A. clear　　B. known　　C. opposed　　D. similar

5 下線部（**5**）の（　i　）・（　ii　）に入るものの組み合わせとして最も適切な
ものを次の**A**〜**D**から選び，記号で答えなさい。

　A.（　i　）have failed　　　　　　（　ii　）have tried and failed

　B.（　i　）have tried　　　　　　（　ii　）have failed

　C.（　i　）have tried　　　　　　（　ii　）have tried and failed

　D.（　i　）have tried and failed　　（　ii　）have tried

6 下線部（**6**）の意味が正しく通るように，〔　　　　　〕内の語句を並べ替えなさい。

7 下線部（**7**）の意味に最も近いものを次の**A**〜**D**から選び，記号で答えなさい。

　A. be proud of　　B. curb　　C. knock　　D. make use of

8 下線部（**8**）を日本語に訳しなさい。

9 下線部（**9**）に最も近い意味で station が用いられた文を次の**A**〜**D**から選び，記
号で答えなさい。

　A. All the children knew that there was a fire *station* near the school.

　B. She occupies a highly responsible *station* in her company.

　C. They decided to *station* missiles on the southern coast.

　D. This *station* is known to be one of the biggest terminals in the country.

10 下線部（**10**）の意味に最も近いものを次の**A**〜**D**から選び，記号で答えなさい。

　A. Achievement comes from happiness.

　B. Achievement is another form of happiness.

　C. Happiness follows achievement.

　D. Happiness is equivalent to achievement.

PART II

22

次の英文を読み，あとの設問に答えなさい。

1 In the framework of arbitrary coherence*, the relationships we see in the marketplace between demand and supply (for example, buying more yogurt when it is discounted) are based not on preferences but on memory. Here is an illustration of this idea. Consider your current consumption of milk and wine. Now imagine that two new taxes will be introduced tomorrow. (1)One will cut the price of wine by 50 percent, and the other will increase the price of milk by 100 percent. (2)[　　　　　　] happen? These price changes will surely affect consumption, and many people will walk around slightly happier and with less calcium. But now imagine this. What if the new taxes are accompanied by induced amnesia* for the previous prices of wine and milk? What if the prices change in the same way, but you do not remember what you paid for these two products in the past?

2 I suspect that the price changes would make a huge impact on demand if people remembered the previous prices and noticed the price increases; but (3)I also suspect that without a memory for past prices, these price changes would have a trivial effect, if any, on demand. If people had no memory of past prices, the consumption of milk and wine would remain essentially the same, (　**4**　) the prices had not changed. In other words, the sensitivity we show to price changes might in fact be largely a result of our (　**5**　) for the prices we have paid in the past and our desire for coherence with our past decisions — not at all a reflection of our true preferences or our level of demand.

3 The same basic principle would also apply if the government one day decided to impose a tax that doubled the price of gasoline. Under (　**6**　) economic theory, this should cut demand. But would it? Certainly, people would initially compare the new prices with their anchor*, would be flabbergasted* by the new prices, and so might pull back on their gasoline consumption and maybe even get a hybrid car.

But (7)over the long run, and once consumers readjusted to the new price and new anchors (just as we adjust to the price of Nike sneakers, bottled water, and everything else), (8)our gasoline consumption, at the new price, might in fact [   ]. Moreover, this process of (9)readjustment could be accelerated if the price change were to also be accompanied by other changes, such as a new grade of gas, or a new type of fuel (such as corn-based ethanol fuel).

④ I am not suggesting that doubling the price of gasoline would have no effect on consumers' demand. But I do believe that in the long term, (10)it would have a much smaller influence on [   ] just observing the short-term market reactions to price increases.

語注：arbitrary　coherence「恣意の一貫性〔合理的ではない基準でも，それに基づき行動が一貫していること〕」　amnesia「記憶喪失，忘却」　anchor「よりどころ，頼みの綱」
flabbergast「びっくりさせる」

① 下線部（1）の結果を次のA〜Dから選び，記号で答えなさい。

A. The price of wine will be half while that of milk will be doubled tomorrow.

B. The price of wine will be half tomorrow while that of milk will be the same.

C. The price of wine will be higher by half while that of milk will be doubled tomorrow.

D. The price of wine will be higher by half tomorrow while that of milk will be the same.

② 下線部（2）の空所〔　　　〕に次のA〜Eを正しく並べ替えて入れるとき，その順序を記号で示しなさい。ただし，文頭にくるべき語も語頭を小文字にしてある。

A. do　　B. think　　C. what　　D. will　　E. you

③ 下線部（3）を日本語に訳しなさい。

④ （　4　）に入る最も適切なものを次のA〜Dから選び，記号で答えなさい。

A. as if　　B. because　　C. so that　　D. unless

5 （ **5** ）に入る最も適切な1語を本文中から抜き出して答えなさい。

6 （ **6** ）に入る最も適切な語を次の**A**～**D**から選び，記号で答えなさい。
A．conventional　　**B**．irrelevant　　**C**．latest　　**D**．responsible

7 下線部（**7**）の意味に最も近いものを次の**A**～**D**から選び，記号で答えなさい。
A．after a long-distance drive in their usual gasoline car
B．since gasoline has been sold for so many years
C．taking the difference in the fuel efficiency into account
D．throughout a long period of time

8 下線部（**8**）の空所〔　　〕に入る最も適切なものを次の**A**～**D**から選び，記号で答えなさい。
A．drop sharply due to the increased taxation
B．get close to the pretax level
C．gradually but constantly decrease
D．make a sharp increase in spite of the tax burden

9 下線部（**9**）の意味に最も近いものを次の**A**～**D**から選び，記号で答えなさい。
A．foreseeing the future changes of price
B．getting used to the newly set price
C．swapping the price labels
D．reviewing the taxation system

10 下線部（**10**）の空所〔　　〕に次の**A**～**F**を正しく並べ替えて入れ替えるとき，その順序を記号で示しなさい。
A．assumed　　**B**．be　　**C**．demand　　**D**．from　　**E**．than
F．would

23

次の英文を読み，あとの設問に答えなさい。

1 Whether work should be placed among the causes of happiness or among the causes of unhappiness may perhaps be regarded as a (1)doubtful question. There is certainly much work which is exceedingly irksome*, and an excess of work is always very painful. (2)I think, however, that, provided work is not excessive in amount, even the dullest work is to most people less painful than idleness. There are in work all grades, from mere relief of tedium up to the profoundest delights, according to the (3)nature of the work and the abilities of the worker. Most of the work that people have to do is not in itself interesting, but even such work has certain great advantages. To begin with, it fills a good many hours of the day without the need of deciding what one shall do. (4)Most people, when they are left free to fill their own time according to their own choice, are at a loss to think of anything sufficiently pleasant to be worth doing. And whatever they decide on, they are troubled by the feeling that something else would have been pleasanter. (5)To be able to fill leisure intelligently is the last product of civilization, and at present very few people have reached (6)this level. Moreover, the exercise of choice is in itself tiresome. Except to people with unusual initiative it is positively agreeable to be told what to do at each hour of the day, (7)provided the orders are not too unpleasant. Most of the idle rich suffer unspeakable (8)boredom as the price of their freedom from drudgery*.

2 Work, therefore, is desirable, first and foremost, as a preventive of boredom, (9)for the boredom that a man feels when he is doing necessary though uninteresting work is as nothing in comparison with the boredom that he feels when he has nothing to do with his days. With this advantage of work another is associated, namely that it makes holidays much more delicious when they come. Provided a man does not have to work so hard as to impair his vigour, he is likely to find far more zest in his free time than an (**10**) man could possibly find.

語注：irksome = disagreeable　　　　drudgery = hard, disagreeable work

1　下線部（**1**）の意味に最も近い語を次の**A**〜**D**から選び，記号で答えなさい。

A．undecided　　B．uneducated　　C．unsuitable　　D．unworthy

2　下線部（**2**）を日本語に訳しなさい。

3　下線部（**3**）に最も近い意味の nature を含む文を次の**A**〜**D**から選び，記号で答えなさい。

A．My brother is hard of hearing by *nature*.

B．The Grand Canyon is one of the great wonders of *nature*.

C．These flowers are painted very true to *nature*.

D．This book deals with the problems of a similar *nature*.

4　下線部（**4**）を日本語に訳しなさい。

5　下線部（**5**）の主旨に最も近いものを次の**A**〜**D**から選び，記号で答えなさい。

A．Eventually it is only those living in the most civilized countries who are able to fill their leisure intelligently

B．It will take centuries for civilization to give people the ability to fill leisure intelligently

C．Once civilization has provided people with the ability to fill leisure intelligently, it will stop producing anything more

D．What you can least expect to receive from civilization is the ability to fill your leisure intelligently

6　下線部（**6**）の内容を具体的に日本語で説明しなさい。

7　下線部（**7**）の意味に最も近いものを次の**A**〜**D**から選び，記号で答えなさい。

A．although　　B．as long as　　C．since　　D．unless

8　下線部（**8**）の意味に最も近いものを次の**A**〜**D**から選び，記号で答えなさい。

A．boredom they attain from not having to do any disagreeable work

B．boredom they feel when they voluntarily assume disagreeable duties

C．boredom they endure when disagreeable jobs are imposed on them

D．boredom they invite in order to obtain their liberty to do disagreeable tasks

9　下線部（**9**）を日本語に訳しなさい。

10　（　**10**　）に入る最も適切な1語を本文中から抜き出して答えなさい。

P
A
R
T
Ⅱ

24

次の英文を読み，あとの設問に答えなさい。

1 When possible, the brain makes a behavior into a habit, which saves effort and therefore gives us more capacity to deal with complex, (1)novel, or urgent matters. Habits mean we don't (2)strain ourselves to make decisions, weigh choices, dole out* rewards, or prod ourselves to begin. Life becomes simpler, and many daily hassles* vanish. Because I don't have to think about the multistep process of (**3**), I can think about the logistical problems posed by the radiator leak in my home office.

2 Also, when we're worried or overtaxed, a habit comforts us. Research suggests that people feel more in control and less anxious when engaged in habit behavior. I have a long blue jacket that I wore for two years straight whenever I gave speeches, and now it's quite tired-looking — yet if I feel particularly anxious about some presentation, I still turn (**4**) that well-worn jacket. Surprisingly, stress doesn't necessarily make us likely to indulge in bad habits; when we're anxious or tired, we fall back on our habits, whether bad or good. In one study, students in the habit of eating a healthy breakfast were more likely to eat healthfully during exams, while students in the habit of eating an unhealthy breakfast were more likely to eat unhealthfully. (5)For this reason, it's [all / important / more / the / to shape / to try] habits mindfully, so that when we fall back on them at times of stress, we're following activities that make our situation better, not worse.

3 But habits, even good habits, have drawbacks as well as benefits. Habits speed time, because when every day is the same, experience shortens and blurs*; by contrast, time slows down when habits are interrupted, when the brain must process new information. That's why the first *month* at a new job seems to last longer than the fifth *year* at that job. And, as it speeds time, habit also (6)deadens. An early-morning cup of coffee was delightful the first few times, until it gradually became part of the background of my day; now I don't really taste it, but I'm frantic if I don't get it. Habit makes it dangerously easy to become (7)<u>numb</u> to our own existence.

語注：dole out「～を少しずつ与える」　hassle「面倒なこと」　blur「〔輪郭・記憶などが〕ぼやける」

1 下線部（1）の意味に最も近い語を次のA～Dから選び，記号で答えなさい。

A．dangerous　　B．imaginary　　C．old-fashioned　　D．unusual

2 下線部（2）に最も近い意味でstrainが用いられた文を次のA～Dから選び，記号で答えなさい。

A．My dog likes to *strain* at his leash when walking outside.

B．She needed to *strain* the water to remove the pebbles.

C．There seemed no one willing to *strain* their ears to hear a speaker.

D．You are more likely to *strain* a muscle on a cold day like this.

3 （　3　）に入る最も適切なものを次のA～Dから選び，記号で答えなさい。

A．completing a challenging jigsaw puzzle

B．looking for a bunch of keys which my husband has misplaced

C．putting in my contact lenses

D．writing a report on a newly published book

4 （　4　）に入る最も適切な語を次のA～Dから選び，記号で答えなさい。

A．in　　B．to　　C．over　　D．down

5 下線部（5）が次に示す意味になるように，〔　　　　〕内の語句を並べ替えなさい。
「こうした理由から，思慮深く習慣づくりをしようとすることはなおさら重要だ」

6 下線部（6）の意味に最も近いものを次のA～Dから選び，記号で答えなさい。

A．becomes dull　　　　　B．becomes something irritative

C．reinforces itself　　　　D．stops changing

7 下線部（7）の意味に最も近い語を次のA～Dから選び，記号で答えなさい。

A．anxious　　B．insensitive　　C．nervous　　D．passionate

8 本文の内容に最もよく合致するものを次のA～Dから選び，記号で答えなさい。

A．脳は困難な事態によりよく対処できるよう，習慣化の可能なものは習慣化して，労力を省こうとする。

B．ストレスがたまると人は悪い習慣に傾く傾向があるので，ストレスをため込まない工夫が日常生活に必要である。

C．新入社員でいるうちは新鮮な気持ちにあふれているので1日があっという間に過ぎるが，慣れてくると1日が長く感じられる。

D．筆者は朝早くにコーヒーを飲む習慣があったが，次第にその習慣は遅い時間帯にずれ込んでいった。

次の英文を読み，あとの設問に答えなさい。

1 Nearly three-fourths of Earth's surface is covered with water. Perhaps the most important liquid in the world, water is usually easy to get from rain, springs, wells, streams, rivers, ponds, and lakes. It fills the vast ocean beds. As (**1**), water is also present in the air, where it often condenses into clouds. The bodies of most living things contain a large proportion of water. For example, water makes up about 60 percent of the weight of the human body.

2 Water is necessary for life. A few billion years ago the first forms of life on Earth grew in the sea. Although today many plants and animals are able to live on land, they still need water. This life-sustaining liquid makes up most of the animal blood or plant sap* that nourishes living tissues.

3 Earth's water constantly circulates (2)through the hydrosphere, [　　　　　　　　]. A person taking a drink of water today may be drinking the same water that gave refreshment to humans living thousands of years ago. Although water constantly cycles through the hydrosphere, many areas on Earth have a scarce supply.

4 Earth's water has a profound effect on where and how people live. From farming communities to the smallest villages to large cities, access to water has helped determine human settlement patterns throughout history. Livestock and crops depend upon water. One fully grown corn (maize) plant* uses more than a gallon of water a day. It takes about 800,000 gallons (3,028,300 liters) of water to grow an acre* of cotton. Earth's climate is affected by water. Through erosion* and the scraping action of glaciers, water changes the surface of the land.

5 Although all water is important, it is fresh water that is needed to sustain life. Most of Earth's water — roughly 97.3 percent — is salt water and is found mainly in the oceans. The remaining 2.7 percent of Earth's water is fresh water — however, most of that is frozen in polar ice caps and glaciers or locked up underground as groundwater. Less than 1 percent of Earth's fresh water is surface water, the water available for use by living things.

6 Water's physical properties make it vastly different from most other liquids. Water, for example, has the rare property of being lighter as a solid than as a liquid. If ice (solid water) were heavier than water, frozen water in a lake would sink to the bottom and pile up to the top, killing all the marine life. Water's ability to store great amounts of heat helps living things survive through wide changes in temperature. (3)The amount of heat produced by a man during one day's activity would be enough to raise his body temperature by as much as 300°F * were it not for the water in his tissues.

語注：sap「樹液」 corn (maize) plant「トウモロコシ」 acre「エーカー（面積の単位。1 エーカーは約 4,046.86 平方メートルに相当）」 erosion「（水などによる土地の）浸食」
300°F「華氏 300 度（摂氏 148.9 度に相当）」

1 （ **1** ）に入る最も適切な語を次の **A** ～ **D** から選び，記号で答えなさい。
　A. atmosphere　　**B**. climate　　**C**. fluid　　**D**. vapor

2 下線部（**2**）の空所に入る，hydrosphere の語義説明として最も適切なものを次の **A** ～ **D** から選び，記号で答えなさい。
　A. the climate conditions that lead to rain, sleet, snow, ice pellets and hail
　B. the part of Earth that includes all the liquid water on, just below, and just above the planet's surface
　C. the urban and suburban areas in which the steady supply of domestic and commercial water is guaranteed
　D. the whole water supply system including purification facilities and pipe networks for water distribution

3 下線部（**3**）を日本語に訳しなさい。

4 地球上には液体としての水があふれているのに，人間が生活に活用できる水がわずかであるのはなぜですか。本文に即して日本語で説明しなさい。

5

本文の内容と一致するものを次の**A**〜**E**から2つ選び，記号で答えなさい。

A. About a quarter of the Earth's surface is not covered with the most important liquid in the world.

B. In ancient times, plants and animals on land did not need as much water as they do today.

C. Human beings are the first and only species to live on every place on Earth regardless of the water accessibility.

D. Creatures living in a frozen lake would never be able to survive if ice were heavier than liquid water.

E. The fact that water cannot hold very much heat energy can aid in the survival of living things.

次の英文を読み，あとの設問に答えなさい。

1 How can the capacity for solitude be cultivated? With attention and respectful conversation.

2 Children develop the capacity for solitude (**1**) an attentive other. Consider the silences that fall when you take a young boy on a quiet walk in nature. The child comes to feel increasingly aware of what it is to be alone in nature, supported by being "with" someone who is introducing him to (2)this experience. Gradually, the child takes walks alone. Or imagine a mother giving her two-year-old daughter a bath, allowing the girl's reverie* with her bath toys as she makes up stories and learns to be alone with her thoughts, all the while knowing her mother is present and available to her. Gradually, the bath, taken alone, is a time when the child is comfortable with her imagination. Attachment enables solitude.

3 Paul Tillich* has a beautiful formulation: "Language ... has created the word 'loneliness' to express the pain of being alone. And it has created the word 'solitude' to express the glory of being alone." Loneliness is painful, emotionally and even physically, born from (3)a "want of intimacy" when we need it most, in early childhood. Solitude — the capacity to be contentedly and (**4**) alone — is built from successful human connection at just that time. But if we don't have experience with solitude — and (5)this is often the case today — we start to equate loneliness and solitude. This reflects the impoverishment of our experience. If we don't know the satisfaction of solitude, we only know the panic of loneliness.

4 Recently, I was working on my computer during a train ride from Boston to New York, passing through a snowy Connecticut landscape. (6)I wouldn't have known this but for the fact that I looked up when I walked to the dining car to get a coffee. As I did, I noted that every other adult on the train was staring at a screen. (7)We deny ourselves the benefits of solitude because we see the time it requires as a resource to exploit. Instead of using time alone to think (or not think), we think of filling it with digital connection.

語注：reverie「空想，夢想」　Paul Tillich「パウル・ティリッヒ（米国の哲学者）」

1　（　**1**　）に入る最も適切なものを次の**A**〜**D**から選び，記号で答えなさい。
 A．as well as **B**．in the presence of **C**．regardless of **D**．unlike

2　下線部（**2**）の内容を具体的に日本語で説明しなさい。

3　下線部（**3**）の意味に最も近いものを次の**A**〜**D**から選び，記号で答えなさい。
 A．a desire for independence **B**．a lack of affectionate relationship
 C．a necessity of freedom **D**．an ideal of friendship

4　（　**4**　）に入る最も適切な語を次の**A**〜**D**から選び，記号で答えなさい。
 A．constructively **B**．emotionally **C**．literally **D**．pointlessly

5　下線部（**5**）の表す具体的内容として最も適切なものを次の**A**〜**D**から選び，記号で答えなさい。
 A．a lack of experience with solitude
 B．human connection that is successfully built
 C．that solitude is built from successful human connection in early childhood
 D．that we start to equate loneliness and solitude

6　下線部（**6**）を日本語に訳しなさい。

7　下線部（**7**）の意味に最も近いものを次の**A**〜**D**から選び，記号で答えなさい。
 A．We are completely addicted to the benefits of solitude
 B．We deceive ourselves into believing in the benefits of solitude
 C．We doubt that there are such things as benefits of solitude
 D．We refuse to give the benefits of solitude to ourselves

8　本文の内容と一致するものを次の**A**〜**D**から１つ選び，記号で答えなさい。
 A．静かな大自然の中に少年が自分ひとりで過ごすと，新たな経験を与えてくれる何か大きな存在に出会うことがある。
 B．２歳の女の子でも，夢中になれるものがあれば，母親の助けを借りずにお風呂を楽しむことができる。
 C．ひとりでいることを表現する単語には，そのつらさを表すためのものと，すばらしさを表すためのものとがある。
 D．列車の中で筆者は，乗客のみなが窓の外の雪景色に，まるで映画を見ているかのように魅了される光景に出会った。

PART III
27

次の英文を読み，あとの設問に答えなさい。

1 It is quite possible, even common, to work across cultures for decades and travel frequently for business while remaining unaware and uninformed about how culture impacts you. Millions of people work in global settings while viewing everything from their own cultural perspectives and assuming that all differences, controversy, and misunderstanding are rooted in personality. This is not due to laziness. Many well-intentioned people don't educate themselves about cultural differences because they believe that if they focus on individual differences, that will be (　**1**　).

2 After I published an online article on the differences among Asian cultures and their impact on cross-Asia teamwork, one reader commented, "(2)Speaking of cultural differences leads us to stereotype and therefore put individuals in boxes with 'general traits.' Instead of talking about culture, it is important to judge people as individuals, not just products of their environment."

3 At first, this argument sounds valid, even enlightened. Of course individuals, no matter their cultural origins, have varied personality traits. So why not just approach all people with an interest in getting to know them personally, and proceed from there? Unfortunately, this point of view has (　**3**　) thousands of people from learning what they need to know to meet their objectives. If you go into every interaction assuming that culture doesn't matter, your default mechanism will be to view others through your own cultural lens and to judge or misjudge them accordingly. Ignore culture, (　**4**　) you can't help but conclude, "Chen doesn't speak up — obviously he doesn't have anything to say! His lack of preparation is ruining this training program!" Or perhaps, "Jake told me everything was great in our performance review, when really he was unhappy with my work — he is a sneaky, dishonest, incompetent boss!"

4 Yes, every individual is different. And yes, when you work with people from other cultures, you shouldn't make assumptions about individual traits based on where a person comes from. But this doesn't mean learning about cultural contexts is unnecessary. If your business success relies on your ability to work successfully with people from around the world, you need to (5)have an appreciation for cultural differences as well as respect for individual differences. Both are essential.

5 As if this complexity weren't enough, cultural and individual differences are often wrapped up with differences among organizations, industries, professions, and other groups. But even in the most complex situations, understanding how cultural differences affect the mix may help you discover a new approach. Cultural patterns of behavior and belief frequently impact our perceptions (what we see), cognitions (what we think), and actions (what we do).

1 （ 1 ）に入る最も適切な語を次のＡ〜Ｄから選び，記号で答えなさい。
  Ａ．wrong　　Ｂ．enough　　Ｃ．difficult　　Ｄ．real

2 下線部（2）の意味に最も近いものを次のＡ〜Ｄから選び，記号で答えなさい。
  Ａ．When you pay no attention to cultural differences, you are likely to stereotype people and classify different groups into the same category.
  Ｂ．When you consider cultural differences, you can't avoid thinking in terms of stereotypes and putting the same label on different individuals.
  Ｃ．Unless you ignore cultural differences, you will be able to benefit from cross-cultural perspectives.
  Ｄ．Unless you attach importance to cultural differences, you will make the mistake of evaluating people too generally.

3 （ 3 ）に入る最も適切な語を次のＡ〜Ｄから選び，記号で答えなさい。
  Ａ．helped　　Ｂ．kept　　Ｃ．let　　Ｄ．put

4 （ 4 ）に入る最も適切な語を次のＡ〜Ｄから選び，記号で答えなさい。
  Ａ．and　　Ｂ．if　　Ｃ．or　　Ｄ．though

5 下線部（**5**）の意味に最も近いものを次の**A**〜**D**から選び，記号で答えなさい。

A. acknowledge cultural differences rather than valuing individual differences

B. respect individual differences instead of emphasizing cultural differences

C. understand cultural differences while recognizing individual differences

D. choose either cultural differences or individual differences

6 著者の主張と最もよく合致するものを次の**A**〜**D**から選び，記号で答えなさい。

A. Understanding other cultures sometimes gives rise to serious friction, which may lead to misunderstandings in human interactions.

B. Some misunderstandings in cross-cultural communication are the result of too much interest in other cultures.

C. Understanding cultural contexts is important, but it is much more important to treat people as unique individuals.

D. Even in the most complicated environments, comprehending cultural influences may help you work with people from different cultural and social backgrounds.

次の英文を読み，あとの設問に答えなさい。

1 Literature allows writers to share their ideas and visions with their readers. (1)Their work is not complete until someone has read it and responded to it.

2 As readers, we too have something to say. At the very least, we have opinions about the work itself, but we also may have other ideas to express. Perhaps we are (2)moved to compare this story with others, or perhaps it has given us some new ideas that we want to explore further. Sometimes we share our ideas directly with others in face-to-face discussions. At other times, we become writers in order to communicate our thoughts and opinions.

3 The first part of writing about literature, therefore, is (**3**). This step is perhaps the most vital part of the process, because we need to know not only what we think but why we think as we do. Which of our thoughts come from the work itself? Which have been inspired by it? Which come from (4)our predispositions and preconceptions about literature?

4 We enjoy stories for many reasons. Some are (5)intrinsic to the story itself: language artfully used, characters we believe in and care about, actions that carry significant messages for us or give us new insight into ourselves and our society. (Whether the story provides that insight by answering questions for us or by urging us into asking our own questions does not matter here. What *does* matter is that the impetus for question or answer comes from within the story itself.) Other causes of enjoyment are external, coming not from the artistry of the story, but from the fact that the story fits our (6)current notions of what a story should be like or calls forth some pleasant personal memories. In short, the external factors in our response to a story come from things we already think or feel. Intrinsic factors come from the writer's craftsmanship and art.

5 When we read for pleasure alone, we need not care where our pleasure comes from. (7) When we study literature, however, we want to concentrate on the intrinsic qualities of the works we read, for they can teach us most about the craft and the workings of literature. (8) It is a story's intrinsic qualities, therefore, and our response to them, that we want to write about when we write about literature.

1 下線部（**1**）を日本語に訳しなさい。

2 下線部（**2**）の意味に最も近い語を次のA〜Dから選び，記号で答えなさい。
　A．driven　　B．embarrassed　　C．relocated　　D．switched

3 （ 3 ）に入る最も適切なものを次のA〜Dから選び，記号で答えなさい。
　A．observing people around us　　B．reading it just for pleasure
　C．sharing ideas face to face　　D．thinking about it

4 下線部（**4**）の具体例として最も適切でないものを次のA〜Dから選び，記号で答えなさい。
　A．our likes and dislikes concerning literature
　B．our totally renewed impressions as a result of analytical reading
　C．the degree to which each of us tends to interpret literature symbolically
　D．the reputation for the work which we hear in advance

5 下線部（**5**）の対義語を本文中から1語で抜き出して答えなさい。

6 下線部（**6**）の意味に最も近い語を次のA〜Dから選び，記号で答えなさい。
　A．changeable　　B．essential　　C．present　　D．straightforward

7 （ 7 ）に入る最も適切なものを次のA〜Dから選び，記号で答えなさい。
　A．Any appeal a story may have will be welcome.
　B．Now is the time we should rediscover the utility of reading books.
　C．Pleasure is the only thing that literature can give us readers.
　D．Reading literature that way will be of little value.

8 下線部（**8**）を日本語に訳しなさい。

次の英文を読み，あとの設問に答えなさい。

1 (1)To his great consternation*, he [   ] him from the end of the bed. A bead of sweat trickled down his back as he recognized the distinctive markings on its head to be consistent with (2)those of the infamous black mamba. (3)One bite from such a serpent would prove not only painful but positively pernicious*. Slowly the snake slithered forward toward him. His left leg recoiled (4)instinctively as the viper's tongue flicked out just millimeters from his big toe. The snake, a beast of truly monstrous proportions, inched toward him. Sweating profusely* now, the man contemplated the options before him: lie perfectly still and hope that the serpent would merely glide over him, not recognizing him as (5)a potential source of sustenance; or try to reach for his sword, which was resting on the bedside table to his right, and attempt to cut off the creature's head with a single, swift slash. There was no time for delay; staring as he was at the very real prospect of his approaching demise*, now was the time for action. He could clearly see the beast's remorseless yellow eyes growing larger as its huge head made its advance further up the bed toward him. The sweat was now cascading down his forehead as he reached surreptitiously* for his trusty weapon. Grasping it by the handle he prepared to strike his deadly blow.

語注：consternation: panic   pernicious: fatal   profusely: abundantly
       demise: end   surreptitiously: secretly

1 下線部（**1**）が正しく成立するように，空所〔　　　〕を次の**A**〜**H**の語をすべて用いて満たすとき，その順序を記号で示しなさい。

　　A．an　　**B**．at　　**C**．awoke　　**D**．enormous　　**E**．find　　**F**．snake

　　G．staring　　**H**．to

2 下線（**2**）が指すものを本文中から抜き出して答えなさい。

3 下線部（**3**）を日本語に訳しなさい。

4 下線部（**4**）の意味に最も近い語を次の**A**〜**D**から選び，記号で答えなさい。

　　A．carefully　　**B**．furiously　　**C**．intelligibly　　**D**．reflexively

5 下線部（**5**）の意味に最も近いものを次の**A**〜**D**から選び，記号で答えなさい。

　　A．something that could be nutritious

　　B．something that could support its weight

　　C．something that might be hostile

　　D．something that might last long

6 本文の内容に最もよく合致するものを次の**A**〜**D**から選び，記号で答えなさい。

　　A．The man was astonished to find that the snake had escaped from its container.

　　B．The man identified the snake as a black mamba by its yellow eyes.

　　C．The man thought of the option to wait till the snake moved away.

　　D．The man eventually managed to kill the snake with his sword.

次の英文を読み，あとの設問に答えなさい。

1　For decades, Paul Ekman and his colleagues have studied the influence of culture on the facial display of emotions. They have concluded that display rules are (1)particular to each culture and dictate what kinds of emotional expressions people are supposed to show. As we saw in our discussion of athletes' spontaneous expressions at the Olympics and Paralympics, the display rules of individualistic cultures discourage the expression of shame in front of others, while the display rules of collectivistic cultures allow (or even encourage) it.

2　Here is another example: American cultural norms* discourage emotional displays in men, such as grief or crying, but allow the facial display of such emotions in women. In comparison, in Japan, traditional cultural rules dictate that women should not exhibit a wide, uninhibited smile. Japanese women will often hide a wide smile behind their hands, whereas Western women are allowed — indeed, encouraged — to smile broadly and often. Japanese norms lead people to cover up negative facial expressions with smiles and laughter and, in general, (2)to display fewer [　　　　　　　] in the West.

3　There are, of course, other channels of nonverbal communication besides facial expressions. These nonverbal (3)cues are strongly shaped by culture. Eye contact and gaze are particularly powerful nonverbal cues. In mainstream American culture, people typically become suspicious (4)when a person doesn't "look [　　　　　　]" while speaking, and they find it quite disconcerting* to speak to someone who is wearing dark sunglasses. However, in other parts of the world, direct eye gaze is considered invasive or disrespectful.

4　Another form of nonverbal communication is how people use personal space. Imagine that you are talking to a person who stands too close to you or too far away; these deviations from "normal" spacing will affect your impressions of that person. (5)Cultures vary greatly in what is considered normative use of personal space. For example, most Americans like to have a bubble of open space, a few feet in radius, surrounding them. In comparison, in some other cultures it is normal for strangers to stand right next to each other, to the point of touching; someone who stands apart may be considered odd or suspicious.

語注：norm: a standard way in which people are expected to behave
disconcerting: making one feel anxious, unsettled or embarrassed

1 下線部（**1**）の意味に最も近いものを次の**A**〜**D**から選び，記号で答えなさい。
A．demanding　　B．exceptional　　C．peculiar　　D．transcendent

2 下線部（**2**）が正しく成立するように，空所〔　　　〕を次の**A**〜**E**の語をすべて用いて満たすとき，その順序を記号で示しなさい。
A．are　　B．displayed　　C．expressions　　D．facial　　E．than

3 下線部（**3**）の意味に最も近いものを次の**A**〜**D**から選び，記号で答えなさい。
A．channels of communication　　B．conclusions
C．cultural norms　　　　　　　　D．mutual communication

4 下線部（**4**）の空所〔　　　〕に次の**A**〜**E**のうちから 4 語を選び出して正しい語順で入れるとき，その順序を記号で示しなさい。
A．at　　B．eye　　C．in　　D．the　　E．them

5 下線部（**5**）の意味に最も近いものを次の**A**〜**D**から選び，記号で答えなさい。
A．Cultures drastically transform the conceptions of what should be normative for protecting privacy.
B．People's sense of proper social distance in a culture is likely to change significantly over time.
C．The meanings of space from person to person substantially change when we see it in terms of the cultural norm.
D．The personal distance which the cultural norms require to be applied is widely different from culture to culture.

6 本文の内容に最もよく合致するものを次の**A**〜**D**から選び，記号で答えなさい。

A．Studies conducted by Paul Ekman and his colleagues suggest that the expression of shame is a marker of individualism in a culture.

B．Differences in facial expressions between men and women in American culture are not so clear as in Japanese culture.

C．People from mainstream American culture tend to feel that receiving a direct eye gaze in talking is very threatening.

D．Your impressions on other people can be better or worse depending on the physical distance you keep from them in conversation.

次の英文を読み，あとの設問に答えなさい。

1　The most important effect of the new technology on economics has been (1)that involving public policy. If machines can perform various tasks more quickly and effectively than people can, how important is the individual? (2)If men and women begin [are / feel / little / of / that / they / to / worth], then mental and emotional problems can occur. In an economy based on technology, there is a danger that decisions will be made on the basis of what is best for technology, not what is best for people.

2　It is certain that the increased productive powers of the economy will change attitudes about work and play. Vastly increased productivity will make possible much better standards of living and greatly (　**3**　) hours of work. (4)New patterns of income distribution may have to be developed.

3　The new technology will without a doubt create economic prosperity. (5)In advanced industrial nations, at least, poverty as we know it can be ended. Increased incomes and (6)leisure time have greatly improved the quality of life in advanced countries and will continue to do so. (7)More people are better educated. Because of television and radio, millions of people can now enjoy education and entertainment that were (　**8**　) to only a few people several generations ago.

4　At the present time, (9)something is seriously wrong [being / in / is / the / used / way / wealth / with] some of the advanced countries. In other countries prosperity has not yet been achieved and continued growth in population may prevent its achievement for many generations.

1 下線部（**1**）に最も近い用法の that を含む文を次の**A**〜**D**から選び，記号で答えなさい。

A. I don't think it's *that* strange for students to dye their hair.

B. It is your heart *that* counts above all.

C. Nobody will ask such a question to *that* famous actor.

D. The population of Japan is larger than *that* of Germany.

2 下線部（**2**）の意味が正しく通るように，〔　　　〕内の語を並べ替えなさい。

3 （　**3**　）に入る最も適切な語を次の**A**〜**D**から選び，記号で答えなさい。

A. divide 　　**B**. expand 　　**C**. increase 　　**D**. reduce

4 下線部（**4**）の意味に最も近いものを次の**A**〜**D**から選び，記号で答えなさい。

A. Innovation may be needed to foster highly profitable businesses.

B. It may be necessary to build novel systems for fair wealth sharing.

C. Various changes in consumer behavior may have to be brought about.

D. Various lifestyles may enable people to develop a healthier society.

5 下線部（**5**）を日本語に訳しなさい。

6 下線部（**6**）と比較して，s の部分の発音が同じものを次の**A**〜**D**から選び，記号で答えなさい。

A. aisle 　　**B**. casual 　　**C**. compromise 　　**D**. insurance

7 下線部（**7**）の意味に最も近いものを次の**A**〜**D**から選び，記号で答えなさい。

A. A number of people attend school more faithfully.

B. Education quality is improved for ordinary people.

C. Higher education is being popularized.

D. People go to school more often than before.

8 （　**8**　）に入る最も適切な語を次の**A**〜**D**から選び，記号で答えなさい。

A. available 　　**B**. favorite 　　**C**. impossible 　　**D**. outdated

9 下線部（**9**）の意味が正しく通るように，〔　　　〕内の語を並べ替えなさい。

10 本文で述べられていないものを次の**A**〜**D**から１つ選び，記号で答えなさい。

A. Public policy must give priority to human welfare rather than technology.

B. Even if machines take the place of human workers, higher levels of productivity will not last long.

C. Improved living quality in some countries are connected with the technology development.

D. Since population keeps increasing, it may take generations for some countries to attain economic success.

32

次の英文を読み，あとの設問に答えなさい。

1　(1)Language is nothing but a set of human habits, the purpose of which is to give expression to thoughts and feelings, and especially to impart* them to others. As with other habits it is not to be expected that (2)they should be perfectly consistent. No one can speak exactly as everybody else or speak exactly in the same way under all circumstances and at all moments, hence a good deal of vacillation* here and there. The divergencies* would certainly be greater if it were not （　**3**　） the fact that the chief purpose of language is to make oneself understood by other members of the same community; (4)this presupposes* and (5)brings about a more or less complete agreement on all essential points. (6)The closer and more intimate the social life of a community is, the greater will be the concordance* in speech between its members. In old times, when communication between various parts of the country was not easy and when the population was, on the whole, very (7)stationary, a great many local dialects arose which differed very considerably from one another; the divergencies naturally became greater among the uneducated than among the educated and richer classes, as (8)the latter moved more (9)about and had more intercourse* with people from other parts of the country. In recent times the enormously increased facilities of communication have to a great extent (10)counteracted the tendency towards the splitting up of the language into dialects — class dialects and local dialects.

語注：impart「を分け与える，知らせる」　vacillation「変動」　divergency「分岐（＝ divergence)」
presuppose「を前提とする」　concordance「一致」　intercourse「交流，（意見の）交換」

1　下線部（**1**）を日本語に訳しなさい。

2 下線部（**2**）の指す内容として最も適切なものを次の**A**～**D**から選び，記号で答えなさい。

 A．human habits called language   **B**．language users

 C．people and their language   **D**．people's thoughts and feelings

3 （ **3** ）に入る最も適切な1語を答えなさい。

4 下線部（**4**）の指す内容として最も適切なものを次の**A**～**D**から選び，記号で答えなさい。

 A．言語の多様化を進行させることの利点

 B．言語の多様化がより進行してしまうという事実

 C．言語を使って互いに意思疎通をする行為

 D．言語の主たる目的が互いの意思疎通のためであるという事実

5 下線部（**5**）の意味に最も近い語を次の**A**～**D**から選び，記号で答えなさい。

 A．approves   **B**．breaks   **C**．delays   **D**．produces

6 下線部（**6**）を日本語に訳しなさい。

7 下線部（**7**）の意味に最も近い語を次の**A**～**D**から選び，記号で答えなさい。

 A．dense   **B**．increasing   **C**．small   **D**．stable

8 下線部（**8**）の指しているものを本文中から抜き出して答えなさい。

9 下線部（**9**）に最も近い用法の about を含む文を次の**A**～**D**から選び，記号で答えなさい。

 A．For three days they were wandering *about* in the woods.

 B．It was *about* the same height as this table.

 C．They seem to have something else to talk *about*.

 D．When I visited her in the office, she was just *about* to leave.

10 下線部（**10**）の意味に最も近いものを次の**A**～**D**から選び，記号で答えなさい。

 A．fought the tendency in order to make the language more diverse

 B．proved that there is a tendency for the language to become diverse

 C．reinforced the tendency for the language to become diverse

 D．softened the tendency for the language to become diverse

次の英文を読み，あとの設問に答えなさい。

1 Although it is possible to achieve happiness, happiness is not a simple thing. There are many levels.

2 Let us leave aside for a moment ultimate religious or spiritual aspirations like perfection and enlightenment and (**1**) joy and happiness as we understand them in an everyday or worldly sense. Within this context, there are certain key elements that we conventionally acknowledge as contributing to joy and happiness. For example, good health is considered to be one of the necessary factors for a happy life. Another factor that we regard as a source of happiness is our material facilities, or the wealth that we accumulate. An additional factor is to have friendship, or companions.

3 Now, all of these factors are, in fact, sources of happiness. But (2)in order for an individual to be able to fully utilize them towards the goal of enjoying a happy and fulfilled life, your state of mind is key. It's crucial.

4 Without the right mental attitude, (3)these things have very little impact on our long-term feelings of happiness. For example, if you (4)harbor hateful thoughts or intense anger somewhere deep down within yourself, then it ruins your (**5**); thus it destroys one of the factors. Also, if you are mentally unhappy or frustrated, then (6)physical comfort is not of much help. On the other hand, if you can maintain a calm, peaceful state of mind, then you can be a very happy person even if you have poor health. So there is no guarantee that wealth alone can give you the joy or fulfillment that you are seeking. The same can be said (**7**) your friends too.

5 So, leaving aside the perspective of spiritual practice, even in worldly terms, in terms of our enjoying a happy day-to-day existence, (8)the greater the level of calmness of our mind, the greater our peace of mind, the greater our ability to enjoy a happy and joyful life.

6 I should mention that when we speak of a calm state of mind or peace of mind we shouldn't confuse that with a totally (9)apathetic state of mind. Peace of mind or a calm state of mind is rooted in affection and compassion. There is a very high level of sensitivity and feeling there.

7 As long as there is a lack of the inner discipline that brings calmness of mind, no matter what external facilities or conditions you have, they will never give you the feeling of joy and happiness that you are seeking. On the other hand, (i) this inner quality, a calmness of mind, a degree of stability within, then (ii) various external facilities that you would normally consider necessary for happiness, (iii) a happy and joyful life.

1 （ 1 ）に入る最も適切なものを次のA～Dから選び，記号で答えなさい。

　A．also for　　B．deal with　　C．like　　D．totally ignore

2 下線部（2）を日本語に訳しなさい。

3 下線部（3）が指すものを具体的に日本語で説明しなさい。

4 下線部（4）の意味に最も近いものを次のA～Dから選び，記号で答えなさい。

　A．confront　　B．do away with　　C．hold　　D．release

5 （ 5 ）に入る最も適切な1語を答えなさい。

6 下線部（6）の例として最も適切なものを次のA～Dから選びなさい。

　A．the peaceful state which your mind may enjoy

　B．long-term feelings of happiness

　C．the spiritual perfection you have attained

　D．the wealth you have accumulated

7 （ 7 ）に入る最も適切な語を次のA～Dから選び，記号で答えなさい。

　A．as　　B．by　　C．of　　D．to

8 下線部（8）を日本語に訳しなさい。

9 下線部（9）の意味に最も近い語を次のA～Dから選び，記号で答えなさい。

　A．irrational　　B．responsive　　C．stupid　　D．unemotional

10 （ i ）～（ iii ）に入る最も適切なものを次のA～Eからそれぞれ選び，記号で答えなさい。

　A．even if you lack　　　　B．however hard you may try

　C．if you possess　　　　　D．it is still possible to live

　E．whenever you start

次の英文を読み，あとの設問に答えなさい。

1 Academic learning is the basic opportunity that you have in college, and (1)it is what college is all about. There are at least three kinds of learning we* hope you will acquire. The most obvious one is concerned with your (2)vocation. In college, as in your earlier schooling, you are preparing for some sort of vocation. We want you to learn so as to prepare for a vocation as best you can. But vocation is not the chief (3)end of learning. It is actually a secondary goal in the learning situation. Albert Einstein wrote:

The development of (**4**) ability for independent thinking and judgment should always be placed foremost, not the acquisition of special knowledge. If a person masters the fundamentals of his subject and has learned to think and work independently, (5)he will surely find his way and besides will better be able to adapt himself to progress and changes than the person whose training principally consists in the acquiring of detailed knowledge.

2 (6)With this view in mind, we are interested in what may be called the fundamental area of learning — general, liberal, humane education. This is the type of education that does not prepare you specifically for any given vocation, but prepares you for any one of a number of vocations into which you may later enter. (7)This fundamental learning has to do also with the skills of reasoning and thinking critically, habits of analysis and of judgment. We hope that in your college years you will develop these skills and abilities to an extent far greater than you now (8)command them, and that you learn enough history so that you are not doomed to repeat it.

3 The third kind of learning has to do with the development of characteristics or traits of mind and spirit, a value pattern. A value pattern will help you to look at yourself and look at the world in which you live and see some harmony (9)there.

語注：we：ここでは大学を指す。

1 下線部（**1**）の意味として最も適切なものを次のA〜Dから選び，記号で答えなさい。

  A．それこそが大学の目的なのである
  B．それは大学がすべて責任を負っている
  C．それは大学の周辺にすべて備わっている
  D．それはどの大学に通っても全く同じである

2 下線部（**2**）の意味に最も近い語を次のA〜Dから選び，記号で答えなさい。

  A．career B．holiday C．interest D．schooling

3 下線部（**3**）と同じ意味で用いられた1語を本文中から抜き出して答えなさい。

4 （　**4**　）に入る最も適切な語を次のA〜Dから選び，記号で答えなさい。

  A．equal B．general C．special D．traditional

5 下線部（**5**）を，次の書き出しに続けて日本語に訳しなさい。

「その人は必ずや自分の進む道を見いだし，その上（　　　　）」

6 下線部（**6**）を日本語に訳しなさい。

7 下線部（**7**）を日本語に訳しなさい。

8 下線部（**8**）に最も近い意味のcommandを含む文を次のA〜Dから選び，記号で答えなさい。

  A．How does he *command* the respect of his colleagues?
  B．The captain is going to *command* all his men to get off his ship.
  C．This room used to *command* a nice view of the city.
  D．We need helpers who *command* the Spanish language.

9 下線部（**9**）を次の形に言い換えるとき，（　**i**　）・（　**ii**　）に入る最も適切な英語表現を答えなさい。なお，それぞれ1語とは限らない。

between （　**i**　）and（　**ii**　）

10 本文で述べられている three kinds of learning とは何か。それぞれ12字以内の日本語で答えなさい。

次の英文を読み，あとの設問に答えなさい。なお，本文中の（　　）内は直前の語の平易な言い換えである。

1 An exploding lake is a strange phenomenon. There are three of them in the world, all in Africa: Lakes Monoun and Nyos in Cameroon and Lake Kivu between Rwanda and Congo.

2 These lakes were formed when water collected in deep craters (large holes) left by old volcanoes. Though those volcanoes are no longer active, there is still volcanic activity in the mountains nearby. (　Ⅰ　).

3 This happens in other crater lakes around the world. However, in those lakes the gases are not dangerous because the water "turns over" regularly. (　Ⅱ　), allowing the gases to escape slowly.

4 In the African lakes, however, the water does not turn over, so most of the gases remain trapped at the bottom. Small amounts of carbon dioxide are sometimes released and (1)form pockets on the water near the shore. These "evil winds," as they are known, are most common on the Congo side of Lake Kivu, where every year a number of people die from the gas.

5 But another, far more serious problem for people living on Lake Kivu is the risk of explosion. The other two lakes have exploded quite recently: Lake Monoun in 1984, killing 47 people, and Lake Nyos in 1986, killing 1,700 people. (　Ⅲ　).

6 However, scientists fear for Lake Kivu. This is the largest and deepest of the lakes. The layer of gas lies under 1,500 feet of water. However, as gas (2)builds up on the lake bottom, the danger increases. One day, a storm or a landslide could cause the water to turn over suddenly. (　Ⅳ　).

7 The consequences of an explosion would be devastating. Over two million people live along the lakeshore. Since scientists cannot tell when an explosion might happen, it would be impossible to warn people and send them away. According to the scientists, the only way to prevent an explosion is to remove the gases from the lake. This is possible, but difficult and dangerous.

8 At the same time, however, (3)the methane from the lake [be / could / good / put / to / use]. Both Rwanda and Congo have no other source of cheap energy. The methane from the lake could reduce energy costs and help development in Rwanda and Congo. Many areas of these countries are now without electricity. In Rwanda, for example, only 1 in 14 homes has electricity. This means that no one can use computers or other machines, and that children cannot study in the evening.

9 Working with American scientists, the Rwandan government has started removing methane from the lake. A tall barge (flat boat) now sits out in the middle of Lake Kivu. Workers pipe the gas up from the bottom and across to the Kibuye power plant, which produces about 50 megawatts of power. (4)By 2010, the [a / all / getting / government / of / third / was] its electricity from the lake.

10 So far, the project is entirely controlled by the Rwandan government. In the future, several foreign companies will become involved, and the project will be expanded. The government of Rwanda is also holding talks with the government of Congo, which has rights to half of the methane. The two countries plan to work together to build a much larger power plant that will produce 200 megawatts of power.

1 下線部（1）に最も意味の近い語を次のＡ〜Ｄから選び，記号で答えなさい。
  Ａ．blow   Ｂ．escape   Ｃ．fall   Ｄ．gather

2 下線部（2）に最も意味の近い語を次のＡ〜Ｄから選び，記号で答えなさい。
  Ａ．accumulates   Ｂ．contaminates   Ｃ．dissolves   Ｄ．surfaces

3 下線部（3）の意味が正しく通るように，〔   〕内の語を並べ替えなさい。

4 下線部（4）の意味が正しく通るように，〔   〕内の語を並べ替えなさい。

（ Ⅰ ）～（ Ⅳ ）に入る最も適切なものをそれぞれ次の**A～E**から選び，記号で答えなさい。なお，使用しない選択肢が１つ含まれている。

A. Because of this, gases such as methane and carbon dioxide are released from deep under the earth into the lake waters

B. The lake belongs to two countries, which makes the problems more complicated

C. That is, the water from the bottom of the lake rises and mixes with the water at the top

D. Then all the gases would escape at once in a violent explosion

E. Those explosions released the gases from the lakes, so another explosion is not likely soon

6 次の**A～E**のそれぞれについて，本文の内容に合っていればT，合っていなければ F と答えなさい。

A. Without volcanic activity, these exploding lakes would not exist.

B. There are only three lakes in the world whose water turns over regularly.

C. It would not be unexpected if Lake Kivu suddenly exploded.

D. The gases didn't escape from Lake Kivu in spite of its recent explosion.

E. The Rwandan government intends to take all the methane for itself.

7 キブ湖沿岸の一部地域で毎年多くの死者が出るのはなぜか，本文に即して50字程度の日本語で説明しなさい。

8 キブ湖には将来，大爆発によって大きな被害が出る危険があるにもかかわらず，それを回避できない理由を，本文に即して100字程度の日本語で説明しなさい。

次の英文を読み，あとの設問に答えなさい。

1 Children need to know others — including important adults in their lives — and to be known. Here the term 'know' is used in the strong (1)sense, as when we speak of knowing a friend. (2)Children must be allowed to understand that the school exists for them; that it is their rightful place — a place in which they experience adults who respect and value them as individuals in everything they are and do. (3)Children must be made aware that what they are or do has great importance to the teacher, and (4)they should experience acceptance and respect as people in their own right. A teacher gives each child this feeling of worth as she listens carefully to what the child says about his work, his feelings, reasons for doing things. It shows in the serious respect given to what the child says, even when the adult thinks the child is mistaken. It is seen in (5)truly constructive criticism.

2 In every situation in life, and at every age, personal relationships based upon genuine interest and real respect are of the greatest importance to growth. If teachers and children are to work together at learning in a truly productive fashion, personal relationships marked by understanding and affection are clearly essential. (6)Where these exist, difficulties of all kinds are less likely to occur. But such relationships never simply happen. They spring from the continually developing skill of the teacher in responding to each child in accordance with his or her unique personality. They demand awareness and hard work.

1 下線部（**1**）に最も近い意味で sense が用いられた文を次の**A**〜**D**から選び，記号で答えなさい。

A. He seems to have lost his *sense* of orientation.

B. I wish to express my deep *sense* of gratitude to all of you.

C. My father has more *sense* than to sell his own house.

D. The phrase may have a different *sense* in some contexts.

2 下線部（**2**）を次のように言い換えた場合，空所に入る最も適切な1語を答えなさい。

We must （　　　　） children understand

3 下線部（**3**）を日本語に訳しなさい。

4 下線部（**4**）の意味に最も近いものを次の**A**〜**D**から選び，記号で答えなさい。
- **A**．they should accept and respect other people's experience as truth
- **B**．they should feel accepted and respected as independent people
- **C**．they should accept and respect themselves like people around them
- **D**．they should learn to accept and respect others just as they are

5 下線部（**5**）の具体的事例を説明した以下の文の空所に入る最も適切なものを次の**A**〜**D**から選び，記号で答えなさい。

When a word uttered by a boy made his classmate cry and he believes he said nothing wrong, a teacher （　　　　）.
- **A**．denies his excuse and tells him not to say such a word again
- **B**．explains what was actually wrong with the word
- **C**．praises him for being honest and encourages him to be himself
- **D**．suggests that he might have had a better way to say the word

6 下線部（**6**）を，these の指す内容を明確にして日本語に訳しなさい。

7 本文の主旨に最もよく合致するものを次の**A**〜**D**から選び，記号で答えなさい。
- **A**．子供がはじめて大人に出会うとき，まず互いに顔見知りの関係を築けるかどうかがその後の成長を左右する。
- **B**．子供が話すさまざまなことを教師が真剣に聞いてあげることで，子供は自分が大切な存在だと気づく。
- **C**．教師と子供たちとの間に理解と愛情に満ちた人格的な関係を築くには，教師が子供たちと一緒に生産的な学びの場を築こうとする意志が必要だ。
- **D**．教師は子供たちに理解と愛情を注ぎつつ，子供たちが個人としての自覚と勤勉さを兼ね備えていくよう求める。

次の英文を読み，あとの設問に答えなさい。

1 The Japanese are loud in bemoaning* their lack of proficiency in the English tongue. (1)Scarcely a week or a month passes without a letter appearing on this subject in one of the English newspapers. Usually this lack is (2)attributed to the fact that Japan is an island, separated by vast distances from the English-speaking countries. For this reason, few Japanese have the opportunity of conversing with the native English speakers: or if the opportunity comes their (**3**), they miss it through shyness or sheer inability to express themselves.

2 But I am not wholly convinced by this explanation. I think it is possible to master English — at least theoretically — without meeting a single native speaker of English. Conversation, it is true, helps one to be fluent in a language; but it does not ensure that one will be correct. If anything, (4)it tends to confirm one in bad habits of speaking which later become impossible to remove. Before the student comes to the stage of conversing in English, he has to learn what is correct and what is not correct in English composition. In other words, he has to make a thorough study of English grammar.

3 And here I find a real lack of proficiency in Japanese students. It is, moreover, their keen awareness of this lack which, I feel, makes them afraid to speak English with native speakers even when they have the opportunity. They are afraid of exposing their ignorance of English grammar.

4 But why is (5)it that Japanese students are so weak in English grammar? It is sometimes said that this is due to the many linguistic differences between English and Japanese. The thought patterns in English are so different from (**6**) in Japanese, that it is almost impossible for poor Japanese students to succeed in mastering them. I myself can sympathize with this reason, having approached the problem from the other end — (**7**).

5 Again, however, (8)I must voice a contrary opinion. It seems to me that if Japanese students are weak in English grammar, it is simply because they have not been taught English grammar properly in high school. Having met many Japanese teachers of English over a period of many years, I am not at all surprised that so few of their students have a mastery of that language. No one can give what he does not have. When the very teachers are themselves weak in English grammar, it cannot be expected that their students will be (**9**).

語注：bemoan ＝ show sorrow for

1 下線部（**1**）を日本語に訳しなさい。

2 下線部（**2**）の意味に最も近いものを次のA～Dから選び，記号で答えなさい。

  A．covered up by   B．of no relevance to

  C．regarded as coming from   D．totally ignored despite

3 （ **3** ）に入る最も適切な語を次のA～Dから選び，記号で答えなさい。

  A．group   B．hand   C．note   D．way

4 下線部（**4**）を，it の指すものを明確にして日本語に訳しなさい。

5 下線部（**5**）に最も近い用法の it を含む文をA～Dから選び，記号で答えなさい。

  A．*It* seemed that the police officer took me for my twin sister.

  B．*It* was my brother who broke the window yesterday.

  C．*It* was strange that he had done everything before I arrived.

  D．What does *it* mean if someone says, "Help yourself"?

6 （ **6** ）に入る最も適切な1語を答えなさい。

7 （ **7** ）に入る最も適切なものを次のA～Dから選び，記号で答えなさい。

  A．as an Englishman trying to master Japanese

  B．actually, I have mastered English through conversation

  C．as English is far from being logical

  D．I realize that grammar will not give you any success

8 下線部（**8**）について，次の（**a**）・（**b**）に答えなさい。

（**a**）　a contrary opinion の具体的な内容を次に示す形式で説明しなさい。

「日本の学生が英文法に弱いのは，〔　　30字以内　　〕という意見」

（**b**）　（**a**）の内容はどのような主張に対して contrary なのか，次に示す形式で説明しなさい。「日本の学生が英文法に弱いのは，〔　　25字以内　　〕という主張」

9 （ **9** ）に入る最も適切なものを次のA～Dから選び，記号で答えなさい。

  A．all the worse   B．anything but weak

  C．lacking in proficiency   D．out of the question

PART
III

38

次の英文を読み，あとの設問に答えなさい。

1 About thirty years ago, the field of child development got a shock. Up until that time, it had been thought that when babies imitate a motor movement*, it was *learned*. The theory was that the visual perception of a movement and the execution of the imitative movement by the motor system* were independent of each other and controlled by different parts of the brain. Then a study of imitative behavior of young infants done by University of Washington psychologists Andrew Meltzoff and M. Keith Moore suggested perhaps the visual perception of a motor movement (such as tongue protrusion* or lip smacking) and the production of the movement (actually copying the movement) were not separately acquired abilities but were linked somehow. Since then, many independent studies have shown that newborns from the age of forty-two minutes to seventy-two hours can imitate facial expressions accurately.

2 Think about it. One can only be amazed what the brain is doing when it is less than one hour old. (1)It sees there is a face with a tongue sticking out, somehow knows it too has a face with a tongue under its command, decides it will imitate the action, finds the tongue in its long list of body parts, gives it a little test run, commands it to be stuck out — and out (2)it goes. How does she know a tongue is a tongue? How does she know what neural system* is (**3**) charge of the tongue, and how does she know how to move it? Why does she even bother doing it? Obviously, (4)it was not learned by looking in a mirror, 〔anyone / had / it / nor / taught / to〕 her. *The ability to imitate must be (5)innate.*

3 Imitation is the beginning of a baby's social interaction. Babies will imitate human actions, but not those of objects; they understand they are like other people. The brain has specific neural circuits* for identifying biological motion and inanimate* object motion, along with specific circuits to identify faces and facial movement. What can

94

a baby do to enter the social world before it can sit up or control its head or talk? How can she engage* another person and form a social link? When you first hold a baby, what links her to you and you to her are her imitative actions. You stick out your tongue, she sticks out her tongue; you purse* your lips, she purses her lips. She doesn't lie there like an object but responds in a way that you can relate to. In fact it has been shown that infants use imitation games to check the identity of persons, and do not use only their facial features.

4 After about three months of age, this type of imitation can no longer be elicited*. Imitative abilities then develop (6)<u>that</u> show that the infant understands the meaning of what is being copied: the imitative movements don't have to be exact but are directed toward a goal. The infant puts the sand in the bucket, but the fingers on the shovel don't have to be held in exactly the same way as the fingers of the person showing her how to use the shovel; the goal is getting the sand in the bucket. We have all seen how young children play when they are together, so it comes as no surprise that children aged eighteen to thirty months use imitation in their social exchanges, (**7**) between being the imitator and the imitatee, share topics, and in short, use imitation as communication. Imitating others is a potent mechanism in learning and acculturation*.

語注：motor movement「身体の動き」　motor system「運動器系」　protrusion「突き出すこと」
　　　neural system「神経系」　neural circuit「神経回路」　inanimate「無生物の」
　　　engage「関心を引く」　purse「すぼめる」　elicit「誘発する」
　　　acculturation「文化的対応（人間が幼いうちに特定社会の文化を身につけること）」

⇒設問は次ページ

1 下線部（**1**）が指しているものを英語で答えなさい。

2 下線部（**2**）が指しているものを英語で答えなさい。

3 （ **3** ）に入る最も適切な1語を答えなさい。

4 下線部（**4**）の意味が正しく通るように，〔　　　　〕内の語を並べ替えなさい。

5 下線部（**5**）の意味に最も近い語を次の**A**〜**D**から選び，記号で答えなさい。
　A．acquired　　**B**．inherent　　**C**．outstanding　　**D**．restored

6 下線部（**6**）と同じ用法の that を含む文を次の**A**〜**D**から1つ選び，記号で答えなさい。
　A．It was the fridge *that* was making the noise.
　B．My mom likes to say, "All is well *that* ends well."
　C．Something like *that* can happen at any time.
　D．We were not impressed *that* much with the movie.

7 （ **7** ）に入る最も適切なものを次の**A**〜**D**から選び，記号で答えなさい。
　A．make comparisons　　**B**．restore friendship
　C．take turns　　　　　　**D**．walk around

8 本文によると約30年前，子供の発達を研究する分野で，運動の視覚的認識と模倣運動の実行に関する考え方に大きな変化があったという。変化の前後の考え方を本文に即して90字程度の日本語で説明しなさい。

9 模倣する能力を生まれながらに持っていることは，赤ん坊にとってどのような利点があると考えられるか，本文に即して70字程度の日本語で説明しなさい。

10 赤ん坊が自分は他の人間と同じであるということを理解していると見なせる理由は何か，本文に即して30字程度の日本語で説明しなさい。

11 生後約3か月から，赤ん坊の模倣行為にどのような変化が見られるか，本文に即して60字程度の日本語で説明しなさい。

次の英文を読み，あとの設問に答えなさい。

1 Our days are numbered. No matter how hard we try to prolong our time on earth, the reality is that we are mere (1)mortals and will not live forever. (2)Although we may fantasize about 〔be / it / like / to / would / what〕 relive the past, ultimately we must figure out how to make the most of our time while we are here in the living present. (3)Each moment we waste is a potential source of regret and literally time lost.

2 The question we have to ask ourselves is, "Are we passengers on a journey through time or are we explorers on a mission of discovery?" In the latter case, (4)each day is an opportunity to embrace life as active (ⅰ) rather than as casual (ⅱ). Instead of being (5)aloof and detached, we must get engaged and make every day count. Likewise, as opposed to remaining ambivalent, we need to be deliberate about how we spend our time. Sitting on the sidelines and watching life from afar will only result (6) apathy and regret.

3 Several summers ago my grandmother, whom we called Gigi, passed away after a long and happy life of ninety-one years. (7)No one knew how to make every day count like Gigi. Until the very end, she was a world traveler, a political activist, and a philanthropist*. She had a true zest for life and loved to laugh. She was also the first to help extended family members in need. She was playful, funny, beautiful, thoughtful, caring, and kind. She came to every family event near or far and was the undisputed life of the party*. At 6:00 a.m. each day she was singing and already (8)on the go, prepared to leave her mark on the world. (9) day was finished until Gigi had fully lived it.

4 What fascinated me about Gigi was that she talked about death without any fear or reluctance. She made it clear that because she made every day count, she would have no regrets when she (10). I can't even begin to count the times I heard her in perfect health utter the words "When I'm dead and gone I won't regret a thing" as she spoke openly about what she was going to bequeath* to everyone.

5 Less than a year before Gigi died, she flew across the country to come visit us. Her health was noticeably deteriorating*, but she still (11)had her wits about her. When I asked how she was feeling, she gave me a response that I'll never forget. "Don't worry about me, darling — I've lived a great life," she said defiantly. "I've traveled. I was married to an amazing man. I have twenty-two wonderful grandchildren and great-grandchildren, plus (12)I have (i) (ii) many nieces and nephews. I've had good health and lots of happiness. Really, now, what more could you possibly ask for? I've seen it all and done it all! So when I die, don't you dare cry for me. Don't take pity on my life and waste your tears. I'll have no regrets because I've lived every day to the fullest."

6 Making every day count is something that each of us can do. However, (**13**) for it to become a reality. It takes effort, dedication, a thirst for adventure, and the resolve to get actively involved in life as opposed to watching it pass us by.

7 You have only one life to live, so start living it. Strive to make the most of each day. Live with unbridled* passion and enthusiasm. Find ways to make your day more memorable and worthwhile. Get involved in a cause that's important to you. Go to places you haven't been before. (14)Hang out with people you actually enjoy spending time with. Splurge* every once in a while. Be curious and keep learning. Laugh out loud. (15)Make every day count so you get the most out of what life has to offer.

語注：philanthropist「慈善家」 life of the party「パーティーの主役」 bequeath「遺言によって譲る」
deteriorating「衰えて」 unbridled「完全に自由な，抑制のない」 splurge「思いきり派手に遊ぶ」

P
A
R
T
Ⅲ

⇒設問は次ページ

1 下線部（**1**）の意味に最も近いものを次の**A**〜**D**から選び，記号で答えなさい。

A．beings that are full of faults

B．beings that are only superficially beautiful

C．beings that are subject to death

D．beings that are too arrogant

2 下線部（**2**）の意味が正しく通るように，〔　　　〕内の語を並べ替えなさい。

3 下線部（**3**）を日本語に訳しなさい。

4 下線部（**4**）の（　**i**　）・（　**ii**　）に入る最も適切な語を，それぞれ次の**A**〜**D**から1つ選び，記号で答えなさい。

A．dressers　　B．observers　　C．participants　　D．predictors

5 下線部（**5**）の意味に最も近い語を次の**A**〜**D**から選び，記号で答えなさい。

A．busy　　B．curious　　C．indifferent　　D．spoiled

6 （　**6**　）に入る最も適切な1語を答えなさい。

7 下線部（**7**）を日本語に訳しなさい。

8 下線部（**8**）の意味に最も近いものを次の**A**〜**D**から選び，記号で答えなさい。

A．active　　B．emotional　　C．organized　　D．ready to die

9 （　**9**　）に入る最も適切な語を次の**A**〜**D**から選び，記号で答えなさい。

A．Another　　B．Every　　C．No　　D．Some

10 （　**10**　）に入る最も適切なものを次の**A**〜**D**から選び，記号で答えなさい。

A．died　　B．had been dead　　C．had died　　D．were dead

11 下線部（**11**）の意味に最も近いものを次の**A**〜**D**から選び，記号で答えなさい。

A．believed that she was in perfect health

B．enjoyed joking about herself

C．pretended to have no problems with herself

D．remained alert and ready for what may come

12 下線部（**12**）が「私にはその 2 倍の数の姪と甥がいる」という意味になるように（ i ）・（ ii ）に 1 語ずつ入れるとき，それぞれの語を答えなさい。

13 （ **13** ）に以下に示す意味の表現を入れるとき，最も適切なものを次の **A** 〜 **D** から選び，記号で答えなさい。

「よい意味のこもった美しい言葉だけでは足りない」

A．all we need is to add well-intended rhetoric

B．it requires more than just well-intended rhetoric

C．just well-intended rhetoric is missing

D．we are short of just well-intended rhetoric

14 下線部（**14**）の意味に最も近い hang out を含む文を次の **A** 〜 **D** から選び，記号で答えなさい。

A．At that time my brothers and I used to *hang out* in the backyard.

B．Some people let their dogs *hang out* car windows.

C．I would like you to trim those branches that may *hang out* over the street.

D．We are going to *hang out* a special flag to celebrate the victory.

15 下線部（**15**）を日本語に訳しなさい。

出典一覧

問題 **1** "Honesty (+)" from *Gaijin Likes and Dislikes* by Paul McLean, TAKA SHOBO-YUMI PRESS Co., Ltd., 1989. Used by permission.; 問題 **2** "How to Use *Good Reading*" by Atwood H. Townsend from *Good Reading*, The New American Library of World Literature, 1947.; 問題 **3** "The Report Card" from *Totto-chan: The Little Girl at the Window* by Tetsuko Kuroyanagi, Dorothy Britton, Kodansha USA, 2011. Used by permission.; 問題 **4** Excerpted from the book CHILDREN LEARN WHAT THEY LIVE. Copyright ⓒ 1998 by Dorothy Law Nolte and Rachel Harris. Used by permission of Workman Publishing Co., Inc., New York. All Rights Reserved; 問題 **5** *DOTY, LANGUAGE AND LIFE USA V1, 4th* Ed., ⓒ *1981*. Reprinted by permission of Pearson Education, Inc., New York, New York.; 問題 **6** From *Everything College Survival 2nd Edition* by Michael S. Malone, Copyright ⓒ 1997, 2005, by Simon & Schuster, Inc. [formerly F+W Media, Inc.]. Used with permission of the publisher. All rights reserved.; 問題 **7** from What I Wish I Knew When I Was 20 by Tina Seelig. Copyright (c) 2009 by Tina L. Seelig. Used by permission of HarperCollins Publishers.; 問題 **8** 獨協大学 ; 問題 **9** Excerpt from PIECES OF EIGHT by Sydney J. Harris. Copyright (c) 1982 by Houghton Mifflin Harcourt Publishing Company. Reprinted by permission of Houghton Mifflin Harcourt Publishing Company. All rights reserved.; 問題 **10** "Down the Rabbit-Hole" from *Alice's Adventures in Wonderland & Through the Looking-Glass* by Lewis Carroll, Wordsworth Editions, 1993.; 問題 **11** "Chapter 14. Characters and Manners" from *A Background to English* by P. S. Tregidgo, Pearson (Longmans), 1967. Used by permission.; 問題 **12** 北海道大学 ; 問題 **13** "The myth of the eight-hour sleep" by Stephanie Hegarty, from *BBC News*, February 22, 2012. Used by permission.; 問題 **14** *Cuisine and Culture: A History of Food and People* by Civitello, Linda, John Wiley and Sons, 2011. Used by permission.; 問題 **15** "Right to water" from *Children's Rights Portal*, Humanium Association. Used by permission. www.humanium.org; 問題 **16** 成蹊大学 ; 問題 **17** "Freedom of Thought and the Forces Against It" from *A History of Freedom of Thought* by John Bagnell Bury.; 問題 **18** *The Enigma of Japanese Power* by Karel van Wolferen, Palgrave Macmillan, 1989. Used by permission.; 問題 **19** "Language and Writing" by Harry Hoijer from *Man, Culture, and Society* by Harry L. Shapiro, Oxford Publishing Limited, 1971.

Obunsha

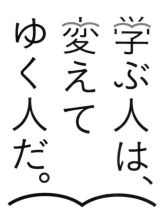

学ぶ人は、
変えて
ゆく人だ。

目の前にある問題はもちろん、

人生の問いや、

社会の課題を自ら見つけ、

挑み続けるために、人は学ぶ。

「学び」で、

少しずつ世界は変えてゆける。

いつでも、どこでも、誰でも、

学ぶことができる世の中へ。

旺文社

基礎
英語長文
問題精講

3訂版

中原道喜 著

下永裕基 補訂

旺文社

はしがき

　どんな分野であれ，その道の修業に年季を重ねた人たちが語る共通の言葉は"基本の大切さ"である。基本をしっかり身につけることによってはじめて，個性的な能力も，自在の独創性も，柔軟な応用力も，十分に伸ばすことができる。

　長文問題では，基礎の上に成り立つ英語の総合力が問われる。語句・構文・文法の適正な知識とその運用力はもとより，さまざまなテーマについての考え方とのなじみも必要である。文の内容を論理的に理解する思考力，それに，未知の要素があっても前後関係から文意をつかむ推知力も大切である。和訳したり要約したりする国語力や表現力が不可欠であることは言うまでもない。

　本書は，長年にわたって出題されてきた膨大な数の長文問題から丹念に選び，以上のような基礎から応用までの総合力が，効果的に，確実に身につくように編まれている。

　長文問題は，いずれもが，出題者が厳選した"名文"を材料としているので，一定の水準があり，安易な習得は期待できない。しかし，最初に感じられるかもしれないいくぶんの困難さも，一歩一歩，堅実な歩みを続けることにより，努力が進歩を，進歩が興味を，興味がさらなる努力を生むという，あの向上の軌道に乗って学ぶ楽しさと，確かな前進の実感に変わる。基礎を固めながら応用力を伸ばし，頻出文に習熟しつつ新しい問題をマスターし，未知にたじろがない実力と，常に最高の自分を発揮できる自信が身につくことになる。

　本書が，誕生以来，好評に支えられて今日あるのは，著者と思いを一つにしてご尽力くださった方々のおかげである。かけがえのないご協力をいただいたすべての方々に，ここで，心から御礼申し上げます。

2005 年秋

中原道喜

中原道喜 なかはら・みちよし
元開成高校教諭。長年にわたる経験にもとづく的確な指導と，入念な著作には定評があり，広く信頼された。主な著書に『基礎英文問題精講［3訂版］』『基礎英文法問題精講［3訂版］』『英語長文問題精講（新装版）』（以上旺文社刊）など。『英文標準問題精講［新装5訂版］』『英文法標準問題精講［新装4訂版］』（原仙作著，旺文社刊）補訂。2015年没。

改訂版の序

　大学入試合格を目指す受験生のために編まれた英文読解の教材は多数ある。その中にあって故・中原道喜先生の『基礎英語長文問題精講』は，何より教育者としての著者の慈愛にあふれた名著であった。中原先生は大学入試に出題された膨大な数の英文から，若者たちが読んで心を動かされる質の高い英文を厳選された。豊かな素養を発揮され，英語の名文や詩が解説を飾ることもあった。無機質になりがちな受験勉強には潤いとなる要素が欠かせないことを，中原先生は長年にわたる受験生指導のご経験をとおして痛感しておられたのだろう。

　そうした名著がこのたび改訂されるのは，時代の変化によって生じた周辺的な事情による。旧版の柱であった 40 の長文のうち半数を入れ替えるにあたり，書籍の判型を大きくすることで，解説をより充実させることが可能になった。中原先生は旧版の限られた紙幅を簡にして要を得た説明で満たされたが，情報量の多い教材に慣れた昨今の受験生には難しいとの声もあることから，今回の改訂では旧版から受け継いだ英文の解説も一部見直されている。

　タイトルに「基礎」の二文字を見て，平易な英文を期待する読者もいるだろう。しかし大学が入試をとおして受験生に期待する基礎とは，大学での学問に堪える基礎であって，平易ということではない。新たな知識をつかみ取るには，既習の知識を整理し，自己と対話しながら，新たな理解のために自分に何が欠けているのかを見出す必要がある。解説を熟読し，理解を深めて英文を味わい，大学での学業に必要な基礎力，ひいては人生を豊かにする英語力を養ってほしい。

　旧版のよさを最大限に生かした改訂を目指したが，それが実現できていないとすれば，ひとえに補訂者の力量不足による。行き届かぬ点についてはお詫びしつつ，執筆にあたってご協力くださったすべての方々への心からの感謝をここに記して，擱筆の言葉としたい。

2021 年春

下永裕基

下永裕基 しもなが・ゆうき
明治大学准教授。専門は中世英文学，英語史。兵庫県生まれ。長崎・海星高等学校を卒業後，上智大学文学部英文学科を経て，同大学院英米文学専攻博士後期課程満期退学。オックスフォード大学キャンピオン・ホールに客員研究生として留学。浦和明の星女子高等学校，東洋大学，上智大学などで講師を務めた後，現職。本書の旧版に編集協力として関わる。

3

目次

PART I　解答・解説

PART II　解答・解説

PART III　解答・解説

編集協力：株式会社シナップス

校正・校閲：Jason A. Chau／大磯巖／宮下卓也／大河内さほ／石川道子／大河恭子／株式会社友人社

組版：日新印刷株式会社　　装幀・本文デザイン：相馬敬徳（Rafters）

ナレーション：Ann Slater／Ryan Drees　　音声収録・編集：ユニバ合同会社

Web サイト：牧野剛士　　編集担当：赤井美樹

本書の特長と使い方

　本書は，大学入試の英語長文問題を基礎から標準・応用のレベルまで効果的にマスターするための演習書です。今までの入試問題の中から厳選された 40 題の問題を通して，入試に必要な，英文を論理的に読む力を養うことができます。この 3 訂版では，旧版『基礎英語長文問題精講［改訂版］』の内容を最大限に引き継ぎながら，最新の入試傾向に対応するものとなるよう，問題文・設問・解説のすべてを見直した他，書籍全体をより学習のしやすさに配慮した作りに改良しました。

問題（別冊）

　幅広い大学の入試過去問題から，語句・構文・テーマの点で頻出であるだけでなく，おもしろく読め，思索の糧となるような良質な英文を「問題」として選び，三つの PART に分けています。

　「設問」は，語句や文法の知識から文章全体の内容把握まで典型的な出題形式に一通りなじめるもの，また，解答を通じてその英文の徹底的な理解が促されるもの，そのことを確かめられるようなものをつけてあります。

　掲載順は，英文の長さ（語数），語彙・構文，設問を考慮し，易しいものから難しいものへと並べたものです。別冊の目次には，語数・出題大学名とともに各英文の内容（テーマ）・キーワードを示していますので，掲載順にかかわらず，これを見て興味を持ったものから取り組んでも結構です。

解答・解説（本冊）

精講

本文	別冊の問題文を段落ごとに再掲載し，あとの「研究」で取り上げる箇所は太字にしてあります。空所等のないテキストですので，音読用としても活用してください。
語句	本文に出てくる語句のうち，大学入試に必要なものを取り上げ，品詞と意味，またアクセントや発音に注意が必要なものはそれも示してあります。同意語や反意語，関連語もできる限り添えました。既出のものも必要に応じて掲載しています。
研究	本文を少しずつ区切って取り上げ，個々の文の意味と全体の内容を正しく理解するために必要な語句・構文・文法を詳しく解説しています。必要な箇所には例文や補足を加えています。

5

囲み記事 「研究」で解説する中でも特に重要な事項や関連事項，誤りやすい点など，学習のポイントとなる知識を整理するものです。

訳 できるだけ英文との対応がわかりやすい標準的な訳文を示していますが，日本語として自然な流れや表現にしているところもあります。「研究」の訳も参考にしてください。

設問の解答・解説

　それぞれの設問に対する詳しい解説を付けました。

　さらに，いくつかの問題では，英文の出典や時代背景などについてのコラムを解答・解説の末尾に加えました。

本書に掲載の英文について

　本書に掲載の英文は，中原道喜先生が長年にわたる入試問題研究によって選ばれた英文をできる限り引き継いでおります。一部の英文には，現在の社会通念に照らして不適切な表現が含まれる場合がありますが，時代背景と作品の価値を考慮の上，そのままとしました。ご理解いただきますようお願いいたします。

本書で使用している記号について

S ……主語　　V ……述語動詞　　O ……目的語

C ……補語

do ……原形動詞　　*be* ……be 動詞

to *do* ……不定詞

doing ……現在分詞・動名詞

done ……過去分詞

動 ……動詞　　名 ……名詞　　形 ……形容詞

副 ……副詞　　前 ……前置詞　　接 ……接続詞

米 ……アメリカ式英語　　英 ……イギリス式英語

自 ……自動詞　　他 ……他動詞

単 ……単数形　　複 ……複数形

＝ ……同意語（句）　　⇔ ……反意語（句）

⇄ ……言い換え可能

《古》……昔は用いられたが現在は使われない用法

音声について

　本書に収録されたすべての問題英文の音声を無料でご利用いただけます。音声は，専用ウェブサイト・スマートフォンアプリで聞くことができます。

ウェブサイトで聞く方法

①パソコンからインターネットで専用サイトにアクセス

　（右の QR コードからもアクセスできます）

https://www.obunsha.co.jp/service/kisoeigo/

②『基礎英語長文問題精講［3 訂版］』をクリック

③パスワード「**choubun03**」をすべて半角英数字で入力して，音声ファイルをダウンロード（またはウェブ上で再生）

> **注意**
> ▶ ダウンロードについて：音声ファイルは MP3 形式です。ZIP 形式で圧縮されていますので，解凍（展開）して，MP3 を再生できるデジタルオーディオプレーヤーなどでご活用ください。解凍（展開）せずに利用されると，ご使用の機器やソフトウェアにファイルが認識されないことがあります。スマートフォンやタブレットでは音声をダウンロードできません。デジタルオーディオプレーヤーなどの機器への音声ファイルの転送方法は，各製品の取り扱い説明書などをご覧ください。
> ▶ 音声を再生する際の通信料にご注意ください。
> ▶ ご使用機器，音声再生ソフトなどに関する技術的なご質問は，ハードメーカーもしくはソフトメーカーにお願いします。
> ▶ 本サービスは予告なく終了することがあります。

スマートフォンアプリで聞く方法

　音声をスマートフォンアプリ「英語の友」で聞くことができます。「英語の友」で検索するか，右の QR コードからアクセスしてください。パスワードを求められたら，上と同じパスワードを入力してください。

音声ファイルについて

　音声の番号は「🔊 01」のように示しています。

精講

> **1** ¹Foreigners often praise the Japanese for their honesty and kindness. ²English newspapers in Japan frequently **carry letters to the editor, recounting how objects lost in trains and public places are returned by Japanese individuals.**

語句 1. **praise** 動「をほめる」 2. **letter to the editor**「〔編集者への手紙→〕投書」 **recount** 動「を詳しく述べる」 **óbject** 名「物；対象；目的（語）」 **indivídual** 名「個人；人」

研究 ■ 1. **Foreigners often praise the Japanese for their honesty**
「外国人はしばしば日本人をその正直さについてほめる」が直訳であるが「日本人の正直さをほめる」のように訳すことが多い。praise *A* for *B* と同じ形をとる重要な動詞は thank, admire, blame などである。

praise[thank] *A* for *B* の形 「B のことで A をほめる［A に感謝する］」に類した形の文は，直訳すると不自然な日本語になることが多いので，日本語本位の訳を考えてよい。

(a) He thanked her for her kindness.「彼女の親切を感謝した」
(b) I admire you for your courage.「あなたの勇気に感心する」

▶thank は「人に感謝する」のであるから英語では必ず「人」を目的語とし，(a) を ×He *thanked* her kindness. と言うことはない。

▶praise, admire は「人」とともに「ものごと」をも目的語とすることができ，(b) は I *admire* your courage. の形でも表せる。

▶appreciate「を感謝する」は「ものごと」を目的語とする。

I really thank you *for* your kindness.「ご親切ありがとう」
I really appreciate your kindness.
I'm really thankful[grateful] *to* you *for* your kindness.

■ 2. **carry letters to the editor, recounting how objects lost in trains and public places are returned by Japanese individuals**「列車や公共の場所でなくしたものが日本の個々人によって持ち主に返される話を伝える投書を掲載する」
recounting は letters を修飾し，「…ということを詳しく述べる（手紙）」の意。

how の用法

how は①疑問副詞，②感嘆文を導く副詞，③関係副詞の用法のほか，④接続詞的な用法もある。

① <u>How</u> tall are you?「君の身長はどれくらいですか」

② <u>How</u> tall you are!「君はなんと背が高いんだろう」

③ This is <u>how</u> he did it.「彼はこのようにしてそれをしたのです」

④ He told me <u>how</u> he had once been a rich man.
　　「彼は，昔は金持ちだったという話を私にしてくれた」

▶③は how を用いなければ，次のようにも言える。

This is *the way in which*〔*the way that／the way*〕he did it.

▶④の how は主として tell, say, remember などのあとに用いられ，that に近く，「…ということ，（こんなふうに）…だということ」の意。

訳

¹外国人はよく日本人の正直さと親切さをほめる。²日本の英字新聞には，列車の中や公共の場所でなくしたものが日本の個々人によって持ち主に返される話を伝える投書がしょっちゅう載る。

---

2 ¹I have personally experienced such honesty and kindness twice. ²Once I left a valuable document in a taxi. ³Within twenty-four hours it was in my hands once again. ⁴On another occasion, I lost my wallet in a train. ⁵It, too, was returned promptly, **and nothing was missing**. ⁶**Such cases are not overlooked by grateful foreigners.** ⁷One would never think of putting one's briefcase in the overhead rack in an American or European train. ⁸**It might be gone in minutes.**

語句

1. **personally** 副「個人的に；自ら」　**experience** 動「を経験する」　2. **valuable** 形「貴重な」　**document** 名「文書，書類」　4. **occasion** 名「場合，折」　**wallet**[wά(ː)lət／wɔ́lɪt] 名「札入れ，財布」　*cf.* purse「（主に女性用の）財布，がま口」　5. **promptly** 副「即座に」　**missing** 形「欠けている，行方不明の」　6. **overlook** 動「を見渡す；を見落とす；を見逃す，見過ごす」　**grateful** 形「感謝している」　*cf.* gratitude 名「感謝」　7. **overhead** 形「頭上の」　**rack** 名「網棚」

研究

■ 5. **and nothing was missing**「しかも何もなくなってはいなかった」これは *be doing* の進行形ではなく，〈*be* ＋形容詞〉の形である。

doing の形をした形容詞

次のような形容詞が be 動詞の後に続くときは，進行形と混同しないように注意。

The child is still <u>missing</u>.「その子はまだ行方不明だ」
Nothing is <u>wanting</u>.「欠けているものは何もない」
He is <u>lacking</u>（＝ wanting）*in* courage.「彼は勇気に欠けている」
〔＝ He <u>lacks</u> courage.〕
This is <u>deserving</u> *of* praise.「これは賞賛に値する」〔＝ This <u>deserves</u> praise.〕
▶*be* <u>deserving</u> of は *be* <u>worthy</u> of（〜に値する）に言い換えられる。

■ **6. Such cases are not overlooked by grateful foreigners.**「このような経験は感謝の気持に満ちた外国人によってそのまま見過ごされはしない」 さっそく新聞に投書することになるということ。

■ **8. It might be gone in minutes.**「それは数分でなくなっているかもしれない」in は「〜（分・時間・日）で」の意で，示された時間が経過した時点を示す。

<u>In three years</u> I will move to Canada.「3 年後にカナダに引っ越します」
▶この文で three years later は不可。

訳 ¹かくいう私自身もこのような正直や親切を 2 度経験している。²1 度はタクシーに大切な書類を忘れたときである。³24 時間もたたないうちに，それは私の手に戻っていた。⁴また別の折には，列車の中で財布をなくしてしまった。⁵これもまたたちまち戻ってきて，しかも〔中身は〕何もなくなっていなかった。⁶感謝の気持ちにあふれる外国人は，このような経験について一言なしにはすませない。⁷アメリカやヨーロッパの列車の中では，頭上の網棚に自分の書類かばんを置くなんてとても考えられないことだろう。⁸わずかの時間で消えてしまうかもしれない。

---

3 ¹Japanese going abroad should be careful not to neglect their possessions for even a short while. ²Several of my Japanese friends **have had their valuables stolen abroad, to their great inconvenience**. ³Japanese embassies often handle such cases of theft. ⁴When checking in at an airport, for example, one must never **leave a briefcase out of sight**. ⁵One should carry one's valuables at all times.

語句 1. **negléct** 動「をおろそかにする，怠る，無視する」 **possession** 名「所有，複 持ち物」 **for a short while**「わずかな間」 2. **valuables** 名「貴重品」 **inconvenience** [-ví:-] 名「不便」 3. **embassy** 名「大使館」 *cf.* ambassador「大使」 **handle** 動「を扱う，処理する」（＝ deal with） 4. **check in**「（宿泊・搭乗などの）手続きをする」 **out of sight**「見えないところに」（⇔ in sight「見えるところに」） 5. **at all times**「いつでも，常に」

研究 ■ **2. have had their valuables stolen abroad, to their great**

inconvenience「ひどく迷惑したことに，外国で貴重品を盗まれた／外国で貴重品を盗まれて非常に困った」〈have + O + *done*〉を用いた受身表現。

to *one*'s (surprise)

to *one*'s surprise[regret, *etc*.]は「驚いた［残念な］ことに」の意を表す。to は『結果』を表し，「〜して驚いた」といった形の言い換え，訳し換えもできる。*one*'s の要素が名詞である場合は，to the surprise of の形をとることが多い。

To their great delight,
Much to the delight of his parents, ⎫ he won (the) first prize.

「彼ら［彼の両親］がとても喜んだことに，彼は 1 等賞をとった」

■ 4. **leave a briefcase out of sight**「書類かばんを目の届かない所に置く」
  sight を用いた重要表現：Out of sight, out of mind.《ことわざ》
「去る者は日々に疎し」（＝会う機会のなくなった人のことは忘れてしまうもの）
catch sight of「〜を見つける」↔ lose sight of「〜を見失う」

訳 ¹ 外国へ行く日本人は，ほんのわずかな間でも自分の持ち物から注意をそらさないように気をつけなければならない。² 私の日本人の友人で，外国で貴重品を盗まれて非常に困ったという人が何人かいる。³ 日本の大使館はこのような盗みの被害をよく扱う。⁴ 例えば空港で搭乗手続きをするときも，絶対に書類かばんから目を離してはならない。⁵ 貴重品はいつも肌身離さず持っていなければならない。

4 ¹ The Japanese are not so honest, however, in paying taxes on land and income. ² Each year, the newspapers are filled with statistics giving the number of doctors, dentists, and landowners attempting to evade taxes. ³ This, however, can be said of Westerners as well. ⁴ No one likes paying taxes!

語句 1. **tax** 名「税（金）」 **income** 名「収入，所得」 2. **statistics** 名「統計（学・表・資料・数値）」 **the number of**「〜の数」 *cf.* a number of「［ある不特定の数の〜→］いくつかの〜，何人かの〜；多数の〜」 **dentist** 名「歯科医」 **attempt** 動「を試みる，企てる」（= try） **evade** 動「を避ける，よける，かわす」 3. **as well**「〜もまた」（= too）

訳 ¹ 日本人はしかし，土地や収入にかかる税金を払うことにおいてはさほど正直ではない。² 毎年のように，新聞は，脱税を企てる医師や歯科医や地主の数を報じる詳しい数字でいっぱいになっている。³ しかしこれは西洋人についても言えることだ。⁴ 税金を払うことが好きな人間はいない！

解答・解説

解答

1	for	2	returned	3	with

4	乗り物内や公共の場でなくしたものが返ってきた事例を，感謝の気持ちにあふれる外国人がそのまま見過ごすことはない。

5	B	6	stolen	7	A	8	C	9	A	10	D	11	C

解説

1 　研究 **1** 1. 参照。

2 　「それは再び私の手中にあった」の意で，it は document を指す。**1** 2・**2** 5 にある return という動詞を利用して言い換える。なお「本文より抜き出して」という指示がなければ，空所に入るものとして back なども考えられる。

3 　付帯状況の表現。

4 　「そのような事例は…によって見過ごされることはない」。**2** の事例は筆者個人の事例であるが，下線部は筆者を含む外国人一般について述べたものだから，such の内容としては **1** 2 の内容を踏まえる。受動態の直訳でもよいが，本問のように such を具体的に訳出した場合は，《人》を主語にした方が自然な日本語訳になる。

5 　*be* gone「①行ってしまった　②消えてなくなった」it は one's briefcase を指しており，ここは②の意。A「書類かばんは少ししたら見つかるかもしれない」B「書類かばんは少しの間になくなるかもしれない」C「列車はまもなく見えなくなるかもしれない」D「列車はまもなく出発するかもしれない」

6 　〈have + O + *done*〉で表す受身の形は，被害者を主語として，その一部がこうむった被害を表現できる。steal「を盗む」の過去形は stole，過去分詞は stolen。関連語に stealth「名 秘密の手法；形 内密の」（発音注意[stelθ]）がある。

7 　研究 **3** 2. 参照。A「そしてそれは彼らを大変不便な状況にした」（put ～ to inconvenience「～に迷惑をかける，困らせる」= cause inconvenience to）B「彼らが大いに迷惑をこうむったので」C「彼らが大いに不便を感じたとしても」D「それは彼らを大いに困らせたものの」

8 　A「悲しみ」B「公正」C「窃盗，盗み」D「脅威」なお，「を盗む」の意の動詞は steal，「泥棒」の意の名詞は thief である。theft と併せて押さえておく。

9 　研究 **3** 4. 参照。A「書類かばんから目を離さない」B「書類かばんを置き忘れる」C「なくした書類かばんを見つけるのを決して諦めない」D「目の届かない所に置かれた書類かばんについて心配するのをやめる」

10 　A「を受け取る」B「を調整する」C「を利用する，適用する；応募する」D「を回避する」なお evade の名詞形を用いれば tax evasion「脱税，納税忌避」という表現も可能。

11 　「～について」の意を持つ前置詞。

精講

> **1** ¹Reading is an endless opportunity, an ever-open door to ever-greater mental growth. ²**Practically all the wisdom of the world** is in books. ³**No one can ever read all the good books that have been written**, but **the more one reads, the richer one is in true and useful wisdom**.

語句 1. **opportúnity** 名「機会」（= chance）　**ever-open** 形「常に開いている」　**ever-greater** 形「ますます大きくなる」　2. **practically** 副「ほとんど，～も同然で；事実上」（= virtually）　**wisdom** 名「英知」

研究 ■ 2. **Practically all the wisdom of the world**「世界のほとんどすべての英知が」practically「事実上」が直後に all や no を伴う用法に注意。

There was *practically* no space for newcomers.
「新入生のためのスペースは事実上なかった［ないも同然だった］」

■ 3.① **No one can <u>ever</u> read all the good books that have been written**「だれもこれまでに書かれたすべての良書を読むことは決してできない」否定語の影響が及ぶ中では二重否定を避けるため never が ever となって現れる。

cf. You can *never* read all the good books that have been written.

■ 3.② **the more one reads, the richer one is in true and useful wisdom**「多く読めば読むほど，本当の有益な英知が豊かに身につく」

形容詞 true は useful とともに名詞 wisdom を修飾している点に注意。

the +比較級～, the +比較級...　「～すればするほど，ますます…する」の意。主節の the は副詞で，「その分だけ」の意。（⇒ p.236 研究 **1** 5.）

The more one has, **the more** one wants.
└──従節──┘ └──主節──┘
「持てば持つほど（それだけいっそう）欲しくなる；隴を得て蜀を望む」

▶ この構文で，次のように主節が前に出る形をとることがある：

One wants **the more**, **the more** one has.
└──主節──┘ └──従節──┘

訳 ¹読書というのは無限の機会，つまり精神の止まることなき成長へと通じる常に開かれ

13

2 No matter how busy you may think you are, you must find time for reading now, **or you must surrender yourself to self-chosen ignorance**.

語句   **surrender _A_ to _B_**「AをBに明け渡す」 **self-chosen** 形「自分で選んだ〔自分によって選ばれた〕」 **ígnorance** 名「無知」

研究   ■ **or you must surrender yourself to self-chosen ignorance**

「さもなければあなたは〔自分によって選ばれた→〕自ら選んだ無知に自分自身を明け渡さなければならない」事実上の命令（you must ...）に続く or you ... は「さもなければあなたは…」の意。

〈名詞－過去分詞〉 「（名詞）によって…された」の意の複合形容詞。

- self-chosen ignorance ＝ ignorance _chosen_ by yourself
- a man-made moon ＝ a moon _made_ by man「人工衛星」

《類例》 -owned「～によって所有された」，-backed「～によって支配された」，
     -run「～によって経営された」

▶〈名詞-oriented〉は「～志向の，～中心の」の意の形容詞。
family-oriented「家庭中心的な」 group-oriented「集団志向型の」

訳   たとえ自分がどんなに忙しいと思っていても，読むための時間を今見つけなければならない。そうしないと，自ら選んだ無知に身を委ねるしかなくなる。

---

3 ¹**Never force yourself to read a book that you do not enjoy.** ²**There are so many good books in the world that it is foolish to waste time on one** that does not give you pleasure and profit (unless reading it is a requirement to pass an examination, or something like that). ³**If you have chosen a book in good faith and have found it unsatisfactory after a fair trial**, put it back on the shelf and **devote your time instead to reading something else** that will bear you richer fruit.

語句 1. **force** *A* **to** *do*「Aに（無理に／強制的に）…させる」（= compel, oblige） 2. **waste** ＋時間・費用・力＋ **on**「…を〜に浪費する」 **prófit** 图「利益」 **requírement** 图「必要条件」 3. **faith** 图「信頼；信仰」→ **in good faith**「信用して；善意で」 **unsatisfáctory** 形「不満足な」 **fair** 形「かなりの」 **trial** 图「試み，試行」*cf.* trial and error「試行錯誤」 **put 〜 back**「〜を戻す」 **shelf** 图「棚」 **devote** *A* **to** *B*「AをBにささげる」 **instead** 副「その代わりに」 **bear fruit**「実を結ぶ」

研究 ■ 1. **Never force yourself to read a book that you do not enjoy.**
「自分が楽しまない本を決して無理に自分に読ませてはいけない」

= Never make yourself read ...

■ 2. **There are so <u>many</u> good books in the world that it is foolish to waste time on <u>one</u> ...**「世界にはたくさんの良書があるのだから… 1 冊に時間を浪費するのは愚かなことだ」〈so 〜 that *SV*〉「①非常に〜なので…／②…なほどに〜」の構文で，many と one の対照に注目。one は a book と置き換えてもよい。

■ 3. ① **If you have chosen a book in good faith and have found it unsatisfactory after a fair trial**「もしあなたが（これは良い本だと）信じて 1 冊を選び，しっかり試してみたあとでそれに満足できなかったなら」不満を表現する際の形容詞の区別に注意。

$\begin{cases} \text{I found that it was } \underline{\text{unsatisfactory.}} \ \text{〔→ it の状況が unsatisfactory〕} \\ = \text{I was } \underline{\text{dissatisfied}} \text{ with it.}\text{「それに不満だった」〔→ I の気持ちが dissatisfied〕} \end{cases}$

■ 3. ② **devote your time instead to reading something else**「その代わりにあなたの時間を何か他のものを読むことにささげなさい」devote *A* to *B*「AをBにささげる」の to は前置詞。to reading（動名詞）となる点に注意。instead はそこに挿入された副詞。

訳 ¹自分が楽しめない本を決して無理に読んではならない。²世界によい本は非常に多くあるから，自分に喜びや利益を与えてくれない 1 冊に時間を浪費するのは愚かである（その 1 冊を読むことが試験に合格するための必要条件であるとか，そういったことでない限り）。³もしあなたがよく考えて本を選んだのに，しっかり試した末にその本が満足いかないものだと思ったなら，その本を本棚に戻し，その代わりにもっと豊かな実りを自分にもたらしてくれる他の本に自分の時間を傾注しなさい。

4 ¹However, **if you find yourself bored by a book that many well-informed people regard as important and readable, be fair with yourself and confess that perhaps the shortcoming is not in the book but in you.** ²Often **a book which now seems dull or difficult will prove** easy to grasp and fascinating to read when you are more mature intellectually. ³Sometimes young people, or those who read little, are puzzled or bored by certain great books because they lack the background and the maturity of mind **necessary to meet** the author of the book on his own intellectual level. [4]**But this difficulty will correct itself, provided you go on reading and growing** mentally.

語句 1. **bore** 動「を退屈させる」 **well-informed** 形「情報通の，精通した」 **regard _A_ as _B_**「_A_ を _B_ と見なす」(= look on _A_ as _B_) **readable** 形「おもしろく読める」 **confess** 動「を告白する；を〔事実であると〕認める」 **shortcoming** 名「欠点，短所」(= fault) 2. **dull** 形「鈍い；退屈な」 **prove** 動「を証明する；であることがわかる (= turn out (to be))」 **grasp** 動「をつかむ；を把握する (= understand)」 **fascinating** 形「うっとりさせる」 **mature**[mətúər] 形「成熟した」 **intelléctually** 副「知的に」 3. **puzzle** 動「を困惑させる」 **lack** 動「を欠く；がない」 **maturity** 名「成熟」 **author** [ɔ́ːθər] 名「著者，作者」 4. **correct** 動「を修正する，直す」 **provided** 接「もし…ならば」 **go on _doing_**「…し続ける」(= keep[continue] _doing_)

研究 ■ 1.① **if you find yourself bored by a book that many well-informed people regard as important and readable**「もしあなたが，多くの識者が重要で興味深いと見なす本を読んで退屈したならば」a book の直後の that は関係代名詞(目的格)。過去分詞 bored(退屈させられた)と現在分詞 boring(退屈させる)を正しく区別すること。

| you find yourself _bored_ by a book「本に退屈させられる」
| = you find a book _boring_「本を退屈だと思う」

■ 1.② **be fair with yourself and confess that perhaps the shortcoming is not in the book but in you**「自分に対して公平な態度をとり，もしかしたら欠陥は本にではなく自分にあるということを認めなさい」 この部分は be honest with yourself and admit that ... と言い換えるとわかりやすい。

not _A_ but _B_

「_A_ ではなく _B_」の意。「_A_ ではない，しかし _B_」とするのは誤訳。
Happiness is _not_ getting what you like _but_ liking what you have.
「幸せとは自分が好きなものを手に入れることではなく，自分が持っているものを好きになることである」

■ 2. **a book which now seems dull or difficult will prove ...**「今はつまらないとか難しいとか思える本が…だとわかるだろう」now seems [現在形] と will prove [未来形] の対照に注目する。

prove の用法

prove は 〈S + V + C〉の形で「(主語が) 〜であることがわかる」(= turn out) の意。なお，find を 〈S + V + O + C〉の形で「(目的語が) 〜であることがわかる」の意で用いた場合と比較するとよい。

The book *proved* interesting.
「その本は（読んでみれば）おもしろいということがわかった→その本はおもしろかった」
I *found* the book interesting.
「私はその本が（読んでみると）おもしろいとわかった→その本はおもしろかった」

■ 3. **necessary to meet** 〜「〜に向きあうために必要な」は background と maturity を修飾する。... (which are) necessary to meet 〜のように補って考えることもできる。

■ 4.① **But this difficulty will correct itself** 「このような問題も（自然と）解決されることになるだろう」『無生物主語』の文で再帰目的語 itself が使われ，"人の意志とは無関係にその現象が起きる" ことを表す場合がある。

　　　History repeats *itself*.「歴史は繰り返す」
　　　This novel wrote *itself*.「この小説は自然に書けた」

■ 4.② **provided you go on reading and growing ...** 「あなたが読書をして…成長し続けるならば」provided「もしも」は分詞から接続詞に発展したもので（providing にも同じ用法がある），on condition that 〜「〜であることを条件として」に近い。(⇒ p.168) reading と growing mentally は go on を共有する一つのまとまりで，「読書して知的に成長すること」という一連の流れをいう。

訳
　¹しかしもし，多くの識者が重要で興味深いと見なす書物に自分が退屈を感じるなら，自分について〔過大評価せず〕公平に見て，不十分な点はもしかすると書物にではなく，自分にあるのかもしれない，と認めなさい。²今はつまらなく，あるいは難しく思える書物でも，知的に自分がより成熟したときには容易に理解でき，読んで引きつけられるものと判明することが，よくある〔からである〕。³ときとして若者あるいは読書をあまりしない人々は，ある種の名著にとまどい，退屈を感じることがあるが，それはその本の著者の持つ知的レベルで著者と向き合うのに必要な素養や知的成熟を欠いているからだ。⁴しかしこの問題も，あなたが読書をして知的に成長し続けるなら，自然に解消していくことだろう。

解答・解説

解答

1	書物の中には，世界の事実上すべての知恵がある。	**2** the richer
3 （ⅰ）However　（ⅱ）busy	**4** B	**5** B
6	この世界には非常にたくさんのよい本があるので，自分に喜びと利益を与えてくれない1冊に時間を浪費するのは愚かなことである。	
7 C	**8** B	**9** （ⅰ）E（ⅱ）A（ⅲ）D（ⅳ）B（ⅴ）C　**10** C

解説 **1** 第1文型（SV）の be 動詞は，「ある；存在する」の意。practically の用法は **研究** **1** 2. 参照。

2 **研究** **1** 3. ② 参照。

3 no matter how busy「どれほど忙しいかに関係なく」→「どれほど忙しかろうと」。

4 surrender「降参する，屈服する」は，surrender *A* to *B* で「A を B に明け渡す」の意。ここでは surrender *oneself* to で「～に身を委ねてしまう」こと。**A**：compare *A* to *B*「A を B にたとえる；A を B と比べる」**B**：give over *A* to *B*「A を B に引き渡す」**C**：help *oneself* to「～を自由に取って食べる」**D**：owe *A* to *B*「A を B のおかげだと思う」

5 「《人》に…させる」という表現は，それが強制的なものか，依頼によるものか，あるいは許可や放任の結果によるものかの区別が重要。本文の force *A* to *do* および選択肢 **B** にある compel *A* to *do* は，A に対して強制的に…させる場合や，必然的に…せざるを得なくなる場合に用いられる。なお，選択肢 **A** の allow *A* to *do* では許可して「A に…させる」，もしくは「A が…するままにさせておく」（放任）の意，**C** の entitle *A* to *do* は「A に…する権利を与える」，**D** の permit *A* to *do* は許可によって「A に…させる」の意。

6 so ～ that ... の構造を見落とさないこと。one は many との対照だから，「1 冊」と訳したいところだが，one = a book ということだから「自分に喜びと利益を与えてくれない本」のように訳出してもよい。

7 副詞 instead の挿入によって分断されているが，ここは devote *A* to *B*「A を B にささげる」という表現の一部。

8 bear fruit「実を結ぶ，結果を出す」の bear は「を産み出す，もたらす」の意（本文では第4文型（SVOO）になっており，bear *A* fruit「A のために実を結ぶ」となっている）。**A**「正直に言って私はあの騒音にこれ以上耐えられない」**B**「天使はアブラハムに言った：『あなたの妻は，あなたのもとに子供を産むでしょう』」**C**「沈黙は金なり，ということを心に留めておきなさい」bear には「を〔心に〕抱く」の意がある。*cf.* Speech is silver.「雄弁は銀なり」。**D**「だれがあんな重いかばんを空港まで運びたがるだろうか」

9 三単現の -s が付く動詞（seems）が入るのは（ i ）のみ。prove の用法については **研究** **4** 2. 参照。（ v ）には形容詞がふさわしい（形容詞は選択肢 **A** または **C**）。

10 書物の難しさの一因を述べた前文の because 節に注目。**A**「あなたが読む本に含まれているかもしれない誤りを見つけることの難しさ」**B**「読んでいる本の著者にあなたが直接会うことの難しさ」（in private「私的に，直接二人で」）**C**「自分の未熟さゆえに優れた書物を理解するのが難しいこと」**D**「自分のニーズに合った書物を見つける難しさ」

精講

> ¹**Looking neither right nor left, her bag flapping against her back, Totto-chan ran all the way home from the station.** ²**Anyone seeing her would have thought** something terrible had happened. ³**She had started running as soon as she was out of the school gate.**

語句 1. **flap 動**「ぱたぱた［ひらひら］動く」 **all the way**「（ある道のりを）ずっと，はるばる」

研究 ■ 1. **Looking neither right nor left, her bag flapping against her back, Totto-chan ran all the way home from the station.**「右も左も見ないで，ランドセルを背中でぱたぱたいわせながら，トットちゃんは駅から家までずっと走り通した」Looking ... も flapping ... も『付帯状況』を表す分詞構文。Looking の『意味上の主語』は文の主語の Totto-chan であるが，flapping の『意味上の主語』は分詞の前に置かれた her bag。これは with を用いて，with her bag flapping 〜としても同じである。(⇒ p.152 **doing の用法**)

■ 2. **Anyone seeing her would have thought ...**「彼女を見かけた人はだれでも…と考えたことだろう」

仮定法（1）

　　過去のことについて「もし仮に…したならば，〜しただろうに」と"反実仮想"的に述べる際，if 節を用いれば次のようになる。

　If S had *done* ... , S would [should, could, might] have *done* 〜.
　〔前提節・条件節〕　　　　　〔帰結節・主節〕

しかし条件は『節』以外の形で表されることも多い。この文は，主語が条件の意味を含む場合であるが，『節』で表すとすれば次のようになる。

　Anyone, if he had seen her, would have thought ...
　「だれでも，もし彼女を見たら，…と思っただろう」

■ 3. **She had started running as soon as she was out of the school gate.**「彼女は校門を出るやいなや，駆け出していたのだった」前文はトットちゃんが駅から家に帰り着くまでのことを述べていたが，この文ではさかのぼって，それ以前のことを述べるので，had started という過去完了時制が用いられている。

〔『窓ぎわのトットちゃん』（黒柳徹子：講談社刊）の原文〕

¹トットちゃんは，いま，ランドセルをカタカタいわせながら，わき見もしないで，駅から家にむかって走っている。²ちょっと見たら，重大事件が起こったのか，と思うくらい。³学校の門を出てから，ずーっと，トットちゃんは，こうだった。

2 ¹**Once home, she opened the front door and** called out, "I'm back!" and went to look for Rocky. ²**He was lying on the porch, cooling off, with his belly flat against the floor.** ³Totto-chan didn't say a word. ⁴She sat down in front of Rocky, took her bag off her back, and took out a report card. ⁵It was her very first report card. ⁶**She opened it so Rocky could clearly see her marks.**

語句 ── 1. **call out**「大声で叫ぶ」　**Rocky** →犬の名　2. **porch** 图「ポーチ（玄関の外側の張り出し部分）；米 ベランダ」　**cool off**「涼しくなる，冷える；涼む」　**belly** 图「腹」　**flat** 形「平らな，ぴったり接した」　4. **report card**「成績通知表，通信簿」　5. **one's very first**「生まれて初めての～」very は最上級や first, last などを強める用法。6. **mark** 图「点数，成績」

研究 ■ 1. **Once home, she opened the front door and ...**「ひとたび家に帰ると，彼女は玄関の戸を開けて…した」この Once は「いったん…すると」の意の接続詞。Once she was home から〈S + *be*〉を省略した『縮約節』。

■ 2. **He was lying on the porch, cooling off, with his belly flat against the floor.**「ロッキーは，腹をぺったり床にくっつけて，涼みながら，ベランダに寝そべっていた」

with の用法　　　with は〈with ＋名詞＋①前置詞句　②形容詞　③副詞　④分詞〉の形で『付帯状況』を表す。

① She spoke <u>with</u> tears in her eyes.「目に涙を浮かべて話した」
② Don't speak <u>with</u> your mouth full.「物をほおばったまましゃべるな」
③ He stood there <u>with</u> his hat on.「帽子をかぶったままそこに立っていた」
④ She sat still, <u>with</u> her eyes closed.「目を閉じてじっと座っていた」
　<u>With</u> night coming on, we started.「夜が近づいたので出発した」
▶④の場合，with のない形（＝ Night coming on, we started.）でも同じ意味で，それを『独立分詞構文』といい，分詞の前に置かれた名詞が『意味上の主語』となる。**1** 1 の her bag flapping ... はその一例。

■ 6. **She opened it so Rocky could clearly see her marks.**「彼女は自分の

成績をロッキーがよく見ることができるように，通信簿を開いた」この so は so that と同じで『目的』を表す。

---

so の用法（目的・結果）　　so は，くだけた文体では that と併用せずに，①『目的』（〜するために），②『結果』（とても〜なので（…だ））の意を表す。
　① He hurried <u>so</u> (*that*) he could catch up. 「彼は追い付けるように急いだ」
　② I was <u>so</u> tired (*that*) I couldn't walk. 「とても疲れていて歩けなかった」

訳　¹家に着いて，玄関の戸を開けると，トットちゃんは，
「ただいま」
といってから，ロッキーを探した。²ロッキーは，ベランダに，お腹をぺったりとつけて，涼んでいた。³トットちゃんは，だまって，⁴ロッキーの顔の前にすわると，背中からランドセルを下ろし，中から，通信簿を取り出した。⁵それは，トットちゃんが，初めてもらった，通信簿だった。⁶トットちゃんは，ロッキーの目の前に，よく見えるように，成績のところを開けると，

3　¹ "Look!" she said proudly. ²There were A's and B's and other characters. ³Naturally, Totto-chan didn't know yet whether A was better than B or whether B was better than A, so it would have been even harder for Rocky to know. ⁴But Totto-chan wanted to show her very first report card to Rocky before anyone else, and she was sure Rocky would be delighted.

語句　2. **character** 名「性格；文字；人物」**A's / B's** →文字「A」，「B」の複数形　3. **naturally** 副「自然に；生まれつき；《文修飾》当然（のことながら）」

訳　¹「見て？」
と少し自慢そうにいった。²そこには，甲とか乙とか，いろんな字が書いてあった。³もっともトットちゃんにも，甲より乙のほうがいいのか，それとも，甲のほうがいいのか，そういうことは，まだ，わからなかったのだから，ロッキーにとっては，もっと難しいことに違いなかった。⁴でも，トットちゃんは，この，初めての通信簿を，誰よりも先にロッキーに見せなきゃ，と思ってたし，ロッキーも，きっと，よろこぶ，と思っていた。

4　When Rocky saw the paper in front of his face, he sniffed it, then gazed up at Totto-chan.

sniff 動「のにおいを（くんくん）かぐ」　**gaze up at**「顔をあげて〜をじっと見つめる」

訳

　ロッキーは，目の前の紙をみると，においをかいで，それから，トットちゃんの顔を，じーっと見た。

---

5 ¹ "You're impressed, aren't you?" said Totto-chan. ² **"But it's full of difficult words so you probably can't read all of it."**

語句　1. *be* impressed「感銘を受ける，感心する」

研究　■ 2. **But it's full of difficult words so you probably can't read all of it.**「でも難しい言葉がいっぱいあるから，おまえに全部は読めないだろうね」

not ～ all（部分否定）

　　　　　　　not ～ all は原則として①『部分否定』（全部が〜であるわけではない）。ただし文脈によっては②『全体否定』（全部〜でない）の場合もある。イントネーションを区別する。

①I cannot eat all of it.（︶）「全部は食べられないよ」
②I cannot eat all of it.（＼）「全部食べられない」
▶①は I can eat some of it. ②は I can eat none of it. と表せる。

この文で，だれよりもまず愛犬に通信簿を見せるトットちゃんの気持ちは，①「いくらお利口さんのおまえでも全部は無理よね」であって，②「おまえなんかには全然無理よね」ではないだろう。

訳

¹トットちゃんは，いった。
「いいと思うでしょ？　²ちょっと漢字が多いから，あんたには，むずかしいとこも，あると思うけど」

---

6 ¹ Rocky tilted his head as if he was having another good look at the card. ² Then he licked Totto-chan's hand.

語句　1. **tilt** 動「を傾ける；をかしげる」　**have another good look at**「〜をもう一度よく見る」
　　　2. **lick** 動「をなめる」

訳

¹ロッキーは，もう一度，紙を，よく眺めるふうに頭を動かして，²それから，トットち

ゃんの手を，なめた。

---

7 ¹ "Good," she said with satisfaction, getting up. ² "Now I'll go and show it to Mother." ³ After Totto-chan had gone, **Rocky got up and found himself a cooler spot**. ⁴ Then he let himself down again slowly, and closed his eyes. ⁵ **It wasn't only Totto-chan who would have said that the way his eyes were closed it really seemed as if** he was thinking about that report card.

語句　1. **satisfaction** 图「満足」　4. **let** *oneself* **down**「体を横たえる」

研究　■ 3. **Rocky got up and found himself a cooler spot**「ロッキーは立ち上がって自分のためにもっと涼しい場所を見つけた」この himself は『再帰用法』で find の間接目的語。言い換えれば，Rocky ... found a cooler spot *for himself* となる。oneself の二つの用法を区別する。

　　① She made <u>herself</u> some tea.「自分のためにお茶を入れた」＝『再帰用法』
　　② She made some tea <u>herself</u>.「自分でお茶を入れた」＝『強意用法』
　　① ＝ She made some tea *for herself*.　② ＝ She made some tea *by herself*.

■ 5. ① **It wasn't only Totto-chan who would have said that ...**　これは『強調構文』で，「…と言ったのはトットちゃんだけではなかっただろう」の意。これは Not only Totto-chan but (also) anyone else *would have said* that ...「トットちゃんだけではなく他のだれだって…と言っただろう」のように言い換えられる。

■ 5. ② **the way his eyes were closed it really seemed as if ...**「彼が目を閉じているさまは，まるで本当に…のようだった」

the way の用法　　主に口語で，接続詞として「…のように；…の様子からすれば」などの意味で用いられる。
　Do it the way (＝ as,《口語表現》like) I do.「僕がそうするようにしろよ」
　The way you look, you'd better ....「その様子じゃ…したほうがいい」
　The way (＝ As) I see[heard] it, ...「僕の見る [聞いた] ところでは…」

as if ... はここでは「（犬だから実際には考えないが）まるで…のようだった」の意で，空想の要素が強いこの箇所では『仮定法過去』の as if he *were* を用いてもよい。

訳　¹ トットちゃんは，立ち上がりながら，満足げな調子でいった。
「よかった。² じゃ，ママたちに見せてくる」

³トットちゃんが行っちゃうと，ロッキーは，もう少し涼しい場所を探すために，起き上がった。⁴そして，ゆっくり，すわると，目を閉じた。⁵それは，トットちゃんじゃなくても，ロッキーが通信簿について考えている，と思うような，目の閉じかただった。

解答・解説

解答

1	彼女を見た人はだれでも，何かたいへんなことが起こったのだと思ったことだろう。

2	soon	3	C	4	A	5	A	6	B	7	D

8	go and show it to Mother	9	B

解説　**1**　研究 **1** 2. 参照。　**2**　研究 **1** 3. 参照。

3　研究 **2** 1. 参照。A 副詞句 once (and) for all「きっぱりと」「兄［弟］はきっぱりとたばこをやめた」B 副詞句 once in a while「ときどき」「彼女はときどき私たちを訪ねておしゃべりを楽しんだ」C 接続詞 once が導く副詞節で once he had been left alone の SV 部分の省略。「少年は，一人取り残されると怖くなって泣いた」D at once A and B「A であり同時に B」「王女は賢明かつ美しいことで知られていた」

4　研究 **2** 2. 参照。付帯状況の with を選ぶ。A 付帯状況「一日中彼はドアを閉めて家に留まっていた」B「～に関しては」の意の前置詞「私の車はどこかおかしい」C「～を使って」の意の前置詞「書くためのペンがない」D「～と共に」の意の前置詞「午後，ジェーンやスーと一緒に私たちはテニスをした」

5　学校生活に関係する mark の語義には 名「成績」，動「成績をつける」がある。A「学業成果」B「皮膚のひっかき傷」C「2 人の間の秘密の暗号」D「射撃の的」

6　**3** 3 前半に，成績表の A や B の持つ意味がトットちゃんにはまだわからなかったとある。それを受けた同文後半では，成績表の記号はロッキー（犬）にとっては「なおさら」難しい，となるはず。比較級 harder を強める副詞には，much, by far, even, still などがあるが，「〔ただでさえ…なのに〕なおさら…」という意になるのは even または still。その他の選択肢は意味が通らず文法的にも不適。

7　付加疑問文で aren't you? と続けるには，You are ... で始まる文が冒頭に必要。

8　「《人》に《物》を見せる」の意では，第 3 文型〈show +《物》+ to +《人》〉と，第 4 文型〈show +《人》+《物》〉の表現が可能だが，《物》が代名詞（it, them）の場合は第 3 文型をとるのが標準的な用法。

9　研究 **7** 3. 参照。A「通信簿よりももっと魅力的なものを見つけた」B「自分用にもっと心地よい場所を見つけた」C「以前に比べて自分自身が落ち着いていると思った」D「わき腹にもっとかっこいい模様があるのに気づいた」

精講

1 ¹Waiting patiently is hard to do, even for grown-ups. ²We develop patience, or at least **learn to hide our impatience**, because we know that it is socially unacceptable to **do otherwise**. ³For small children, waiting is especially difficult. ⁴They don't care yet about what others think, so they express their impatience openly. ⁵In addition, **their limited comprehension of time makes it difficult for them to gauge** how long they will have to wait for something. ⁶"**How much longer?**" ⁷"**Can we go now?**" ⁸"**Are we there yet?**" ⁹"**When is it time?**" ¹⁰These are questions that **reveal how difficult it is for small children not only to wait, but even to understand the general framework of time passing.**

語句 1. **patiently** 副「忍耐強く」 **grown-up** 名「大人」 2. **patience** 名「忍耐」 **at least**「少なくとも」 **learn to do**「…するようになる」 **impatience** 名「我慢できないこと，いらいら」(⇔ patience) **socially** 副「社会的に」 cf. society 名「社会」 **unacceptable** 形「受け入れられない」 4. **care** 動「気にする，気にかける，心配する」 **yet** 副「[not ~ yet で] まだ~ない；[疑問文で] もう，すでに」 **express** 動「を表現する，表明する」 **openly** 副「公然と，堂々と」 5. **limited** 形「限定的な」 **comprehension** 名「理解」 **gauge** 動「を測定する；を判断する」 10. **reveal** 動「を明らかにする；[隠されたもの] を暴露する」 **framework** 名「枠組み」 **pass** 動「[時が] 過ぎる；を通過する」

研究 ■ 2.① **learn to hide our impatience**「自分のいらいらを隠すようになる」 learn to do「成長して…するようになる，練習して…できるようになる」
■ 2.② **do otherwise**「そうでない方法で振る舞う」

otherwise
otherwise については次の三つの用法を確認しておくこと。
①「他の方法で；異なる内容で」
All the pictures below are taken in May, 2018, unless <u>otherwise</u> mentioned.
「下の写真はすべて，他に断りのない限り，2018年5月に撮影されたものです」
②「さもなければ」(仮定法の構文に多くみられる)
I had a dictionary with me; <u>otherwise</u> I couldn't have understood the message.「辞書が手元にありました。そうでなければそのメッセージを理解できなかったでしょうに」

25

③「それ以外の点では」

My room has no TV set, but I like it <u>otherwise</u>.
「私の部屋にはテレビがないが，それ以外の点では気に入っている」

■ 5. **their limited comprehension of time makes it difficult for them to gauge ...** 「時間についての彼らの限界ある理解は，彼らが…を判断するのを難しくする」

名詞構文

　　日本語でなら『文』として述べるのが自然な内容を，英語では『名詞句』にまとめてより大きな文の主語や目的語に用いることがあり，これを『名詞構文』という。本文は，これによって生じた『無生物主語』の構文。

　　their limited comprehension of time「彼らの限界のある時間の理解」
　　= (that) they comprehend time in a limited way
　　「彼らが限られたやり方で時間を理解する（ということ）」

　　日本語で解釈する際は主語の内容を『原因・理由』に位置づけ，for them（= children）を主語としてとらえなおすとよい。直訳<u>「子供たちの限界のある時間の理解は，子供たちが…を判断するのを難しくする」</u>→「子供たちは時間についての認識に限界があるため，〔子供たちは〕…を判断するのが難しくなるのだ」

■ 6. **How much longer?** 「あとどのくらい？」How much longer do we have to wait?「あとどのくらい待つ必要があるの？」の意で，〈much＋比較級〉に「このあともずっと待たなくてはならないのか」というじれったさが込められている。

■ 8. **Are we there yet?** 「もう着いた？」疑問文中の副詞 yet「すでに」には "after so *much* time" の含みがあり，"そろそろ着くはずでしょう" といういらだちを表す。これに対し Are we there <u>already</u>?「もう着いたの？」は，意外に早く到着した驚きの表現（ここでの already は "after so *little* time" を含意）。関連表現：
　　Here we are. 「さあ着いたよ」

■ 9. **When is it time?** 「ねえ，いつになったらなの？」待ちきれなくて急かす表現。例えば When is it time to do homework? は字句どおり「宿題をやる時間はいつですか」の意もあるが，「いつになったら宿題をやるの！」と行動を促す意にもなる。

■ 10. ① **reveal how difficult it is for small children not only to ..., but even to ～** 「子供たちにとって…することだけでなく～することさえ，どれだけ難しいかを明らかにする」it は形式主語。真主語の to 不定詞は二つあり，それらが not only *A* but (also) *B*「*A* だけでなく *B* も」（⇒ p.177）によって結びついた構造。

■ 10. ② **understand the general framework of time passing** 「時間が過ぎるという全体的な概念を理解する」of の後に動名詞 passing「過ぎること」があり，名詞 time「時間」はその『意味上の主語』として間に置かれている。

意味上の主語

Mr. Brown is proud of his son <u>making</u> great contributions to the project.
　　　　　　　　　　　　　<u>前</u> + <u>名</u>　 + 動名詞

「ブラウン氏は自分の息子がそのプロジェクトに多大な貢献をしていることを誇りにしている」

PART I 4

訳 ¹辛抱強く待つというのは難しい——大人にとってさえそうである。²われわれが忍耐力を育て、あるいは少なくともいらいらを隠すようになるのは、そうしないことが社会的に受け入れられないと知っているからだ。³小さな子供にとっては、待つことは特に難しい。⁴子供は他人がどう考えるかについてまだ気にしないので、自分のいらいらを公然と表現する。⁵その上、子供たちは時間についての認識に限界があるため、何かについてどれだけ待つ必要があるのか、判断が難しくなるのだ。⁶「あとどれくらいなの？」⁷「もう行っていい？」⁸「もう着いた？」⁹「いつになればいいの？」¹⁰これらは子供たちにとって待つことだけでなく、時が過ぎるという大きな枠組みを理解することさえいかに難しいかを明らかにしてくれる質問なのである。

---

2 ¹**Everyday life provides an abundance of opportunities to teach our children how to wait patiently.** ²"I'm hungry!" a child cries impatiently. ³As we're preparing his food, we can explain to him that **the pasta needs** to be cooked, **the vegetables need** to be cut, **the orange must** be peeled **first**. ⁴"I want an ice cube!" another child demands. ⁵**By showing her the ice tray and explaining that** it takes time for the water to freeze, **we help her understand why** she has to wait, and give her a science lesson at the same time. ⁶**We can listen** when our children express their impatience, **and let them know** we understand how hard it can be to wait, **while explaining that** some things take time, and that we need to learn to be patient while the necessary steps are being taken.

語句 1. **provide** 動「を与える」 **abundance** 名「豊富さ」 **opportunity to do**「…する機会, チャンス」 3. **peel** 動「の皮をむく」 4. **cube** 名「立方体；さいころ型のもの」 **demand** 動「を要求する」 5. **science lesson**「科学〔理科〕の授業（時間）」

研究 ■ 1. **Everyday life provides an abundance of opportunities to teach our children how to wait patiently.**「毎日の生活は, 我慢強く待つ方法をわれわれの子供に教える豊富な機会を提供する」éveryday 形「毎日の」（1語）と évery dáy 副「毎日」（2語）のつづり・アクセントに注意。(⇒ p.103)

27

an abundance of opportunities「機会の豊富さ→豊富な機会」〈量・規模・種類を表す語＋ of〉は，形容詞的に後続の名詞にかけて訳すことができる。

■ 3. **the pasta needs ..., the vegetables need ..., the orange must ... first**「まずパスタは…が必要で，野菜は…が必要で，オレンジは…しなければならない」パスタの例，野菜の例，オレンジの例は文法的にいずれも同格。したがって，副詞 first はこの三つの例すべてにかかるとみるのがよい。

■ 5.① **By showing her the ice tray and explaining that ...**「彼女に氷皿を見せ，…ということを説明することで」by *doing*「…することによって」ここでは前置詞 by を二つの動名詞が共有しているので，showing と explaining は一連の動作，つまり「〜を見せ…を説明することで」の意（「〜を見せたり，…を説明したりして」は誤訳）。

■ 5.② **we help her understand why ...**「われわれはなぜ…なのか彼女が理解するのを助ける」例えとして挙げた子供を 2 3 では him で受け，この文では her で受けている。これは言及が一方の性に偏らないようにするという筆者の配慮。
　〈help ＋ O ＋ *do*〉で「O が…するのを助ける，O が…しやすくする」の意。（⇒ p.183 研究 4 2.）「われわれはなぜ…なのか彼女にわかりやすく教える」のように訳してもよい。（なお，3 3・4・5 にも help を用いた類例がある。）

■ 6. **We can listen ..., and let them know ..., while explaining that ...**「われわれは…聞いて，彼らに…を教えたり，一方で…であることを説明することができる」助動詞 can は文法的には listen および let の双方を束ね，while explaining は分詞構文に接続詞が付加されたもの。しかし意味の構造としては，can は listen ... and let ... while explaining ... で示される行為全体にかかる。
　explaining の目的語となる that 節が二つあることにも注意。特に，第2の that は省略できない。

訳　¹日々の生活は，子供たちに辛抱強く待つ方法を教える機会をふんだんに与えてくれる。²「お腹すいた！」と，ある子供が辛抱できず声をあげる。³その子の食べ物を用意しながら，説明してあげることができる——パスタはまず茹でなくちゃいけないとか，野菜は切らなくちゃいけないとか，オレンジは皮をむかなければならないんだよ，と。⁴「氷ちょうだい！」と別の子が要求する。⁵〔冷凍庫の〕氷皿を見せ，水が凍るのには時間がかかることを説明することで，なぜ待たなくてはいけないかを本人が理解しやすくし，同時に理科のレッスンをしてあげるわけだ。⁶待ちきれない気持ちを子供が表現するときにはそれを聞いて，待つのがとても大変なことがあるのをわれわれもわかっているよと伝えつつ，なかには時間のかかるものがあるということ，必要な手順を踏んでいる間は我慢することを覚える必要があることを，説明することができる。

3 ¹It's hard for them to wait for the good things in their lives, too. ²For children, holidays are major events that they look forward to, and they seem to take forever to come! ³However, their anticipation of the event can be used to help them learn a great deal about the passage of time, and the meaning of a day, a week, a month. ⁴We can help them enjoy the waiting period and learn from it, too. ⁵Studying the calendar will help them begin to understand how time is represented graphically, and will give them a rudimentary awareness of the relative length of units of time.

語句 　2. **major** 形「主要な」発音 [méɪdʒər] は,「メジャー」ではなく二重母音である点に注意。**look forward to** ＋名詞「～を楽しみに待つ」　3. **anticipation** 名「期待, 予期」　**passage** 名「過ぎること, 通過；通路；(一連の) 文章」　**meaning** 名「意味」　4. **waiting period**「待つ期間, 待ち時間」　5. **cálendar** 名「カレンダー」アクセント・つづりに注意。**represent** 動「を表現する」　**graphically** 副「図式的に」　**rudimentary** 形「初歩的な, 基本的な」　**awareness** 名「気づき；意識」　**relative** 形「相対的な」　**length** 名「長さ」　**unit of time**「時間の単位」

研究 　■ 1. **It's hard for them to wait for the good things in their lives, too.**「彼らにとって, 生活の中でよいことを待つのもまた難しい」lives [laɪvz] は life の複数形。

■ 2. **For children, holidays are major events that they look forward to, and they seem to take forever to come!**「子供たちにとって〔長期の〕休暇は自分たちが楽しみに待つ大きな行事だが, それが来るにはとんでもなく長い時間がかかるように思える」が直訳。look forward の主語となる they は, children を指すが, seem の主語となる they は holidays を指すことに注意。

　所要時間の構文で用いる take の用法に習熟しておく。

　This cake takes lots of time to bake.
　「このケーキは焼くのにとても時間がかかる」

　なお, ここでは非常に長い時間を比喩的に forever (文字どおりには「永遠」) と表現しており, 待ちきれない気持ちを強調した主観的な表現になっている。

　The pictures take forever to appear on the screen.
　「画像がなかなか画面に出てこない」

■ 3. **their anticipation of the event can be used to ...**「その行事に対する彼らの期待は…するのに利用できる」their anticipation of the event を『名詞構文』(研究 **1** 5.) ととらえると,「子供たちがその行事を楽しみにしていること」のような訳ができる。be　used という受動態の動作主はわれわれ (大人) なので, we can use their anticipation of the event to ... と言い換えが可能で, そこから「わ

れわれは，子供たちがその行事を楽しむ気持ちを利用して…することができる」と訳出すると，より理解しやすい。

■ 4. **We can help them enjoy the waiting period and learn from it, too.**「われわれは彼らが待つための時間を楽しみつつ，そこから学ぶのを助けることができる」help については 研究 **2** 5.②参照。*A* and *B*, too. という構造では，"A と B が両立する／同時に成立する"という点に注意。

　　You can't have your cake and eat it, too.《ことわざ》
　　「あなたはそのケーキを取っておいたまま食べることなどできない」
　　（＝食べたらおしまい／物事のいいとこ取りはできない）

■ 5.① **Studying the calendar will help them begin to understand ～, and will give them ...**「暦（カレンダー）を学ぶことは，彼らが～を理解し始める手助けとなるだろうし，また彼らに…を与えることだろう」study the calendar「暦を学ぶ」とは，暦のしくみを主体的に調べたり，比較したりして理解すること。『無生物主語』（研究 **1** 5.）の性質を利用して，「暦を学べば，彼らは～を理解し始めるのが容易になるし，…を手に入れることだろう」と訳せる。

■ 5.② **the relative length of units of time**「時間の単位の相対的な長さ」『名詞構文』（研究 **1** 5.）と捉えると，「〔さまざまな〕時間の単位が相対的にどんな長さを持つのか」のような訳ができる。時間は，単位として区切るなら，1 時間の 24 倍が 1 日で，その 7 倍が 1 週間などと，"相対的な（relative）"関係が定まっている。自分の気持ち次第で時間は長くも短くも感じられるが，成長の過程で子供が気づいていくべきなのは「（他と比べて）どの程度長い［短い］か」という時間の相対性である。時間についての主観的な見方と客観的な見方の違いを子供に教えるのにカレンダーはよい教材だという主旨。

訳

¹子供にとっては生活のなかで素敵なことを待つというのもまた大変なことだ。²子供にしてみれば長い休みは，自分の心待ちにする大きな出来事で，しかもそれはいつまでたっても来ないように思えるのだ！³しかしその出来事を期待する気持ちは，子供たちが時が過ぎゆくことについての多くのことを，そして 1 日，1 週間，1 か月の持つ意味を学びとる助けに利用できる。⁴われわれは，子供が待ち時間を楽しみ，かつそこから学ぶ手助けをすることができるのだ。⁵カレンダーを学べば，時間がどのように図式的に表現されるのかを理解するきっかけに役立つし，子供は時間の単位が持つ相対的な長さについての基本的な意識を得ることになるだろう。

解答・解説

解答

1	C	**2**	（ⅰ）C	（ⅱ）E	（ⅲ）D	（ⅳ）H	**3**	D
4	（ⅰ）G	（ⅱ）E	（ⅲ）C	**5**	holidays	**6**	C	

解説　**1**　do otherwise「それと違う方法でふるまう；そのようにしない」という表現が想定する反対の表現は，文前半の develop patience, or at least learn to hide our impatience にある。A「自分のいらいらを隠す人々を受け入れないこと」B「それが社会的に受容されないことを知らないこと」C「自分のいらいらをあからさまに示すこと」D「どんなときも辛抱強く待つこと」

2　前半は 研究 **1** 5. 参照。後半，how long はいわば "very long" と同じ結びつきであるから，分離しないこと。

3　reveal「〔隠されていたもの〕を暴露する，明らかにする」の語幹 -veal は，veil 名「〔頭部を覆う〕ヴェール」と同語源。つまり「覆いを取り外す（re-）」が原義で，discover「を発見する」の語構成に通じるものがある。A「を秘匿する」B「を否定する」C「に言及する」D「を示す」

4　『進行形の受動態』は〈be being done〉。時制が先に（be + doing），態があとに（be + done）示される。

　　例：A new tower is being built over there.「向こうに新しい塔が建設中だ」

5　研究 **3** 2. 参照。

6　A「辛抱強く待つことは小さな子供と同様，大人にとってもたやすいことのようだ」**1** 1・3 に不一致。なお，〈no ＋比較級＋ than ～〉の表す意味には注意が必要（⇒ p.74）。B「じっと待てない子供たちのためにわれわれにできることといえば，待っている間静かにしていることの重要性を教えることだけだ」**2** の実践例は，「静かにしている重要性」というより「時間〔がかかること〕の意味」を教えることであり，ただ "言って聞かせる（tell）" ばかりでなく，**2** 6 にあるように待ちきれない気持ちに共感を示すことも重要。C「われわれは日々の生活のさまざまな状況を，待つときにどうやって辛抱するかを子供が学ぶよい機会にすることができる」**2** 1 に一致。D「子供たちになぜ待たねばならないかを説明することで，子供たちがよけいにいらいらすることもあり得る」本文に言及なし。E「子供たちは何か非常に素敵なものを待つときには大いに忍耐力を示すことがある」**3** 1・2 に不一致。F「カレンダーで時間を図式的に表すことで，子供たちに理科のレッスンを提供するよい機会が得られるだろう」時間についての教育を理科の授業のようにできる話は，氷を求める子供のエピソード（**2** 5）にあり，カレンダーについての話（**3**）とは別。

精講

> **1** The position of women in American society is sometimes misunderstood by those from other countries.

語句 position 图「立場，地位」

訳 アメリカの社会における女性の立場は他の国々の人々によって誤解されることがときどきある。

> **2** ¹What people believe the duties of men and women to be differs from one country to another. ²The role of women in American culture is difficult to understand unless one has grown up in American society. ³Women play an important part in American life outside the home at the same time that they are the homemakers. ⁴They compete with men in every field of employment. ⁵Today one-third of all jobs in the United States are held by women, and **their work ranges all the way from menial tasks to the professions.**

語句 1. **duty** 图「義務」(⇔ right「権利」) 2. **role** 图「役割」(= part) 3. **play a part in**「〜において役割を演じる」 **homemaker** 图「主婦」 4. **compéte with**「〜と競争する」 **employment** 图「雇用；仕事，職業」 5. **one-third** 图「3分の1」 **range** 動「(範囲が)(〜に)及ぶ，わたる」 **all the way**「(はるばる) ずっと；全部にわたって」 **menial** 形「熟練のいらない；卑しい」 **profession** 图「(専門的な) 職業」 *cf.* occupation「〔一般的に〕職業，仕事」, calling, vocation「天職」

研究 ■ 1. **What people believe the duties of men and women to be differs from one country to another.**「人々が男性と女性の義務だと考えていることは国によって異なる」が直訳。what は関係代名詞で，次の this に相当する要素が what になって前に出たもの。

people believe the duties of men and women to be *this*
「人々は男性と女性の務めはこういうことだと思っている」

■ 2. **The role of women in American culture is difficult to understand**「アメリカ文化における女性の役割は理解しにくい」

(a) This is difficult *to understand*. 「これは理解しにくい」〔副詞用法〕

(b) It is difficult *to understand* this. 「これを理解するのは難しい」〔名詞用法〕

(a), (b) は一般に同意とされ，相互に書き換えられるが，不定詞の用法としては，(a) では形容詞 difficult を修飾する副詞用法，(b) では形式主語 It の内容を表す名詞用法である。

■ 3. **Women play an important part in American life outside the home at the same time that they are the homemakers.** 「アメリカ人の生活で，女性は主婦であると同時に，家庭外でも大切な役割を果たす」 that は関係詞であるが，それが導く節の中では，主語・目的語・補語などの名詞の働きをするのではなく，now，then などと同じような副詞の働きをしているので，関係代名詞ではなく関係副詞である。

that の用法（関係副詞） that は when, why などの関係副詞と同じように用いられることがある。

That was the year that (= when = in which) they got married.
「それは彼らが結婚した年だった」

This is the reason that (= why = for which) she refused it.
「これが彼女がそれを拒否した理由です」

▶このような that は省略されることも多い。

■ 5. **their work ranges all the way from menial tasks to the professions** 「彼女たちの仕事は単純作業から専門職まで実に幅広く及んでいる」 all the way は，距離や範囲を強調する副詞句。

They came to us all the way from Iceland.
「彼らははるばるアイスランドからここへ来てくださいました」

訳
¹人々が考える男性と女性の務めは国によって異なる。²アメリカ文化における女性の役割は，アメリカの社会で育った人でなければ理解しにくい。³アメリカ人の生活では女性は主婦であるのと同時に，家庭外でも大切な役割を果たしている。⁴彼女たちはあらゆる職業分野で男性と競っている。⁵今日，合衆国におけるすべての仕事のうち３分の１が女性によって占められており，彼女たちの仕事は，単純作業から専門職まで実に幅広く及んでいる。

3 ¹Important as women's role in business and community life is in America, most women see themselves primarily as

homemakers. [2] More often than not, a woman's job outside the home is simply a means of earning a living until she is married or of supplementing the family income after marriage so that she can buy things for the house and the family **that would not be possible on her husband's salary alone.** [3A] Since a large proportion of women in America now attend a college or university, **another reason for them to work might be because they want to satisfy interests** they have developed as a result of their study, [3B] or because **there is a need in the community in which they live for their services** in the area in which they are trained. [4] In spite of a job, however, most married women regard their homes and families as their primary concern.

語句 1. **community** 图「(共同) 社会, 地域社会」 **primarily** 副「主として, 第一に」 2. **more often than not**「〔そうでないよりもそうであるほうが多い, の意から〕しばしば, たいてい」 (= very frequently ; on most occasions) **simply** 副「単に」 (= only ; merely) **means** 图《単・複 同形》「手段」 (⇔ end「目的」) **earn a living**「生活費をかせぐ, 生計を立てる」 **súpplement** 動「を補う」 **alone** 副「〜だけで」 3A. **proportion** 图「比率, 割合 ; 部分」 **satisfy** 動「を満足させる」 **develop** 動「を発達 [発育] させる」 **as a result of**「〜の結果として」 3B. **area** [έəriə] 图「地域 ; 領域」 4. **in spite of**「〜にもかかわらず」 (= despite) **regard A as B**「A を B と見なす」 **primary** 形「第一の ; 主要な (= principal)」 **concern** 图「関心 (事)」

研究　■ 1. **Important as women's role in business and community life is in America, most women see themselves primarily as homemakers.**「アメリカではビジネスや社会生活における女性の役割は重要であるが, ほとんどの女性は自分を主として主婦と見なしている」 as の前に形容詞などが出たこの倒置形式は, 普通『譲歩』を表し, though で言い換えられる。

ただし文脈によっては『理由』を表すこともある。

Happy as she was, I didn't want to break the news to her then.
「彼女はとても幸せそうだったので, その (悲しい) 知らせをそのとき彼女に伝える気にはなれなかった」

■ 2. **... that would not be possible on her husband's salary alone**「夫の給料だけでは不可能であろう…」that は関係代名詞であるが, 先行詞はそのままの形では文中に見いだせない。ここは would not be possible「不可能であろう」と, so that 節中の can「できる」との対照を考え, 関係代名詞の内容は "buying those things" と見なすことになる。

■ 3A. **another reason for them to work might be because they want to satisfy interests**「彼女たちが勤めに出るもう一つの理由は (大学で勉強した結果として抱くようになった) 興味を満足させたいと思うからなのかもしれない」 The reason is

34

that ...「その理由は…だ」と that を用いるほうが正式とされている。

■ 3B. **there is a need in the community in which they live for their services**「彼女たちが住んでいる社会において〔彼女たちの奉仕に対する必要が存在する→〕彼女たちの奉仕が必要とされている」長い修飾語によって隔てられているが, a need ... for 〜「〜に対する必要, 〜が要求されること」のつながりを正しくつかまなければならない。

分離修飾関係　文中のある要素が, それを修飾する, あるいはそれとつながりのある要素と離れている場合の関係に注意。

[They] do not realize the importance to a child of having one day like another[.]
　　　　　　　　　　　　　(*The Conquest of Happiness* by Bertrand Russell, 1930.)
「彼らは甲の日も乙の日も同じように（＝単調な毎日を）過ごすことの子供にとっての大切さを悟っていない」

▶the importance ... of 〜とつながる。

訳　¹アメリカでは, ビジネスや社会生活における女性の役割は重要であるが, たいていの女性は自分をまず第一に家庭の主婦と見なしている。²しばしば家庭外の女性の仕事は, 単に結婚するまでの生活費をかせぐ手段であったり, あるいは, 結婚したあとで夫の給料だけでは買えないものを家や家族のために買えるように家計を補う手段でしかないときもある。³ᴬ今アメリカの女性の大部分は大学へ進むので, 彼女たちが働くもう一つの理由は, 学問をして身につけた興味を満足させたいと思うからであるかもしれないし, ³ᴮあるいは, 大学で訓練を受けた分野での彼女たちの奉仕が自分たちが住む地域社会で求められているからという場合もある。⁴しかし, 仕事は持っていても, 大半の既婚女性は, 自分の家庭や家族を自分にとって一番大事な関心事と見なしている。

解答・解説

解答

1	D	2	D	3	B	4	C	5	A	6	regard	7	of

8	自分たちが住む地域社会で,（大学で）自分が訓練を受けた分野での奉仕が求められている

9	B	10	B

解説　**1**　「人々」を一般的に総称する代名詞。

2　研究 **2** 1. 参照。What ... to be 全体が主語であるから, 空所には動詞が入る（Bは名詞, Cは形容詞）。文脈からふさわしいのは現在時制。

3 A「を前進させる」B「に対抗する」C「に協力する」D「のあとに従う」

4 ... ranges all the way from 〜(研究 **2** 5. 参照)の意をくんで, the professions「専門職」と対極にある形容詞を選ぶ。A「教育関連の」B「保育・看護の」C「技能の不要な」D「給料のよい」

5 研究 **3** 1. 参照。A「ビジネスや社会生活での女性の役割はアメリカにおいて重要であるにもかかわらず」B「ビジネスや社会生活での女性の役割がアメリカにおいて重要だとすれば」C「ビジネスや社会生活での女性の役割はアメリカにおいて重要だから」D「ビジネスや社会生活での女性の役割がアメリカにおいて重要でない限り」

6 see *A* as *B*「A を B と見なす」の see と同義の動詞が最終文にある。

7 a means of *doing*「…するための手段」の並列構造を見抜く。

8 研究 **3** 3B. 参照。

9 A「自分たちの仕事の給料がよいにもかかわらず」B「仕事を持っていたとしても」C「どれだけ多く稼ごうとも」D「解雇されない限り」

10 A「アメリカ人の生活で女性が重要な役割を果たすのは, 女性たちが主として主婦であることに誇りを持っているからである」**3** 1 は, 両者を因果関係で結んでいるわけではない。B「現在アメリカでは, 職を持つ男性は職を持つ女性の 2 倍である」**2** 5 によれば, 働き口の 3 分の 1 を女性が占めるに至ったわけだから, 残り 3 分の 2 が男性によって占められている。C「アメリカの女性の大半は, 現在教育分野で活躍している」**2** 5 後半に不一致。D「大学に入学する女性の割合が増えたため, アメリカでは男性の失業率が上昇した」本文にそのような記述はない。

異なる時代や文化を踏まえた理解

本文が執筆されたのは 1968 年で, 男女の役割の相違については当時の状況が反映されている。このようなトピックは国や文化によってとらえ方が異なるばかりでなく, 時代によっても大きく変化するもので, 今日ではいわゆる「性的マイノリティ」に対する理解も求められるようになっている。

文献を読み取るときに第一に重要なのは, 現在の視点を文献に投影することではなく, 時代や文化の異なる筆者の視点を踏まえて理解することである。相手の持つ背景の違いを認識しつつ理解を深める力は, ときとしてこのように古い文献を読むことによっても養われるのである。

精講

---

1 ¹ When you are stressed out or homesick, **it's very important that you stay on campus.** ² **If you go home each time you start to** struggle you will never learn how to work through the difficulties you are experiencing. ³ Another plus of staying on campus through tough times is that **you'll find more opportunities to get involved in college life.** ⁴ Joining a campus organization gives you a chance to meet new people and **contribute to a cause.** ⁵ Some organizations and clubs can also provide comforting connections to your old life. ⁶ For example, if you sang in a choir at home **consider joining a college choir or *a cappella* group.** ⁷ **If you worked on your high school newspaper or yearbook**, join the same group at college. ⁸ Don't be afraid to try new things as well. ⁹ You could learn to play rugby or water polo, or join a political organization. ¹⁰ **Any involvement on campus will take your mind off your troubles and introduce you to new activities and friends.**

語句 1. *be* stressed out「ストレスで疲れ切る [いらいらしている]」< stress 〜 out「ストレスで疲弊させる [いらいらさせる]」 homesick 形「家 [故郷] が恋しく思えて, ホームシックになって」 2. each time SV「…するたびに」 struggle 動「もがく, 奮闘する」 work through「〜を切り抜ける, 克服する」 3. plus 名「プラス〔の記号〕, 足し算；追加物；利点 (advantage)」 tough times「つらい時期」 opportunity 名「機会, チャンス」 get involved in「〜に関与する；巻き込まれる」 4. join 動「に参加する, 加入する」 organization 名「組織, 団体」 contribute to A「Aに貢献する [寄与する；寄付する]」 cause 名「原因, 理由；大義, 〔思想的な〕目標」 5. provide 動「を与える, 提供する」 connection 名「つながり, 結びつき, 関連」 6. choir 名「合唱団, 聖歌隊」
研究 1 6. 参照。consider 動「を考慮する, 熟考する」 *a cappella* 形・副「アカペラ [無伴奏] の [で]」 7. work on「〜に取り組む, 従事する」 yearbook 名「年鑑；卒業アルバム」 8. afraid 形「怖がって, 恐れて」 as well「また, 同様に」 9. water polo「水球」 political 形「政治に関する, 政治的な」 10. involvement 名「包含；関与；熱中, 没頭」 take A off B「A を B から引き離す, 取り去る」 introduce 動「を導入する；紹介する」

研究 ■ 1. **it's very important that you stay on campus**「キャンパスに留まることが極めて肝要だ」主語が you であり, 現在時制で書かれているために意識されにくいが, stay は『仮定法現在』で, いわゆる普通の現在形（直説法現在）ではない。

37

仮定法現在　　　　　米 用法では，事実上の指示・命令に相当する内容の that 節内においては，主語の人称や時制に関係なく動詞の原形を用い，これを『仮定法現在』と呼ぶ。

It is necessary that the leader *be* flexible in difficult times.
「指導者は困難な時期にあっては柔軟でなくてはならない」

▶ 英 用法では主に should を加えて the leader should be ... とする。

この文脈で on campus「〔大学の〕キャンパスで」が字句どおり"大学の敷地内"を意味しているわけでないことは，例えば Fight with a pen instead of a gun「銃ではなくペンで戦え」というときに "with a pen" が物理的な武器を意味するのでないことと同じである。ここでの on campus は「〔学業・課外活動を含む〕学生生活の場」ということ。こうした表現は「換喩法」（metonymy）と呼ばれる比喩の一種。もっとも，米国の大学は広大なキャンパスを有し，敷地内で寮生活をすることもあるので文字どおりの意味に取れなくはない。

前置詞にも注意。on campus ; at college

■ 2. **If you go home each time you start to** ～「～し始めるたびに家に帰るなら」each time *SV*「～するたびに」の each time は接続詞。本来は副詞や名詞であったものが接続詞に転用されることがある：

Let me talk about it next time we meet.
「それについて次回会うときに説明させてください」

The moment I entered the room, I got a smell of gas.
「部屋に入った瞬間，ガスの臭いがした」

■ 3. **you'll find more opportunities to get involved in college life**「大学生活に関与する機会がもっとたくさん見つかるだろう」more は直後の opportunities を修飾するもの（つまり形容詞 many の比較級である）。次の文との違いを確認すること。

cf. you'll find opportunities to get more involved in college life.
「大学生活に〔今よりも〕さらに深く関与する機会が見つかるだろう」

＊この場合，more は副詞 much の比較級。

■ 4. **contribute to a cause**「大目標に貢献する」ここで cause は「原因」ではなく「大義，理想，理念」つまり"大きな目標"を表す。一見すると「原因」と「目標」とでは正反対の意味に思えるが，大きな目標があって，それが人をつき動かす原因となるわけだから，活動目的は cause と呼び得るのである。

類例：動詞 overlook には「監視する，監督する」と「見落とす，見逃す」の両方の語義がある。本来は「上から見渡す」ということであったが，広範囲を見ると

いうことは細部を見落とすことにもなるため，互いに正反対の意味が生じた。

■ 6. **consider joining a college choir or *a cappella* group**「大学の合唱も
しくはアカペラのグループに加入することを考えなさい」文法構造は次のようになってい
る。choir が名詞ではないことに注意。

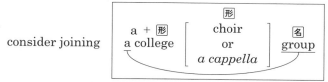

consider joining　a + 形 a college　[形 choir or *a cappella*]　名 group

　つまり joining に続く不定冠詞 a は，名詞 group に対して付されたもの。college
は形容詞で「大学の」。さらに choir も *a cappella* も形容詞で group を修飾する。
確かに choir は直前の if 節内にあるように「合唱団；聖歌隊」の意の名詞として用
いることが多いが，ここはそうではなく，a college choir group「大学にある一つ
の合唱グループ」と言っていることになる。

　choir の綴りで[kwáɪər]と発音するのは，フランス語での習慣を英語がそのまま
取り入れたからで，つまりは『外来語』である。また，英語に採用された歴史が浅
く『外来語』という意識が特に強く残る語は，表記が斜字体（italic）になることが
あり，本文においては"a cappella"の部分がそれに相当する（イタリア語由来：
a は前置詞で，cappella は英語の chapel と同語源。「アカペラ」は「礼拝堂でのや
り方で」が原義，そこから「無伴奏で歌うこと［曲］」の意となった）。

フランス式のつづりと発音の例：
　　technique[tekníːk]「技巧，技術」
　　resume[rézəmèɪ；英 rézjuːmèɪ]「履歴書，経歴書；概要，レジュメ」
　　　　（＊「再開する［させる］」の意では[rɪzúːm；英 rɪzjúːm]）
　　garage[ɡərάːʒ；英 ɡǽrɑːʒ]「車庫；自動車修理工場」
　　debris[dəbríː]「がれき，〔破壊されたものの〕破片；〔宇宙空間の〕スペース・デブリ」
　　entrepreneur[ὰːntrəprənə́ːr]「起業家，事業家；請負人」
　　buffet[bəféɪ；英 búfeɪ]「ビュッフェ・スタイルの食事」（＊「打撃」の意では[bʌ́fət]）
外来語を斜字体で記す例：
　　The coastal area was hit by a *tsunami* several times.（日本語由来の単語）
　　「その海岸地域は何度か津波に襲われた」

■ 7. **If you worked on your high school newspaper or yearbook**「もし
もあなたが高校の新聞や卒業アルバムにかかわっていたなら」ここでは high school が形
容詞となっていて，newspaper や yearbook を修飾している。

your　| 形 high school (newspaper or yearbook)

■ **10. Any involvement on campus will take your mind off your troubles and introduce you to new activities and friends.**「キャンパスでのどんな関与も，あなたの心を困難から引き離して，あなたを新しい活動や友人へと導いてくれるだろう」が直訳。

any を含んだ主語は「どんな〜も」の意。

involvement は「関与」という抽象的な概念ではなく，「〔何かに関与して〕忙しくすること」。また introduce *A* to *B* は，「A を B に紹介する」意で覚えることが多いが，「A を B へと導入する，案内する」が本来の意味。

new は activities と friends の双方を修飾する。

『無生物主語』構文として，「キャンパスでどんな形で忙しく過ごすにせよ，それによって心は悩み事から離れ，あなたは新たな活動や友人に出会えるだろう」と訳出することができる。

> **訳** [1] ストレスで疲れ切ったり，ホームシックになったとき，〔大学の〕キャンパスに留まることはとても重要だ。[2] もがき始めるたびに帰省してしまうようでは，いま経験している困難の克服法を身につけることなど決してないだろう。[3] 困難な時期にキャンパスに留まっていることのもう一つの利点は，大学生活に関与する機会をより多く見いだすだろうということだ。[4] 学内の学生組織に加われば，新たな人たちに出会ったり，目標に貢献したりするチャンスが与えられる。[5] 組織やサークルの中には，以前の生活との心地よい結びつきを提供できるものもある。[6] 例えばあなたが故郷で合唱団にいて歌っていたのなら，大学の合唱団やアカペラのグループに加わることを考えてみなさい。[7] 高校の新聞や卒業アルバムにかかわっていたなら，大学にある同様のグループに入りなさい。[8] また新しいことに挑戦することも，恐れてはならない。[9] ラグビーや水球を始めてみることも，また政治に関係する団体に加わることもできる。[10] キャンパスで〔活動に〕かかわっていくことで，あなたの気持ちが悩み事から離れ，新たな活動，新たな友人に引き合わせてくれる。

2 [1] Physical exercise, **whether it is achieved through playing a sport or working out at a gym**, can also cause stress to dissipate. [2] Exercise keeps your body strong and energized, which can **help you manage the rigors of** a college lifestyle. [3] It's also a reason to leave your room and interact with lots of new people. [4] If you're having trouble motivating yourself remember that the hardest part of exercising is getting started. [5] **Once you've established a routine**, you will see the benefits right away. [6] Force yourself to leave your room and follow a regular exercise schedule. [7] You should also consider group exercise opportunities, such as intramural athletics and jogging partnerships. [8] A

> **healthy body will bring you one step closer to a healthy mind.**

語句 1. **physical** 形「肉体的な；物理的な，物質的な」 **exercise** 名「訓練，運動；行使，実行」 **achieve** 動「を達成する；を獲得する」 **work out**「トレーニングする，汗を流す」 **gym** 名「ジム，運動施設」 **cause _A_ to _do_**「A に…させる」 **díssipate** 動「散る，消散する」 2. **énergize** 動「に活力を与える」 cf. **energy** 名「エネルギー，活力」 **manage** 動「を扱う；を経営する；をうまくやりくりする」 **rigor** 名「厳密さ；硬直，困難，苦難」 3. **interact with**「～と交流する；作用し合う」 4. **have trouble _doing_**「…するのに苦労する」 **motivate** 動「〔人〕を動かす，〔刺激を与えて〕動く気にさせる，やる気にさせる」 5. **once _SV_**「いったん…すれば」 **establish** 動「を打ち立てる，設立する」 **routíne** 名「決められた手順，機械的に繰り返されること；習慣，日課」 **right away**「すぐに，すぐさま」 6. **force _A_ to _do_**「A に〔強制して／無理に〕…させる」 **regular** 形「定期的な，規則的な」（⇔ irregular） **schedule** 名「日程表，時間割，スケジュール」 7. **intramural athlétics**「校内競技大会」 intramural は「壁の内側の，城壁より内側の；市内の，内部の」の意。 **partnership** 名「連携，協力；〔協力を目的とした〕組織」 8. **close (to)** [klous] 形「（～に）近い」

研究 ■ 1. **whether it is achieved through ～ or ～**「それを得られるのが～によってであれ，～によってであれ」挿入された whether 節は，『副詞節』である。

■ 2. **help you manage the rigors of ～**「～の苦難をどうにか処理する助けとなる」〈help + O + _do_〉。help you to manage としても意味に違いはない。

■ 5. **Once you've established a routine**「ひとたびパターンを確立してしまえば」本来副詞である once が接続詞になった例。■ 2. を参照。

■ 8. **A healthy body will bring you one step closer to a healthy mind.**「健康な肉体はあなたを健康な精神の一歩近くにまで導くだろう」が直訳。『比較級』の直前に置かれた名詞は「～の分だけ」の意となって，差異の程度を表す『副詞』となることは問題 7 研究 ■ 1. 参照（⇒ p.46）。『無生物主語』構文として工夫すれば，「健康な身体になることで，あなたは健康な精神に一歩近づくだろう」となる。心と身体はつながっているから，心に元気がないとき身体まで弱るおそれがある。だから身体に活力をみなぎらせることで，それだけ心も元気を取り戻せる，という助言。

訳 ¹身体を動かすということはまた，スポーツの実践でなされようと，ジムでの運動でなされようと，ストレスを消滅させる力がある。²運動は身体を強く，エネルギーに満ちた状態に保ち，それが大学の生活様式の苦しさを乗り切る助けになってくれることがある。³またそれは，自分の部屋から出て，多くの新たな人々と交流する理由にもなる。⁴ 自分にやる気を起こさせるのが大変であるならば，運動することで最も大変なのは始めることなのだということを思い起こしなさい。⁵ひとたび日課にすることができてしまえば，すぐに〔運動することの〕メリットがわかるだろう。⁶無理にでも部屋を出て，定期的な運動スケジュールに従いなさい。⁷学内競技会やジョギング・サークルのように，グループで運動する機会も考慮に入れるとよい。⁸健康な身体は，健全な精神へとあなたを一歩近づけてくれることだろう。

PART I

6

解答・解説

解答		
1	A	**2** B → D → A → G → E → F → C
3	exercise[physical exercise]	
4	自分にやる気を起こさせるのが大変であるならば，運動することで最も大変なのは始めることなのだということを思い起こしなさい。	
5	F → A → G → C → D → B → E	
6	（ⅰ）B　（ⅱ）F　（ⅲ）C　（ⅳ）E　（ⅴ）H	

解説　**1**　〈contribute to ＋名詞〉は「～に寄付［寄稿］する」意の他，「〔よいこと〕に貢献する」「〔よくないこと〕を助長する」意がある。**A**「大義；目標」**B**「闘争；論争」**C**「区別；識別」**D**「基金」

2　「キャンパスでのどんな（活動への）関与でも，あなたの心を悩み事から引き離すことだろう」という文にすればよい。

3　大学生活において学業以外で a reason to leave your room and interact with lots of new people「部屋を出て，新たに出会う多くの人たちと交流する口実」となるもの。前2文の主語である。

4　条件節は yourself までで，主節は命令形で始まることを見落とさないように。解決策の提示として，remember の和訳は「覚えていなさい」でもよいが，「思い出しなさい」のほうがより適切であろう。have trouble *doing*「…するのを大変に［面倒に／困難に］思う」motivate *oneself*「自分のやる気を出す」

5　研究 **2** 8. 参照。

6　選択肢中 **H** のみが過去形で，空所（ⅴ）の直後の before は大きなヒントになる。feel too weak to *do*「気持ちが弱りすぎて…できない；…するにはあまりに疲れを感じる」for some reason「何らかの理由で」It makes no matter whether ... ＝ It doesn't matter（at all）whether ...「…かどうかは重要でない」commit *oneself* to ＋名詞「～に一生懸命かかわる」要約文の訳：「あなたが何らかの理由であまりに疲れ，大学生活（を続けていく）ことができない場合，親のもとに帰ったり，部屋（に閉じこもる）ようなことをしたりすべきではない。そうではなく，キャンパスでの活動（にかかわり続ける）べきである。自分のかかわることが，以前に自分が（専念していた）ことに似たものか，それとも全く新しいことなのかは（全く問題にならない）。定期的に運動すること，それも可能なら他の人たちと一緒にすることもまた，健全な精神を築く助けになるだろう。」**A**「新しい人々を避ける」**D**「をただ離れる」**G**「をきれいにしようと努める」

精講

> **1** ¹How many people have told you that the key to success is to follow your passions? ²**I'd bet it's a lot.** ³**Giving that advice to someone who's struggling to** figure out **what to do with his or her life is easy.** ⁴However, that advice is actually simplistic and misleading. ⁵**Don't get me wrong,** I'm a huge fan of passions and think it's incredibly important to know **what drives you.** ⁶But **it certainly isn't enough.**

語句　1. **key** 图「鍵」　**follow** 動「に従う，のあとに続く」　**passion** 图「情熱」　2. **I'd bet** *SV*「きっと…だろう；…に違いない」　3. **struggle** 動「奮闘する，もがく」　**figure out**「～を理解する，〔答え〕を見いだす」　4.　**actually**　副　「実は，実際のところ」　**simplistic**　形　「短絡的な」　**misleading** 形「誤解を与えるような」　5. **Don't get me wrong.**「誤解しないでほしい；そういう意味ではない」　**huge** 形「巨大な，たいへんな」　**fan** 图「ファン，熱烈な支持者；扇，うちわ」　**incredibly** 副「信じられないほどに，非常に」　**drive** 動「を駆り立てる」　6. **certainly not**「全く～ない」

研究　■ 2. **I'd bet it's a lot.**「きっとたくさんいることだろう」動詞 bet は元来，賭け事に使う言葉で，それが I bet または I'd bet「きっと…だ；…に違いない」という日常表現に転じた。直前の疑問文に対する応答で，I'd bet a lot of people have told you that ...「きっと多くの人があなたに…だということを教えてくれただろう」の意。

■ 3. ① **Giving that advice to someone who's struggling to ... is easy.**「その助言を，…しようと苦闘している人に与えることは簡単だ」主部の非常に長い英文で，『形式主語』を用いて書くのが一般的だが，筆者はあえてそうしていない。あえて後置される表現には，読み手［聞き手］にとって意外であったり，書き手［話し手］が印象づけたいと思う内容が含まれている。ここでは述部が，比較的想定しやすい is important「重要だ」でも is necessary「必要だ」でもなく，is easy「簡単だ；安易なことだ」というところに注目させ，次文の However,「しかしながら」につなげていく狙いがある。

　　It is easy giving that advice to someone ...〔『形式主語』で真主語は動名詞〕

　　= It is easy to give that advice to someone ...

　　〔『形式主語』で真主語は to 不定詞〕

■ 3. ② **what to do with his or her life**「自分の人生を何のために生かせばいいか」what to do は what *S* should do と言い換え可能。

what to do in his or her life「人生で何をすべきか」ではない点に注意。意味するところは似ているが，do something with *one's* life という表現は「人生を費やして何かをする」意で，文脈に応じたさまざまな日本語訳が考えられる。

What do you want to **do with your life?**
「自分の人生を生かして何がしたいですか」

The young medical student seemed to know <u>what to do with his life</u>.
「その若い医学生は，人生の目標がはっきりしているようだった」

■ 5.① **Don't get me wrong, ...**「誤解しないでほしい…」口語表現で，ここでの wrong は副詞。

■ 5.② **what drives you**「あなたを駆り立てるもの〔what を関係代名詞とした訳〕／あなたを駆り立てるものが何なのか〔what を疑問詞とした訳〕」

■ 6. **it certainly isn't enough**「それでは全く不十分だ」not の前に certainly を置くと，きっぱりとした否定表現になる。

訳 ¹成功への鍵は自分の情熱に従うことだと，あなたに言って聞かせてくれた人はどれだけいるだろう。²きっとたくさんいるはずだ。³そうしたアドバイスを，何のために自分の人生を生かすべきか見いだそうともがいている人に与えることは簡単だ。⁴ところが，そのようなアドバイスは実のところ，安易で誤解を与えるものだ。⁵誤解しないでほしい，私も情熱というのが大好きな者で，自分を駆り立てるものが何かを知っていることは信じられないほど重要だとも思っている。⁶だが，情熱というだけでは全く不十分なのだ。

---

2 ¹Passions are just a starting point. ²You also need to know your talents and how the world values them. ³**If you're passionate about something but not particularly good at it, then it's going to be pretty frustrating to** try to craft a career in that area. ⁴**Say you love basketball but aren't tall enough to compete, or** you're enthralled by jazz but **can't carry a tune.** ⁵In both cases you can be a terrific *fan*, going to games and concerts, without being a professional.

語句 1. **starting point**「スタート地点」（= starting line; starting post) 2. **tálent** 名「才能」 **value** 動「〔価値〕を査定する，評価する；を尊重する」 3. **passionate** 形「情熱的な」 **particularly** 副「特に，とりわけ」 *be* **good at**「～が得意である，～がうまい」 **pretty** 副「かなり，ずいぶん」 **frustrating** 形「いらだたしい；もどかしい；挫折感〔失望〕を与えるような」 **craft** 動「を作り上げる」 **caréer** 名「〔生涯の〕仕事；経歴，職歴，キャリア」 **area** 名「領域，分野」 4. **say** 動〔命令形で〕「…と仮定せよ；例えば…と考えよ」 **compete** 動「競う」 *be* **enthralled by**「～に魅了される」 **carry a tune**「音を外さずに歌う」 5. **terrific** 形「すばらしい，激しい」 *cf.* terrible 形「ひどい」；いずれの形容詞も terror 名「恐怖」に由来。**professional** 名「プロ，専門家」

■ **研究** ■ 3. **If you're passionate about something but not particularly good at it, then it's going to be pretty frustrating to ...**「もし何かについて情熱的ではあるが，とりわけそれが得意というのでもない場合，…はかなりいらだたしいことになるだろう」If に始まる条件節を受ける主節が then で始まることがある点については，問題34 **研究** **4** 2. 参照（⇒ p.243）。**4** 1 も同様。

■ 4.① **Say you love basketball but aren't tall enough to compete, or ...**「例えばバスケットボールが大好きだが，競い合うには身長が足りないとか，あるいは…」say は一例を挙げる際に用い，本文のように命令文として用いることもあれば，次のように挿入されることもある。

What do you think of, say, moving overseas?
「どうでしょう，例えば海外移住とか」

■ 4.② **can't carry a tune**「音程を合わせて歌えない」いわゆる "音痴だ" にあたる表現。tune は「〔声や音の〕調子」，「節まわし，旋律；曲」など音楽に結びつきの強い語（tone **名**「音」と同語源）。動詞としては「〔楽器〕の調律をする」意があり，そこから派生して「〔機械など〕を調整する」意にもなる。

訳

¹情熱というのはスタート地点にすぎない。²自分の才能と，世の中がそれをどのように評価するかとを知っておくこともまた必要だ。³もし何かについて情熱的ではあるが，とりわけそれが得意というのでもない場合，その分野でキャリアを築こうとするのはかなりいらだたしいことになるだろう。⁴例えばバスケットボールが大好きだが，競い合うには十分に背が高くないとか，あるいはジャズに魅了されているが音を外さずにうまく歌えない，という場合だ。⁵いずれの場合も，プロにはならずとも試合やコンサートに行ったりして，熱烈なファンでいることは可能である。

---

3 ¹**Taking this a step further,** perhaps you're passionate about something and are quite talented in the field, but there's no market for those skills. ²For example, you might be a skilled artist and love to paint, or crave surfing and can ride any wave. ³But we all know that the market for these skills is small. ⁴**Trying to craft a career around such passions is often a recipe for frustration.** ⁵**Think of them instead as wonderful** *hobbies.*

語句 1. **step** **名**「一歩，歩み」 **further**（< far の比較級）**副**「いっそう向こうへ，さらに先へ」 **perhaps** **副**「もしかすると」 **quite** **副**「かなり」 **tálented** **形**「才能ある，才能に恵まれた」 **field** **名**「分野」 **market** **名**「市場（いちば），市場（しじょう），マーケット」 **skill** **名**「技術，腕前」 2. **skilled** **形**「技術のある，腕前のよい，巧みな」 **crave** **動**「を渇望する，熱烈に求める」 **surfing** **名**

「サーフィン，波乗り」　4. **recipe** 名「作り方，〔料理の〕調理法，レシピ；〔薬の〕製法，調合法；処方箋 (prescription)」　**frustration** 名「挫折；失望，落胆；欲求不満」　5. **think of _A_ as _B_**「_A_ を _B_ と見なす」　**instead** 副「代わりに」

研究　■ 1. **Taking this a step further, ...**「これをさらに一歩進めて…」『比較級』の直前の名詞は，差異の程度を表す『副詞』と見なされ，「〜の分だけ」の意になる。

　　　　four years older「4 歳年上」　half an hour shorter「30 分短い」

■ 4. **Trying to craft a career around such passions is often a recipe for frustration.**「そうした情熱の周囲にキャリアを作り上げようとすることは，しばしば失意のレシピとなる」が直訳。around は「〜の周囲に，〜を中心として，〜に関連して」の意。

　　recipe は元来「調理法；〔薬の〕調合法（prescription）」の意だが，a recipe for はしばしば比喩的に「〜を得る方法〔秘訣〕」の意になる。

■ 5. **Think of them instead as wonderful _hobbies_.**「代わりにそれらをすばらしい『趣味』だと見なしなさい」挿入された instead「代わりに」は副詞で，次文を考慮に入れると "仕事としてではなく" の意であるとわかる。それを instead of「〜の代わりに」を用いて明示するなら，Think of them <u>as</u> wonderful _hobbies_ instead of <u>as</u> _jobs_. となる。

訳　¹このことをもう一歩先へ進めて，もしかすると何かに情熱的になっていて，その分野で相当に才能があるけれども，その腕前を求めるマーケットがない場合もある。²例えばあなたは技量のあるアーティストで絵を描くのが大好きだとか，あるいは〔プロとして〕サーフィンをどうしてもやりたい，どんな波にだって乗れる，という人かもしれない。³しかしそういう技術を欲しがるマーケットは小さいことをわれわれはみな知っている。⁴そういう情熱に絡んだキャリアを築こうとするのは，挫折感を作るレシピであることがしばしばだ。⁵その代わりにすばらしい "趣味" として，それらを考えなさい。

---

4 ¹ Alternatively, if you have talent in an area and there's a big market for your skills, then that is a great area to find a _job_. ² For example, if you are an accomplished accountant, there's always a position for someone who can build a balance sheet. ³ For most people in the world, **this is where they live.** ⁴ They have a job that uses their skills, but **they can't wait to get home to** focus on the activities they love — their hobbies. ⁵ They count the days until the weekend, until vacation, or until retirement.

<u>**語句**</u> 1. altérnatively 副「あるいはまた，その代わりに」 2. accomplished 形「熟練の，鍛え上げた；洗練された」 accountant 名「会計士；経理担当者」 position 名「地位，働き口」 balance sheet 名「バランス・シート，貸借対照表」 4. can't wait「待ち遠しい」 focus on「～に集中する」 activity 名「活動」 5. count 動「を数える」 retirement 名「引退，退職」

<u>**研究**</u> ■ 3. **this is where they live**「これが彼らの暮らすところだ」が直訳で，文脈によって「こういうところに彼らは住んでいる」もしくは「彼らが生きているのはこういうところだ」などさまざまな含みを帯びる。ここで this の内容は次文・次々文に示されるとみるのがよい。つまり自分がやりたいことよりも，求められる技術で仕事をすることを優先する世界のことである。

■ 4. **they can't wait to get home to ...**「…するために帰宅するのが待てない」が直訳。can't wait は「待ちきれない，待ち遠しい」という表現で，not の代わりに『準否定』の hardly もよく用いられる。

I can hardly wait for summer vacation.「夏休みが本当に待ち遠しい」

<u>**訳**</u> ¹あるいはもし，ある分野において才能があって，その技術を求める大きなマーケットもあるという場合，これこそが "仕事" を見つける立派な場所になる。²例えばあなたが熟練の会計士であれば，貸借対照表を作れる人にはいつでも求人がある。³世の中の大半の人々にとっては，この世界とはそういうものだ。⁴彼らは自分の技術を用いた仕事を持っているが，自分の大好きな活動——自分の趣味——に熱中するために帰宅するのが待ちきれない。⁵週末までの，長期休暇までの，退職までの日数を数えている。

⑤ ¹**The worst-case scenario is finding yourself in a position where** you have no passion for your work, no skills in the field, and there's no market for what you're doing. ²**Take the classic joke about trying to sell snow to those living in snowy regions.** ³**Now imagine doing that if you hate snow and are a terrible salesperson.** ⁴This is a bad situation **all the way around**.

<u>**語句**</u> 1. worst-case 形「最悪の事態についての」 scenario 名「脚本，シナリオ」 2. take 動「を例にとる」 classic 形「古典的な；よく知られた，お決まりの」 snowy 形「雪の降る，雪の多い」 region 名「地域」 3. salesperson 名「営業担当者（いわゆる "セールスマン"，"営業マン"）」 4. situation 名「状況」 all the way around「あらゆる点から見て」

<u>**研究**</u> ■ 1. **The worst-case scenario is finding yourself in a position where ...**「最悪のケースを描いたシナリオは，気がつくと…する仕事に自分がいるというものだ」〈find *oneself* ＋状態を表す語句〉で「気づくと自分が…だ」の意。ここでは "あまり深く考えないまま仕事を選んでしまう" ケースを表現している。

I found myself lying on the sofa.「気がつくとソファに横になっていた」

position は「位置，場所，立場」の意だが，「働き口，職」の意から「地位，職位」まで，職業と関連する語義も押さえておく。

■ 2. **Take the classic joke about trying to sell snow to 〜.**「〜に雪を売ろうとするという内容の，古典的なジョークを例にとろう」命令文〈Take 〜.〉は一例を挙げる際によく使う表現で，〈Take 〜 for example.〉ともいう。ただし **2** 4. ①で説明した say と異なり，挿入的な用法はない。

classic は「古典的な」が原義で，ここでは「よく知られた；典型的な」という含み。なお，"クラシック音楽"は通常 classical music という。

■ 3. **Now imagine doing that if you hate snow and are a terrible salesperson.**「次に，仮に自分は雪が大嫌いで，売り手としてもひどいとして，それをする場面を想像しなさい」前文に続けての指示で，doing that は selling snow to those living in snowy regions ということ。

■ 4. **all the way around**「どこをどう見ても」副詞句として文脈によって「はるばる［わざわざ］ぐるりと回って」「端から端まで」や「いろいろ考え合わせてみると」などさまざまな意味になる。よく似た表現で the other way around「反対方向に，逆の順序で」も覚えておくと便利。

> 訳
> ¹最悪のケースの筋書きは，気がついたら自分の仕事に情熱が持てない職についていて，その分野での技術もなく，しかも今やっていることを求めるマーケットもない状況だ。²雪国に住む人たちに雪を売ろうとするという古典的なジョークを思い出してみなさい。³そして今度は，自分が雪なんて大嫌いで，最悪の売り手だとして，その仕事をしている場面を想像しなさい。⁴これこそ，どこをどう見ても悪い状況だ。

6 The sweet spot is where your passions overlap with your skills and the market.

> 語句　sweet spot「効果が最もよく出るところ」　overlap with「〜と重なりあう」

> 研究　■ **The sweet spot is where ...**「一番うまくいく部分は…する場所だ」名詞
> spot は「点，地点，場所」の意。the sweet spot は「〔ゴルフのクラブ，野球のバットなどで〕当たると球が一番よく飛ぶところ」つまり「芯」の意。そこから比喩的に，「一番効果をもたらす条件」の意として広く用いられるようになった。

> 訳
> 成功する条件は，自分の持っている情熱が自分の技術，そしてマーケットと重なり合うところにある。

解答・解説

解答

1	B	2	C	3	D	4	A	5	B

6	雪国の人々に雪を売る仕事は，情熱を感じられない上，雪を求める人々もおらず，自分の嫌なものを売るのに十分な技量もない点。〔59字〕

解説　**1**　passions「情熱」を言い換えた部分。A「に同行する」B「を駆り立てる」C「のあとに従う」D「を教える」

2　研究 **2** 4.②参照。A「楽器を買う余裕がある」B「仲間と仲良くやっていける」C「音程どおりに歌う」key は「〔ピアノなどの〕鍵(けん)，〔声や音の〕高さ，〔長調・短調など〕調」の意で，on key「音程どおりに」の反対は off key あるいは out of key「音程を外して」。D「重い楽器を運ぶ」

3　研究 **3** 4. 参照。A「そのような情熱を自分の職業と結びつけるために払う努力はしばしばあなたの失望をひらめきに変える一助になる」B「欲求不満はキャリア形成の際にそうした情熱を避けようとするときにしばしば起こる」C「そうした情熱でもってキャリアを築こうとすれば，欲求不満もうまく処理できることがしばしばある」D「そうした情熱を中心にしてキャリアを築こうとすることは，失望につながることが多い」

4　相当な技術はあるがそれを求めるマーケットは小さいものを仕事にできれば，と考える人に，それは frustration「失望，挫折，欲求不満」のもとであるとして，思いとどまらせるアドバイス。think of A as B で「A を B と見なす」。instead は挿入された副詞で，省略を補えば instead of as *jobs*「仕事としての代わりに」。

5　仕事と趣味を分けている人は，次の文で「週末まで，長期休暇まで，退職までの日数を数えている」とあるが，本文では家に帰り着くのが「待ち遠しい」。A「必要ない」B「待ちきれない」C「手助けするべきだ」D「動こうとしない」

6　**6** にあるとおり，the sweet spot「最も成功する条件」は情熱だけでなく，夢を実現できる技術と，それを求める市場（マーケット）が揃うこと。the worst-case scenario「最悪の事態のシナリオ」は，その3者がすべて欠けている状態であることを踏まえる。

精講

1 ¹ When companies want to launch a new product or service, they first conduct a statistical survey of the market. ² **This is important to find out if the new product or service will** be accepted by consumers. ³ Random sampling is one statistical method that is widely used in market research. ⁴ **Since it is impossible to collect data from everyone**, market research companies divide the population into groups. ⁵ **They consider factors such as** age, gender, location, and income level. ⁶ **A certain number of people** from each group **are interviewed to find out their specific likes and dislikes.** ⁷ People are selected "at random" from telephone directories or subscription lists.

語句 1. **company** 名「仲間；会社」 **launch** 動「を発射する；〔船〕を進水させる；を開始する」 **próduct** 名「製品，生産物」 **conduct** 動「を引率する；を指揮する；〔実験・調査など〕を実施する」 **statistical** 形「統計的な」 **survey** 名「調査」 **market** 名「市場（しじょう），市場（いちば），マーケット」 2. **find out if**「…かどうかを知る，調べる」 **accept** 動「を受け入れる」 **consumer** 名「消費者」 3. **random sampling**「無作為抽出」 **method** 名「方法，手法」 **market research**「市場調査」 4. **collect** 動「を収集する」 **divide A into B**「A を B に分ける，分割する」 **population** 名「人口；住民，〔居所・職業・宗教など共通点を持つ〕人々」 5. **consider** 動「を熟考する」 **factor** 名「要素」 **gender** 名「性別」 **location** 名「場所，配置，所在〔居住〕地」 **income** 名「年収，年間所得；定期的収入」 6. **a certain number of**「一定数の」 **interview** 動「に面接する」 **specific** 形「特定の」 **likes and dislikes**「好き嫌い」 7. **select** 動「を選択する，選抜する」 **at random**「無作為に，でたらめに，規則性なく」 **directory** 名「人名録，名簿；指示書」 **subscription list**「予約購読者リスト」

研究　■ 2. **This is important to find out if the new product or service will ...**「これは新製品や新サービスが…になるかどうかを知るために重要だ」if 以下は『名詞節』で find out の目的語，つまり「～であるかどうか」の意（if = whether）。

■ 4. **Since it is impossible to collect data from everyone**「全員からデータを集めることは不可能だから」理由を表す接続詞の代表格は because で，その他に since, for などがある。このうち since は，当然と思える事実を理由とするときに用いることが多い。一方，接続詞 for は「というのも～だからだ」の意で，理由をあとから追加的に述べる際にのみ用いる。なお，接続詞 as が"理由"の意味にとれる場合も確かにあるが，これは本来的には状況説明のための接続詞であって，事

50

情を論理的な理由として明示するときには用いない。(⇒ p.190 接続詞 as の区別)

■ 5. **They consider factors such as ～** 「彼らは～などの要素を考慮する」such as ～は具体例の提示を文中に含める表現。

> **「例えば」の表現**
>
> 具体的な事例を表す「例えば」の表現として代表的なものに ① such as ～と② for example があるが，両者の用法は文法的に異なる。
>
> ①*A* **such as** *B*（= such *A* as *B*）：文中で名詞 A をその具体例 B と直接結びつける。
>
> > They visited various island countries <u>such as Ireland, Fiji, and Madagascar</u>.
> > (= They visited <u>such</u> various island countries <u>as Ireland, Fiji, and Madagascar</u>.)
> > 「彼らはアイルランドやフィジー，マダガスカルなどさまざまな島国を訪ねた」
>
> ② **for example**：⑴文とは切り離し，具体例のみを提示する。
>
> > They visited various island countries: <u>Ireland, Fiji, and Madagascar, for example</u>.
>
> ⑵具体例を述べる文の中で for example を挿入する。
>
> > <u>Arts and crafts, for example</u>, help you activate your brain.
> > 「例えば図画工作は，脳を活性化するのに役立ちます」
>
> ⑶ Take ～ for example. という形で使用することもある。
>
> > There are many ways to activate your brain. <u>Take arts and crafts for example</u>.
> > 「脳を活性化する多くの方法がある。図画工作を例にとろう」

■ 6. **A certain number of people ... are interviewed to find out their specific likes and dislikes.** 「一定数の人々が…特定の好き嫌いを知るために面接される」a certain number of「一定数の～」とは，主観的な "多さ／少なさ" とは関係なく，ここでは "〔ある目的にとって〕調査が有効とされるに必要な数" ということ。またここで *one's* specific likes and dislikes「特定の好き嫌い」とあるのは，漠然と好き嫌いを尋ねるのではなく "調査内容に関連した好き嫌い" を意味する。

> **訳**
> ¹会社が新製品や新サービスを始めたいときには，まず統計学的な市場調査を実施する。²これは，その新製品や新サービスが消費者に受け入れられるかどうかを知るために重要である。³無作為抽出というのが，市場調査で広く用いられる一つの統計学的手法である。⁴すべての人からデータを集めるのは不可能なので，市場調査会社は〔対象となる〕人々を複数のグループに分ける。⁵年齢や性別，地域や収入水準などの要素を考慮するわけだ。

⁶それぞれの特定の好きなもの，嫌いなものを知るために各グループから一定数の人々が面接される。⁷人々は電話帳や予約購読者リストから「ランダム（無作為）に」選ばれる。

2 ¹However, **there really is very little that is random about random sampling** since market researchers need to carefully consider the kind of consumer group, **the number of people to be interviewed**, and the questions to be asked. ²**In fact, random sampling is done quite deliberately.** ³**This is because statistical analysis of the data** that is collected **is conducted to** determine the potential sales of a product or service. ⁴**An accurate statistical analysis** of sampling results **allows companies to understand** the market **better.** ⁵**Errors** in statistical analysis of sampling results **can lead to a company making a large investment in the wrong product.** ⁶Such decisions can have devastating effects on the future of the company. ⁷Statistically wrong information published by a company can also mislead consumers into buying a product. ⁸Therefore, **in order not to lose consumers' trust and to sell a product effectively**, companies must conduct **a carefully considered "random" sampling**.

語句 1. **random** 形「規則性のない，無作為の」 **carefully** 副「慎重に」 2. **in fact**「実際；それどころか，むしろ」 **quite** 副「かなり，十分に」 **deliberately** 副「故意に，意図的に；慎重に，丹念に」 3. **análysis** 名「分析」*cf.* ánalyze 動「を分析する」 **determine** 動「を決定する」 **potential** 形「潜在的な」 **sales** 名「売上高，販売成績」 4. **accurate** 形「正確な」 **result** 名「結果，成績」 **allow** *A* **to** *do*「Aに…させる［許可・容認・放任］」 5. **error** 名「誤り，過誤」 **lead to** *A*「Aにつながる」 **investment** 名「投資」 6. **decision** 名「決心，決定」*cf.* decide 動「を決定する」 **dévastating** 形「破壊的な，破滅的な」 **effect (on)** 名「（〜への）影響」 7. **statistically** 副「統計（学）的に」 **publish** 動「を公表する，出版する」 **mislead** *A* **into** *B*「AをBへと誤り導く［迷い込ませる］」 8. **in order to** *do*「…するために（は）」 **trust** 名「信用，信頼」 **effectively** 副「効果的に」

研究 ■ 1. ① **there really is very little that is random about random sampling**「無作為抽出に関して無作為なものは，実際にはほとんどない」(very) little は『準否定』の用法が名詞になったもので，there is (very) little で「ほとんどない」の意。

Little is known about this celestial body.
「この天体についてはほとんどわかっていない」

■ 1. ② **the number of people to be interviewed**「面接される［対面形式で調査される］ための人々の数」the number of「〜の数」と a number of「多数の〜」を混同しないこと。

The number of surfers seems increasing.（単数扱い）
「サーフィンをする人の数が増えているようだ」

A number of surfers gather here every year.
「毎年多くのサーファーがここに集まる」

■ 2. **In fact, random sampling is done quite deliberately.**「実際には無作為抽出はかなり意図的になされる」in fact は字句どおりには「実際（には）」だが，文脈によって(1)「確かに…ではある（が）」と『譲歩』を引き出したり，(2)「むしろ［それどころか］」の含意をも持つ。ここでは (2) の用法。

■ 3. **This is because statistical analysis of the data ... is conducted to**
〜「これは…データの統計学的分析が，〜するために行われるからである」前述の内容についてその理由を単独の文で述べる際の，正式な構文。

> **This is because SV**　英会話で理由を問われたときに，〈Because ＋英文〉の形式で返答するのはあくまで略式の表現であって，論述では「…だからです」の意で用いることはない。従属接続詞 because の導く節は，必ず主節と同一の文に含めなければならない。
> 　例えばもし次のように三つの英文を続けて述べた場合，(ii) は (i) の理由なのか，(iii) の理由なのかが判然としなくなる。
> (i) I'm studying English very hard.
> (ii) Because I want to make lots of friends overseas.〔誤〕
> (iii) I'm going to get a college education in America.
> ▶理由を単独の文としてあとから述べる場合は，本文のように，〈This is[It is] because SV〉を用いなければならない。

■ 4. **An accurate statistical analysis ... allows companies to understand 〜 better.**「正確な統計的分析は…会社に〜をよく理解することを許す」が直訳。『無生物主語』構文の特徴をとらえれば，「統計的に正確に分析することによって会社は〜をよりよく理解することができる」の意であると解釈できる。

■ 5. **Errors ... can lead to a company making a large investment in the wrong product.**「誤りは会社が不適切な製品に大きな投資をすることにつながり得る」ここでの to は前置詞で，その目的語は動名詞句 making 〜。直前に置かれた名詞 a company は動名詞の意味上の主語（⇒ p.26 研究 **1** 10. ②参照）。なお，自動詞 lead to 〜の訳語には十分注意しておきたい。これについては問題 15 研究 **4** 6. 参照（⇒ p.108）。

■ 8. ① **in order not to lose consumers' trust and to sell a product effectively**「消費者の信頼を失わず，かつ製品を効果的に販売するためには」ここでは二

53

つの目的が挙げられている。不定詞を否定する not の位置，否定の適用範囲とともに，接続詞 and が用いられている点に注意する。

$$\text{in order} \left[\begin{array}{l} \text{not } \boxed{\text{to}} \text{ lose consumers' trust} \\ \text{and} \\ \boxed{\text{to}} \text{ sell a product effectively} \end{array} \right.$$

cf. in order <u>not</u> to build consumers' trust <u>but</u> to sell a product effectively
「消費者の信頼を築くためではなく，効果的に製品を売るために」（目的は一つ）
consumers' は複数形所有格。前置詞を使えば the trust of consumers となる。

■ 8.② **a carefully considered "random" sampling**「慎重に考慮された『無作為』抽出」抽出法を慎重に考慮すれば，それはもはや無作為抽出とは呼べないはずだが，実際に無作為抽出による調査が成果を挙げるには，事前に何らかの慎重な作為が求められる。例えば日本語で「うれしい悲鳴」とか「心地よい疲れ」というように，本来なら正反対となる語を組み合わせた表現を oxymoron（撞着語法）という。本文全体の主旨の要約ともいうべきこの文の，carefully considered と random の組み合わせも，oxymoronic な表現といえる。

訳

¹しかし，市場調査をする人は，消費者がどんなグループに属すのか，面接する人数はどれだけか，また尋ねる質問は何かを慎重に考慮する必要があるから，無作為抽出に関して無作為である要素は実際にはほとんどない。²むしろ無作為抽出は，極めて意図的になされるものなのだ。³その理由は，一つの製品あるいはサービスがどのくらい売れる可能性があるか判断するために，集めたデータが統計学的に分析されるからだ。⁴抽出結果の正確な統計学的分析によって，会社は市場をよりよく理解することができる。⁵抽出結果の統計学的分析に誤りがあれば，会社が投資すべきでない製品に多額の投資をすることにつながる場合がある。⁶そのような決定は，会社の将来に対して破滅的な結果をもち得るものだ。⁷会社が公表する統計学的に正しくない情報が，消費者を誤解させて製品を買わせてしまうことも起こり得る。⁸したがって，消費者の信頼を失わず，かつ製品を効果的に販売するためには，企業側は慎重に考慮のなされた「無作為」抽出を行わなければならないのである。

解答・解説

解答

1	C	2	A	3	B

4	**(4)** 市場調査をする人は，消費者がどんなグループに属すのか，面接する人数はどれだけか，また尋ねる質問は何かを慎重に考慮する必要があるから，無作為抽出に関して無作為である要素は実際にはほとんどない **(9)** 消費者の信頼を失わず，かつ製品を効果的に販売するためには，企業側は慎重に考慮のなされた「無作為」抽出を行わなければならないのである

5	D	6	C	7	D	8	C	9	C	10	D

解説　**1** launch の原義は"上手に投げ放つこと"で（lance「槍（やり）」と同語源），その比喩から「〔新造船〕を進水させる」，「〔ロケットなど〕を発射する」，「〔事業など〕を開始する」などの意になる。ここでは新商品もしくは新サービスを消費者のもとに「送り出す」こと。**A**「〜のイメージを改善する」**B**「〜についての公式調査を行う」**C**「〜を市場に出す」**D**「〜をさらに多く売る」

2 find out「〜を見いだす」の目的語となる『名詞節』を導く接続詞が必要。**A**「〜かどうか」**B**「〜であるから；〜以来」**C**「〜ではあるものの」**D**「〜の間；一方で〜」

3 文前半の「全員からデータを集めるのは不可能だから」を受けて，人々をまず分類して，次文で述べられるターゲットの選定に結びつけることになる。**A**「会社；仲間」**B**「人々；住民；人口」**C**「製品」**D**「質問」

4 **(4)** 研究 **2** 1.①・②参照。the kind of consumer group「消費者グループの種類」the questions to be asked「尋ねるべき質問」**(9)** 研究 **2** 8.①・②参照。

5 delíberately は「慎重に」の意が本来の用法。英語で星座の「てんびん座」を意味する Libra［láɪbrə］と語源的に関係があって，行為とその影響をじっくり「はかり」にかけて検討する様子から生まれた語だが，そこからさらに「〔慎重に計算して→〕意図をもって，故意に」の意で用いることが多くなった。**A**「無作為に」**B**「商業的に」**C**「必死に，やぶれかぶれに」**D**「意図的に」

6 形容詞 accurate［ǽkjərət］「正確な」はアクセントとともに，-ate の部分の発音にも注意したい。cure「治療（する）」と共通の語幹をもち，それは"気遣い"の意だったらしい。**A**「複雑な」**B**「曖昧な」**C**「正確な」**D**「急速な」

7 **A**「高価な」**B**「工業の，産業の」**C**「最新の」**D**「正しくない，よくない，間違った」次文には，このような投資の決断が"devastating effects"を持ち得ると述べられている。

8 dévastating は第1音節に強勢が置かれる。**A**. altérnative（第2音節）形「代わりとなる」**B**. mathemátics（第3音節）名「数学」**C**. nécessary（第1音節）形「必要な」（cf. necéssity 名「必要性」）**D**. politícian（第3音節）名「政治家」

9 　**A**「統計学的調査を行うさまざまな方法」無作為抽出以外の調査法についての言及はない。**B**「統計学的ランダム解析の歴史」歴史的側面への言及は全くない。**C**「市場調査でよく用いられる統計学的手法」**1** 3にはこれに類する表現がある。**D**「〔調査対象の〕抽出の際に消費者を無作為に選ぶ危険」本文は無作為抽出が文字どおり無作為でないことを説明したもので,「危険」への言及はない。

10 　**A**「抽出調査は1種類の消費者グループだけから情報を集めることが求められる」**1** 5・6に不一致。**B**「製品がどれだけよく売れることになるかは,市場調査の分析だけでは決定されない」本文は市場調査の一種である無作為抽出の実情を説明したもので,一般論としての市場調査の不十分さについては述べていない。**C**「無作為抽出は市場分析調査において用いられる最も効果的な統計的手法である」**1** 3で one statistical method that is widely used in market research「市場調査で広く用いられる一つの統計学的手法」とはあるものの,他の分析調査法と比較して最も効果的な手法と断じる言及はない。**D**「潜在的な市場についての十分な理解が,新製品の発売の前に必要である」**2** 4・5に一致。

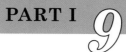
精講

> **1** ¹I earnestly **urge all young people contemplating their careers to keep in mind that** nothing in work is finally rewarding unless it is work you would be willing to do for nothing **if you could afford to**. ²This is the ultimate test for lifelong pleasure in a career, **of no matter what sort**. ³Money is not the most important thing; fame is passing quickly and uncertain; even status is troublesome and uncomforting after a time. ⁴**All that remains at the end is** satisfaction and occasionally delight in the performance itself.

語句　1. **earnestly** 副「熱心に, 真剣に」　**urge** *A* **to** *do* 「A に…するよう強く勧める」　**cóntemplate** 動「を熟考する」　**caréer** 名「経歴；職業，（生涯の）仕事」　**keep ～ in mind** 「～を心に留めておく」　**finally** 副「最終的に」　**rewarding** [-wɔ́ːrd-] 形「報いがある, やりがいのある」　**be willing to** *do* 「〔条件が整えば〕…しても構わない；…する用意がある」　**afford** 動「を持つ〔する〕余裕がある」　2. **ultimate** [ʌ́ltɪmət] 形「究極的な」　**test** 名「尺度」　**lifelong** 形「生涯続く」　**sort** 名「種類」（= kind）　3. **fame** 名「名声」　**uncertain** 形「不確かな」　**status** 名「地位, 身分」　**troublesome** 形「厄介な, 面倒な」　**uncomforting** [-kʌ́mfərt-] 形「不快〔不安〕にする」　**after a time** 「しばらくするうちに」（= after a while）　4. **remain** [rɪméɪn] 動「残る」　**satisfaction** 名「満足」　**occasionally** 副「ときおり」　**performance** 名「実行；演奏；出来栄え」

研究　■ 1.① **urge ～ to keep in mind that ...** 「～に…ということを銘記するように強く勧める」なお, keep の目的語が短ければ keep ～ in mind の語順をとる。

■ 1.② **if you could afford to** 「もしそうする余裕があるならば」to は代不定詞（= to do for nothing「無報酬ですること」の代用）。could afford は仮定法過去。無報酬で仕事をする余裕は通常ないのだが, もしあるとすれば, の意。

　afford 動 は, 〈cannot afford (to *do*)〉で用いて「（…するだけの）〔金銭的・時間的〕余裕がない」の意。本文のように条件節や疑問文においては can afford の形になる。

■ 2. **of no matter what sort** 「たとえどんな種類のものであれ」これは career を修飾。(a career) of <u>this</u> sort 「この種の（仕事）」→ of <u>what</u> sort 「どんな種類の」→ of <u>no matter what</u> sort 「どんな種類のものであれ」（no matter what = whatever）

■ 4. **All that remains at the end is ～.** 「〔最後に残るすべては～だ→〕最後に残るのは～だけである」 **3** 2 も all を用いた同じ形式。

All you have to do is (to) wait.

「〔君がしなければならないすべては待つことだ→〕君はただ待っていればいいのだ」

〔= You have only to wait.〕

訳 ¹生涯の仕事について真剣に考えるすべての若者に，私は次のことを心に刻むよう強く勧めたい。余裕があるなら無報酬でも引き受けようというような仕事でない限り，仕事に最終的なやり甲斐を感じる要素はない，ということを。²これこそ，どんな種類のものであれ仕事が生涯を通じての喜びかどうかを決める究極的な尺度なのだ。³お金は一番大切なものではない。名声はすぐに移ろうもので，不確かだ。地位でさえやがては厄介でわずらわしいものになる。⁴最後に残るのは，働くことそのものの満足感と，折に触れて感じる喜びだけなのだ。

---

2 **The people I have known who seem to** rest most easily within themselves are those who have found, **by design or lucky accident**, **the suitable place made just for them**, **in whatever field it may be**, lofty or humble, **so long as it gives them a sense of** being needed, of being purposeful, and of doing it a little better than **most others** can.

語句 rest 動「休む；安らぐ」 by design「故意に」 by accident「偶然に」 field 名「分野」 lofty 形「高尚な」 humble 形「謙虚な；粗末な」 so long as ...「…である限り」 sense 名「感覚；意識；意味」 purposeful 形「目的のはっきりした」

研究 ■ ① **The people I have known who seem to 〜**「私が知っている人で〜であるように見える人々」The people のあとに whom が省略されており，二つの関係詞節が先行詞を制限する『二重制限』の形。

二重制限 前の関係代名詞が目的格の場合は省略されることも多い。また訳し方は，前の節を先に訳すのを原則とする。

You are the only person (that) I know who can do this.

「あなたは私が知っているなかでこれができる唯一の人です」

There is nothing (that) you can do which I have not already done.

「君にできることで僕がまだしていないことは何もない」

■ ② **by design or ... accident**「意図的にせよ…偶然にせよ」by が design と accident の双方にかかる点に注意。by áccident「偶然に」(= accidéntally)

■ ③ **the suitable place made just for them**「ちょうど彼らのために作られた（ような）まさにぴったりの場所〔地位，仕事，職〕」

■ ④ **in whatever field it may be**「それがたとえどんな分野であろうと」語順に注意：whatever と field は分離不可（this field ／ that field の語順を保って whatever field となる）。なお，同様の注意が **4** 1 にも必要となる。

whatever の用法 　(a) 名詞節を導く場合と，(b) 副詞節を導く場合が区別されなければならない。

 (a) He believes <u>whatever</u> she says.〔= anything that〕
  「彼は彼女が言うことを何でも信じる」
 (b) He believes her, <u>whatever</u> she says.〔= no matter what〕
  「彼は，彼女が何を言おうが，彼女の言葉を信じる」

■ ⑤ **so long as it gives them a sense of** ～「それが彼らに～という意識を与える限り」次の2点を押さえておきたい。

(1) so long as ... :「…する限り」と訳されるが，「…という条件内で」という含意がある点で so far as ...「…する限り；…する範囲内で」と異なる。

 You can stay here <u>so long as you don't smoke</u>.
 「たばこを吸わない限りここにいてもいいよ」

 He visited Spain three times <u>so far as I know</u>.
 「私の知る限り彼はスペインを3度訪ねている」

(2) この長い英文は，... made just for them までの部分と in whatever field ... 以降とに大きく分けることができる。この so long as 節はその後半部分において機能している。つまり「～な意識を与えるものだという条件内でどんな分野の仕事だろうと，また崇高な仕事だろうとつつましい仕事だろうと」という論理展開。

■ ⑥ **most others**「他の大半の人々」(= most other people) *cf.* <u>many</u> others「他の多くの人々」，<u>some</u> others「他の一部の人々」

訳 私がこれまでに知った人々で，〔お金や名声や地位ではなく〕自分自身にこそ最も心地よい安らぎを得ているように見える人というのは，意図的にせよ幸運な偶然にせよ，まさに自分のために作られたかのようなぴったりの居場所を見いだした人たちだ——それがどんな分野においてであろうと，また崇高なものであろうとつつましいものであろうと，自分が必要とされ，目標がはっきりしており，そして他の大多数の人たちよりも少しばかりうまくできる人物だという感覚を与えてくれる居場所〔仕事〕でありさえすれば。

3 ¹**And** those who seemed most unhappy, **whatever their degree of external success**, were **the ones** to whom the job was a means, not an end, a way of earning a living rather than **a way of living**. ²All they can look forward to is retirement, **as boring, in a different way, as their jobs are.**

研究 ■ 1. ① **And ...** 書き言葉で and が文頭にあるときは, 単に「そして」の意ではなく, 多くの場合, 前文に情報を追加し「しかも」という意味になる。ただしここでは, 前文で充実した仕事人生を送る人について述べたのを受け, 不幸せな仕事人生について対照的に述べているので,「一方で」(on the other hand) の意に近い。

■ 1. ② **whatever their degree of external success**「彼らの外面的な成功の度合いがどんなものであろうとも」whatever 節では be 動詞が省略されることがある。
　I'll try it, whatever the result (may be[または is])。
　「結果がどうなろうと, 僕はそれをやってみる」

■ 1. ③ **the ones** = the people

■ 1. ④ **a way of living**「[生きる方法→] 生き方」なお, この直前にある「生活費」の意の a living には冠詞がついている点にも注意。

■ 2. **as boring ..., as** 〜「〜と同じくらいに退屈な」retirement を修飾しているので, ... retirement, which is as boring ... as 〜と考えてよい。

訳 ¹一方, 外面的な成功の度合いがどうであれ, きわめて不幸なように見える人とは, 自分にとって仕事が目的ではなく手段であり, 生きる道ではなく稼(かせ)ぐ道である人だ。²その人たちが心待ちにできるものは退職だけだが, 退職もまた違った意味で, [彼らにとっては] 仕事と同様に退屈なものだ。

---

4 ¹Do not do what does not please you; **it does not pay**, **no matter how attractive the material rewards may seem to be.** ²The pot of gold that appears to be gleaming at the end of the rainbow is less gratifying than the rainbow itself. ³The best secret for a long and happy life is to be able to approach each new morning with anticipation and zest for the job, **whatever it may be.**

---

satisfying) 3. **secret** 图「秘密；秘訣」 **approach** 動「に接近する」 **anticipation** 图「予期，期待」
zest 图「熱意，意欲」

研究 ■ 1.① **it does not pay**「それは割に合わない，得することがない（かえって損
　　だ）」というときの pay は自動詞の用法で，何かを支払う意ではないこと
に注意。頻出表現として：

　　Honesty surely pays.「正直は必ず割に合う［正直は結局身のためになる］」

■ 1.② **no matter how attractive the material rewards may seem to
be**「物質的な報酬がたとえどんなに魅力的に見えようとも」 **2** ④と同様，語順に注意：
how と attractive は分離不可（very attractive ／ so attractive の語順を保っ
て how attractive となる）。

　　She could not remember, $\left\{ \begin{array}{l} \text{however hard} \\ \hline \text{no matter how hard} \end{array} \right\}$ she tried.

　「どんなに思い出そうとしても，思い出すことができなかった」
very と hard が分離不可であるように，how と hard も分離不可。

■ 3. **whatever it**(= the job) **may be**「それがたとえ何であろうと」この whatever は
副詞節を導き，no matter what it may be と言い換え可能。it may be は it is の
形をとることも多い。

訳 ¹自分の喜びにならない仕事をしてはならない。物質的な報酬がどんなに魅力的に思え
ても，そのような仕事は割に合わないのだ。²虹の端にあって輝いているかに見える黄金
のつぼは，虹そのものと比べればそれほど満足を与えるものではない，ということだ。³長
く幸せな人生を送る一番の秘訣は，どんな仕事であろうと，仕事に対する期待と熱意をも
って，日々新しい朝を迎えることができることなのだ。

解答・解説

解答

| 1 | D | 2 | A → E → D → B → F → C | 3 | A | 4 | D | 5 | B |
| 6 | A | 7 | C → A → F → D → E → G → B |

解説 **1** for nothing「無料で，無報酬で」。A，C，E は，仕事の究極の目的とし
　　て同じ段落中で否定されている要素。B は前後の文脈と無関係。

2 **研究** **1** 4. 参照。

3 rest most easily within themselves は「最もくつろいで自分の中に安住して
いる」が直訳。心のどかな充足感・満足感を持って暮らしている状態を表し，仕事

をする人にとって最も大切なものとして **1** 4 に述べられた satisfaction and … delight の状態であるといえる。**A**「最も満足した」**B**「友人と永遠に別れる」**C**「だれよりも多く休日をとる」**D**「競争に勝つために一番しっかり働く」

4 in whatever 以降の流れを踏まえると，この lofty or ～ の部分は「崇高であろうと～であろうと」の意になるから，lofty「崇高な」の反意語であり，かつ仕事に適用できる形容詞を選ぶ。**A**「習慣性の」**B**「清潔な」**C**「疑わしい」**D**「つつましい」**E**「貴重な」

5 to whom the job was a ～, not an end「その人にとっては仕事が～であって，目的ではないというような」という流れから，an end「目的」と対照される名詞を選ぶ。「手段」の意の名詞になるのは means（単・複 同形）。

6 研究 **4** 1.① 参照。**A**「彼は結局，事業を軌道に乗せられなかった（＝得をする事業にはできなかった）」「もうかる，利益になる」の意の自動詞。**B**「その車にいくら支払いましたか」pay は「を支払う」の意の他動詞で, how much がその目的語。**C**「だれもその結果に注目しないことだろう」pay は「（注意を）向ける」の意の他動詞で attention がその目的語。**D**「君は怠慢の代償を支払うことになるだろう」pay for で「～の代金［代償］を支払う」。

7 研究 **4** 1.② 参照。

文化的背景

　4 2 の the pot of gold「黄金のつぼ」は，"虹が地面に接する地点には黄金の入ったつぼが隠されている"という言い伝えを踏まえた表現。なお，虹のある場所には決して到達できないことから，文脈によってこの表現は「かなわぬ夢」「手に入れられないはずのもの」の意味になることがある。

精講

---

1 Alice was beginning to get very tired of sitting by her sister on the bank, and of having nothing to do: **once or twice she had peeped into the book** her sister was reading, but it had no pictures or conversations in it, **"and what is the use of a book,"** thought Alice, **"without pictures or conversations?"**

語句　**get tired of** *doing*「…するのに飽きる」　*cf.* get tired from「～で疲れる」　**bank** 图「川岸，土手」　**peep** 動「のぞく，のぞき見る」

研究　■ ① **once or twice she had peeped into the book**「彼女は〔それまでに〕1度か2度，本をのぞき込んでいた」<u>had peeped</u>〔過去完了〕を見落とさないこと。これは，することがなくて退屈し始めるまでにアリスが取っていた行動である。今やそれさえ意味がなくなり，アリスは本当にすることがなくなった。

■ ② **and what is the use of a book, ... without pictures or conversations?**「全く，絵も会話もない本なんて…一体何の役に立つのかしら」
use は「有用性，存在意義，意味，役割」の意の名詞で，発音は［juːs］。

　　It is no use crying over spilt milk.
　　「<ruby>覆水<rt>ふくすい</rt></ruby>盆に返らず〔こぼれたミルクのことで泣いても何の意味もない〕」《ことわざ》

修辞疑問　　疑問の形をしていても，答えを求めているのではなく，肯定・否定の意味を強めるために用いられる疑問文を『修辞疑問』(Rhetorical Question) と呼ぶ。(a)肯定疑問は否定の意味を，(b)否定疑問は肯定の意味を強める。
　(a) Who cares?「だれが気にしようか／だれが構うもんか」
　　　= Nobody cares.「だれも気にしない」
　(b) Who doesn't know that?「それを知らない者がいようか」
　　　= Everyone knows that.「だれでもそれを知っている」
　▶同様に What is the use of a book ...?「…な本の有用性は何か」
　　　　= A book ... is no use.「…な本は何の有用性もない」

■ ③ **without pictures or conversations**「絵も会話も含まない」否定語とともに用いる接続詞 or の働きに注意。

$$cf. \begin{cases} \text{I couldn't sing or talk.} \quad (\text{not } A \text{ or } B \lceil A \text{ も } B \text{ もない」}) \\ \lceil \text{私は歌うことも話すこともできなかった」} \\ \text{I cannot play the piano and sing.} \quad (\text{not } A \text{ and } B \lceil A \text{ かつ } B \text{ ではない」}) \\ \lceil \text{私はピアノを弾きながら歌うことができない」} \end{cases}$$

> **訳**
> 　アリスは，土手の上で姉さんのそばに座っていることに，しかも何もしないでいることに飽き飽きしてきた。〔それまでにも〕彼女は1，2度，姉さんが読んでいる本をのぞき込んでみたけれど，その本には絵もせりふもなかった。〔そこで〕アリスは思った。「全く，本は何の役に立つのかしら，絵もせりふもないのなら」

---

2 So she was **considering** in her own mind (as well as she could, for the hot day made her feel very sleepy and stupid) **whether the pleasure of making a daisy-chain would be worth the trouble of getting up and picking the daisies**, when suddenly a White Rabbit with pink eyes ran close by her.

語句 **as well as** *S* **can**「できる限りうまく；精いっぱい」　**stupid** 形「愚かな，まぬけの；ぼうっとした」（= foolish）　**daisy-chain** 名「ヒナギクをつなぎ合わせた花輪」　*be* **worth the trouble of** *doing* → 研究 ①参照　**pick** 動「（草花など）を摘む」　*cf.* pick out「～を選ぶ」

研究　■ ① considering ... whether <u>the pleasure of making a daisy-chain</u> <u>would be worth the trouble of getting up and picking</u> **the daisies**「ヒナギクの花輪を作る楽しさが，わざわざ立ち上がってヒナギクを摘むだけの価値があるかどうか…考えて」whether は (1) 名詞節「～かどうか」または (2) 副詞節「～であれ，…であれ」を導く。ここでは (1) で，consider の目的語。(⇒ p.168 研究 **1** 1.)

the pleasure of making a daisy-chain は『名詞構文』(⇒ p.26) で，自然な日本語にしたい場合は「ヒナギクの花輪を作る楽しさ」（直訳）→「ヒナギクの花輪を作るのが楽しいということ」→「ヒナギクの花輪を作るのは楽しいけれど，そのことが」のように文章的に加工していくことが必要になる。

〈*be* worth ＋名詞〉は「～の価値がある」，trouble は「手間」の意。*be* worth the trouble〔of ...〕は「〔of ... の〕手間をかけるだけの価値がある」ということ。

■ ② **when suddenly a White Rabbit with pink eyes ran close by her**
「するとそのとき突然，ピンク色の目をした白ウサギが彼女のすぐそばを走っていった」

when の用法　接続詞の when は，主節の動詞を修飾する場合 (a) のほか，継続的に「するとそのとき」（= and then）の意を表す場合 (b) もある。

(a) It was raining <u>when</u> we arrived. 「着いたとき雨が降っていた」

(b) We were just leaving, <u>when</u> it began to rain. 〔 = and then の意〕
「ちょうど出かけようとしていたら，雨が降り始めた」

訳

そこで彼女は頭の中であれこれ考えていた（できるだけしっかりと——というのも暑い日だったので，彼女はひどく眠く，頭がぼーっとなっていたから）。ヒナギクの花飾りを作るのは楽しいけれど，そのためにわざわざ立ち上がってヒナギクを摘むほどのものかなぁ，と〔考えていたら〕，すると突然，ピンク色の目をした白ウサギが，アリスのすぐそばを駆け抜けた。

---

3 ¹ᴬThere was nothing so *very* remarkable in that; ¹ᴮ **nor did Alice think it so *very* much out of the way to hear the Rabbit say to itself,** "Oh dear! Oh dear! I shall be too late!" (when she thought it over afterwards, **it occurred to her that** she ought to have wondered at this, but at the time it all seemed quite natural); ¹ᶜbut, when the Rabbit actually *took a watch out of its waistcoat-pocket*, and looked at it, and then hurried on, Alice started to her feet, for **it flashed across her mind that** she had never before seen a rabbit with either a waistcoat-pocket, or a watch to take out of it, and burning with curiosity, she ran across the field after it, and was just in time to see it pop down a large rabbit-hole under the hedge.

語句 1A. **remarkable** 形「著しい；異常な」 1B. **out of the way**「へんぴな（ところに）；異常な」 **say to *oneself*「心の中で思う」 **dear** 間「おや，あら，まあ」 **think over**「よく考えてみる」 **occur**[əkə́:r] 動「起こる（= happen）；（考えが）浮かぶ」 1C. **actually** 副「実際に；実は」 **waistcoat**[wéskət, wéɪstkòʊt] 名「英 チョッキ（=米 vest）」 **hurry on**「急いで先へ進む」 **start to one's feet**「はっとして立ち上がる」 **flash** 動「ぱっと光る；（考えが）ぱっと浮かぶ」：A good idea *flashed into* [*across, through*] her mind.「名案がぱっと頭に浮かんだ」 **burn with curiosity**「好奇心に燃える」 **run after**「～を追いかける」 *be* **in time to *do*「…するのに間に合う」 **pop** 動「ひょいと動く[現れる，出て行く]」後ろに伴う副詞（句）によって特定の方向を表す。ex. pop *out*「ふいに出て行く」 **rabbit-hole** 名「ウサギの穴」 **hedge** 名「生け垣，垣根」

研究 ■ 1B.① **nor did Alice think ...**「またアリスは…だとは思わなかった」nor は先行する文の否定内容に続けて「また～でない（and ... not）」の意を表し，直後に〈S + V〉が続く際には倒置（一般動詞の場合には do / does / did との倒置）が生じる。

<u>nor</u> did Alice think ... = <u>and</u> Alice did <u>not</u> think ... (, either)

PART I

10

65

▶否定文では「…もまた（ない）」という際に too ではなく either を用いる。

■ 1B.② (not) **think it so *very* much out of the way to ...**「…することを, そんなに異常なことだとは思わ（ない）」it は『形式目的語』で to hear ... という名詞用法の不定詞句を指す。

　　not (so) very ...「（それほど）たいして…ではない」

■ 1B.③ **to hear the Rabbit say to itself**「ウサギが独り言を言うのを聞いて」〈hear + O + *do*〉「O が…するのが聞こえる」say to *oneself* は通常「心の中で思う」の意で, talk to *oneself*「独り言を言う」と区別されるが, ここでは talk to *oneself* と同意とみてよい。

■ 1B.④ **"Oh dear!"** は日本語の「あらまあ」,「やれやれ」などに相当する間投詞。

■ 1B.⑤ **it occurred to her that ...**「…という考えが彼女に浮かんだ」occur to her 「彼女の心に浮かぶ」（= come to her mind）it は『形式主語』。

■ 1C. **it flashed across her mind that ...** 上の it occurred to her that ... と同じ『形式主語』の文。that ... が真主語。「…ということがぱっと頭に浮かんだ」

訳　¹ᴬ そのこと自体には, 何もそれほど注目すべき点はなかった。¹ᴮ それにアリスは, ウサギが独り言で「たいへんだ！　たいへんだ！　遅れちゃうぞ！」と言うのを聞いても, 特段それをおかしいこととも思わなかった（あとになってよく考えれば, それを不思議に感じるべきだったのに, という思いはアリスに浮かんだが, その当時はそれが全く, 至極当然のように思えたのだ）。¹ᶜ しかし, ウサギが実際にチョッキのポケットから時計を取り出し, その時計に目をやって, またあわてて駆けていったとき, アリスははっとして立ち上がった。というのも, 頭にぱっとひらめいたからだ——これまでチョッキにポケットがあるウサギも, そこから取り出すような時計を持っているウサギも見たことがないぞ, と。そこで好奇心に燃えて, アリスはウサギを追って野原を走って横切ったが, そのとき, ちょうどそのウサギが, 垣根の陰にある大きなウサギ穴にぴょんと飛び込むところが見届けられた。

---

4 In another moment **down went Alice after it**, never once considering how in the world she was to get out again.

語句　**in another moment**「それから一瞬のうちに, あっという間に」

研究　■ **down went Alice after it**「アリスはそれを追って飛び込んだ」副詞（down）を先行させた『倒置』（Inversion）の形。なお, 主語の種類による語順の違いにも注意。

　　Alice went down after it. →倒置〔名詞主語〕　Down <u>went Alice</u> after it.

　　　　　　　　　　　　　〔代名詞主語〕Down <u>she went</u> after it.

▶ Here comes my mother.「母が来ました」／Here she comes.「彼女が来ました」も同様。

訳 次の瞬間にはアリスが，ウサギのあとを追って飛び込んだ。いったい，〔あとで〕どうやって出てくればいいか，といったことは一度も考えることさえしなかった。

5 The rabbit-hole went straight on like a tunnel for some way, and then dipped suddenly down, so suddenly that Alice had not a moment to think about stopping herself before she found herself falling down what seemed to be a very deep well.

語句 **go straight on**「そのまままっすぐ行く〔続く〕」 **tunnel**[tʌ́nəl] 名「トンネル」 **for some way**「(距離，道のりについて) しばらく」 **dip** 動「(急に) 下がる，沈む」 **stop** *oneself*「自分を制止する，(している行為を) やめる，思いとどまる」 **well** 名「井戸」

研究 ■ ① **The rabbit-hole went straight on like a tunnel for some way, and then ...**「ウサギの穴はトンネルのようにしばらくまっすぐ続いていて，それから…」 on は副詞で，アクセントを置いて発音される。

and then というときの then は，順序を意味する用法。

■ ② **Alice had not a moment to think about stopping herself before she found herself falling ...**「…自分が落ちていくのに気づくより前に，思いとどまることを考える間がなかった」have not a moment「一瞬たりともない」not a ... は，no ... の強調形。(⇒ p.293 研究 **4** 3.②)

〈A before B〉は，「B する前に A」とも「A した後に B」とも訳せる。また A の部分が極めて短時間である場合は，「A する時間もなく B」のように訳せば，自然な日本語になる。

We had not gone a few miles before it began to snow.
「数マイルも行かないうちに雪が降り始めた」

We had hardly left before it began to snow.
「出発するかしないかというううちに，雪が降り始めた」

■ ③ **she found herself falling**「彼女は気がついてみると落下していた」find *oneself* 〜は「気がついてみると〜〔の状態〕だ」の意。

I found myself lying on the floor.「気づいたら僕は床に横たわっていた」

■ ④ **falling down what seemed to be a very deep well**「とても深い井戸みたいなもの〔の中〕を落ちて」この down は前置詞。fall into a well「井戸へ落ちる」と異なり，fall down the well は「井戸の中を落ちて行く」の意。

what seemed to be a very deep well「とても深い井戸のように思われたもの」

P
A
R
T
I

10

what は関係代名詞。seem と共に用いると，類似のものによる例えの表現になり，直訳すると回りくどくなる。なお，seemed は時制の一致による過去形だから，本文の訳に戻すときは「思われるもの」となる。

He kept me waiting for what seemed to be an age.「〔彼は一時代とも思えるほどの間，僕を待たせた→〕彼はずいぶん長い間，僕を待たせた」

訳

ウサギ穴はトンネルのようにしばらくまっすぐ続いていて，それから突然がくんと落ち込み，それもあまりに突然だったので，アリスは立ち止まるかどうか考える間もなく，気がつくととても深い井戸みたいなところをまっすぐ落ちて行くのだった。

解答・解説

解答

| 1 | アリスは土手の上でお姉さんのそばに座っていることに，それも何もすることがないということに，飽き飽きし始めていました。 |

| 2 | D | 3 | C → G → E → A → F → D → B |

| 4 | (4A) D　(4B) A | 5 | D | 6 | A | 7 | C |

| 8 | the rabbit［または Rabbit, White Rabbit］ |

| 9 | A → B → D → G → C → F → E | 10 | A |

解説

1 *be* beginning to *do*「…し始めている状態だ」sit by「〜のそばに座る」bank「川岸，土手」。of having 〜の of が，get very tired (*of* 〜) として連なることを見落とさないように。

2 これは『修辞疑問』(⇒ p.63) で，退屈しているアリスは姉の本について知りたいのではなく，絵やせりふのない本なんて役に立たないと考えている。a book は総称の用法（「本というもの」）。A「表紙」B「上部」C「名前」D「有用（性）」

3 for が前置詞ではなく接続詞で，〈S + V〉が続くことに気づけるかどうかがポイント。〈make + O（= her）+ C（= feel, 原形不定詞）〉の並びにも注意。

4 (4B) は『形式目的語』である点に注意。A「ウサギが何か独り言を言っているのを耳にすること」B「ウサギがポケットから時計を取り出す動作」C「起こったことをアリスがあとで考え直したという事実」D「ピンク色の目をしたウサギがアリスのすぐそばを走って行った事実」E「ウサギがピンク色の目をしていたという事実」F「ヒナギクの花飾りを作るのが楽しいだろうか否か」G「真昼の暑い中でヒナギクを摘む価値があるかどうか」

5 〈think + O + out of the way〉「O が常道を外れていると［異常だと／不適当だと］思う」。A「道路から離れて」B「遠く離れて」C「やっかいな」D「異常

な」

6 〈動詞 + to *one's* feet〉は「〜して立ち上がる」の意で，このイディオムの中での start は，jerk「びくっとする」の意。**A**「跳び上がった」**B**「見た」**C**「とどまった」**D**「行った」

7 flash は本来，光に関係する語で動詞では「ぱっと光る」意だが，ここでは「ぱっと考えが浮かぶ」の意。 研究 **3** 1C. 参照。**A**「燃えた」**B**「輝いた」**C**「不意に来た」come across「心をよぎる」**D**「目をくらませた」

8 run after「〜を追いかける」

9 疑問詞の直後の in the world や on earth は「一体」の意で，疑問詞の意味を強める。間接疑問では語順が was she ではなく，she was となる点にも注意。

10 研究 **5** ② 参照。**A**「…の前に」**B**「…しない限り」**C**「急いで」**D**「遅れずに」

英文のスピード感

問題文はご存じ『不思議の国のアリス』（*Alice's Adventures in Wonderland*）の冒頭である。作者ルイス・キャロル（Lewis Carroll, 1832〜98）はオックスフォード大学の数学講師だった。彼の物語や詩にはたくさんのおもしろい仕掛けが込められている。

ここでも，コンマ（,）やセミコロン（;），コロン（:）を多用し，分詞構文が活用されて，1文が長い。**3** の途中まではそこに似たような内容をはめこんで，物語の中にアリスのぼーっとした様子が反映される一方，それ以降では描写が転々と変わるため，急にスピード感が生じる。

精講

1 ¹ To other Europeans, **the best known quality of the British, and in particular of the English, is 'reserve'**. ²**A reserved person is one who** does not talk very much to strangers, does not show much emotion, and seldom gets excited. ³ It is difficult to get to know a reserved person: **he never tells you anything about himself, and you may work with him for years without ever knowing where he lives**, how many children he has, and what his interests are. ⁴ English people tend to be like that. ⁵ If they are making a journey by bus, **they will do their best to** find an empty seat; **if by train, an empty compartment**. ⁶ If they have to share the compartment with a stranger, they may travel many miles without starting a conversation. ⁷ **If a conversation does start**, personal questions like 'How old are you?' or even 'What is your name?' are not easily asked, and it is quite possible for two people to know each other casually for years without ever knowing each other's name. ⁸ Questions like 'Where did you buy your watch?' or 'What is your salary?' are almost impossible. ⁹ Similarly, conversation in Britain is in general much more quiet and restrained than, say, in Africa, and loud speech is considered ill-bred.

語句　1. **quality** 图「質, 性質」(⇔ quantity「量」)　**in particular**「とりわけ, 特に」(= especially)　**reserve** [-z-] 图「予備；控えめ, 遠慮, 無口」　2. **emotion** 图「感情, 情緒」　3. **get to** *do*「…するようになる」　4. **tend to** *do*「…する傾向がある」(= have a tendency to *do*)　5. **empty** 形「からの, 空いている」(= vacant)　**compartment** 图「仕切られた客室, コンパートメント」　6. **share ~ with ...**「~を…と分かち合う [共有する]」　7. **casually** 圖「偶然に, 何気なく」　9. **similarly** 圖「同様に」　**in general**「概して」　**restrained** 形「拘束 [制限] された；控えめな」　**say** 圖《挿入的に》まあ, そう, 例えば」　**ill-bred** 形「しつけの悪い, 不作法な」(= rude；uncivil)

研究　■ 1. **the best known quality of the British, and in particular of the English, is 'reserve'**「イギリス人, とりわけイングランド人の最もよく知られた性質は "控えめであること" だ」the British は「英国人, イギリス人」の意で, the English はその中でも (Britain から Scotland と Wales を除いた) England の人を指す。いずれも複数名詞として扱う。また, of the English は quality を修飾している。reserve はここでは「控えめな態度, 遠慮がちな性格」を

示す名詞で，形容詞としては reserved を用いる点にも注意。

■ 2. **A reserved person is one who** 〜「控えめな人物とは〜な人のことである」one は代名詞で，ここでは a person と置き換え可能。

■ 3. **he never tells you anything about himself, and you may work with him for years without ever knowing where he lives** 直訳すれば「彼は決してあなたに自分自身のことを何も話さないし，あなたは彼がどこに住んでいるかをずっと知ることもなしに何年間も彼と一緒に仕事をするかもしれない」となる。訳文として，このまま差し支えはないが，一般的な人を表す you, they, one など，あるいは繰り返されるその他の代名詞は，その都度直訳するとぎこちない訳文になり，省けるものは省いたほうが日本語の慣用に合い，すっきりすることが多い。

*3 の It is ... から 6 の starting a conversation までの四つの文には人を表す代名詞が 13 個含まれているが，全文訳ではそれを一つも訳出しないでまとめた訳文を示してある。

代名詞の訳　　日常的な会話表現をはじめ，日本語では英語の代名詞を直訳的に訳出しないことが多い。

No one knows what he can do till he tries.《格言》
「いかなる人も彼が試みるまで彼が何をできるか知らない
→だれでも自分に何ができるかはやってみなければわからない」

You can if you think you can.「あなたができるとあなたが思えばあなたはできる
→自分ができると思えばできるのです」

■ 5.① **they will do their best to ...**「彼らは…しようと最善をつくすものだ」will には「（往々にして）…するものだ」という習性のニュアンスがある。

■ 5.② **if by train, an empty compartment** = if (*they are making a journey*) by train, (*they will do their best to find*) an empty compartment 「列車で旅行しているのならば，人のいない客室を見つけようと最善を尽くす」既出要素を省いた『省略』文の例。

■ 7. **If a conversation does start**「もし会話が始まったとしても」この If は『譲歩』を表し，「…だとしても（= even if）」の意。does は『強意用法』。「長い間会話がいっさい始まらない」という前文の内容を受け，それと対照的な「実際に会話が始まったとしても」の意の条件節を作る。

訳
　¹他のヨーロッパ人にとって，イギリス人，とりわけイングランド人の最もよく知られた性質は "控えめであること" である。²控えめな人とは，見知らぬ人とあまり口をきかない人である。感情をあまりおもてに表さず，めったに興奮もしない。³控えめな人と知り合いになるのは難しい。絶対に自分のことは何も話さないし，何年も一緒に仕事をして

いても，いったいどこに住んでいるのか，子供が何人いるのか，何に興味を持っているのか，さっぱりわからないでいることがある。⁴イングランド人にはそのような傾向がある。⁵バスの旅をしているとすれば，人のいない席を見つけようとめいっぱい努めるものだ。列車の旅なら，人のいない客室を探す。⁶見知らぬ人と客室を共にせざるを得ないことになれば，何マイル乗っていてもいっこうに会話が始まらないこともある。⁷会話が始まったとしても，「お年は？」とか「お名前は？」とかいった個人的な質問はなかなかされないし，2人の人がお互いに相手の名前を全く知らずに何年間もなんとなく知り合っているといったことも十分にあり得る。⁸「その時計はどこで買われたのですか」とか「給料はどれくらいですか」などといった質問はほとんどあり得ない。⁹同様に，イギリスでの会話は概して，例えばアフリカなどでの会話より，ずっと静かで遠慮深く，声高に話すことはぶしつけなことと考えられている。

---

2 ¹This reluctance to communicate with others **is an unfortunate quality in some ways, since it tends to** give the impression of coldness, and it is true that the English are not noted for their generosity and hospitality. ²On the other hand, they are perfectly human behind their barrier of reserve, and may be quite pleased when a friendly stranger or foreigner **succeeds for a time in breaking** the barrier down.

語句 1. **reluctance** 图「気乗りしないこと，いやいや，不承不承」 **in some ways** 「ある意味において，いくつかの点で」*cf.* in a way「ある意味では」，in many ways「多くの点で」 **impression** 图「印象」 *be* **noted for**「〜で有名だ」（= be known for；be famous for） **generosity** 图「寛大さ；気前のよさ」 **hospitality** 图「もてなしのよさ，歓待」圈 は hospitable で，これは hospital 图「病院」と区別。2. **on the other hand**「他方において，その反面」 **human** 圈「人間の；人間らしい」 **bárrier** 图「障壁，障害」 **succeed in** *doing*「…することに成功する，首尾よく…する」（⇔ fail to *do*） **for a time**「しばらくの間」（= for a while） **break down**「を壊す，破壊する」

研究 ■ 1. **... is an unfortunate quality in some ways, since it tends to** 〜「…は，いくつかの点で残念な性質である。というのもそれは〜する傾向があるからだ」in a way「ある意味［点・方法］で」は，本文のように in some ways として用いられたり，in various ways「さまざまな意味［点・方法］で」などと応用される。

　理由を表す接続詞 since は，because と同義といえるが，周知の事実や書き手［話し手］と読み手［聞き手］双方にとって了解済みの内容を理由として述べる際に使うことが多い。

■ 2. **succeeds for a time in breaking** 〜「しばらくの間〜を壊すのに成功する」succeed in breaking の間に for a time が挿入された形。動詞 succeed について

は，次の関係に注意する。

 succeed in *doing*「…するのに成功する」

  → 名 success「成功」，形 successful「成功した」

 succeed to ＋名詞「〜の後を継ぐ，〜を継承する」

  → 名 succession「継承」，形 successive「連続した」

訳

 ¹このように他人と話したがらない性格は，ある意味では不幸な性質である。というのは，それは冷淡という印象を与えやすいからであるが，また同時に，イングランド人がおおらかさや愛想のよさで有名なわけではないことも確かである。²だが一方，イングランド人は控えめな態度という垣根の向こう側ではまことに人間的であり，きさくな他人や外国人がその垣根を一時的に取り壊すことに成功したときには，けっこう喜んでくれることもある。

---

3 ¹**Closely related to English reserve is English modesty.** ²Within their hearts, **the English are perhaps no less conceited than anybody else**, but in their relations with others they value at least a show of modesty.

語句

1. *be* related to「〜と関係がある；〜と親戚である」 **modesty** 名「謙虚さ，謙遜（そん）」
2. **no less ～ than ...**「…に劣らず〜だ」 **conceited** 形「うぬぼれている，思いあがった」
(⇔ modest) **in** *one's* **relation with**「〜との関連［関係］において」 **value** 動「を重んじる，高く評価する」（＝ have a high opinion of） **a show of**「〜を表に示すこと；〜の見せかけ」

研究

 ■ 1. **Closely related to English reserve is English modesty.**「イングランド人の遠慮深さと密接な関係にあるのがイングランド人の謙虚さである」

この文の主語は modesty であるが，「イングランド人の謙虚さは〜と関係がある」のように主語を文頭に置いて訳すのはよくない。筆者は補語を先に言うことで，後置された主語へと読者の注意を引きつけているからである。

 Among the angry demonstrators was the son of the journalist.
 「怒るデモ隊の中にはその報道記者の息子がいた」

倒置（Inversion）(1) 強調される要素が文頭に出て，主語が（助）動詞のあとに置かれる倒置形式をとることがある。主として (a) 否定要素 (b) so（非常に）など (c) 補語が文頭に出る場合がある。〔なお(a)の場合については⇒ p.149〕

 (a) Not until then *did she* realize the truth.
  「その時まで真実を知らなかった／その時になって初めて真実を悟った」

P
A
R
T
II

11

73

(b) <u>So</u> honest *was John* (= <u>Such</u> *was John's honesty*) that everyone trusted him.

「ジョンはとても正直だったのでみなから信頼された」

(c) <u>Sitting</u> on the bench *was the daughter of the author*.

「ベンチに座っていたのはその著者の娘だった」

■ **2. the English are perhaps no less conceited than anybody else**「イングランド人はもしかすると他のだれにも劣らずうぬぼれが強いのかもしれない」no less ～ than ... は「…と同じくらい～だ」の意で, as ～ as ... に通じる。

This is no less hard than that. ⇄ This is as hard as that.

「これはあれに劣らず困難だ→これはあれと同様に困難だ」

注意すべき2点:この構文では (1) 比較級が示すはずの優劣の差がなく, (2) no の作用により, 否定的な形容詞 (less conceited「うぬぼれが少ない」) はその意味が反転する (→「うぬぼれが強い」)。

〈比較級 + than anybody else〉「他のだれよりも～」は事実上, 最上級に相当する表現。

John is taller than anybody else in his family.

(= John is the tallest in his family.)「ジョンは家族のだれよりも背が高い」

▶ "他のどんなものよりも…" というときは〈比較級 + than anything else〉。

Peace is more important than anything else.「平和が何よりも重要だ」

▶ "同種のものと比較して一番" というときは〈比較級 + than any other + 単数名詞〉。

The Caspian Sea is larger than any other lake in the world.

「カスピ海は世界のどの湖よりも大きい」

modesty「謙虚さ」と conceit「うぬぼれ, 自負心」の反意語関係を認めておく。

訳 1 イングランド人の控えめさと密接な関係にあるのがイングランド人の謙虚さである。2 心の中では, イングランド人はもしかすると他のだれとも同じくらいにうぬぼれの気持ちを抱いているのかもしれないが, 他人との付き合いにおいては, 少なくとも表向きは謙虚な態度を示すことを重んじている。

解答・解説

解答

1	D	2	B

| 3 | 何年も一緒に仕事をしていても，一体どこに住んでいるのか，子供が何人いるのか，何に興味を持っているのか，さっぱりわからないでいることがある |

| 4 | A |

| 5 | 2人の人がお互いに相手の名前を全く知らずに何年間もなんとなく知り合っているといったことも十分にあり得る |

| 6 | B | 7 | D | 8 | A |

| 9 | 心の中では，イングランド人はもしかすると他のだれとも同じくらいにうぬぼれの気持ちを抱いているのかもしれない |

| 10 | C, D |

解説　**1** who 以下，does not *A*, does not *B*, and ... と続く構造から，否定表現がさらに続くとわかる（もし一つの not を共有して否定表現を続ける場合は does not *A*, *B*, or *C* となる）。A「と同様に」B「かつて；〔否定語とともに〕決して」C「それにもかかわらず」D「めったに～ない」

2 この文脈では単に「知り合いになる」意ではなく，その人となりを「深く知る」。A「に慣れる」B「と知り合いになる」C「と婚約する」（*cf.* become engaged in「～に関与する」，become engaged with「～に熱中する」）D「を警戒しだす」

3 may は半々程度の可能性を表す助動詞で「～なことがある」の意。〈否定語＋ever〉は never の要領で訳すとよい。

4 研究 **1** 7. 参照。

5 副詞 casually の元となった形容詞 casual の語源的な意味は「たまたま生じた」で人間の意図や工夫が介在しないさまをいい，訳し方は「偶然の，たまに発生する，思いつきの，形式ばらない」などさまざまである。know ～ casually で「～をただなんとなく知っている」の意。ever については **3** の解説参照。

6 restrain は「しっかり（re-）引き締めて（strain）動かないようにする」が原義で，「抑制する」の意，過去分詞 restrained は「抑制の利いた」意の形容詞として用いる。A「油断のない；機敏な」B「穏健な，ほどほどの」C「個人の，民間の」D「厳格な」

7 not noted for「〔～の理由〕では知られていない」A「で評判の悪い」B「で悪名高い」C「をそれほど意識しないままで」D「〔～の理由〕ではほとんど知られていない」AおよびBは"悪い意味で有名な"の意。

8 **2** 1に述べられている impression of coldness「冷淡という印象」と対照的なものを選ぶ。A「人間的な」B「控えめな」C「見知らぬ；奇妙な」D「表面上の」

9 　研究 **3** 2. 参照。

10 　**A**「控えめな人とは，自分自身については語りたがらず他人について話す傾向の
ある人である」**1** 2に「他人とあまり話をしない」とあり，不一致。**B**「イングラ
ンド人は話好きな傾向があるが，個人的な質問はめったにしない」**1** 1・2によれ
ばおしゃべりを好まない傾向はとりわけイングランド人の特によく知られた特徴で
あり，不一致。**C**「イギリスでは，大きな声で話す人はマナーに欠けていると見な
される」**1** 9に一致。good manners「行儀（の良さ）」。**D**「イングランド人は他
人と話をしたがらないので，冷淡でよそよそしい感じを与えることがある」**2** 1に
一致。**E**「自分自身の功績について大げさに考えるのがまさにイングランド的であ
る」本文に言及なし。

精講

---

1 ¹**I have been working for** a Japanese cell phone company in Tokyo **for the last 15 years**. ²It's a secure job in a major company and I enjoy a relatively high salary for my age. ³I leave home early and it takes about two hours on a crowded train to get to the office. ⁴I get Sunday off, but on the other days **I'm usually in my office till nine o'clock, or even midnight on occasion**. ⁵But I **enjoy seeing the customers excited about** our new products and services. ⁶Every August I **take a six-day summer vacation**, usually at my parents' place in Toyama. ⁷It's nice to enjoy the space of the countryside after my cramped apartment in the suburbs. ⁸However, **I spend two days traveling there and back, and then it's straight back to work the next day**.

語句 1. **cell phone**「携帯電話」 **company** 名「会社，仲間」 2. **secure** 形「安定した，しっかりした」 *cf.* security 名「警備；安全」 **major** 形「主要な，重要な」 **relatively** 副「比較的に」 **for** *one's* **age**「年齢の割には」 4. **get Sunday off**「日曜の休みを取る」 **midnight** 名「深夜 0 時」（⇔ noon 名「正午」） **on occasion**「ときどき（= sometimes; once in a while; now and then）」 5. **customer** 名「〔企業・店の〕顧客」 **excite** 動「〔受身形で〕興奮する，わくわくする」 **product** 名「製品，生産品」 7. **space** 名「空間，広いところ；宇宙」 **countryside** 名「田舎」 **cramped** 形「窮屈な，狭苦しい」 **apartment** 名「アパート，マンション」 **suburb** 名「郊外」 8. **straight** 副「まっすぐに」

研究 ■ 1. **I have been working for ～ for the last 15 years.**「私はこの 15 年間ずっと～で仕事をしている」この内容は，I am working（現在進行形）で言うこともできるが，本文の『現在完了進行形』は動作動詞について，その行為の継続した状態が現在まで途切れずにずっと続いてきたことに焦点を当てる。the last 15 years とは these 15 years のこと。

■ 4. **I'm usually in my office till nine o'clock, or even midnight on occasion**「私は通常は〔夜〕9 時まで職場にいて，ときには深夜 0 時までいる」midnight は漠然と「真夜中」を意味することもあるが，ここは"日付が変わるまで仕事をする"ということで「深夜 0 時」（⇔ noon「正午，午後 0 時，昼の 12 時」）の意に解釈している。

■ 5. **enjoy seeing the customers excited about ～**「顧客らが～について興奮するのを見るのを喜ぶ」〈see + O + 分詞〉のつながりでは，目的語と分詞の間に The customers are excited. の関係が反映される。なお，enjoy のあとに続ける動詞は

77

『動名詞』でなければならない点にも注意。

動名詞の用法　　　動名詞（Gerund）は名詞の働きをする *doing* 形で，文中におい
て①主語，②補語，③目的語，④前置詞の目的語になる。
　①・② Seeing is believing.「見ることは信じること／百聞は一見にしかず」
　③ She seemed to avoid meeting me.「彼女は私に会うのを避けているようだった」
　④ I look forward to hearing from you.「お便りを楽しみにしています」
動名詞は，上のそれぞれの場合に，(a) 完了形や (b) 受動態の形をとることがあり，
また (c)『意味上の主語』がつくこともある。
　(a) He admitted having told a lie.「彼は嘘をついたことを認めた」
　(b) He resented being laughed at.「彼は笑われたことに腹を立てた」
　(c) I object to *her* going there.「彼女がそこへ行くことには反対だ」

- 6. **take a six-day summer vacation**「6 日間の夏季休暇を取る」形容詞 six-day
（× six-days）については，問題 25 **研究 3** 5. 参照（⇒ p.177）。
- 8. **I spend two days traveling there and back, and then it's straight
back to work the next day**「行って戻ってくるのに〔休みのうちの〕2 日間を使い，
その上翌日にはすぐに仕事に戻るのだ」　ただ客観的に所要時間を述べるなら It takes
(me) two days to travel there and back.「行って戻ってくるのに 2 日かかる」と
いう。しかし筆者のこの表現は，貴重な 6 日間の休みのうち 2 日間を移動だけで消
費してしまう残念さを反映したもの。さらに and then it's ... と続けて「その上お
まけに…」とその気持ちは増幅され，主観が強くこめられた文章表現といえる。
　there and back は to Toyama and back to Tokyo ということ。
　it's straight back to work は「仕事にすぐ復帰だ」の意で，it は特に指すもの
のない状況主語。
　back to work は (1) 人を主語とした文の補語として，あるいは (2) 移動を表す動
詞に続けて副詞的に用いるのが通常の用法。
　(1) I'll be back to work soon.「すぐに仕事に戻ります」
　(2) I need to go straight back to work.「すぐ職場に戻らないといけません」
　しかし状況主語の it で始まる本文では straight back to work が「仕事への直
行」の意の名詞句として扱われている。

訳　¹ 私は東京にある日本の携帯電話会社にこの 15 年間勤めている。² 大企業の安定した仕
事で，年齢にしては比較的高い給与を受け取っている。³ 家を早くに出て，職場に着くま
では満員電車で約 2 時間かかる。⁴ 日曜は休みだが，それ以外の曜日は通常夜 9 時まで職
場にいて，ときには深夜 0 時にさえなる。⁵ けれども自分の会社の新製品やサービスに顧

2 ¹**Last summer, however, I was able to** take 10 days off in August and used the rare chance to take my wife abroad to visit my old friend, Pierre, in Paris. ²**He and I met at university in the US** nearly 20 years ago when we were both international exchange students. ³We shared a love of tennis and soon became good friends, and have stayed in touch. ⁴He now works as a supervisor in a post office in eastern Paris.

語句 1. **take a day off**「１日休暇を取る」 **rare** 形「めったにない，まれな」 **abroad** 副「国外で[に]」 2. **exchange student**「交換留学生」 3. **share** 動「を共有する」 **stay in touch**「連絡を取り合う（= keep in touch）」 4. **supervisor** 名「監督者，管理者；上司，指導教官」 **eastern** 形「東方の」

研究 ■ 1. **Last summer, however, I was able to ...**「しかし昨年の夏，私は…することができた」**1** はすべて現在形であったが，ここから過去，つまり回想的な描写になる。

■ 2. **He and I met at university in the US**「彼と私は米国の大学で知り合った」『人称代名詞』を並べるときは，自分（１人称）を後ろにするのが礼儀（politeness）。ただしこれは文法的な絶対条件ではなく，状況によって変わることがある。

訳
¹ところが昨年の夏，私は８月に10日間の休みを取ることができたので，めったにないこのチャンスを使って妻を外国に連れて行き，パリにいる旧友ピエールを訪ねた。²ピエールと私は20年近く前に，米国の大学で出会ったが，当時どちらも交換留学生だった。³２人ともテニス好きというのが共通で，すぐに仲良しになり，今まで連絡を取り合っている。⁴ピエールは今，パリ東部のある郵便局で管理職の仕事をしている。

---

3 ¹It was lovely to see Pierre again and spend time in the spacious apartment he shares with his wife. ²I was very surprised to find that they were just back from a month-long summer vacation in southern France and Switzerland. ³**Pierre told us that this is** perfectly normal in his job, **and that he couldn't believe his ears** when I mentioned that **my usual vacation** is around a week **and that I work 12 hours a day, six days a week**. ⁴His usual workday, he said, was from 9:00 a.m. to 4:00 p.m. ⁵**He wasn't joking**; he was back home by bicycle by 4:20 p.m. every day. ⁶**He likes his job as the postal service fulfills a vital function in society** by connecting people both domestically and internationally. ⁷**On hearing his story, though, I began to reflect upon** my own life and work. ⁸Am I working to live, or just living to work?

語句 1. **lovely** 形「素敵な」 **spend** 動「〔時〕を過ごす，〔金〕を費やす」 **spacious** 形「広々とした」 *cf.* space 名「空間」 **share *A* with *B*** 「A を B と共有する，分かち合う」 2. **southern** [sʌ́ðərn] 形「南方の」 3. **can't believe *one's* ears**「聞いたことが信じられない，耳を疑う」 **mention** 動「に言及する，について述べる」 **usual** 形「通常の」 **around** 副「およそ（= about）」 4. **workday** 名「就業日」 5. **be joking**「冗談を言っている，大げさに言っている」 6. **postal service**「郵便事業」 **fulfill** 動「〔条件・要求〕を満たす；〔機能・役割〕を果たす」 **vital** 形「決定的に重要な」 **function** 名「機能，働き」 **society** 名「社会」 **connect** 動「をつなぐ，結び合わせる」 **domestically** 副「家庭面で；国内的に」 7. **on *doing***「…するとすぐ」 **reflect upon**「〜を熟考〔反省〕する」

研究 ■ 3.① **Pierre told us that this is ～, and that he couldn't believe his ears ...**「ピエールは，これは～であり，自分の耳が信じられないと言った」told の内容は二つの that 節に示されている。this が指すのはピエールが 1 か月もの長い休暇を取ったこと。that 節内の this is については，it was とすることもできるが，ここで『時制の一致』が適用されていないのは，this が特別な事例ではなく『変わらない事実』と見なす筆者の心理を反映したもの。

■ 3.② **my usual vacation**「私の通常の休暇」ここでは the vacation I take in usual years「いつもの年に取得する〔長期〕休暇」ということ。

■ 3.③ **and that I work 12 hours a day, six days a week**「そして自分が 1 日 12 時間，週に 6 日間働いているということを」mentioned に続く第 2 の that 節。a day ＝ per day または each day「1 日につき」の意，a week も同様。

＊この用法の a は，実はかつての前置詞 on が弱まったものである（つまり「1」を意味する冠詞ではない）から，「1 日 1 回」は once a day と言えても「2 日に 1 回」を × once two days と言うことはできない（正しくは (once) every two days または every other day）。

■ 5. **He wasn't joking**「彼は嘘を言っているのではなかった」日本語では気軽に「えっ，嘘でしょ？」などと言うが，日本語で「嘘」にあたるものを英語では "joke" や "kidding" もしくは "not true" を使って表現することが多い。

　　No joking!〔No kidding!〕「まさか！／嘘言わないでよ！」
　　That's not true.「そうじゃない／そんなの嘘だよ」

英語で lie「嘘（をつく）」には非常に背徳的な含みがある。外国語と日本語とでは単語同士が1対1で対応するわけではないことを常に意識しておこう。

■ 6. **He likes his job as the postal service fulfills a vital function in society ...**「彼は自分の仕事が気に入っている。というのも郵便事業は社会で非常に重要な機能を果たしているから」文の流れからすると，動詞には『過去形』（He liked his job ...）が期待されるところである。ここは筆者がずっと連絡を取り合っているというピエールの，今の現状も含める意味で，現在形による表現をとっているのであろう。またこれは，as 以降『現在形』で述べられる『変わらない事実』相当の内容とも食い違いはない。

接続詞 as については問題27 接続詞 as の区別 参照 (⇒ p.190)。ここでは『理由』の意に分類できるが，because を用いるほどの論理的な結びつきではなく，「仕事が気に入っているよ——社会の役に立っているし，ね」という軽いつながり。

■ 7. **On hearing his story, though, I began to reflect upon ～**「でも彼の話を聞くなり，私は～を反省し始めた」on *doing*「…するとすぐ」（= As soon as I heard his story）。in *doing*「…する際に」との区別に注意する。

> **though の用法**　単独で文中に挿入された though は「しかし」の意であるが『副詞』であって，接続詞 but のような使い方はできない。それは以下のような由来で生まれた用法だからである。
>
> ①**本来の用法**：though は従属接続詞で『譲歩』の副詞節を作る。副詞節は挿入が可能。
>
> Though it is important, the effect of gravity on evolution has been totally ignored.
>
> = The effect of gravity on evolution, though it is important, has been totally ignored.
>
> 「重力が進化に及ぼす影響は重要だが，完全に無視されてきた」
>
> ②**副詞用法**：①を2文に分けて述べる際，副詞節の内容が though という1語に集約されて，「［前文で述べたとおり］だが」という副詞用法が生まれた。
>
> The effect of gravity on evolution is important. It has been, though, totally ignored.
>
> 「重力が進化に及ぼす影響は重要だ。それなのに完全に無視されてきた」
>
> ▶ 文末に置くこともできる。
>
> = The effect of gravity on evolution is important. It has been totally ignored, though.
>
> ＊「しかし」の意の however（単独用法）も同様に『副詞』。

¹ピエールに再会し，彼が妻とともに暮らす広々としたアパートで時を過ごせてとてもよかった。²私が知って非常に驚いたのは，ピエール夫妻が1か月の夏休みを南仏とスイスで過ごして戻ってきたばかり，ということだった。³ピエールは，自分の職業でこれは全く普通のことだと言い，私が自分のふだんの〔夏季〕休暇は約1週間で，1日12時間，週に6日働いているという話をしたときには耳を疑うよ，と言った。⁴ピエールが言うには，彼の通常の勤務時間は午前9時から午後4時までということだった。⁵彼は嘘を言っていたわけではない——実際，毎日午後4時20分には自転車で帰宅したのだから。⁶彼は自分の仕事が気に入っていた。郵便事業は，国内でも海外とでも人々を結びつけることで，社会において非常に重要な機能を果たしているから。⁷しかし，彼の話を聞いてすぐ，私は自分自身の人生と仕事について振り返って考え始めた。⁸自分は生きるために働いているのか，それとも働くためにただ生きているのか。

解答・解説

解答	1	行って帰ってくるのに2日かかり，その上帰った翌日にはすぐに仕事に戻るのである
	2	（ⅰ）role[part]　（ⅱ）correspondence[communication(s)]
		（ⅲ）beyond[across]
	3	C	4	（ⅰ）A　（ⅱ）C　（ⅲ）D　（ⅳ）B	5	D

解説　　**1**　研究　**1**8. 参照。

2　play a role[part] in「～において役割を果たす」within the border「国境の内側で」beyond[across] the border「国境を越えて」ここでは within or beyond[across] the border of the country「国内の，もしくは国境を越えての」という形容詞句となって空所（ⅱ）を修飾。

3　研究　**3**7. 参照。挿入された though は副詞で，「〔前文の内容に対して〕しかし」の意。On *doing* は「…するとすぐに」の意。**A**「私はすでにもっと人生を楽しむ方法について考え始めていたが，彼の話は傾聴に値するものだった」**B**「しかし，彼の語ることを聞いて初めて別の仕事を見つけようと決心した」It is not until ～ that *SV*「～するまで…することはない／～してはじめて…する」**C**「しかし，彼が私に話してくれたことは即座に私に，自分の生活様式を振り返らせた」（無生物主語）→「しかし，彼が話してくれたことから，私はすぐさま自分の生活様式を振り返った」**D**「それにもかかわらず，彼の話を聞きながらずっと，私は彼の価値観と自分の価値観をまさに比べようとしていた」nevertheless 副「それにもかかわらず」all the while「その間ずっと」listen to *A do*「*A* が…するのに耳を傾ける」〔知覚動詞の用法〕*be* about to *do*「まさに…しようとしている」compare *A* with

B「A を B と比較する」values「価値観」(= sense of value)

4 (i) for *one's* age「〜の年齢の割には」(ii) get[take] a day off「1 日休暇を取る」(iii) on occasion「ときどき (= occasionally)」(iv) stay[keep] in touch「連絡を保つ,〔離れていても〕連絡を取り合う」

5 **A**「筆者はパリにピエールを訪ねるよりも前から,すでに自分の仕事にはそれほど価値がないとうすうす気づいていた」**1** 2・5 および **3** 7 からは筆者のそのような心情は読み取れない。**B**「ピエールは筆者が妻とそんな小さなアパートに暮らしていることがほとんど信じられなかった」can hardly *do*「ほとんど…できない」筆者の東京での住まいについてピエールが抱く印象については言及がない。**C**「ピエールは筆者に,フランスの大半の労働者は 1 か月の休暇が保証されていると言った」**3** 3 では perfectly normal in his job「自分の職の場合には完全に普通」だと言っており,フランスの労働者についての一般論ではない。**D**「ピエールは筆者の例年の休暇が自身の夏季休暇のほぼ 4 分の 1 であると知って驚いた」**3** 2 によるとピエールは 1 か月の夏季休暇を与えられているが,3 で筆者の長期休暇は 1 週間程度とある。a fourth of = a quarter of「〜の 4 分の 1」。**E**「ピエールは混雑した電車が好きでないから自転車で出勤する」ピエールが通勤手段に自転車を選んでいる理由については言及がない。

精講

1 ¹**We often worry about** lying awake in the middle of the night — **but it could be good for you.** ²**A growing body of evidence** from both science and history **suggests that the eight-hour sleep may be unnatural.**

語句   1. lie 動「横になる，横たわる」 awake 形「目覚めて」 2. unnatural 形「不自然な」

研究   ■ 1. **We often worry about ... but it could be good for you.**「われ
われはしばしば…について心配するが，しかしそれはあなた（方）にとっていいこと
かもしれない」We で始まる文が示唆するのは "あらゆる人が悩む" ということ。し
かし good for you という結びは読者への直接の語りかけ。「この記事を読めば，悩
む必要はないかもしれない」という "朗報" に仕立てて読者の興味を引きつける手
法。なお，it は「心配するということ」ではなく「心配している内容」を指す。

■ 2. **A growing body of evidence ... suggests that the eight-hour sleep may be unnatural.**「8時間の睡眠が不自然なものかもしれないことを示唆する証拠が増
えてきている」「証拠」と訳される名詞 evidence は「証拠としての能力」といったほ
うが近く，『不可算名詞』であって，個々の「証拠品」の意味ではない。

本文の body は証拠の "総体"，つまり全体量をいい，証拠が増えることを
growing で表すのもそのためである。

*「証拠品」の意でそれを1点［2点］と数えるときには a piece of evidence［two pieces
of evidence］という。

suggest の訳語として⑴「を示唆する」と⑵「を提案する」は，その用法をもと
に明確に区別すること。ここでは⑴である。

⑴ The email suggested that Dick joined them at the station.
   「そのメールの内容は，ディックが駅で彼らに合流したことを示唆するものだった」

⑵ We suggested that Dick join us at the station.
   「駅で私たちと合流しなよ，とディックに提案した」

▶⑵では that 節内の動詞が『原形』であることに注意（『仮定法現在』＝ 米 用法）。

ここでいう unnatural「不自然な」とは，"生来の特徴ではない" ということ。
natural は，native「生まれつきの，その地に生まれた」と同語源。

訳   ¹ われわれは夜中に眠れないままいることをしばしば心配する――だがこれはいいこと

なのかもしれない。²科学と歴史の両面から，8時間の睡眠は不自然かもしれないことを示唆する証拠が増えているのだ。

---

2 ¹In the early 1990s, psychiatrist Thomas Wehr conducted an experiment in which a group of people were plunged into darkness for 14 hours every day for a month. ²**It took some time for their sleep to regulate but by the fourth week the subjects had settled into a very distinct sleeping pattern.** ³**They slept first for four hours, then woke for one or two hours before falling into a second four-hour sleep.** ⁴Though sleep scientists were impressed by the study, **among the general public the idea that we must sleep for eight consecutive hours persists.**

P A R T II

13

語句 1. psychiatrist 图「精神科医」 conduct 動「を実施する；を引率［指揮］する」 plunge ～ into「～を…に追いやる，陥れる」 2. regulate 動「を規制する；調整する；規則正しくなる，規則を作る」 subject 图「主語，主題；被験者」 settle into「～に腰を下ろす；～に慣れる，落ち着く」 distinct 形「別個の，明確な，独特な」 3. woke < wake 動「目覚める」 fall into「～に陥る」 4. impress 動「に印象を与える，刻みつける」 general public「一般大衆，一般民衆」 consecutive 形「連続の」 persist 動「根強い，しつこく残る；固執する」

研究 ■ 2.① **It took some time for their sleep to regulate but ...**「彼らの睡眠が規則的になるにはしばらくかかったが…」for their sleep は直後にある不定詞の『意味上の主語』。regulate はここでは自動詞で，「規則化する」の意。

■ 2.② **by the fourth week the subjects had settled into a very distinct sleeping pattern**「第4週までに被験者たちは，非常に独特な睡眠パターンに落ち着いた」『過去完了』had settled は，過去のある時点（ここでは実験の4週目）において『完了』した内容を表す用法。

---

subject の語義

① 〔関心の対象→〕「主題・テーマ；科目・教科」
② 〔対象となる人→〕「〔治療の〕対象者；〔実験の〕被験者；〔王の支配する対象→〕臣民，〔君主国の〕国民」
③ 〔文法において→〕「主語」（本来は "文の主題" の意→ "動作の主体" つまり "動詞の主語" の意に転換）
④ 〔②の転義→〕「主体，主観，自我；〔for〕（～の）原因」

形容詞の用法 *be* subject to「～に服従している；～の影響を受けやすい」も重要。

■ 3. **They slept first for four hours, then woke for one or two hours before falling into a second four-hour sleep.**「彼らはまず４時間眠り，それから１，２時間起きていて，２度目となる４時間の睡眠に陥る」before *doing*「〔…する前に→〕その後で…する」。『発生順』に述べる表現法については，**3** 3. ②と併せて注目したい。

■ 4. **among the general public the idea that we must sleep for eight consecutive hours persists**「一般大衆の間では，連続８時間眠らなければならないという考え方が根強い」前置詞つきの名詞（among the general public）は主語になれないから，本文の主語は the idea である。that 節は『同格』，文末の persists が動詞。

> **訳**
> ¹1990 年代初頭，精神科医のトマス・ヴェーアは実験を行って，１か月にわたり毎日 14 時間，一つの集団を暗闇においた。²彼らの睡眠が規則的になるには少し時間がかかったが，第４週までに被験者たちは，非常に独特な睡眠パターンに落ち着いた。³彼らはまず４時間眠り，それから１，２時間目を覚ましていたあと，２度目となる４時間睡眠に入ったのだ。⁴睡眠科学の研究者たちはこの研究に感心したものの，一般大衆の間には，連続８時間眠らなければならないという考えが根強くある。

3 ¹In 2001, historian Roger Ekirch of Virginia Tech published **a seminal paper, drawn from 16 years of research, revealing a wealth of historical evidence that** humans used to sleep in two distinct chunks. ²**His book** *At Day's Close: Night in Times Past*, published four years later, **unearths more than 500 references to** a segmented sleeping pattern — **in diaries, court records, medical books and literature, from** Homer's *Odyssey* **to an anthropological account of modern tribes in Nigeria.** ³**Much like the experience of Wehr's subjects, these references describe a first sleep which began about two hours after dusk, followed by a waking period of one or two hours and then a second sleep.** ⁴**"It's not just the number of references — it is the way they refer to it, as if it was common knowledge,"** Ekirch says. ⁵During this waking period people were quite active. ⁶They often got up, went to the toilet or smoked tobacco and some even visited neighbours. ⁷Most people stayed in bed, read, wrote and often prayed. ⁸**Countless prayer manuals from the late 15th century offered special prayers for**

the hours in between sleeps.

語句　1. **Virginia Tech**「［略称］ヴァージニア工科大学」　**seminal** 形「種子の；将来性のある；〔将来につながる意味で〕独創的な，影響力を持つ」　**draw** 動「を引く，引っぱる；を描く」　**reveal** 動「を明らかにする」　**wealth** [welθ] 名「富，財産；豊かさ」　**chunk** 名「塊（かたまり），ぶつ切りにされたもの」　2. **unearth** 動「を掘り出す，掘り起こす，発掘する」　**reference** 名「参考図書，参考文献；言及」　**segmented** 形「部分に分けられた，仕切られた」　**diary** 名「日記，日誌」　**court** 名「宮廷；裁判所」　**medical** 形「医学の」　**literature** 名「文学，文献」　**Homer**「ホメーロス（古代ギリシアの詩人）」　**anthropological** 形「人類学の，人類学的な」　**account** 名「記録，説明，口座」　**modern** 形「近代の，現代の」　**tribe** 名「部族，種族」　**Nigeria** 名「ナイジェリア」　3. **experience** 名「経験」　**dusk** 名「夕暮れ，たそがれ」(⇔ **dawn**「夜明け，暁」)　**period** 名「期間，時期，時間」　4. **the number of**「〜の数」　**the way** SV「…する方法」　**refér to**「〜に言及する」　**common knowledge**「常識」　6. **smoke** 動「〔タバコ〕を吸う；を〔煙で〕いぶす」　**tobacco** 名「タバコ」　**neighbor** 名「隣人，近隣住民」　7. **pray** 動「祈る」　8. **countless** 形「無数の，数知れない」　**prayer** [preər] 名「祈り」　cf. prayer [préiər] 名「祈る人」　**manual** 名「手引書」　**óffer** 動「を提供する」　**in between**「〜の間に挟まれた」

研究　■ 1. **a seminal paper, drawn from 16 years of research, revealing a wealth of historical evidence that ...**「16年にわたる研究から引き出し，…であることの歴史的な証拠を山のように明らかにする独創的な研究論文」
『可算名詞』として用いられた paper は「紙」という一般的な意味ではない。文脈によって異なる具体的意味を帯びることに注意。

Show me the paper.

「書類［用紙／答案／論文［レポート］／新聞／免許証など］を見せなさい」

『不可算名詞』evidence は『量的』に把握されるもの（■ 2. 参照）で，a wealth of evidence とはそれを a wealth「ひと財産」に相当するとみた表現。単に量が多いというだけでなく，新たな知見をもたらす価値ある証拠という含意。なお，問題30 **研究** ■ 2.①参照（⇒ p.214）。that は『同格』の名詞節を導く。

■ 2.① **His book** *At Day's Close: Night in Times Past,* **... unearths more than 500 references to** 〜「彼の著書『日の終わりに——過ぎ去りし時代の夜とは』は…500を超える〜への言及を掘り起こす」

＊同書は『失われた夜の歴史』という題の邦訳がある。

斜字体（italic）はここでは，書籍・雑誌・映画のタイトルを表す（ただし書物や雑誌中の各記事や短編小説の題名は，引用符（" "）で示す）。

more than 500 は「500を超えて」であって，厳密には500を含まない。

■ 2.② **in diaries, court records, medical books and literature, from Homer's** *Odyssey* **to an anthropological account of modern tribes in Nigeria**「日記，裁判記録，医学書そして文学作品における言及箇所，ホメーロスの『オデュッセイア』から現代のナイジェリアの諸部族に関する人類学の記録まで」一見，具体例をただ羅列しただけに思えるが，よくみると具体例が大きく二つに分けて提示され

ている。筆者の意図は次の2点。(1) in diaries ～ literature は，扱った資料が個人的なものから公的なものまで，ジャンルが幅広いことを表す。(2) Homer（ホメーロス）は古代・ギリシアの詩人で，彼の名は modern tribes in Nigeria「ナイジェリアに住む近代の諸部族」と対照され，収集した資料の範囲が時代的にも地理的にも幅広いことを表す。

■ 3.① **Much like the experience of Wehr's subjects**「ヴェーアの実験の被験者たちの経験とだいぶ似ていて」ヴェーアは精神科医，イーカーチは歴史学者。互いに全く別の研究であるのに，現代人を対象とした実験で導き出した結果と，過去の文献から割り出した知られざる事実が似ていることに読者の注意を引く。

■ 3.② **these references describe a first sleep which began about two hours after dusk, followed by a waking period of one or two hours and then a second sleep**「それらの記述は，夕暮れのおよそ2時間後に始まる1度目の睡眠のあとに1，2時間の起きている時間が続き，それから2度目の睡眠になることを描いている」

follow と precede　　*A follows B.* は「A は B に続く」意で，時系列でみれば後に起きたことを先に述べる形になる。このことは，裏を返すと 〈*(be)*　followed by〉 は発生順の記述ということになる。

The actor fell on his hips. The big thud was followed by a roar of the audience's laughter.

「役者は尻もちをついた。大きなドスンという音に，観客のどっという笑いが続いた」

これと正反対なのが *A precedes B.*「A は B に先行する」（言及の順序＝発生順）。

A sudden drop of temperature often precedes a torrential rain.

= A torrential rain is often preceded by a sudden drop of temperature.

「大雨に先立って，突然気温が下がることがよくある」

■ 4.① **It's not just the number of references — it is the way they refer to it**「文献の数だけではない――それらがそれにどう言及しているかが重要だ」they は references「参考文献（またはその中の言及箇所）」，最後の it は「2度に分けて取る睡眠」を指す。

　要点を表す It's ～. の表現。これを It's not just the number of references *that matters*, but also the way they refer to it. と考えれば，『強調構文』の一部ともいえる。

■ 4.② **as if it was common knowledge**「まるでそのことが常識であるかのように」common knowledge とは "人々が共通に知っていること"。"社会の一員として分別ある判断ができる能力" という意味での「常識」は common sense という。

as if *SV*「まるで［あたかも］…であるかのように」で，非現実的な内容を引き合いに出すとき動詞は必ず『仮定法』（この場合は were もしくは《略式》で was）だが，それほどでもない場合『直説法』のことも多い。本文のように語形が was だと，『仮定法過去』《略式》か，『直説法過去』（時制の一致）かが判然としないこともある。

■ **8. Countless prayer manuals from the late 15th century offered special prayers for the hours in between sleeps.**「15 世紀後期に由来する無数の祈りの手引書は，2 度の眠りの間の時間のための特別な祈りを提供していた」from は資料の由来する時代を示す（**4** 6. 参照）。prayer manuals「祈りの手引書」という際の prayer は，形容詞的に用いられた名詞（⇒ p.175 研究 **2** 2.）で発音は［preər］。しかし a prayer's manuals「祈る人の手引書」といえば，動詞 pray「祈る」に -er を付した名詞 prayer の発音は［préiər］となる。中世のヨーロッパでは修道院が各地に作られ，祈りの日課は深夜にも及んでいた。

in between sleeps は「複数回の眠りの合間に」の意で，between sleeps を名詞相当とみなした表現（⇒ p.256 品詞転換）。しばしば between のみが名詞化した in between という形でも用いられる。

There seems to be something in between.「何かが間にあるようだ」

訳 ¹2001 年，ヴァージニア工科大学の歴史学者ロジャー・イーカーチは独創的な論文を公表したが，それは 16 年に及ぶ研究から引き出されたもので，人々がかつては 2 回，別々の時間に分けて睡眠をとっていた歴史的証拠を山のように明らかにした。²彼の著書『日の終わりに——過ぎ去りし時代の夜とは』はその 4 年後に出版されたが，睡眠を分けて取る方法に触れた 500 を超える言及箇所を掘り起こしている——日記や裁判記録，医学書や文学作品における言及箇所，ホメーロスの『オデュッセイア』からナイジェリアの現代に生きる部族についての人類学の記録に至るまでの，あらゆる文献を掘り起こしたものだ。³ヴェーアの実験の被験者たちの経験によく似ていて，〔イーカーチが引用した〕これらの文献は，薄暮時から約 2 時間後に始まる第 1 の睡眠のあとに，1～2 時間の目覚めている時間が続き，その後第 2 の睡眠があることを描き出している。⁴「文献の数だけではない——それにどう言及しているかが問題で，まるでそのことが常識であるかのように言及されている」とイーカーチは言う。⁵この目覚めている時間に，人々はかなり活動的だった。⁶しばしば起きてトイレに行ったり，タバコを吸ったり，なかには隣人を訪ねる人もいた。⁷大半の人たちは寝床にとどまって読書をしたり，何かを書いたりし，しばしば祈りもした。⁸15 世紀後期に由来する祈りの手引書は無数にあって，眠りと眠りの合間のための特別な祈りを提供した。

4 [1] Ekirch found that **references to** the first and second sleep **started to disappear during** the late 17th century. [2] **This started among** the urban upper classes in northern Europe **and over the course of the next 200 years filtered down to the rest of** Western society. [3] **By the 1920s the idea of a first and second sleep had receded entirely from our social consciousness.** [4] **He attributes the initial shift to improvements in street lighting, domestic lighting and a surge in coffee houses** — which were sometimes open all night. [5] **As the night became a place for legitimate activity and as that activity increased, the length of time people could dedicate to rest dwindled.** [6] **Strong evidence of this shifting attitude is contained in a medical journal from 1829** which urged parents to force their children out of a pattern of first and second sleep.

語句 2. **urban** 形「都市の，都会の」 **upper class**「上流階級」 **northern** 形「北の，北方の」 **over the course of**「～という歳月をかけて」 **filter down to**「～に浸透していく，徐々に知れ渡る」 **the rest of**「～の残り」（5 の rest との違いに注意）**Western** 形「西洋の」 3. **recede** 動「退行する，薄れる，減退する」 **entirely** 副「完全に，全く」 **social** 形「社会の，社会的な」 **consciousness** 名「意識，自覚（＝ awareness）」 4. **attríbute A to B**「A を B のおかげとする」 **inítial** 形「初期の，最初の」 **shift** 名「変化，転換，移行」 **improvement** [ɪmprúːvmənt] 名「改善，向上」 **domestic** 形「家庭の；国内の」 **lighting** 名「照明」 **surge** 名「大波；急増，躍進」 5. **legitimate** [lɪdʒítəmət] 形「合法の，正当な」 **increase** 動「増加する」 **length** 名「長さ」 **dedicate A to B**「A を B にささげる；A を B のためにとっておく」 **rest** 名「休息」 **dwindle** 動「衰える，縮小する」 6. **attitude** 名「態度，考え方」 **medical** 形「医学的な」 **journal** 名「雑誌，定期刊行物」 **urge A to do**「A に…するよう強く促す，奨励する」 **force A out of B**「A を B から無理に引き出す」

研究 ■ 1. **references to ～ started to disappear during ...**「～への言及は…の時期に消え始めた」歴史学は現存する文献を証拠とし，文献上に出てこなくなるという事実にも意義を見いだす。

■ 2. **This started among ～ and over the course of the next 200 years filtered down to the rest of ...**「このことは～の間で始まり，その後 200 年の歳月をかけて…の残りに浸透していった」filter down は液体がフィルターを通って濾されていく比喩で，情報や習慣がじっくり時間をかけて伝わることをいう。

　　ここで主語の This は前文の一部の内容で，英語で表すなら the disappearance of the first and second sleep (which took place during the late 17th century)「(17 世紀後期に起きた) 2 度に分ける睡眠の消失」を指すことになる。

■ 3. **By the 1920s the idea of a first and second sleep had receded entirely from our social consciousness.**「1920 年代までには睡眠を 2 回に分け

る発想が完全にわれわれの社会的意識から後退した」a (first and second) sleep は１日の睡眠を２部構成にしたものをいう。『過去完了』は，過去の特定の時点において完全に達成されたことを表す。

■ 4. **He attributes the initial shift to improvements in street lighting, domestic lighting and a surge in coffee houses**「彼はその最初の変化を，街灯や家庭の明かりの改良，およびコーヒー・ハウスの急増のためだとしている」attríbute *A* to *B*「A〔の理由〕を B のためだとする」。the initial shift「最初の変化」という構造（『名詞構文』）をそのまま日本語に置き換えると不自然になるが，つまり「Bを変化の最初のきっかけだったと考える」ということ。

and の配置法として理想的には〔improvements (in *A* and *B*)〕 and 〔a surge in *C*〕の形が期待されるが，この文では A と B を and を用いずに並置している。

また，house は名詞（単数形）の場合のみ[haus]の発音で，動詞や名詞（複数形）では s が有声音[z]になる点にも注意。

西洋へのコーヒーの到来は 16 世紀で，アルコールと異なり知性を活発にさせる効用に注目が集まって，17 世紀にはロンドン各地にコーヒー・ハウスができ，政治的・文化的議論の場として活況を呈したことが知られている。

■ 5. **As the night became a place for legitimate activity and as that activity increased, the length of time people could dedicate to rest dwindled.**「夜がまっとうな活動の場となり，そうした活動が増えてくると，人々が休息のためにとっておく時間の長さはぐんと減った」異なる変化への言及を結びつける接続詞 as は「…するにつれて」の意（⇒ p.190 接続詞 as の区別 ）。ここで as 節は二つあり，それらが主節で述べる「睡眠時間の減少」という変化と対照される。

(1) 第 1 の as 節は人々が夜にも活動し始めたという『変化』を述べる。legitimate「正当な」は，それ以前は夜の活動が盗みや殺人など犯罪行為が連想されがちであったことを示唆する（語幹 leg- は「法」の意：legal「合法な」illegal「非合法な」）。

(2) 第 2 の as 節は(1)を受けて（that activity「そのような活動」= the legitimate activity），改善された照明やコーヒー・ハウス（前文参照）によって(1)の変化が後押しされたことをいう。

■ 6. **Strong evidence of this shifting attitude is contained in a medical journal from 1829**「このような変わりゆく考え方の力強い証拠が，1829 年の医学雑誌に含まれる」■３ 8 と同様，この from 1829 も「1829 年の資料から見つかった」という含意で，「1829 年に発行された」の意ではない。

> **訳**
> ¹イーカーチは，17 世紀後期にこの第１と第２の睡眠への言及がなくなり始めることを発見した。²そのことは，ヨーロッパ北部の都市部の上流階級の間で始まって，その後 200 年かけてその他の西洋社会に浸透していった。³1920 年代までには，２部構成の睡眠とい

う発想が完全にわれわれの社会的意識から後退してしまったのである。⁴彼は最初に起きた変化を街の灯火や家の明かりの改良，コーヒー・ハウスの急増のためだとしている——ときとしてコーヒー・ハウスは夜通し営業していることもあったのだ。⁵夜がまっとうな活動の場となって，そうした活動が増えるにつれ，人々が休息のためにとっておける時間の長さは短くなった。⁶このように考え方が変化したことの強力な証拠が1829年のある医学雑誌に見られ，子供が2回に分けて睡眠を取る方式を無理にでもやめさせるよう，親を促していた。

---

5 **Today, most people seem to have adapted quite well to the eight-hour sleep**, but Ekirch believes many sleeping problems may have roots in **the human body's natural preference for segmented sleep as well as the ubiquity of artificial light**.

語句 **adapt to**「～に適応する，順応する」 **root**图「根」 **preference** 图「好み」 **ubiquity**图「どこにでもあること，遍在」 **artificial**形「人工的な」

研究 ■ ① **Today, most people seem to have adapted quite well to the eight-hour sleep ...**「今日，大半の人々は8時間の睡眠にかなりうまく適応したように思われる…」『完了不定詞』は，次のように that 節で表現した場合の『現在完了』を反映する。

  Today, it <u>seems</u> that most people <u>have adapted</u> quite well to the eight-hour sleep.

  なお，adapt はここでは『自動詞』で「適応する，順応する」。

■ ② **the human body's natural preference for segmented sleep as well as the ubiquity of artificial light**「人工的照明の遍在だけでなく分割された睡眠に対する人体の生来の好みも」以下に示す名詞 préference と前置詞の関係を確認。また *A* as well as *B* = not only *B* but (also) *A* の関係にも注意する。

  preference <u>of</u> *A* <u>to</u> *B*「A を B より好む［優先する］こと」(*cf.* 動詞 prefér *A* to *B*)
  = preference <u>for</u> *A* <u>instead of</u> *B*

  ubíquity［juːbíkwəti］は元来キリスト教神学の用語であるためか，非常に抽象的で，日本語に置換しにくい（「いつどこにでも存在すること」の意）。しかしインターネット社会（＝"ユビキタス社会"）の到来以降，形容詞 ubíquitous［jubíkwətəs］が「どこからでもアクセス可能な環境の」の意で身近な語になった。

訳 今日では大半の人が8時間睡眠にかなりうまく適応してしまったように思えるが，イーカーチはこう考える。多くの睡眠障害は，人工的な光がいつどこでもあることだけでなく，睡眠を分けて取りたいという人間の生来の好みに根差しているのかもしれない，と。

解答・解説

解答		
1	（1）科学と歴史の両面から，8時間の睡眠は不自然かもしれないことを示唆する証拠が増えている。（5）彼は最初に起きた変化を街の灯火や家の明かりの改良，コーヒー・ハウスの急増のためだとしている	
2	D　**3**　C	
4	（4a）文献において2回に分けて取る睡眠が言及された箇所。〔2回に分けて取る睡眠について言及している文献。〕（4b）睡眠を2回に分けて取ること。（4c）（17世紀後期において）睡眠を2回に分ける習慣がなくなり始めたこと。	
5	（ⅰ）B　　（ⅱ）C　**6**　C	

解説　**1**　（1）研究 **1** 2. 参照。body は"（証拠の）総体，全体"であって，人体とは関係がない。動詞 suggest をここで「提案する」と訳すのは不可。（5）研究 **4** 4. 参照。

2　ヴェーアの実験は人の眠りの本来のありさまを調べるもので，人工照明の影響を排除する必要から毎日14時間，暗闇での生活を求めた。A「実験期間中，彼らを健康に保つため」B「実験前に彼らの昼夜を完全に逆転させるため」C「彼らが日にちの区別ができなくなるようにするため」D「ガス灯や電灯の普及する前の生活に彼らを合わせるため」tune「〔調子〕を合わせる，〔楽器〕を調律する」

3　研究 **2** 2. ②参照。A「市民」B「課程」C「参加者」D「話題」

4　（4a）・（4b）：研究 **3** 4. ①・②参照。（4c）：研究 **4** 2. 参照。

5　（ⅱ）については 研究 **4** 5. を参照。A「代替の，代わりの；交互の」B「連続の」consecutive holidays「連休」C「まっとうな，正当な」D「不適切な」

6　A「ヴェーアの実験では，人々は最終的に暗い場所で14時間，強制的に眠らされた」**2** 1・2に不一致。B「北ヨーロッパにおいては，カフェインのせいで十分に眠れないという理由から人々は睡眠を2回に分け始めた」**3** 1・2の示唆するところによれば，人類ははるか昔から睡眠を2度に分けていた。一方，**4** 1・2における北ヨーロッパについての言及は2度に分ける睡眠をやめた（つまり夜の睡眠は1度になった）ことである。C「一部の家庭では，子供たちは19世紀初頭になっても2段階の睡眠をやめていなかったようである」**4** 6に一致。D「研究が示唆するように睡眠障害は，概して夜間の人工照明とはほとんど関係がないといってよい」have nothing to do with「～とは全く関係がない」**5** に不一致。

精講

> **1** Scientists believe that **humans evolved for millions of years before they learned to** use fire about 500,000 to one million years ago.

語句 ── **evolve** [動]「進化する」 **millions of**「何百万もの〜，非常に多くの〜」 **learn to *do***「〔習得・獲得によって〕…するようになる，…することを覚える」

研究 ── ■ **humans evolved for millions of years before they learned to** 〜「人類は〜するようになる以前に何百万年もかけて進化していた」millions of years は期間の長さを強調する主観的な表現で，several million years「数百万年」とは異なることに注意。

訳 ── 科学者たちは，人類はおよそ 50 万年から 100 万年前に火を使用するようになる以前に，何百万年もかけて進化した，と考えている。

> **2** ¹**Scientists speculate that lightning started a fire by accident, but humans figured out how to keep it going by** appointing somebody keeper of the flame day and night, perhaps the first specialized job. ²For the first time, humans had **a tremendous tool with which to control the environment**. ³It kept night terrors and animals away. ⁴**It was also sacred, "the only substance which humans can kill and revive at will."** ⁵**The god who controlled lightning was usually the most powerful god in early religions.** ⁶**Most cultures have creation myths of how humans stole or were given fire by the gods and how they were punished and suffered for this divine knowledge.** ⁷Fire completely transformed food from raw to cooked, which **allowed humans to eat otherwise indigestible foods** and made food preservation possible. ⁸**Control of fire gave humans control of their food supply — a huge survival advantage.**

語句 ── 1. **speculate** [動]「だと推測する，臆測する」 **lightning** [名]「稲光」 **by accident**「偶然に」 **figure out**「を理解する；を見つけ出す」 **appoint *A B***「A を B に任命する」 **flame** [名]「炎」

94

□は、□てゆく人だ。

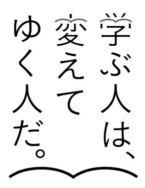

学ぶ人は、
変えて
ゆく人だ。

目の前にある問題はもちろん、

人生の問いや、社会の課題を自ら見つけ、

挑み続けるために、人は学ぶ。

「学び」で、少しずつ世界は変えてゆける。

いつでも、どこでも、誰でも、

学ぶことができる世の中へ。

旺文社

perhaps 副「もしかすると」　**specialized** 形「特殊化した，専門化された」　2. **tremendous** 形「巨大な，非常に激しい」　**tool** 名「道具」　**control** 動「を支配する，制御する」　**environment** 名「環境」
3. **keep ～ away**「～を遠ざける，近寄らせない」　**terror** 名「恐怖」　4. **sacred**[séɪkrɪd] 形「神聖な」
substance 名「物質，実体；実質，内容；重要な点；大部分」　**revive** 動「を生き返らせる，復活させる」　**at will**「意のままに」　5. **relígion** 名「宗教」　6. **creation** 名「創造，創世」　**myth** 名「神話」
stole < steal 動「を盗む」　**punish** 動「を罰する」　**suffer** 動「苦しむ，報いを受ける；を経験する」
divine 形「神聖な，すばらしい」　7. **completely** 副「完全に」　**transform** 動「を変形する，変える」
raw 形「生の」　**cooked** 形「調理された，加熱された」　**allow A to do**「〔許可・容認・放任〕A に…させる」　**otherwise** 副「そうでなければ；他の点では；別の方法で」　**indigestible** 形「消化できない」
preservation 名「保存，貯蔵，保護」　8. **supply** 名「供給」（⇔ **demand** 名「需要」）**huge** 形「巨大な，非常に大きな」　**survival** 名「生存」　**advantage** 名「利点，メリット，強み」

■ 1. **Scientists speculate that lightning started a fire by accident, but humans figured out how to keep it going by ～.**「科学者たちは稲妻が偶然に火災を起こしたと推測するが，～することで人はその火を燃やし続ける方法を編み出した」speculate の目的語となる名詞節は by accident まで。but 以下は that 節に含まれないことに注意（⇒ p.262 研究 **8** 6.）。この文全体は人間が火の管理を覚えた時の様子を筆者が推測したもので，火そのものの由来については科学者の推測に任せている。

　この文の a fire は "起こされた火；発生した火災" という具体的な事象で，それを指す代名詞 it も，"目の前で燃えている火" のこと。なお，**3** 3・5 の fire も不定冠詞を伴い，ともに「火災」の意。それ以外に本文で用いられた fire（無冠詞）は「火」という『抽象名詞』。

　keep it going は「続ける，やめない」の意の日常表現。ここでは火を燃やし続けることを意味する。

■ 2. **a tremendous tool with which to control the environment**「環境を制御する強大な道具」= a tremendous tool with which they〔= humans〕can control the environment

■ 4. **It was also sacred, "the only substance which humans can kill and revive at will."**「それは同時に神聖で，『人類が意のままに殺め，よみがえらせることのできる唯一のもの』であった」引用符（" "：quotation marks）はここでは他の文献からの引用・転記を示す（なお，原文では具体的にどこから引用したのかが注記されている）。

　形容詞 sacred「神聖な」の発音[séɪkrɪd]に注意。

　語尾 -ed に[-ɪd]の音を与える形容詞の類例：naked[néɪkɪd]「裸の」, wicked[wíkɪd]「邪悪な」, ragged[rǽgɪd]「ぼろぼろの」, rugged[rʌ́gɪd]「〔土地が〕起伏の激しい；武骨な」, learned 形「学識のある」の意では[lə́rnɪd]（過去分詞[ləːrnd]との区別のため）, blessed 形「聖なる；幸福な」の意では[blésɪd]（過去分詞[blest]との区別のため）。

only の用法は形容詞と副詞を明確に区別する。the only は「唯一の〜」の意。

　　Meg is an <u>only</u> child.「メグはひとりっ子だ」（形容詞）

　　Meg is <u>only</u> a child.「メグはまだ子供にすぎない」（副詞）

■ 5. **The god who controlled lightning was usually the most powerful god in early religions.**「雷を司る神は，初期の宗教では普通，最強の神であった」ギリシア神話のゼウス，ローマ神話のユーピテル，北欧神話のトールなどはその代表例。なお lightning は「稲妻」，thunder は「雷鳴」で，火に関係するのは前者。

■ 6.① **Most cultures have creation myths of** 〜「ほとんどの文化は〜についての創世神話を持つ」creation myth「創世神話，天地創造神話」は〈名詞＋名詞〉で第一要素が形容詞的に機能 （⇒ p.175 研究 **2** 2.）。

■ 6.② **how humans stole or were given fire by the gods and how they were punished and suffered for this divine knowledge**「いかにして人々が火を盗み，もしくは神々によって与えられたのか，そしていかに人々がこの聖なる知識のゆえに罰せられ，苦しんだか」火を盗んで人に与える神話として最も知られているのはギリシア神話のプロメテウスの物語であろう。二つの how 節内の構造はやや複雑である。

　　第 1 の how 節：

how humans ⎡ stole ／ were given ⎤ fire （能動態）／ by the gods（受動態 ＋ by 〜）
　　　　　　　　　　　　　　　　共通目的語

▶stole と by the gods は結びつかない。"火を「神々から」盗んだ" と明示するなら，"how humans <u>stole fire from</u> or <u>were given fire by</u> the gods" のような形になる。

　　第 2 の how 節：

how they ⎡ were punished （受動態）／ and ／ suffered （能動態）⎤ for this divine knowledge

▶suffer はここでは『自動詞』で「苦しむ，悩む」の意である。『他動詞』としては「を耐える，経験する」の意であるから，この文には当てはまらない。

---

suffer の意味　「〔苦痛・病気・損害・悪化などマイナスの〕経験をする」ことを表す suffer は，『自動詞』『他動詞』の区別にも注意が必要。

　　圓 suffer *from* cancer[poverty]「癌にかかっている〔貧困に苦しむ〕」

　　圓 His schoolwork is <u>suffering</u> because of family problems.
　　　　「家庭の問題のため彼の学業は振るわない」

他 Europe suffered several epidemics of plague in the Middle Ages.
「ヨーロッパは中世においてペストの大流行を何度か経験した」

■ 7. **allowed humans to eat otherwise indigestible foods**「そうでなければ消化できない食物を人が食べることを許した」otherwise indigestible foods という簡潔な表現は，文中の表現を用いれば foods that would be indigestible if they were not transformed by fire ということ。otherwise の用法については問題4 研究 **1** 2. ②参照 (⇒ p.25)。

■ 8. **Control of fire gave humans control of their food supply — a huge survival advantage.**「火の制御能力は人間に，自分の食料供給の制御能力を与えた。これは生存上の非常に大きな利点であった」『主語』と『目的語』を control of ～ という形に揃えることで，「火」と「食料供給」という別個の概念が密接な関係にあることを示唆する。control はここでは「制御」そのものというより，「制御できること」の意。

訳

¹学者たちは稲妻が偶然に火災を起こしたと推測しているわけだが，人類は，日夜だれかをその炎の番人に任命することでその火を燃やし続ける方法を編み出したのであって，もしかするとそれは最初の専門職かもしれない。²初めて人類は，環境を支配するための強大な道具を手にした。³火は闇夜の恐怖も動物も遠ざけた。⁴火はまた神聖なもの，「人類が意図的に殺め，またよみがえらせることのできる唯一のもの」であった。⁵初期の宗教では通常，雷を司る神が最強の神であった。⁶ほとんどの文化に，人間がいかに火を盗み出したか，あるいは神々から授けられたか，そしていかにこの聖なる知識ゆえに人間が罰を受け，苦しんだかについての創世神話がある。⁷火は食物を，生の状態から調理済みの状態へと完全に変質させ，それによって人類は，そうでなければ消化できなかった食物を食べられるようになり，また食料保存が可能になったのである。⁸火を制御することが，人間に食料供給の支配権を与えた――これは非常に大きな生存上の利点であった。

---

3 ¹Once humans had fire, how did cooking begin? ²**Perhaps by accident, although anthropologists are still arguing about this.** ³One theory is that **an out-of-control fire** burned down a hut and accidentally **cooked some pigs.** ⁴**People wandered in, tried the cooked meat, and liked it.** ⁵**Another theory is** that a forest fire first roasted meat; **still others think that** cooking was **a more deliberate, controlled act by humans.** ⁶In any case, **now there were more options than raw bar and tartare.**

1. **once** 接「ひとたび…すれば」 **cooking** 名「調理」 2. **anthropologist** 名「人類学者」 **argue** 動「論争する」 3. **theory** 名「理論，学説」 **out-of-control** 形「制御不能な，手に負えない」 **burn down**「を焼き尽くす，焼き払う」 **hut** 名「小屋」 **accidentally** 副「偶然に」 4. **wander in**〔歩いて〕中に入る，足を踏み入れる」 5. **forest fire**「森林火災」 **roast** 動「をあぶる，焼く」 **deliberate** 形「意図的な；よく考えられた；悠然とした」 6. **in any case**「とにかく；いずれにせよ」 **option** 名「選択肢」 **raw bar**「ロー・バー〔レストランの一部で生の魚介類を提供する店〕」 **tartare** 名「タルタル〔生の挽き肉料理〕」

研究 ■ 2. **Perhaps by accident, although anthropologists are still arguing about this.**「もしかすると偶然かもしれない。もっともこれについて人類学者は今も議論の最中ではあるが」although は『譲歩』の副詞節を導くものであるから，but と等価とみなして「偶然かも知れないが人類学者は…議論中だ」などと訳さないこと (⇒ p.240 研究 **1** 1.)。なお，冒頭の句は Perhaps *cooking began* by accident の略。

■ 3. **an out-of-control fire ... cooked some pigs**「手に負えない火災が…一部の豚を焼いた」動詞 cook は「を加熱する，に火を通す」の意（生野菜のサラダを作ることは cook ではない）。

> I made (×cooked) a fresh salad for my family.
> 「私は家族のために生野菜のサラダを作った」*cf.* a cooked salad「温野菜サラダ」
> This steak seems half-cooked.「このステーキは生焼けのようだ」

■ 4. **People wandered in, tried the cooked meat, and liked it.**「人々がふらっと入り，焼けた肉を試し，気に入った」wander は「歩き回る，〔あてもなく〕ぶらつく」の意，in は副詞で，wander in とはあたりを歩いていた人々が焼けた小屋を見つけて中に入ったイメージ（火災の後にその小屋を目指し，中に入るのなら walk in が適切）。try はここでは「の味見をする」，like は「を気に入る」の意。

■ 5.① **Another theory is ...; still others think that ...**「もう一つの学説は…である；さらに他の人々は…と考える」前文で紹介された theory と，この文前半の another theory はともに調理の起源を偶然の出来事に求めるもの。しかしそれらとは一線を画す考えをする人たちが他にいる，という表現 (⇒ p.216 **still の意味**)。

■ 5.② **a more deliberate, controlled act by humans**「人間によるもっと入念で，管理された行為」more は rather と言い換えてもよい。食材を加熱する利点は偶然の発見によるのではなく，むしろ最初から非常に人間的な行為だったということ。

■ 6. **now there were more options than raw bar and tartare**「今や "raw bar" や "tartare" 以上に多くの選択肢があった」が直訳（ただし，あえて一部は原語のままにしている）。文意の解釈には次の点に留意しなければならない。

①辞書的な定義では raw bar は，一部の高級レストランにある新鮮な生の魚介類を提供するバーのこと。しかし，その意味でなら単数形は a[the] raw bar のように冠詞が必要である。ここでは『無冠詞単数』で，そこで提供されるものをいう。

② raw bar も tartare（生の挽き肉を用いた料理）も，文字どおりの意味を超え，「加熱せず生の状態で食べるもの（raw food）」全般を指す。このような，直接的には "個" だが文中では "一般的意味" を帯びる表現を「提喩（synecdoche）」という。

They need <u>bread</u> to survive.「彼らは生きるためにパンが必要なのだ」
→文字どおり「パン」のことではなく，「食料」の意。

③ now there were ... は「今や…があった」〔状態〕よりも，「今や…が生じた」〔変化〕として捉える。以上のことからこの文は「生の食べ方以外の多くの選択肢が今や生まれたのだ」の意に解される。

訳 ¹ ひとたび人間が火を手に入れたとして，調理はどのようにして始まったのか。² もしかすると偶然かもしれない。もっとも，人類学者はこの点について今なお議論している。³ ある説はこうである。抑えられなくなった火事が小屋を全焼させ，偶然に豚を焼いてしまった。⁴ 人々がふらっとそこに入り，焼けた肉を試し，それが気に入った，というのである。⁵ またある説は森林火災が最初に肉を焼いたという。〔しかし〕さらに，調理とは人間によるもっと入念で管理された行為であったと考える人々もいる。⁶ いずれにしても，今や〔調理という行為が始まって〕生肉や生魚以外にも多くの〔食事の〕選択肢ができたのだ。

---

4 ¹**It was cooking, but was it cuisine?** ²Historian Michael Freeman's definition of cuisine is "**a self-conscious tradition of cooking and eating ... with a set of attitudes about food and its place in the life of man.**" ³So, **cuisine requires not just a style of cooking, but an *awareness* about** how the food is prepared and consumed. ⁴It must also involve **a wide variety of ingredients, more than are locally available**, and **cooks and diners willing to experiment**, which means they are not constricted by tradition. ⁵**Since early humans were still eating to survive, and had no control over their food supply, it was not cuisine.**

語句 1. **cuisine**[kwɪzíːn]名「料理，料理法；食事」 2. **definition**名「定義」 **self-conscious**形「自己を意識した，自意識の強い；〔人目を気にして〕緊張した；堅苦しい」 **tradition**名「伝統，伝承」 **a set of**「一連の～」 **attitude**名「態度，姿勢，考え方」 3. **require**動「を要求する」 **style**名「様式，流儀」 **awareness**名「意識，自覚」 **prepare**動「を用意〔準備〕する」 **consume**動「を消費する」 4. **involve**動「を含む，関与させる」 **a variety of**「さまざまな～，多様な～」 **ingredient**名「原材料」 **locally**副「地方で，一部地域で；地元で」 **available**形「入手〔利用〕可能な」 **cook**[kʊk]名「料理人」 **diner**[dáɪnər]名「食事客；食堂車，軽食レストラン」 **willing to *do***「…するのをいとわない」 **experiment**動「実験する」 **constrict**動「を締め付ける，抑圧する」 5. **survive**動「生き残る，生存する」

■ 1. **It was cooking, but was it cuisine?**「それは調理ではあったが，料理だったのか」ここまで読者は cooking を「料理」の意でとらえてきたはずである。しかしここで cuisine[kwɪzíːn]という高次の概念が持ち込まれ，これ以降 cooking はやや原始的な食材の加熱に限定されて，文化的な香りのする cuisine と対照される。英語にとって cuisine はフランス語由来の外来語。

■ 2. **"a self-conscious tradition of cooking and eating ... with a set of attitudes about food and its place in the life of man."**『『調理と食事の自覚的な伝統で…食物および人類の生活におけるその地位についての一連の態度を伴ったもの』』が直訳。引用符の使い方は ❷ 4 に同じ（ただし，... は「中略」を表す）。

「調理と食事の自覚的な伝統」とは，単に慣習として "焼いて［煮て］食べる" のでなく，「"これは調理であり，これは食事である" という自覚を伴った伝統」ということ。食に関することが単に生物的な必要性を満たすだけでなく，文化的な意味合いを帯びるようになったことをいう。

所有格 its は food を指す。place in the life of man は「人類［人間］の生活における位置づけ」のこと。『無冠詞単数』での man（ときに Man）は「人類，〔種族としての〕人間，〔生物としての〕ヒト（= human beings）」を指し，「人々」の意ではない。

Man is the only animal that makes bargains.「ヒトは取引をする唯一の動物だ」

■ 3. **cuisine requires not just a style of cooking, but an *awareness* about** ～「料理は調理の様式だけでなく～についての気づきを求めるものである」斜字体（italic）で書かれた部分は筆者の意図を理解するキーワード。style とは「〔書き言葉の〕文体，〔服飾の〕着こなし；流儀」など "目に見える姿" をいうが，cuisine にはそれ以上の "目に見えない" 何かが求められ，それを awareness「意識，自覚，気づき」と呼んでいる。

■ 4.① **a wide variety of ingredients, more than are locally available**「実に幅広い材料を地元で入手可能なもの以上に」than は関係代名詞的に機能。(⇒ p.223
擬似関係詞 than)

The surgery finished sooner than was expected.
「手術は思ったより早く終わった」

■ 4.② **cooks and diners willing to experiment**「実験することをいとわない料理人と食事客」a wide variety of ingredients と並んで involve の目的語となる名詞句。willing は形容詞で，to 不定詞を続けて「〔依頼されれば〕嫌がらずに…する」の意（cooks and diners *who are* willing to experiment と考えればよい）。なお diner[dáɪnər]を dinner「正餐(せいさん)，盛大な食事」と混同しないこと。

■ 5. **Since early humans were still eating to survive, and had no control over their food supply, it was not cuisine.**「昔の人間はまだ生きる

ために食べており，食料供給を管理できなかったのだから，それ〔彼らの調理〕は料理ではなかった」が直訳。しかしこの food supply は単なる「食料供給」ではない。前文を踏まえれば，ここでは「地元産のものに限らず幅広く食材を集めること」である。加熱して食べる行為（cooking）は確かに人間独自のものであるが，それが生存目的を超えておらず，また好きな食材を選べない状況下にあるなら，それは cuisine と呼べる段階にない，という主旨。

> ^{1} それは調理ではあったが，料理だったのか？ ^{2} 歴史家マイケル・フリーマンによる料理の定義は，「調理および食事についての自覚的な伝統であって…食材とその人間の生活における位置づけについての一連の姿勢を伴ったもの」というものだ。^{3} そうすると "料理" と言うためには，ただ調理の形式だけではなく，どのように食材が調えられ，消費されるかについての「意識」も求められる。^{4} 料理はまた，極めて多様な食材，それも地元で入手できるよりも多く〔の食材〕が関係するものに違いなく，料理人も食事客も実験する気持ちがなければならず，それは彼らが伝統の縛りを受けないという意味である。^{5} 初期の人類というのはまだ生存のために食べており，また好きに食材を提供できる力もなかったのだから，〔彼らが加熱して食べていたものは〕料理ではなかったのである。

PART II

14

解答・解説

解答									
1	D → C → F → E → B → A		**2**	B	**3**	D	**4**	A	**5**	D
6	D	**7**	（ⅰ）D　（ⅱ）C　（ⅲ）B	**8**	C	**9**	C		

解説

1　with a tool「道具を使って」と関係代名詞 which および control の関係を見極める。

2　形容詞 sacred「神聖な」と同じ語幹を含む語には sacrifice 名・動「〔いけにえ→〕犠牲；を犠牲にする，断念する」がある。A「柔軟な」B「聖なる」C「再利用可能な」D「恐ろしい」

3　at will「意のままに」A「死後に」B「思わず，知らず知らず」in spite of *oneself* は "自分の意志と無関係に" という熟語。C「近い将来」D「いつでも好きなときに」

4　divine 形「神の」。ダンテ『神曲』を英語では *The Divine Comedy* という。A「天の（⇔ earthly）」これは "天空の"（例：heavenly body「天体」）の意もあれば，"神々の世界の，天国の" の意にもなる。B「独創的な，発明の才のある」C「実用的な」D「変な」は発音に注意。[wɪərd]

5　研究 **2** 7. 参照。A の both ～ and を使っても，indigestible foods（名詞句）と

101

made food preservation possible（動詞句）は文法的に非対称なため，結び合わせることはできない。**B**「その代わりに」**C**「それにもかかわらず」**D**「さもなければ」

6 control of their food supply「食料供給をコントロールする力」がどのようなadvantage「利点」なのかを考える。**A**「入手可能な」**B**「創造的な」**C**「宗教的な」**D**「生存（上の）」

7 研究 **3** 4. 参照。**A**「を支配した」**B**「を気に入った」**C**「を試した」**D**「（を）歩き回った」

8 Since に導かれる節には，昔の人々にとって食事は生存のためであり，また食料を自由に選択できる状態ではなかったことが理由として挙げられている。そこから導き出される本文の結論。**A**「〜であったかもしれない」〈助動詞 + have *done*〉は現在の観点から過去をふりかえった判断を表す。**B**「〜であるはず［べき］だ」**C**「〜ではなかった」最もシンプルな断言（否定）。**D**「間違いなく〜だったことだろう」否定語が見えるが表現内容は肯定である。

9 **A**「大昔の人々は棒をこすり合わせて火をおこしたと広く信じられている」本文に言及なし。**B**「科学者たちは，大昔の人々の一部は実は近隣に住む他の集団から火についての知識を得たと推定する」本文に言及なし。**C**「どのように調理が始まったのかについて明白な意見の一致はまだないようである」**3** 2 に一致。**D**「マイケル・フリーマンによれば，料理と調理の間には言及に値するほどの違いはない」**4** 2 に不一致。そもそもフリーマン氏による料理の定義が，本論で料理と調理を区別する根拠となっている。**E**「初期の人々は生きるために食事をとっただけではなく，明らかにさまざまな調理法や食べ方を試してもいた」**4** 5 に不一致。

精講

> **1** ¹The right to water is a vital right because water plays an essential role in the everyday lives and environment of all people, adults and children alike. ²The right to water includes **the right to quality water in sufficient quantity and the right to adequate means of sanitation to prevent diseases and maintain the quality of water resources**.

語句 1. right 名「権利」 vital 形「命にかかわる，非常に重要な」 essential 形「本質的な；きわめて重要な」 alike 副「同様に，等しく」 2. include 動「を含む」 quality 形「質の良い」名「質，品質」 sufficient 形「十分な」 quantity 名「量」 adequate 形「十分な」 means 名「手段」 sanitation 名「公衆衛生」 prevent 動「を妨げる，阻止する，予防する」 disease 名「病気」 maintain 動「を維持する；を主張する；を扶養する」 resource 名「資源」

研究 ■ 1. ① **The right to water is a vital right because water plays an essential role in ...** 「水に対する権利は，水が…において欠くことのできない役割を果たしているので，決定的に重要な権利である」本文には「重要な」を意味するいろいろな形容詞が登場する。特に区別なく用いることもあるが，語源を知れば，その含みが理解できることも多い。

「重要な」を意味する主な形容詞

important 「重要な」を意味する最も基本的な語。
essential 「本質的な，欠かせない」が原義（*cf.* essence「本質」）。
major 「より程度の大きな」が原義（*cf.* majority「多数派」）。
significant 「意義の大きな」が原義（*cf.* sign「しるし，記号」）。
primary 「第一の」が原義（*cf.* primary school「（最初の学校→）英 小学校」）。
vital 「命にかかわるほどの」が原義（*cf.* vitality「生命力，元気さ」）。

■ 1. ② **the everyday lives and environment of all people, adults and children alike** 「大人も子供も等しく，すべての人々の日常の生活と環境」品詞について確認しておく。éveryday「毎日の，日々の」は形容詞（every dáy「毎日」は副詞なので注意）。lives は名詞 life の複数形だから，発音は[laɪvz]である。

その上で，定冠詞 the が lives だけでなく environment にもかかっていることを理解する。

103

■ 2. **the right to quality water in sufficient quantity and the right to adequate means of sanitation to prevent diseases and maintain the quality of water resources**「十分な量の良質の水への権利と，病気を予防し水資源の質を維持するのに必要な，十分な衛生手段への権利」形容詞 adequate は漠然と「十分な」と言っているのではない。後続の『to 不定詞』と結びついていて「…するのに十分な」の意。

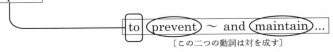

the right to quality water in sufficient quantity

   and

the right to [adequate] means of sanitation

筆者は二つの権利が含まれることを指摘する。そのうち，利用可能な水が質・量ともに十分であることがすべての人に保証されるべき権利であることは当然であろう。一方，病気の予防などを視野に入れ，衛生環境と関連づけた水の権利については 4 で詳述される。

> **訳** ¹水についての権利は，生命にかかわる権利である。なぜなら水は，大人も子供も等しく，すべての人々の日々の生活と環境にきわめて重要な役割を果たすからだ。²水についての権利とは，十分な量の良質の水への権利，および病気を予防し水資源の質を維持するために十分な衛生手段への権利をも含むものである。

2 ¹Water is an essential daily resource for all people. ²It is used for direct consumption, for cooking, and for irrigating fields. ³There are four important principles to guarantee survival and health for all:

⁴•*Water must be available*: this means in **sufficient quantity for all personal and domestic uses**. ⁵The United Nations estimate that each person needs 20 - 50 litres of drinking water per day.

⁶•*Water must be accessible*: water, facilities and adequate services must be accessible within or near homes. ⁷Water, facilities, and services must be available at a cost that is affordable for all.

⁸•***Water must be of high quality***: water must **be** clean, drinkable, and

free from all health risks.

$^9 \cdot$*Water must be stable and reliable*: clean water must be available and accessible under all circumstances (**drought, flooding that pollutes water, etc.**).

語句 1. **daily** 形「日々の」 2. **direct** 形「直接の，まっすぐな」 **consumption** 名「消費」 *cf.* **consume** 動「を消費する」 **irrigate** 動「〔農地〕に水を引く，を灌漑（かんがい）する」 3. **principle** 名「原則，原理；主義，信念」 **guarantee** 動「を保証する」 **survival** 名「生存」 *cf.* survive 動「生き残る」 4. **available** 形「入手可能な，利用可能な；都合がつく」 **domestic** 形「家庭の；国内の」 5. **the United Nations**「国連（国際連合）」通例単数名詞として扱うが，本文のように複数扱いにされることもある。**estimate** 動「を試算する，見積もる」 **litre** 英 = liter 名「〔単位〕リットル」 **per** 前「～ごとに」 6. **accessible** 形「接近〔入場〕可能な，入手〔利用〕可能な」 **facility** 名「能力，才能；容易さ；器用さ；〔facilities で〕設備，トイレ設備」 **service** 名「奉仕；公益事業，〔ガス・電気・水などの〕供給；〔電車・バスなどの〕便；礼拝」 7. **affordable** 形「購入可能な，手頃な」 8. **drinkable** 形「飲用可能な」 **free from**「～がない」 9. **stable** 形「安定的な」 **reliable** 形「信頼できる，信頼性のある」 **circumstance** 名「状況，境遇，環境」 **drought** [draʊt] 名「旱魃（かんばつ），日照り続き」 **flooding** [flʌdɪŋ] 名「洪水状態，洪水発生」 **pollute** 動「を汚染する」

研究 ■ 4. **sufficient quantity for all personal and domestic uses**「個人および家庭での利用すべてにとって十分な量」この文の sufficient は後続の〈for ＋名詞〉に結びつく。

　personal と domestic がともに名詞 uses を修飾し，その全体を all が修飾する。名詞 use(s) の発音 [juːs(ɪz)] にも注意すること。

■ 8. ① *Water must be of high quality*「『水は上質のものでなければならない』」〈of ＋抽象名詞〉は形容詞扱いで，性質を表すことができる。（⇒ p.120）

■ 8. ② **be ... free from all health risks**「健康面でのあらゆるリスクがない」free には「自由な」の意のほかに「〔～が〕ない」の意での用法があることに注意。

■ 9. **drought, flooding that pollutes water, etc.**「旱魃（かんばつ）や，水を汚染する洪水など」コンマを置いて続ける etc. は，もとはラテン語で，そのまま "et cetera" [etsétrə] と発音するか，もしくは英語に置き換え and so forth（または and so on）と読む。また et はラテン語で "and" の意味であるから，etc. は &c. と表記されることもある。

訳 ^{1}水は，すべての人々にとってきわめて重要な日常の資源である。^{2}水は直接消費にも，調理にも，また畑の灌漑にも利用される。^{3}すべての人々に生存と健康を保証する重要な原則が四つある。^{4}「水は入手可能でなければならない」これは，個人および家庭での使用すべてに十分な量で，という意味である。^{5}国連は各人１日あたり 20～50 リットルの飲料水が必要だと試算する。^{6}「水は利用しやすくなければならない」水と設備と十分しっかりした供給とは，家庭内もしくはその近隣で利用しやすいものでなくてはならない。^{7}水，設備，供給はだれにでも負担可能な費用で利用できなければならない。^{8}「水は良質のもの

でなければならない」水は清潔で，飲用可能で，健康面でのあらゆるリスクのないもので
あることが必須だ。⁹「水は安定的で，かつ信頼性のあるものでなければならない」清潔な
水がどんな状況下（旱魃，および水を汚染する洪水など）でも入手可能，利用可能でなけ
ればならない。

---

3 ¹ Water is essential in children's development process. ² **It is thanks to food and water that a child can grow up healthy.** ³ **Proportionately, nursing infants and young children have much higher water requirements than adults.** ⁴ **Dehydration —** an excessive lack of water — in children **can cause irreversible harm to their physical and mental development.**

語句 1. development 名「発達，成長」 process 名「過程，工程，途中経過」 2. thanks to「～のおかげで」 3. proportionately 副「比例して；釣り合って；比率の面で，相対的に」 nursing infant「乳児」（＊ nursing 形 には「世話［看護］をしている」意と「世話［看護］を受けている」の意があり，ここでは後者。） requirement 名「要件，条件」 4. dehydration 名「脱水，脱水症状」 excessive 形「度を越した，過度の」 lack 名「欠如，不足」 cause harm to「～に害を生じる」（= do harm to） irreversible 形「不可逆の，取り返しのつかない」 physical 形「物理的な，肉体的な」 mental 形「精神的な」

研究 ■ 2. **It is thanks to food and water that a child can grow up healthy.**「子供が健康に成長できるのは食料と水のおかげである」この〈It is ～ that ...〉は～の部分を強調する『強調構文』。

「健康に成長する」というとき，(1) grow up <u>healthy</u>；(2) grow up <u>healthily</u> いずれの表現も可能で，文法構造（論理関係）は異なるが，結果的に意味内容は同じである。(1)形容詞 healthy は主語の状態を表す補語で「〔子供が〕育って健康な状態になる」もしくは「〔子供が〕健康な状態のまま成長する」。(2)副詞 healthily は grow up を修飾し，「健やかに成長する」の意。

類例：「安全運転をするべきだ」(1) You should drive <u>safe</u>. (2) You should drive <u>safely</u>.

■ 3. **Proportionately, nursing infants and young children have much higher water requirements than adults.**「比率としてみれば，乳児や小さな子供には，大人〔の求めるもの〕に比べて水に関してはるかに高い要件がある」proportionately「比率としてみれば」という副詞は文全体を修飾する。直接的には，"入手可能な水の総量のうち子供のために必要な分量が多い"ことを示唆するが，requirements は単なる抽象的な「要求」ではなく，具体的な必要性である。飲み水としての衛生条件が大人に比べ厳しくなければならないのはもちろん，子供の養育には身体を清

潔に保つ必要もあるし，次文にみるように子供は大人以上に渇きに弱いなど，実際に多くの面で良い水が必要になる。

■ **4. Dehydration ... can cause irreversible harm to their physical and mental development.**「…脱水は，彼らの肉体的・精神的発達に不可逆的な害を生じることがある」dehydration については問題 26 研究 **3** 1. 参照（⇒ p.182）。

their development「彼らの発達」を二つの形容詞（physical および mental）が修飾している。irreversible は reversible「元に戻せる」の反意語。否定の接頭辞 in- は，直後の子音の発音に応じて形が変わる。

l 音の前で il- に：	<u>il</u>legal, <u>il</u>literate, <u>il</u>logical
b 音，m 音，p 音の前で im- に：	<u>im</u>balance, <u>im</u>moral, <u>im</u>possible
r 音の前で ir- に：	<u>ir</u>rational, <u>ir</u>regular, <u>ir</u>reversible

訳
¹水は子供の成長過程においてきわめて重要である。²子供が健康に成長できるのは，食料と水のおかげである。³比率としてみれば，乳児や小さな子供には，大人の場合に比べ，水についてはるかに高い要件が求められる。⁴子供の脱水，つまり極度の水分不足は，その肉体的・精神的発達に対して取り返しのつかない害を生じることがある。

4 ¹Having clean water and adequate sanitation facilities in educational establishments plays a significant role in making the right to education a reality. ²A child's learning can be significantly impeded if the school they attend does not have drinking water and clean toilets. ³**Children who drink dirty water and who use dirty and broken sanitation facilities are at great risk of falling ill and, as a result, leaving school.** ⁴In addition, in developing countries, many girls do not attend school because of the lack of appropriate female-only toilets. ⁵Better hygiene in schools has an impact on a major scale: **as a result of better hygiene, children have less risk of becoming ill.** ⁶**This means that they** (and particularly girls) **will attend school more, which leads to greater social development and, ultimately, increased economic development in the country.**

語句 1. **establishment** 名「設立；機関，施設」 **significant** 形「重要な，意味深長な」 2. **significantly** 副「大いに，著しく」 **impede** 動「を阻害する，妨げる」 **attend** 動「に参加する，出席する，〔学校〕に通う；に付き添う」 3. **dirty** 形「汚い，不潔な」 **be at risk of**「～の危険にさらされている」 **result** 名「結果；成績」 **leave** 動「を去る，離れる；をあとに残す」 4. **in addition**「さらには，おまけに」 **developing country**「発展途上国」 **appropriate** 形「適切な，ふさわしい」 **female-only** 形「女性専用の」 5. **hygiene** [háɪdʒiːn] 名「衛生状態；衛生学」 **impact** 名

「衝撃，影響，効果」 **on a ~ scale**「～な規模で」 6. **particularly** 副「とりわけ，特に」 **lead to**「～につながる［至る］」 **social** 形「社会的な」 **ultimately** 副「究極的には，結局は」 **increase** 動「増大する；を増大させる」 **economic** 形「経済面での」

研究 ■ 3. **Children ... are at great risk of falling ill and, as a result, leaving school.**「子供たちは…病気になってその結果退学する大きなリスクがある」一つの前置詞 of を二つの動名詞（falling と leaving）が共有し，そこへ副詞句 as a result が挿入された構造。falling ill と leaving school は一連のものである。これを「病気になるリスクと，結果的に退学するリスクとが大きい」とするのは誤訳。

■ 5. **as a result of better hygiene, children have less risk of becoming ill**「よりよい衛生状態の結果として，子供は病気になるリスクがより小さい」が直訳。『比較級』は，「より～になった状態」という"変化"を含意することがあり，比較級 better と less の対照を意識して「衛生状態がよくなるとその結果子供が病気になるリスクは減る」と解釈する。

■ 6. **This means that they ... will attend school more, which leads to greater social development and, ultimately, increased economic development in the country.**「このことは，彼らがもっと学校に通うようになり，それがその国の社会のより大きな発展と，最終的には経済発展の増大につながっていくことを意味する」前文の『比較級』表現を受けて，ここでも『比較級』（more, greater）や変化を含意する語（increased）が使われている。attend school more は「学校に通う機会が増える」こと（「学校に通う子供が増える」の意ではない）。

なお，『自動詞』・『他動詞』の区別は論理関係を意識する第一歩である（⇒ p.162 **自動詞と他動詞の区別**）。「～につながる［達する］」の意の自動詞 lead to を「～へ導く」と誤訳しないこと。「導く」とは，主語が"だれ［何］を"導くかが重要で，どこへ導くかへの言及だけでは不十分（目的語を持つ lead A to B ならば「A を B へ導く」の意）。

訳 ¹清潔な水と十分な衛生設備を教育施設に備えておくことは，教育についての権利を実現させるうえで重要な役割を果たす。²子供の学習は，もし彼らの通う学校に飲料水や清潔なトイレがなければ，大きく阻害されることがある。³不潔な水を飲んだり，不潔で壊れた衛生設備［＝トイレ］を利用したりする子供は，病気になって結果的に退学する大きな危険にさらされている。⁴さらに発展途上国では，女子専用のふさわしいトイレがないために学校に行かない女の子も多い。⁵学校の衛生改善には大規模な効果がある。衛生改善の結果，子供が病気になるリスクは減るのである。⁶このことで，子供（とりわけ女の子）がもっと学校に通うことになり，それがその国の社会のより大きな発展と，究極的には経済的発展の増大につながるのである。

解答・解説

1	飲料水や入浴，洗濯などで水をそのまま利用すること。	**2** C
3	available at a cost that is affordable	**4** C
5	irreversible	
6	significant role in making the right to education	**7** E

解説

1 直訳では「直接の消費」。for cooking「料理の目的で」が含まれていないことをふまえ，加工しない形での利用の具体例を二つ以上は考えたい。

2 irrigate「灌漑する」は，環境・農業・食料問題での重要な語の一つ。A「われわれの食文化を豊かにすること」B「森林を保全すること」C「農地に水を供給すること」supply A with B「A に B を供給する」D「さまざまな産業分野」

3 名詞 cost と前置詞 at のつながりは，at a cost (of)「（～の）対価で」，at the cost of「～と引き換えに」，at any cost「どんな費用をかけても」，at all cost「ぜひとも」などが参考になる。affordable 形「〔費用的に〕購入可能な，手ごろな」。

4 『強調構文』の that で「…なのは～のおかげである」A「湖が一面に凍ってしまうほどの寒い日だった」such ～ that ...「…するような～」B「彼らはわれわれみなが毎日頼る重要なサービスを提供している」関係代名詞（目的格）。C「その男が突然叫び始めたのは，いったいなぜか」『強調構文』で疑問詞を強調した場合，〈疑問詞＋ is it that ...?〉の形になる。D「基礎教育が無料であることをあなたは当然に思うかもしれない」形式目的語 it に対し，真目的語となる名詞節を導く that。

5 否定の接頭辞 in- は，r 音で始まる語の前では ir- となる。研究 **3** 4. 参照。

6 play a role「役割を果たす」。make ～ a reality「～を現実のものとする」。

7 A「すべての人の生存と健康を保証するためには，十分な量の水が個人および世帯での利用目的で入手可能でなければならない」**2** 3・4 に言及あり。B「洪水が地域の水を汚染し，旱魃が水不足を発生させることがあっても，すべての人が安全な水を入手する権利を有する」**2** 9 に言及あり。C「子供の健全な発育にはきれいな水を入手できることが必要だ」**3** 1・2 および **4** 1 の内容に一致。D「乳幼児や小さな子供の水のニーズは大人にとってのニーズよりもはるかに高い」**3** 3・4 に言及あり。E「発展途上国は水の供給をより安定させ信頼できるものにするための環境を創出するために国際的な援助に依存している」国際社会の援助については言及なし。F「通う学校のトイレの貧弱な衛生状態のために病気になって子供たちが学校を中退しなければならないことがある」**4** 3 に言及あり。drop out of school「学校を途中でやめる，中退する」G「学校における衛生面での改善は最終的に全国の経済的繁栄に貢献するだろう」**4** 5・6 に言及あり。

精講

1 ¹Ludwig van Beethoven is regarded by many as one of the greatest composers of all time. ²He wrote music of many styles — operas, symphonies, concertos, and chamber music, for example — and was a master of them all. ³**He was born in Bonn, Germany, in 1770** and came from a family of musicians. ⁴His father was a singer who also taught violin and keyboard, and his grandfather was a music director. ⁵As a result, Beethoven gained remarkable musical skill at a very young age, and many people admired the young genius. ⁶Despite this, **his focus on his gifts made him seem rude**, as he ignored a lot of the rules of polite society.

語句 1. **Ludwig van Beethoven** [béɪthòʊvən]「ルートヴィヒ・ファン・ベートーベン（作曲家, 1770 ～1827）」 **regard A as B**「A を B と見なす」 **composer** 名「作曲家」 **of all time**「時代を超えて」 2. **opera** 名「オペラ」 **symphony** 名「交響曲」 **concerto** 名「協奏曲, コンチェルト」 **chamber music**「室内楽」〔宮廷や貴族の館の一室で演奏するような小規模の楽曲〕cf. **chamber** 名「〔宮廷などの〕部屋」 **master** 名「巨匠, 達人」 4. **keyboard** 名「鍵盤楽器；〔コンピュータの〕キーボード」 **music director**「音楽監督〔かつてドイツやオーストリアで, 市や州に雇われた音楽家〕」 5. **gain** 動「を獲得する, 手に入れる」 **remarkable** 形「顕著な, 注目すべき」 **admire** 動「を称賛する, のファンである」 **genius** 名「天才」 6. **despite** 前「にもかかわらず」 **focus** 名「焦点, 注目, 集中」 **gift** 名「贈り物；才能」 **seem** 動「のように思える」 **rude** 形「無礼な, 失礼な, 不作法な」 **ignore** 動「を無視する」 **polite society**「上流社会」

研究 ■ 3. **He was born in Bonn, Germany, in 1770 ...**「彼は 1770 年にドイツのボンに生まれ…」地名は小さな単位から順に, コンマで区切って並べる（番地→通り→町→都市→州・県→国）。例えば日本語では「スイスのジュネーブで」というが, 英語では前置詞をはさまず "in Geneva, Switzerland" という。

■ 6. **his focus on his gifts made him seem rude**「自分の才能に対する彼の集中は, 彼を不作法な人物に思わせた」『無生物主語』構文で,「自分の才能に集中してばかりだったため, 彼は〔人々にとって〕不作法に思えた」と解釈できる。前文で多くの人の称賛に言及されているが, ベートーベン自身は人々の賛辞に全く関心がなかったということ。

訳 ¹ルートヴィヒ・ファン・ベートーベンは, 史上最も偉大な作曲家の一人であると多くの人々に見なされている。²彼は多くの形式の楽曲——例えばオペラ, 交響曲, 協奏曲, 室

内楽——を書き，しかもそのいずれについても巨匠であった。³彼は 1770 年にドイツのボンに生まれ，音楽家の家系の出身であった。⁴父親は歌手で，バイオリンや鍵盤楽器を教えることもあった人物，そして祖父は音楽監督であった。⁵その結果ベートーベンは非常に幼い頃に注目すべき音楽の技能を手にし，多くの人がこの若き天才を称賛した。⁶それにもかかわらず，彼〔の関心〕は自分の才能に集中していたため，彼は無礼に思われることとなった。彼は上流社会のルールの多くを無視していたのだ。

2 ¹As well as being a very talented musician, therefore, Beethoven was considered a very difficult and proud person. ²**To make things worse,** his hearing was bad and he gradually became deafer as he got older. ³This made him depressed and angry, so **the negative parts of his character became even more obvious.** ⁴**He would often shout because he needed others to shout back or he couldn't hear what was being said,** which made many people think he was angry with them and was trying to start a fight.

語句 1. **as well as**「〜と同様に；〜であるだけでなく」 **talented** 形「才能に恵まれた」 **consider A B**「A を B と見なす」 2. **hearing** 名「聴力，聴覚；聞き取り調査」 **gradually** 副「徐々に」 **deaf**[def] 形「耳の聞こえない，聴力を失った」 3. **depressed** 形「憂鬱な，落ち込んだ；不景気の」 **negative** 形「否定的な；消極的な」 **cháracter** 名「性格；文字」 **óbvious** 形「明白な，自明の；目立った」 4. **need A to do** 動「A に…してもらう必要がある」

研究 ■ 1. **As well as being a very talented musician, therefore, Beethoven was considered a very difficult and proud person.**「それゆえ非常に才能ある音楽家であると同時に，ベートーベンは非常に気難しく，プライドの高い人物と見なされた」この文は，Beethoven, therefore, not only was a very talented musician but (also) was considered a very difficult and proud person. と言い換え可能。

また，"a difficult person" とは "a difficult person to deal with"「扱いにくい人」，"a difficult person to please"「〔喜ばせにくい人→〕気難しい人」のこと。

■ 2. **To make things worse,**「さらに悪いことには」(= To make matters worse,)『独立不定詞』と呼ばれる副詞句で，慣用表現が多い。例：to be brief「手短にいえば」，to begin with「まず最初に」，to be frank with you「率直にいえば」，to tell the truth「実をいうと」，not to mention「言うまでもなく」など。

■ 3. **the negative parts of his character became even more obvious**「彼の性格の否定的な部分がなおさら明白になった」〈even + 比較級〉では，"〔もともとあったその性質が〕なお強まる" ことが示される。比較級を強める副詞の働きを確

認すると：

(1) This watch is <u>much</u> more expensive than that. 〔＊副詞は <u>far</u> も可〕

「この時計はあの時計よりはるかに高価だ」（＝価格の差が大きい）

(2) This watch is <u>even</u> more expensive than that. 〔＊副詞は <u>still</u> も可〕

「この時計はあの時計よりもなお高価だ」（＝さらに高価格である）

■ 4. ① **He would often shout because ...** 「…なので, 彼はよく叫んでいた」『習性』の含意をもつ助動詞 will（過去形 would）は, 過去においてよく見られた行動についても用いられ, often を伴うことも多い。

■ 4. ② **he needed others to shout back or he couldn't hear what was being said** 「相手に叫び返してもらう必要があったか, あるいは何を言われているのか聞き取れなかった」need A to *do* 「A に…してもらう必要がある」。大声で話しかければ, 相手も大声で返事をする（shout back）からである。進行形の受動態については, 問題 4 **4** の解説参照（⇒ p.31）。

訳

¹ それゆえベートーベンは, 非常に才能ある音楽家であると同時に非常に気難しく, プライドの高い人物と見なされた。² さらに悪いことに, 彼の聴力は悪く, 年齢を重ねるにつれて徐々に聞こえなくなっていった。³ このことが彼を落胆させ, 怒らせ, その結果彼の性格の負の部分がよりいっそう明らかになった。⁴ 彼はしばしば大声を出したが, それは他人に叫び返してもらう必要があったか, もしくは, 何を言われているのか聞き取れなかったからで, これで多くの人々はベートーベンが自分たちに対して怒っており, けんかを始めようとしていると思うようになった。

3 ¹ **For these reasons, Beethoven moved house a lot.** ² In one room he rented in **Vienna**, he **knocked a hole in the wall** with a hammer **so that he could see the nearby forest**, which upset his landlord. ³ **Even though his rooms and clothing were usually messy, he used to wash himself all the time** and sang loudly while doing so. ⁴ Visitors found this funny, but **people living in the same building apparently hated it.** ⁵ **Beethoven would pour buckets of water over himself and this would drip through the floor into their rooms.**

語句 1. move house 「引っ越す」 2. rent 動「〔賃貸料を支払って〕借りる」 Vienna 名「ウィーン（オーストリアの首都）」 knock 動「をたたく, 強打する；をぶつける；〔ぶつけて穴〕を開ける, 〔ぶつけて音〕を出す」 hammer 名「槌（つち）, ハンマー」 nearby 形「近くの」 upset 動「をひっくり返す；の気持ちを乱す（をうろたえさせる, 怒らせる, 悲しませるなど）」 landlord 名「家主, 地主；〔旅館の〕主人」〔ただし女性の場合は landlady という〕 3. even though SV 接「…である

のに；…だとはいえ；たとえ…だとしても」 **clothing** 名「衣類，着るもの」 **messy** 形「乱雑な，ぐちゃぐちゃな」 **used to** *do* 助「〔かつて〕…だった」 **loudly** 副「大声で，騒々しく；派手に」 4. **visitor** 名「来客，訪問者」 **funny** 形「こっけいな，おもしろい」 **apparently** 副「聞いた〔見た〕ところでは，どうやら；外見上は」 **hate** 動「を憎む，ひどく嫌がる」 5. **pour** 動「を注ぐ，浴びせる」 **bucket** 名「バケツ」 **drip** 動「しずくとなって落ちる，滴る」

研究 ■ 1. **For these reasons, Beethoven moved house a lot.**「これらの理由でベートーベンは何度も引っ越した」move house で「引っ越す，転居する」意を表すのは 英 用法で，『不可算名詞』の house は「住まい」の意。「理由」を意味する reason と前置詞については，問題25 研究 **2** 6. 参照 (⇒ p.175)。

■ 2. ① **Vienna**「ウィーン」地名は異文化理解の際の重要なパーツであるが，英語では地名の語形そのものが独特に変化しているものがあり，注意を要する。

例：Cologne	Munich	Prague	Athens
ケルン	ミュンヘン	プラハ	アテネ
Florence	Naples	Venice	Turin
フィレンツェ	ナポリ	ベネチア	トリノ
Moscow	Warsaw	Cracow	
モスクワ	ワルシャワ	クラクフ	

■ 2. ② **knocked a hole in the wall**「壁に穴をぶちあける」knock の基本義は「をたたく」(例：knock the wall「壁をたたく」)だが，ここでは『結果目的語』(effective object) をとる用法。通常の『目的語』と『結果目的語』を比較してみると：

dig the ground「地面を掘る」― dig a hole「穴を掘る」(結果目的語)
paint a picture「絵を描く」― paint a flower「花の絵を描く」(結果目的語)

■ 2. ③ **so that he could see the nearby forest**「近くの森が見えるように」

so that S can do

① 〔目的〕「…できるように」；② 〔結果〕「その結果…できる」の意で，②の意では直前にコンマがあることが多い。また，that は省略されることもある。

① I put the new book in the classroom library so that the children could enjoy reading it.
「私はその新刊書を，子供たちが読んで楽しめるように教室の本箱に入れた」

② She spoke very slowly, so that the students from overseas could understand her.
「彼女は非常にゆっくり話したので，海外出身の学生も彼女の言うことが理解できた」

■ 3. ① **Even though his rooms and clothing were usually messy, he**
...「彼の部屋も衣類もふだんはぐちゃぐちゃだったのに」接続詞 even though は，though

P
A
R
T
II

16

113

のもつ『譲歩』の意味合いを強めたもの。文脈によって「…だというのに；…にも
かかわらず」の意にも「たとえ…であっても（＝ even if）」の意にもなる。

> He drives me to and from the station even though he is busy.
> 「忙しいのに／たとえ忙しくても，彼は私を駅まで送り迎えしてくれる」

■ 3. ② **he used to wash himself all the time**「彼はいつも身体を洗っていた」助
動詞 used to は過去を回想して「かつては…していた」の意で，現在と対比する含
みがあることが多い。なお used to には助動詞以外の用法もあるので注意。

used to の区別　　used to は①『助動詞』で〈used to ＋動詞〉となる用法と，②
「慣れている」の意の『形容詞』として〈*be*［become / get］used to ＋名詞〉の
形をとる用法を区別する。
① I <u>used to</u> visit this park when young.「若い頃よくこの公園に来ていたんです」
② You will soon <u>get used to</u> it.「あなたもそれにはすぐ慣れるでしょう」
▶いずれの用法も「使う」意の use と関連がある。use の語義の一部が「使う→
よく使う→使い慣れする［させる］」と発展。自動詞の用法から「よく…した」
という助動詞用法が，他動詞の受動態の用法から「慣れている」という形容詞
用法が生じた。

　日本語の「身体を洗う」という表現には，英語の再帰代名詞に相当する要素がな
い（もちろん wash *one's* body という表現も可）。自然な英語表現で形式が日本語
と一致しないものをとくに意識して押さえておくとよい。

> They <u>behave themselves</u> in her presence.
> 「彼女の目の前では彼らは行儀がいい」
>
> History <u>repeats itself</u>.「歴史は繰り返す」
>
> I <u>excused myself</u> for a time.「私は少しの間，中座した〔＝一時離席した〕」

■ 4. **people living in the same building apparently hated it**「同じ建物に
暮らす人々はどうやらそれをひどく嫌っていたようだ」it は前文にあるようなベートーベ
ンの習慣を指す。副詞 apparently は「〔内面は別として〕外見上は；一見したとこ
ろ」の意のことが多いが，本文では「どうやら（…らしい）」の意で用いられた例。

■ 5. **Beethoven would pour buckets of water over himself and this
would drip through the floor into their rooms.**「ベートーベンはバケツ何杯
分もの水を浴び，これ（＝浴びた水）が床を伝って彼らの部屋に滴り落ちることがあっ
た」助動詞 would の用法は **2** 4. ①参照。pour ～ over *oneself*「～を浴びる」という表
現は **3** 3. ②参照。buckets of water は「大量の水［湯］」と解釈することもでき
る。

訳

¹こうした理由から, ベートーベンは何度も住まいを変えた。²ウィーンで借りた部屋で, 彼はハンマーを使って壁に穴をぶち開け, 近くの森が見えるようにしたが, これは家主を怒らせた。³ふだん部屋も衣類もぐちゃぐちゃだったものの, 彼はいつも身体を洗っていて, 洗いながら大声で歌っていた。⁴訪ねてくる人たちはこれをおもしろいと思ったが, 同じ建物に暮らす人たちは〔その習慣を〕ひどく嫌ったようだ。⁵よくベートーベンはバケツ何杯もの水を浴び, その水が床を伝って彼らの部屋にしばしば滴り落ちた〔からである〕。

4 ¹On the other hand, Beethoven often made brave artistic decisions, **such as writing for the piano, an unusual choice at the time**. ²He owned several pianos over the years and they often became damaged by his powerful technique, **with snapped strings and broken hammers**. ³**Some even had their legs cut off.** ⁴**He used to do this so that he could** feel the music through the floor, but it was annoying if his neighbors were beneath him.

語句 1. **brave** 形「勇敢な, 大胆な」 **artistic** 形「芸術上の, 芸術的な」 **decision** 名「決定」 cf. **decide** 動「を決定する, 決心する」 **unusual** 形「珍しい, 普通でない」 **at the time**「当時は；当時の」 2. **several** 形「いくつかの」 **over the years**「長年にわたって」 **damage** 動「を損壊する, 傷つける」 **technique** 名「専門技術, 技法, 技巧」 **snap** 動「プツンと切れる, ポキンと折れる」 **string** 名「ひも, 弦 (げん)」 4. **annoying** 形「いらいらさせる, 厄介な」 **neighbor** 名「隣人, 近所の人」 **beneath** 前「〜の下に；〜の下の階に」

研究 ■ 1. **such as writing for the piano, an unusual choice at the time**「例えばピアノのために〔曲を〕書くという, 当時としては珍しい選択」チェンバロなどの鍵盤楽器と異なり, 音の強弱を自由に表現できる楽器としてピアノが登場するのは 18 世紀初頭のこと。ベートーベンの時代にはまだ改良途上にある最新の楽器であった。

■ 2. **with snapped strings and broken hammers**「ぷっつり切れた弦や, 壊れたハンマーのある〔ピアノ〕」ピアノは鍵盤と連動してハンマーが動き, 弦を叩いて音を出す。ベートーベンはあまりに激しくピアノを扱い, ハンマーや弦を傷めるほどだったということ。snap は軽くはじけるという音を表す擬音語に由来 (**5** 5.①も参照)。「スナップ写真」の意も, 撮影時の「カシャッ」という音から。

■ 3. **Some even had their legs cut off.**「なかには脚を切られたものさえあった」主語の some (= some pianos あるいは some of his pianos) は脚の部分を壊されたいわば"被害者"である。"被害者"を主語として, 自身の所有物や権利などが「…された」というときは, 〈have + O + *done*〉の構文で表し, 『受動態』は使え

ない。

I had my turn taken away during the game.
「ゲーム中に自分の順番を飛ばされた」

■ 4. **He used to do this so that he could ...**「彼がこうやっていたのは，…できるようにするためであった」助動詞 used to については **3** 3.②参照。〈so that *S* can *do*〉の構文で「目的」を表すことについては **3** 2.③参照。

訳 ¹その一方で，ベートーベンはしばしば大胆な音楽上の決断をしている。例えばピアノのために〔曲を〕書くことで，当時は珍しい選択であった。²彼は長年にわたって数台のピアノを所有していて，しばしばピアノは彼の激しい弾き方によって傷めつけられた――切れた弦，壊れたハンマー〔を持つピアノだったのだ〕。³脚の部分を切り取られたピアノまであった。⁴彼がそんなことをしていたのは，床伝いに音を感じることができるようにするためであったが，彼の下〔の階〕に住む人がいれば，それはいらだたしいものであった。

---

5 ¹In his last years, Beethoven's deafness became complete. ²**His health became worse and worse.** ³One day, a couple of years after the performance of his final symphony, he was sick in bed at home. ⁴There was a terrible storm. ⁵As **the thunder boomed loudly**, he sat up suddenly, raised his fist and **fell back dead.** ⁶**It is fair to say that his life was defined in many ways by his deafness.** ⁷His last words were, "**I shall hear in Heaven.**"

語句 1. **deafness** 名「聴力のないこと；失聴」 **complete** 形「完了して」 2. **worse**（＜ bad や ill の比較級）形「より悪い；より悪化して」 3. **a couple of**「〔二つで〕1組の～；〔漠然と〕数個の～」 **performance** 名「実行，遂行；実演，演奏；演技」 5. **thunder** 名「雷，雷鳴」 **boom** 動「ドーンと鳴る」 **sit up**「起き上がる；寝ずに起きている」 **fist** 名「こぶし」 6. **It is fair to say ...**「…というのが正しい」 **define** 動「を決定づける；を定義する」 **in many ways**「多くの点で」 7. **Heaven** 名〔無冠詞で〕「天国（＝ the heavenly kingdom）」

研究 ■ 2. **His health became worse and worse.**「彼の健康状態はどんどん悪くなった」〈比較級＋ and ＋比較級〉は，変化の進行を表す。

It will get colder and colder toward the end of the year.
「年末に向かってどんどん寒くなっていくだろう」

■ 5.① **the thunder boomed loudly**「雷がドーンと大きく響いた」
動詞 boom はもとは擬音語。「ドーンと響く」と表現する日本語との大きな違いとして，英語は擬音語そのものが動詞化または名詞化する。日本語の擬音語とは少

し印象が異なる場合もあるが，元となった音が意識できるよう，英語を学ぶ際には
その音声面も大切にしたい。以下の英文は下線部が擬音語由来。

He sang, banging loudly on an oil drum.
「彼は油の缶をガンガン鳴らして歌った」
She tapped me on the shoulder.「彼女は私の肩をトントンとたたいた」
The bag fell on the floor with a thud.「袋がドサッと音をたてて床に落ちた」

■ 5. ② **fell back dead**「〔病床で起き上がった状態から〕また倒れて亡くなった」fall（過
去形 fell）はここでは back を伴って文字どおり「後ろに倒れる」の意で，形容詞
dead は補語。なお, fall に形容詞（補語）が続くときはその状態への変化を意味し，
「倒れる」意が常に含まれるわけではない。

I fell asleep during his lecture.「私は彼の講義の最中に眠ってしまった」

■ 6. **It is fair to say that his life was defined in many ways by his
deafness.**「彼の生涯は多くの点で, 聴覚の喪失によって決定づけられたと言うのが公正だ」
が直訳。

be fair to say ... とは「公平に言って…である」や「…と言うのが妥当だ／…と
言ってよい」のような意味合い。ここではベートーベンの優れた点も欠点も，聴覚
の喪失が大きくかかわっていることを見落とすべきではない，という主旨。

define は「〔用語の意味〕を定義する」の意が重要だが，語源的には"輪郭を定
める"の意。語幹 -fine は（final や finish からもわかるように）「端」を想起させ，
「はっきり境界線を定める」ということ（接頭辞 de- は強意）。

■ 7. **"I shall hear in Heaven."**「『私は天国で聞こえるようになるだろう』」この助動
詞 shall は古めかしい文語的な用法で，予言や格言のもつ「必ずや…となるであろ
う」という響きがある。

訳 ¹晩年になってベートーベンは完全に聴力を失った。²彼の健康状態はどんどん悪くなっ
ていった。³ある日，それは自身の最後の交響曲が演奏された数年後のことだが，彼は自
宅で病床に伏していた。⁴外はひどい嵐であった。⁵雷鳴が大きくとどろくと同時に，彼は
突然起き上がり，こぶしを挙げ，そして後ろに倒れて亡くなった。⁶公平に言って彼の人
生は，多くの点で，聴力の喪失によって決定づけられた。⁷彼の最期の言葉は次のとおり
であった。「天の国にて我が耳は開かれよう」

PART II

16

解答・解説

解説　**1**　this は直前の，多くの人々から称賛を受けていた事実を指す。ベートーベンはこれに無関心で，自分の才能である音楽に熱中した（**研究** **1** 6. 参照）。

2　**研究** **2** 2. 参照。比較級を含む文同士を結ぶ接続詞 as は『比例』を表し「～するにつれて」の意。

3　直前の wash himself の部分を訳出すればよい。

4　A「匿名の，無名の」B「道徳的な，倫理上の」C「無関心な」D「珍しい，普通でない」

5　**研究** **4** 3. 参照。〔誤答〕had cut off their legs または〔誤答〕had cut their legs off という語順は，文法的にはあり得るが，これでは「〔主語（いくつかのピアノが）〕他の者の脚を切り落としてしまった」の意になってしまい，ナンセンスな文になる。

6　A「ベートーベンを偉大な作曲家になるよう育てたのは彼の祖父だった」祖父への言及（**1** 3・4）にそこまでの記述はない。B「ベートーベンは非常に大きな声，無礼な口のきき方で話したため多くの人々は彼ともめごとになるかもしれないと思った」**2** 4に一致。また，ベートーベンは **1** 6で rude，**2** 1では difficult and proud と形容されている。C「階下に住む人たちはベートーベンがバケツ何杯もの水を自分たちに浴びせたとき，非常に迷惑がった」**3** 5に不一致。D「ベートーベンは自分のピアノのうちいくつかをハンマーで壊した」**4** 2に不一致。彼がハンマーで壊したのは住居の壁であり，ピアノのハンマーは激しい演奏で壊れたもの。E「ベートーベンは自身の最後の交響曲がステージで初めて演奏されたとき，そこにいなかった」本文に言及なし。**5** 3以降は，最後の交響曲の演奏後数年を経てからのことを述べたもの。

精講

1 ¹**It is a common saying that thought is free.** ²**A man can never be hindered from thinking whatever he chooses** so long as he conceals what he thinks. ³The working of his mind is limited only by the bounds of his experience and the power of his imagination. ⁴But **this natural liberty of private thinking is of little value.** ⁵It is unsatisfactory and even painful to the thinker himself, if he is not permitted to communicate his thoughts to others, and it is obviously of no value to his neighbours. ⁶Moreover it is extremely difficult to hide thoughts that have any **power over the mind.** ⁷**If a man's thinking leads him to call in question ideas and customs** which regulate the behaviour of those about him, to reject beliefs which they hold, to see better ways of life than those they follow, **it is almost impossible for him, if he is convinced of the truth of his own reasoning, not to betray by silence, chance words, or general attitude that he is different from them** and does not share their opinions. ⁸**Some have preferred,** like Socrates, **some would prefer to-day, to** face death rather than conceal their thoughts. ⁹**Thus freedom of thought, in any valuable sense, includes freedom of speech.**

語句 1. **saying** 图「(よく言われる) 言葉；ことわざ」 **thought** 图「思想，思考」 2. **hinder ~ from** *doing* 「~が…するのを妨げる」(= prevent ~ from *doing*) **so long as** 「…である限り」 **conceal** 動「を隠す」(= hide) 3. **working** 图「働き，作用」 **bound** 图「範囲，限界」 4. **natural** 形「自然の；生得の」 5. **obviously** 副「明らかに」(= clearly) 6. **extremely** 副「極めて」 7. **call ~ in question** 「~に疑問を抱く」 **regulate** 動「を規制する」 **reject** 動「を拒否 [拒絶] する」(⇔ accept「を受け入れる」) **be convinced of** 「~を確信している」 **reasoning** 图「思考，推論」 **betray** 動「を裏切る；を (うっかり) もらす」 **chance** 形「偶然の」 **attitude** 图「態度」 **share** 動「を分かち合う，共有する」 8. **prefér to** *do* 「…するほうを好む [選ぶ]」 **to-day** 《古》= today 9. **in ~ sense** 「~という意味において (の，は)」 **include** 動「を含む」(⇔ exclude「を除外する」)

研究 ■ 1. **It is a common saying that thought is free.**「思想 [思考] は自由であるとはよく耳にする言葉だ」It is commonly said that ... という言い方もある。この thought は，あとに this natural liberty of private *thinking* という表現が用いられているように，内容的にはいわゆる「思想」よりも「思考」に近い。

119

■ 2. **A man can never be hindered from thinking whatever he chooses**「人がどんなことを選択してもそれを考えるのを妨げることは決してできない」この文の whatever 節は think の目的語となる名詞節（(b) の書き換えが可能）。(⇒ p.59)

whatever he chooses =

(a) <u>no matter what</u> he chooses「彼が何を選ぼうと」〔副詞節〕
(b) <u>anything (that)</u> he chooses「何でも彼が選ぶこと」〔名詞節〕

「人は…を妨げられることはできない」という直訳は，工夫して「人が…するのを妨げることはできない」のように自然な和訳にする。

■ 4. **this natural liberty of private thinking is of little value**「この，個人的思考という生得の権利はほとんど無価値である」private thinking は「（表に表さない，自分の頭の中だけの）私的な思考」。

of little value = hardly valuable, almost valueless「ほとんど価値のない」

> **of +抽象名詞** 例えば of use = useful（役に立つ）のような『of +抽象名詞＝形容詞』の関係に注意：
>
> *of* help = helpful「役に立つ」
> *of* no use = useless「無用の」
> *of* (*great*) value = (*very*) valuable「（非常に）価値のある」
> *of* no value (5) = valueless「価値のない」
> *cf.* { a man *of courage*〔形容詞句〕 = a *courágeous* man「勇敢な人」
>   { fight *with courage*〔副詞句〕 = fight *courageously*「勇敢に戦う」

■ 6. **power over the mind**「精神を支配する力」この <u>over</u> は control *over*「～に対する支配」，advantage *over*「～に対する優位」，authority *over*「～に対する権威」などと同じ。

■ 7.① **If a man's thinking leads him to call in question ideas and customs**「ある人の思考がその人に（自分の周りの人々の行為を規制する）考えや習慣に対して疑問を抱かせるようになるならば」call ～ in question「～に疑問を投げかける」の目的語 ideas and customs which ... が後置された形。〔⇒次ページの 語順（後置目的語）を参照〕

> **無生物主語** この文は『無生物主語』の一つの典型的な例であり，直訳のままでもよいが，次のように「人」を主語にした形に訳し換えることも多い。

■ 7.② **it is almost impossible for him, ... not to betray by silence, chance words, or general attitude that he is different from them**
「彼が，沈黙やふともらす言葉や全体的な態度によって，自分は彼らとは違っているのだということを示さないでいることはほとんど不可能である」 that 節は，離れているが，betray の目的語であることに注意する。

> **語順（後置目的語）** 他動詞の目的語は，その動詞のすぐ後に置かれ，副詞要素などはその後にくるのが原則であるが，目的語が長い場合には副詞要素を前に置き，目的語を後に回す語順になる。
>
> 《普通の語順》 betray ①*it*[②*his thoughts*] by silence
>
> 《O が長い場合》 betray by silence ③*that he is different ...*
>
> 「沈黙によって①それ［②自分の考え／③…ということ］を示す」
>
> ▶SVOC の文で長い O が C の後に置かれるのと同様である。(⇒ p.229 文型と語順)

■ 7.③ **if he is convinced of the truth of his own reasoning**「彼が自分の論理的考察の正しさを確信しているなら」7 はそれ自体 if の導く条件節で始まるのに，ここで主節に再び if 節が挿入されるのはなぜか——文頭の条件節（7.①参照）は，筆者のいう「人は自分独自の考えを表明せずにはいられない」という主張にとっての大前提である。しかし，その大前提からすぐに結論を急いでしまうと，あてはまらないケースが生じてしまう（自信がないために表明を控える場合など）。そこで,大前提を踏まえた新たな条件を加えて，論の精度を高めることがあり，if *SV* には as long as *SV*「…である限りは」の含意が生じる。

■ 8. **Some have preferred, ... some would prefer to-day, to ～**「これまでに～するほうを望んだ人たちもいるし，今もそう望む人たちはいるだろう」some は全体に対する一部を意味し，主語として用いられた際には「(なかには) ～な人［もの］もいる」という訳が自然なことが多い。「何人か…は［いくつか…は］～する」という訳し方は，全体数が小さいときには有効だが，状況にふさわしい訳出を心がけたい。

　prefér は 2 音節でアクセントがあとにあるため，変化形（preferring, preferred）では語末の子音字を重ねる。ただし名詞 préference は，語頭にアクセントが移動しており，r の重複はみられない。このようにつづり字は発音との間に密接な関係があることも意識しておこう。

PART II

17

類例：refér → referring, referred ; réference

occúr → occurring, occurred ; occúrrence

cf. óffer → offered, offering

■ 9. **Thus freedom of thought, in any valuable sense, includes freedom of speech.**「このように，思想の自由は，少しでも価値のある意味においては，言論の自由を含む」(逆に言えば，言論の自由を含まない意味での思想の自由は価値がない) コンマがなければ「少しでも価値ある意味における思想の自由」と訳すのが普通。

cf. literature *in the narrow sense of the word*「狭い意味での [狭義の] 文学」

訳 ¹思想は自由であるとはよく耳にする言葉である。²人は，自分が考えていることを表に表さないでいる限り，どんなことを選択しようとそれを考えるのを妨げられることは決してない。³その精神の働きは，自分の経験の範囲と自分の想像力によってしか制限されない。⁴しかし，この，個人的思考という生得の自由はほとんど価値がない。⁵もし自分の考えを人に伝えることが許されなければ，思考者自身にとって不満足であるばかりでなく苦痛でさえあり，しかも思考者の隣人にとっては明らかに無価値である。⁶その上，精神に対していくらかでも力を持つ考えを隠しておくことは極めて困難である。⁷もしある人が，自分の思考によって，自分の周りの人々の行動を規制する思想や習慣に疑問を感じ，彼らが抱く信念を拒否し，彼らが従う生き方よりもよい生き方を認めるようになれば，その人は，自らの考え方の正しさを確信している限り，自分が彼らとは異なっていて，彼らと同じ意見を共有してはいないことを，沈黙にせよ，ふともらす言葉にせよ，全体的な態度によってにせよ，示さないでいることはほとんど不可能である。⁸ソクラテスのように，自分の思想を隠しているよりむしろ死に直面するほうを選ぶ人々がいたし，また今日でもそうする人はいるだろう。⁹このように，思想の自由は，いささかでも価値のある意味においては，言論の自由を含むのである。

2 ¹At present, in **the most civilized countries**, freedom of speech is taken as **a matter of course** and seems a perfectly simple thing. ²We are so accustomed to it that we look on it as a natural right. ³But this right has been acquired only in quite recent times, and **the way to its attainment has lain through lakes of blood**. ⁴**It has taken centuries to persuade the most enlightened peoples that** liberty to publish one's opinions and to discuss all questions is a good thing and not a bad thing. ⁵Human societies (there are some brilliant exceptions) have been generally opposed to freedom of thought, or, in other words, to new ideas, and it is easy to see why.

語句 1. take ~ as a matter of course「~を当然のことと考える」 2. *be* accustomed to「~に慣れている」 **look on *A* as *B***「AをBと見なす」(= regard *A* as *B*, consider *A* (to be) *B*) 3. **acquire** 動「を得る，獲得する」 **attainment** 名「達成，成就」 **lie through**「(道が) ~を通り抜ける」 4. **persuade** [pərswéɪd] 動「を説得する」 **enlightened** 形「啓発[啓蒙（けいもう）]された」 **publish** 動「を発表[公表]する；を出版する」 5. **brilliant** 形「輝かしい；すばらしい」 *be* opposed to「~に反対する，~と対立する」

研究 ■ 1.① **the most civilized countries**「最も文明の進んだ国々」もし the most の the がなければ「ほとんどの文明国」の意になる。

the most important problem(s)「最も重要な問題」
most important problems「たいていの重要な問題」

■ 1.② **a matter of course**「当然のこと」take ~ as a matter of course = take ~ for granted「~を当然のことと考える」

■ 3. **the way to its attainment has lain through lakes of blood**「その達成に至る道はいくつもの血の湖を通ってきた」が直訳。多くの血が流れたことをこのように述べたものであるが，its attainment は「それを獲得すること」の意で，この所有格 its は『目的語関係』を表す (⇒ p.249)。

■ 4. **It has taken centuries to persuade the most enlightened peoples that ...**「最も開化の進んだ国民でさえも…ということを納得させるのに何世紀もかかった」 people は可算名詞として a が付いたり複数形で用いられたりする場合は「人々」ではなく「国民，民族」であることも間違えないように。(⇒ p.140) 最上級表現には「~でさえも」(= even) の意味が含まれることがあり，これもその場合である。

The wisest man may sometimes make a mistake.
「最も賢明な人でもときには過ちを犯すことがある」

century は「世紀」と訳されるが，原義は「百年」(*cf.* decade「十年」)。centuries は「何百年という期間」の意で，相当長い年月であることを強調する表現。

訳 ¹現在，最も文明の進んだ国々においては，言論の自由は当然のことと考えられ，しごく単純なことのように思われている。²われわれは言論の自由を生来の権利であると見なすほどに，言論の自由に慣れきっているのだ。³しかし，この権利はごく最近になって初めて獲得されたものであり，その実現までの道程は，〔流された〕大量の血の中を通り抜けているのだ。⁴自分の意見を発表しすべての問題を議論し合う自由はよいものであって悪いものではないということを，最も開化した国民にさえ，納得させるのに何百年もかかったのである。⁵人間の社会は（いくつかの輝かしい例外はあるが）概して思想の自由，あるいは換言すれば，新しい思想に反対してきたのであり，それがなぜなのかは，簡単にわかることである。

PART II

17

解答・解説

1	B	2	C	3	A	4	D	5	C	6	D

7	われわれは言論の自由を生来の権利であると見なすほどに，言論の自由に慣れきっているのだ。［われわれは言論の自由にあまりに慣れきっているので，その自由を生得の権利と見なしている。］

8	（ⅰ）lot　　（ⅱ）shed［spilled / spilt］ （ⅲ）attain［achieve / gain / reach など］

9	自分の意見を発表しすべての問題を議論し合う自由はよいものであって悪いものではないということを，最も開化した国民にさえ，納得させるのに何百年もかかったのである。

10	A

解説

1 hinder *A* from *doing*「A を妨げて…させない」A「考えるよう命じられて」B「考えることを阻止されて」C「考えることを思い出させられて」D「考えるようにうまく操られて」

2 **1** 5冒頭の It と同一のものを指している。また it は単数名詞を指している以上，本問でDを選択するのは文中の his thoughts（複数形）との整合が取れず，不可。A「意思疎通することへの許可」B「考える人であること」C「個人的思考を抱く自由」D「彼の考えていること」

3 call ~ in question「～を疑問視する」A「～に疑いを投げかける」B「～を高く評価する」C「～を人々に考えさせる」D「～に好意的な見方をする」

4 代名詞 those は複数名詞を指しており，ここでは ways of life である。A「隣人たちが聞きたがるような秘密の考え」B「隣人たちが従う指導者たち」C「自分の生き方を追求する人々」D「彼の周囲の人々が支持する生き方」

5 研究 **1** 7.②参照。

6 思想を「表明」することにかかわるもの。A「良心」B「生活」C「秘密」D「言論」

7 二つの it は同じもの（freedom of speech）を指す。全文訳のように両者を「言論の自由」と訳出してもよいし，両者が同じであることのわかる訳文であればよい。〈so ~ that *SV*〉「(1)…なほどに～／(2)非常に～なので…」の構造を訳文に反映すること。a natural right は「生得の権利／生まれながらの権利」と訳出したい。

8 研究 **2** 3. 参照。lakes of は液体（ここでは血）について「大量の～」の意。

9 研究 **2** 4. 参照。期間の相当な長さを強調する centuries の訳語は「何百年も」でも「何世紀もの歳月」でもよいが，「数百年」「数世紀」という訳出ではその強調が反映しきれていないと判断されるおそれがあるので注意。

10 opposed to「～に反対して」A「～に反対して」B「～によく知られて」C「について無知で」D「～に賛成して」

精講

> **1** ¹ Japan's education system has gained a reputation overseas as one of the best, if not *the* best, in the world. ² This reputation rests partly on the high (often very high) scores Japanese schoolchildren attain in international mathematics tests, and on the presumed connection with Japan's economic successes. ³ It is backed up by remarks of specialists impressed by the discipline in Japanese schools, the commitment of mothers and the ability of pupils to absorb masses of facts.

語句 1. **education** 图「教育」　**reputation** 图「評判，名声」　**if not**「〜ではないにしても」　2. **rest on**「〜に基づく」　**score** 图「得点，点数，成績」　**attain** 動「を達成する，得る」　**presume** [prɪzjúːm] 動「を推測する」*cf.* assume「（頭から）〜だと考える」, consume「を消費する」　**connection with**「〜との関係」　3. **back up**「〜を支える，支持する」　**remark** 图「発言，意見」　**specialist** 图「専門家」　**impréss** 動「に感銘を与える，を感心させる」　**díscipline** 图「訓練，規律，しつけ」　**commitment** 图「全面的参加，献身，傾倒」　**absorb** 動「を吸収する」　**masses of**「大量[多数]の〜」

研究　■ 1. **Japan's education system has gained a reputation overseas as one of the best, if not *the* best, in the world.**「日本の教育制度は，世界で最良（の教育制度）とはいわないまでも，最良（の教育制度）の一つとしての評判を海外において得ている」if を用いた注意すべき挿入表現：

She seldom, <u>if ever</u>, complains.「彼女は〔仮に愚痴をこぼすことがあるとしても〕まずめったに愚痴をこぼしたりしない」

There are few, <u>if any</u>, errors.「間違いは，<u>あったとしても</u>，ほとんどない」

He is, <u>if anything</u>, a little selfish.「彼は<u>どちらかと言えばむしろ少しわがままだ</u>」

〜 , if not ...　譲歩の意味を表す if を用いた省略表現で「たとえ…ではないにしても〜だ」の意。

These are controlled by a very similar, <u>if not</u> the same, mechanism.
「これらは全く同じではないにしても非常によく似たメカニズムによって制御されている」
▶ similar が mechanism を修飾している点に注意。

■ 2. **This reputation rests ... on the presumed connection with**

125

Japan's economic successes.「この名声は…教育制度が持つとされる日本の経済的成功との関係に基づく」presumed「推測される」は直訳できないが,「日本の教育制度は経済的成功と関係がある［教育制度が経済的成功に貢献した］ということが事実であるかどうかは問わないとしても,関係があると考えられている」という意味を添えている。

¹日本の教育制度は,世界で最良の制度とはいわないまでも,最良の制度の一つとしての評判を海外で得ている。²この評判は,一つには,日本の生徒が国際的な数学の試験で高い(しばしば極めて高い)得点を挙げていること,またこの教育制度が日本の経済的成功と関係があるとされていることに基づいている。³この評判は,日本の学校で行われる訓練と母親たちの献身,そして生徒たちが大量の事実を吸収する能力に深い感銘を受けた専門家たちの批評に裏付けられている。

---

2 ¹**That Japanese pupils do well in international written tests is not surprising.** ²To take just such tests is **what Japanese pupils are trained for** from elementary school to high school. ³However, **if the tests were to evaluate, say, the ability to draw conclusions**, to abstract from facts, to organise one's thoughts in an essay, to express oneself in another language or just the ability to ask questions, they would reveal where the Japanese education system is deficient.

語句 1. **written test**「筆記試験」*cf.* oral test「口頭試験」 3. **were to *do***「仮に…するとすれば」 **eváluate 動**「を評価する」 **say 副**「まあ,たとえば」 **conclusion 名**「結論」 **abstract 動**「抽象する,抽象概念を引き出す」 **organise 動**「を組織する,まとめる」 **essay 名**「随筆;小論(文),作文」 **reveal 動**「を明らかにする」

研究 ■ 1. **That Japanese pupils do well in international written tests is not surprising.**「日本の生徒たちが国際的な筆記試験でいい成績であることは驚くべきことではない」冒頭においた that 節が主語になった例。もちろんこれを形式主語構文にすることも可能である。

= It is not surprising that Japanese pupils do well in international written tests.

■ 2. **what Japanese pupils are trained for**「日本の生徒たちが何のために訓練されているか」(= for what Japanese pupils are trained)。what ... for は,目的もしくは理由が何かについて言及する表現で,次の疑問文を名詞節にした形。

<u>What</u> are Japanese pupils trained <u>for</u>?

= <u>For what</u> are Japanese pupils trained?「日本の生徒たちは何のために訓練さ

れているのですか」

■ 3. **if the tests were to evaluate, say, the ability to draw conclusions**
「もし仮に試験が, 例えば, 結論を引き出す能力を評価するとすれば」『仮定法過去』の were
to *do* は, 主語にかかわらず were を用い,「仮に〜だとすれば」の意。

> **条件節内の were to** If 節内の were to *do* の用法は幅広く, 主として次のよう
> なものがある。
>　①実現の可能性がないか, あっても想定したくないような仮定
>　　もしくは現実と方向性の異なる想定
>　　If I were to lose this job, it would be difficult to find a similar position.
>　「もしこの職を失えば, 似たような仕事を見つけるのは難しいだろう」
>　②丁重な依頼にあたっての条件
>　　If you were to donate $100 to the organization, you would receive a
>　　free T-shirt.「100 ドルご寄付いただけましたら, Tシャツを差し上げます」

　本文は,①の用法。すなわち「試験を受ける」という点は同じでも,「仮に試験の
内容が異なれば」全く違う結果になるだろう, という文脈。

> **訳**
> [1] 日本の生徒が国際的な筆記試験で成績がよいことは, 驚くに値しない。[2] このような試
> 験を受けることこそが, 日本の生徒が小学校から高校まで訓練を受ける目的なのである。
> [3] しかし, もし仮にこういった試験が, 例えば, 結論を導き出したり, 事実から抽象した
> り, 自分の考えを文章にまとめたり, 他の言語で自分の考えを表現する能力を, あるいは
> ただ質問する能力だけでも, 評価するものであるなら, その試験は日本の教育制度がどこ
> に欠陥を有するのかを明らかにするだろう。

3 [1] **The aim of Japanese schools could hardly be further
removed from the original meaning of the English word
'education'**: to bring forth and develop the powers of the mind, rather
than merely imparting factual information. [2] **Far from sharpening the
reasoning ability of its charges**, the Japanese education system, on
the whole, is hostile to such a purpose. [3] **Spontaneous reasoning,
along with spontaneous behaviour, is systematically suppressed
in practically all schools**; there is no patience with originality.
[4] Pupils are not taught to ask the right questions — indeed to ask any
questions at all. [5] Instead, the emphasis is on rote memorisation.

研究 ■ 1. The aim of Japanese schools could hardly be further removed from the original meaning of the English word 'education'「日本の学校の目的は英語の 'education' という言葉の元の意味から〔これ以上遠く隔たることはほとんどありえないだろう→〕この上なく遠く隔たっていると言ってよい」『準否定』の hardly「ほとんど～ない」は，完全否定の一歩手前と考える。まずは，完全否定による〈could not ＋比較級〉が表す意味を確認しておこう。

could not ＋比較級

could は『仮定法過去』で，比較級が more ならば「これ以上～であることはありえない→全く～だ」less ならその逆になる。

I couldn't agree more.「これ以上賛成することはできないだろう→全くおっしゃる通りです／大賛成だ」〔最大級の賛意を示す〕

I couldn't care less.「気にする程度がこれ以下ということはありえない→全然気にしない／僕の知ったことか」〔最小限の関心を示す〕

本文の場合，直訳では「これ以上にかけ離れることはほ・と・ん・ど・不可能」という表現になる。そこでこれを自然な日本語にする際には，"断言"とまではいかない，一歩引いた表現にすることで，準否定の語感を反映することができるだろう。

■ 2. Far from sharpening the reasoning ability of its charges「それが預かっている生徒の論理的思考力を〔鋭くすることからは程遠く→〕鋭くするどころか」(be) <u>far from</u> ～などの形では「〔～から程遠い〕→決して～ではない」(= not at all ～, anything but ～, by no means ～) であるが，この文のように副詞句を導く場合は「〔～からは程遠く→〕～するどころか」の意を表す。

■ 3. Spontaneous reasoning, ... is systematically suppressed in practically all schools「自発的な思考は…事実上すべての学校で組織的に抑圧されている」<u>practically</u> (= virtually) <u>all</u>[every] ～は「事実上すべての～，ほとんどすべての～」の意。(⇒ p.13 研究 1 2.)

訳

¹日本の学校の目的は，'education' という英語の言葉の原義からはこの上なく遠く隔たっていると言ってよい。すなわち〔'education' の原義は〕知の力を引き出し，伸ばすこ

とであって，単に事実に即した知識を与えることではないのだ。²託された生徒の思考力を研ぎ澄ますどころか，日本の教育制度は，概して，そのような目的に真っ向から対立している。³自発的な思考は，自発的な行動と共に，事実上すべての学校で組織的に抑圧されている。独創性への寛容さがないのだ。⁴生徒たちは適切な質問をすることを教えられない——いや，いかなる質問をすることも教えられない。⁵その代わりに，重点は機械的な暗記に置かれる。

解答・解説

解答

1	B	2	reputation	3	rote memorisation

4	このような試験を受けることこそが，日本の生徒が小学校から高校まで訓練を受ける目的なのである。

5	tests	6	A

7	日本の学校の目的は，'education'という英語の言葉の原義からはこの上なく遠く隔たっていると言ってよい

8	B	9	D	10	B

解説

1 rest on には「①～を当てにする，②〔選択・決定が〕～次第である，③～に基づく，④〔視線が〕～に向けられる」などの意があり，ここでは③の用法。A「集中する」B「基づいている」C「熱中している」D「留まる」

2 代名詞 it がもし system を指すとすると is backed up ... は「〔不測の事態に備えて〕バックアップが用意される」意となるのが普通で，この文脈に不適。一方 reputation「評判」は，なにか具体的なものによって「裏付けられ」る。その事例が，前文にある国際的な数学試験のスコアや経済的成功であり，また本文における remarks of specialists「専門家のコメント」なのである。

3 知識はただ会得して蓄えるものでなく，**2** 3 に示唆されるようにそれを利用して考察し，結論を出したり，さらに発展的な問いに結びつけたり，考察過程やその結果を表現したりするのに用いるもの。absorb「吸収する」はその最初の段階にすぎない。

4 研究 **2** 2. 参照。「そのような試験をただ受けるということが」あるいは「受験するということだけが」のような形で副詞 just を訳文に反映させてもよい。

5 研究 **2** 3. 参照。本文が仮定法を用いて，"試験が〔数学のように〕答えの確定しているものでないとすれば" という反実の内容を含むことに着目。

6 -ficient で終わる形容詞の強勢の位置に注意（類例：efficient「有能な，効率よい」，proficient「熟達した」，sufficient「十分な」）。A embárrass（第2音節）動「を当惑させる」B ínfluence（第1音節）動・名「に影響する；影響」C interrúpt

（第 3 音節）動「に割り込む，を妨げる」 D pólitics（第 1 音節）名「政治（学）」

7　研究 **3** 1. 参照。

8　語幹 "part" は「部分に分ける」意で，動詞 impart（< in + part）とは「分割して入れる→分け与える」意。A「覆い隠すこと」 B「与えること」 C「保持すること」 D「指摘すること」

9　charge の語源は究極的には「荷車」の意。そこから「⑴ **積まれる荷物**→①責任，②〔支払いなどの〕義務，③嫌疑」／「⑵ **荷物の中身**→④請求金額，⑤委託物・預かり物，⑥電荷」／「⑶ **積みこむ行為**→⑦充電，⑧〔罪の〕告発，⑨〔弾丸などの〕装塡，⑩〔突っ込むこと→〕突撃」など多岐にわたる意味が生じた。ここでは⑤の意で，託された生徒たちのこと。A「告発」 B「費用」 C「挑戦」 D「生徒」

10　**1** ＝日本の教育制度の評価が高いこと，**2** ＝角度を変えて見ればそこには欠陥があること，**3** ＝本来の教育の意味から見た日本の教育制度，という論理展開。A「好都合な」 B「敵対的な」 C「同様の」 D「十分な」

精講

1 ¹Language is so much a part of our daily activities that some of us may come to look upon it as a more or less automatic and natural act like breathing or winking. ²Of course, **if we give the matter any thought at all, we must realize that there is nothing automatic about language.** ³Children must be taught their native language and the necessary training takes a long time. ⁴Language is not something that is inherited; **it is an art that can be passed on from one generation to the next only by intensive education.**

語句 1. **come to** *do* 「…するようになる」 **more or less** 「ほぼ, ほとんど（= almost）；およそ（= about）」 **automatic** 形「自動的な, 無意識的な」 **natural** 形「自然の, 生まれつきの」 **wink** 動「まばたきする」 2. **realize** 動「を悟る, わかる」 3. **native language** 「母語」 4. **inherit** 動「を受け継ぐ, 相続する；を（遺伝で）受け継ぐ」 **art** 名「芸術；技術」 **pass on** 「～を伝える」 **intensive** 形「集中的な, 徹底的な」

研究 ■ 1. ① **Language is so much a part of our daily activities that some of us may come to look upon it as ～**「言語はわれわれの日常の活動の一部にすっかりなってしまっているので, われわれのうちのあるものは言語を～と見なすようになるかもしれない」〈so ～ that *SV*〉の構文を含む, 重要な頻出文の例:

The object of the advertiser is to convince us that his product is <u>so</u> superior to others <u>that</u> no other can be substituted for it.

(*The Economics of Everyday Life* by Gertrude Williams)

「広告主の目的は, 自社の製品が他の製品より非常に優れているので他のどんな製品もそれにとって代わることはできないということをわれわれに信じ込ませることにある」

〈so ～ that *SV*〉構文において「～」の部分が名詞を含む場合の語順に注意。

John plays <u>so</u> important a role on our team <u>that</u> no one can replace him.

「ジョンはわがチームにおいて, だれも代わりが務まらないほど重要な役割を果たしている」

= John plays <u>such</u> an important role on our team <u>that</u> no one can replace him.

■ 1. ② **a more or less automatic and natural act like breathing or winking**「呼吸することやまばたきするのと同じような,〔習わなくても〕ほとんど自動的に行われ, 生まれつき自然に行われる行為」

■ 2. **if we give the matter any thought at all, we must realize that**

there is nothing automatic about language「もしこの問題について少しでも考えてみれば，言語には自動的なところは何もないということがわかるにちがいない」

at all の基本的な意味は「少し（で）も」で，否定・疑問・条件などを強める強意表現である。訳し方の例：
(a) 否定文：「全く［全然］〜しない」(b) 疑問文：「少しでも；一体；そもそも」
(c) 条件文：「いやしくも，どうせ」(d) 肯定文：「とにかく，そもそも，いやしくも」

  (a) I don't know him at all.「彼を全然知らない」
  (b) Do you love her at all?「一体君は彼女を愛しているのか」
  (c) Do well if you do it at all.「どうせやるなら立派にやれ」
  (d) We were lucky to win at all.「とにかく勝てて運がよかった」

■ 4. **it is an art that can be passed on ... only by intensive education**
「それは，徹底的な教育によってのみ（世代から世代へ）伝えることができる技術である」only は意味上の否定詞（*Only* you can do this.「君だけができる」⇄「君以外はできない」）なので，この文も「徹底的な教育による以外は伝えられない技術」と言い換えられる。

訳
　¹言語はわれわれの日常活動の一部になりきってしまっているので，ともすれば言語を，呼吸やまばたきと同じように，ほとんど自動的に行われる自然行為と見なすようになる人もいるだろう。²もちろん，この問題について少しでも思考をめぐらしてみれば，言語には自動的な要素は全くないことがわかるにちがいない。³子供は母語を教え込まれなければならないし，必要な訓練には長い時間を要する。⁴言語は遺伝的に受け継がれるものではない。それは徹底した教育によってのみ，ある世代から次の世代へ伝えることができる技術なのである。

2 ¹It is difficult to realize the enormously important role that language plays in our social behavior. ²**What would a society without language be like?** ³It would of course have no writing or other means of communication by words, for all these are ultimately dependent on **spoken speech**. ⁴Our means of learning would therefore be greatly restricted. ⁵**We should be obliged, like the animals, to learn by doing or by observing the actions of others.** ⁶All of history would disappear, for **without language there would be no way of re-creating past experiences** and communicating them to others or **of**

sharing in the mental processes of our fellowmen. ⁷Indeed, it is very likely that we should not think at all. ⁸Many psychologists maintain that thought itself requires the use of language, that the process of thinking is really talking things over with ourselves.

語句 1. **enormously**[ɪnɔ́ːrməsli] **副**「非常に，ものすごく」 **play a role**「役割を演じる」(= play a part) **behavior** **名**「振る舞い，行為」(= conduct) 3. **means** **名**「手段」 **ultimately**[ʌ́ltɪmətli] **副**「究極的に」 **spoken speech**「話し言葉」 4. **restrict** **動**「を制限する」 5. *be* **obliged**[əbláɪdʒd] **to** *do*「…することを余儀なくされる，…せざるをえない」 **observe** **動**「を観察する；を述べる；を遵守（じゅんしゅ）する」 6. **way of** *doing*「…する方法」 **re-create**[rìːkriéɪt] **動**「を作り直す，再現［再生］する」 *cf.* recreate[rékrièɪt]「元気を回復させる，気晴らしをさせる」 **share in**「～を共にする，～を分かち合う」 **process**[prɑ́(ː)ses／próus-] **名**「過程；作用」 **fellowman** **名**「(自分と同じ) 人間，仲間，同胞」 7. **indeed** **副**「実際；本当に，実に；実は；いやそれどころか」 **likely** **形**「たぶん～しそうな」 8. **psychologist**[saɪkɑ́(ː)lədʒɪst／-kɔ́l-] **名**「心理学者」 **maintáin** **動**「を維持する；を主張する」 **really** **副**「実際に，本当に，実は，本当は」 **talk over, talk ～ over**「～について (よく) 話し合う」

研究 ■ 2. **What would a society without language be like?**「言語のない社会とはどんなものになるだろうか」 この語順では without language は society を修飾する『形容詞句』であるが，次の形をとった場合には『副詞句』の働きをする。

What would a society be like <u>without language</u>?
「言語がなければ社会はどんなものになるだろうか」
= What would a society be like if it were not for language?

この仮定に基づいた問いへの答えとして，以下の 3～6 でも助動詞は仮定法の形で用いられる。

■ 3. **spoken speech**「話し言葉」speech だけでも「話し言葉」の意を表すが, speech の他の意味と区別するために spoken を付したもの。language は普通 spoken language (= speech)「話し言葉」と written language「書き言葉」に大別され，言語とはまず「音声」であり，「文字」がこれに伴う，といったことを念頭に置いて，このあたりの文脈を読む。

■ 5. **We should be obliged, like the animals, to learn by doing or by observing the actions of others.**「われわれは，動物のように，他人がすることを行うか観察するかして学ばざるをえないだろう」この should は「…すべき」などの意味を表す場合ではなくて，「仮に言語がなければ」に対応する『仮定法過去』の should である。

---

should / would

（意志未来ではなく）『単純未来』を表す助動詞は will, would である。しかし，少し古い文献や格言などで，とくに 英 用法には次のような使い

分けがみられる。

- 一人称（I, we）が主語の単純未来には shall / should を使う。
- 二人称・三人称が主語の単純未来には will / would を使う。

2 の 2, 3, 4 で would が使われているのに，続く 5 で should が登場するのは，この 英 用法における区別を反映したものである。

be obliged to do（…することを義務づけられる）に対して，be compelled to do（…することを強制される），be forced to do（…することを力で強いられる）なども同様に「…することを余儀なくされる，…せざるをえない」の意で用いられる。併せて知っておくべき表現である。

■ 6. ① **without language there would be no way of re-creating past experiences** 「言語がなければ，過去の経験を再現する方法がないだろう」 *without* language = *but for* language = *if it were not for* language「もし言語がないとしたら」(⇒ p.236)

■ 6. ② **of sharing in the mental processes of our fellowmen** 「われわれの仲間の精神的作用を共有する（方法もなくなるだろう）」最初の of が … no <u>way of</u> re-creating ～ or of sharing とつながっていることに注意。

■ 7. **Indeed, it is very likely that we should ...** 「それどころか, われわれが…するなどということもあるだろう」このように indeed は文頭に置かれ，前の文を受けて「いやそれどころか［実は］，そればかりか［実際は］」という意味を表すことがある。おおまかに「実際」という訳ですませてしまうこともよくあるが，文脈的な接続関係が具体的に理解されていなければならない。主観的判断を表す形容詞（ここでは very likely「大いにありそう」）に続く that 節内では，助動詞 should が用いられることがある。

> **訳** ¹言語が人間の社会的行動において果たす，極めて重要な役割を認識するのは難しい。²言語のない社会とはどんなものになるだろう。³もちろん文字や，言葉によるその他の伝達手段は，存在しないことになるだろう。というのは，これらはすべて究極的には話し言葉に依存しているからである。⁴したがって，われわれがものごとを学ぶ手段も大いに制限されるだろう。⁵われわれは，動物と同じように，他者の行為をまねたり観察したりすることによって学ぶことを余儀なくされるだろう。⁶歴史のすべても消滅するだろう。なぜならば，言語がなければ，過去の経験を再現したりそれを人に伝えたりする方法も，また他の人間の思考活動にあずかる方法もなくなってしまうであろうから。⁷いやそれどころか，おそらく人間はそもそも考えることを全くしないだろう。⁸多くの心理学者の説によれば，思考そのものが言語の使用を必要とし，思考という過程は実はものごとについて自分自身とよく話し合うことなのである。

解答・解説

1	much a part of our **2** regard[see / view も可]
3	この問題についていささかでも思考をめぐらしてみれば，言語は自動的に行われるようなものでは全くないことがわかるにちがいない
4	A **5** plays[performs / fulfills / assumes も可]
6	would a society without language be like
7	われわれは，動物と同じように，他人の行為をまねたり観察したりすることによって学ぶことを余儀なくされるだろう。
8	（ⅰ）A （ⅱ）D （ⅲ）C （ⅳ）B **9** D **10** B

解説

1 研究 **1** 1. ① 参照。

2 look upon *A* as *B* = look on *A* as *B*；regard *A* as *B*；see *A* as *B*；view *A* as *B* = consider *A B*。なお近年では consider についても，as を用いる傾向が口語では強まりつつあるが，まだ標準的用法と見なされないこともあるため，解答としては避けたほうが無難。

3 研究 **1** 2. 参照。

4 文の前半で not something that is inherited「遺伝的に継承されるものではない」とあり，空所の後には，be passed on ... by intensive education「徹底的な教育によって継承される」と続いている。**A**「技術」，**B**「努力」，**C**「本能」，**D**「執務室；公職」。なお，英単語 art は「芸術，美術」の意で理解されることが多いが，本来の意味は「技術，こつ」であって（それを駆使するのが artisan「職人」），いわゆる「芸術，美術」の意味は fine art といって区別することがある（artist「芸術家」）。

5 関係代名詞 that（目的格）の先行詞は the enormously important role であるから，role を目的語とするふさわしい動詞を答える。複数の解答が考えられるが，原文は plays を用いている。

6 研究 **2** 2. 参照。

7 研究 **2** 5. 参照。be obliged to *do* = be forced to *do*「…せざるを得なくなる，…することを余儀なくされる」（*cf.* obligation「義務」）。observe「①を観察する，②〔規則〕を遵守する」（*cf.* observation「観察」，observatory「天文台」，observance「遵守」）

8 まず communicate *A* to *B*「A を B に伝える」のつながりから（ⅲ）に入る語が最もわかりやすいだろう。英文本体は there would be no way から始まっており，would という仮定法の存在が（ⅱ）を考えるヒントになる（研究 **2** 6. ①参照）。接続詞 for「というのも～だから」は，理由をあとから追加的に述べるもの。そし

て or が『等位接続詞』であることが，（**iv**）の正解を導く重要な手がかりとなる（ 研究 **2** 6.②参照）。

9　maintain は「を維持する」が原義で，そこから〔命を維持する→〕「〔人〕を養う，扶養する」，〔批判に対し立場を維持する→〕「と主張する」などの意に発展した。Dの keep 以外は that 節を伴い，**A**「と判断する」**B**「と主張する」**C**「と考える」の意である。なお，和製英語「クレーム」と異なり，英単語の claim に「苦情（を言う）」の意はなく，ただ「主張（する）」の意である点に注意。

10　**A**「本気で」の部分が不適。**C**「いろいろなことに基づいて」の部分が不適（talk ～ over「～について議論する」）。**D**「真実を」の部分が不適。

精講

---

1 ¹The telephone, television, radio, and the telegraph all help people communicate with each other. ²Because of these devices, ideas and news of events spread quickly all over the world. ³For example, within seconds, people can know the results of an election in Japan or Argentina. ⁴An international soccer match comes into the home of everyone with a television set. ⁵News of a disaster such as an earthquake or a flood can bring help from distant countries. ⁶Within hours, help is on the way.

語句 1. telegraph 图「電信, 電報」 commúnicate with「～と意思を通じ合う」 2. device 图「仕掛け, 装置」 event 图「出来事, 事件」 3. within seconds「数秒以内に, ほんのわずかな時間で」 election 图「選挙」 Argentina [à:rdʒəntíːnə] 图「アルゼンチン」 5. disaster 图「災害, 災難」 such as「(例えば) ～のような」 flood 图「洪水」 6. within hours「何時間もたたないうちに」

研究 ■ 1. **The telephone, television, radio, and the telegraph all help people communicate with each other.**「電話, テレビ, ラジオ, 電報はすべて, 人々が互いに伝達し合うのを助ける」all は前に並んでいる名詞と同格。

They *all* succeeded.「彼らは皆成功した」〔all は They と同格〕

help people communicate ... は『原形不定詞』を用いた表現。これを『to 不定詞』を用いて help people *to* communicate ... としてもよい。

■ 5. **News of a disaster such as an earthquake or a flood can bring help from distant countries.**「地震や洪水のような災害のニュースは遠くの国々から援助をもたらすことができる」News of *such* disasters *as* an earthquake and a flood ... の語順も用いられる。

■ 6. **Within hours, help is on the way.**「何時間もたたないうちに援助が災害地に向かっている」直訳すると「…援助は途上にある」。

---

in / on the way in the[*one's*] way は「邪魔になって」, on the[*one's*] way は「途中で」の意。

You are <u>in</u> *my way*.「君は僕の邪魔をしている／邪魔だよ」
I'm <u>on</u> *my way* home.「家へ帰る途中です」
I must be <u>on</u> *my way*.「もう出かけ〔おいとまし〕なければ」

¹電話，テレビ，ラジオ，電報などはみな，人々が互いに伝達し合うのに役立つ。²これらの仕掛けのおかげで，人々の考えや事件のニュースがたちまち全世界に伝わる。³例えば，数秒もたたないうちに，人々は日本やアルゼンチンの選挙の結果を知ることができる。⁴サッカーの国際試合もテレビのあるすべての人々の家の中に入ってくる。⁵地震や洪水といった災害のニュースが，遠い国々から援助をもたらすことを可能にする。⁶数時間以内に，援助が災害地に向かうことになる。

2 ¹ How has this speed of communication changed the world? ² To many people the world has become smaller. ³ Two hundred years ago, communication between the continents took a long time. ⁴ All news was carried on ships that took weeks or even months to cross the oceans. ⁵ In the seventeenth and eighteenth centuries, it took six weeks for news from Europe to reach the Americas. ⁶ This time difference influenced people's actions. ⁷ **For example, one battle, or fight, in the War of 1812 between England and the United States could have been avoided.** ⁸ **A peace agreement had already been signed.** ⁹ **Peace was made in England**, but the news of peace took six weeks to reach America. ¹⁰ **During this six weeks**, the large and serious Battle of New Orleans was fought. ¹¹ Many people lost their lives after a peace treaty had been signed. ¹² They would not have died if news had come in time.

5. **the Americas** 图「南北アメリカ（大陸）」　6. **influence** 動「に影響を与える」　**action** 图「行動」　7. **battle** 图「（個々の）戦い，会戦」　**fight** 图「戦闘」　**war** 图「（個々の battle に対して，全体としての）戦争」　8. **peace agreement**「和平の協定」　10. **serious** 形「まじめな；重大な」　11. **treaty** 图「条約」

■ 7. **For example, one battle, or fight, in the War of 1812 between England and the United States could have been avoided.**「例えば，1812年の英国と合衆国との間の戦争で，一つの会戦あるいは戦闘が避けられていたかもしれなかった」could have been avoided という『帰結』の形に対しては，if the news had reached America earlier「ニュースがもっと早くアメリカに届いていたならば」といった伏せられた『条件』を補って考える。

■ 8. **A peace agreement had already been signed.**「和平の協定がすでに調印されていた」『過去完了』（大過去の用法）に注意。

■ 9. **Peace was made in England**「和平は英国で取り決められた」この peace は「平和」ではなくて「和平，講和」の意であるから，この文を「英国では平和になっ

ていた」などのように訳さないように。

■ 10. **During this six weeks**「この6週間の間に」近年の英文では, During these six weeks という書き方が主流である。ここで this が用いられているのは, 和平協定の伝達に要した期間を一つのまとまりとして見ているから。次の例が参考になる。

Three years is a long time for children.「3年というのは子供たちにとって長い期間だ」〔three years は一つの単位として単数扱い〕

Three years have passed since we got married.「結婚して3年がたちました」〔three years を時間の蓄積として複数扱い〕

> **訳**　¹このような伝達の迅速さは, 世界をどのように変えただろうか。²多くの人々にとって世界は以前よりも小さくなった。³200年前には, 大陸間の伝達には長い時間を要した。⁴すべてのニュースは, 大洋を渡るのに何週間, ときには何か月もかかる船で運ばれた。⁵17世紀, 18世紀には, ヨーロッパからのニュースがアメリカ大陸に届くのに6週間かかった。⁶この時間差が人々の行動にも影響を及ぼした。⁷例えば, 1812年の米英戦争で, 一つの会戦あるいは戦闘が避けられていただろう。⁸和平協定がすでに調印されていたのである。⁹和平は英国で取り決められたが, 和平のニュースがアメリカに届くのに6週間かかった。¹⁰この6週間の間に, ニューオーリンズの大激戦が戦われたのである。¹¹多くの人々が, 講和条約が結ばれたあとに生命を失った。¹²ニュースの到着が間に合っていたならば, 彼らは死なないですんだだろう。

3 ¹The spread of communication means that all people of the world have a new responsibility. ²People in different countries must try harder to understand each other. ³An example is that people with different religious beliefs must try to understand each other's beliefs and values even if they do not accept them. ⁴Sometimes their cultures are quite different. ⁵**What one group considers a normal part of life is strange to another culture.** ⁶In some cases, **a normal part of one culture might be bad or impolite to the other people**. ⁷That kind of difference is a possibility for misunderstanding. ⁸People must **learn not to judge others, but to accept them as they are**. ⁹Then understanding between cultures can be better. ¹⁰Misunderstandings can be avoided.

> **語句**　1. **spread** [spred] 名「普及, 発展」　3. **religious** 形「宗教の」 **value** 名「価値；複 価値観」 **accept** 動「を受け入れる, 受諾する」(⇔ reject「を拒絶する」)　4. **culture** 名「文化」　5. **normal** 形「正常な」(⇔ abnormal「異常な」)　7. **possibility** 名「可能性（のあること）」 **misunderstanding** 名「誤解」　8. **judge** 動「を裁く；を判断する, 評価する；を審査する」　10. **avoid** 動「を避ける」

■ 5. **What one group considers a normal part of life is strange to another culture.**「ある集団が生活の正常な部分と考えることが, 別の文化にとっては異常である」

one 〜 another ; one 〜 the other

one 〜 another は「ある一つの（もの）〜別のもう一つの（もの）」を表し, one 〜 the other は「〔二者について〕一方（の）〜他方（の）」を表す。

One man's meat is <u>another</u> man's poison.「甲の薬は乙の毒」
I cannot tell <u>one</u> from <u>the other</u>.「両者の区別がつかない」

■ 6. **a normal part of one culture might be bad or impolite to the other people**「ある文化の正常な部分が, もう一方の国民にとっては正しくなかったり無礼であったりするかもしれない」

people の用法

people は可算名詞のときは「〔集合体として数えられる〕国民, 民族」の意で,「人々」と区別する。

peace-loving <u>people</u>「平和を愛好する人々」
peace-loving <u>peoples</u>「平和を愛好する諸国民」
<u>some</u> people 〜 <u>other</u> people「ある人々〜他の人々」
<u>one</u> people 〜 <u>the other</u> people「一方の国民〜もう一方の国民」

したがって, この文の the other people は「他の人々」ではないことがわかる。前の文で one group 〜 another culture「ある集団〜別の文化」と述べたのを引き継ぎ, この二者につき one culture 〜 the other people「一方の文化〜もう一方の国民」と表したもの。group — culture — people は, ここでは「集合体」を表す『類縁語』として用いられている。

■ 8. **learn not to judge others, but to accept them as they are**「他人（の善しあし）を判断するのではなく, 他人をあるがままに受け入れることを学ぶ」この as は『様態』を表す接続詞である。

Leave the table <u>as</u> it is.「食卓はそのままにしておきなさい」
They see things <u>as</u> they are.「彼らは物事をあるがままに見る」

[1]相互の交流の広まりは, 世界のすべての人々が新しい責任を持つようになることを意味する。[2]異なった国の人々は, 互いに理解し合うようにいっそう努めなければならない。[3]一例をあげれば, 互いに異なる宗教を信じる人々は, お互いの信仰や価値観を, たとえ受け入れはしなくとも, 理解するように努力しなければならない。[4]ときには両者の文化

が全く異なることもある。⁵ある集団にとって生活の正常な部分と考えられることが，別の文化にとっては異常なものに思われるのだ。⁶場合によっては，一方の文化の正常な部分が，他方の国民にとっては正しくなかったり失礼であったりすることもあるかもしれない。⁷この種の相違も誤解の一因になる可能性がある。⁸人々は他人を評価するのではなく，他人をあるがままに受け入れることを学ばなければならない。⁹そうすれば文化の間の理解を改善することができるだろう。¹⁰誤解は避けることができる。

解答・解説

解答

1	help people communicate with each other　**2**　C
3	こうした伝達の迅速さは，世界をどのように変えてしまったのか。[こうした伝達の迅速さによって，世界はどのように変わったのか。]
4	for　**5**　D　**6**　would not have died if news had come
7	C
8	人は他者を評価することをではなく，そのままの姿で受け入れることを学ばねばならない。
9	D

解説

1 研究 **1** 1. 参照。

2 研究 **1** 6. 参照。

3 the speed は「速度」でも可。しかしこの文脈では「迅速さ」の意ととらえたほうがよい。『無生物主語』構文ととらえて，主語を副詞的に訳すこともできる。

4 所要時間を表す take を用いた構文と，形式主語構文が組み合わさった〈It takes《時間》+ for《人など》+ to *do*〉の構造で，for ... は to 不定詞の意味上の主語（= It takes《人など》+《時間》+ to *do*）。

5 第一に，avoid「を回避する」が受動態でなければならない。その上で，過去の事実について現在の観点で下す判断は〈助動詞 + have *done*〉の形になる。研究 **2** 7. 参照。

6 過去の事実について現在の観点で下す判断だから，『仮定法過去完了』。come in time「間に合って到着する」

7 A「まるで～であるかのように」 B「～までには」 C「たとえ～でも」 D「～しない限りは」

8 研究 **3** 8. 参照。learn to *do*「…するようになる，…することを学ぶ」。but を「しかし」と訳出しないこと（not *A* but *B*「A ではなく B」）（⇒ p.16）。動詞 judge の本来的な意味は「を裁く」で，「他人を裁いてはならない，あなた方が裁かれないように（Do not judge, so that you may not be judged.）」という聖書の言葉を

想起させる。

9 **A**「日本やアルゼンチンでの選挙結果はしばしば，初めのうちはさまざまなニュース・メディアによって不正確に拡散される」関連する **1** 3 にそのような記述はない。**B**「世界中の人々は災害のあるときにどうやって困難にある国々を助けるかがわかっていない」関連する **1** 5・6 にそのような記述はない。**C**「19 世紀において，一つの戦争で多くの兵士が死んだのは，情報伝達が遅いために和平協定が早く承認されなかったからだ」**2** 7〜12 によれば，協定のタイミングが遅かったのではなく，結果の伝達が遅かった。**D**「今や情報が広まるようになったので，今日世界のあらゆる人々は以前とは異なる責任を負わなければならない」**3** 1 に一致。

精講

1 ¹ Within the framework of your formal schooling **it is important for you to bring an element of inquisitiveness to the classroom.** ²A *desire* to learn makes the act of studying and learning a delight. ³**Too many of your fellow students are too busy complaining about the teachers and *the system* to tend to their studies**, which, after all, are the primary reason for being in school. ⁴The system has not changed in the thirty years since I was at college and it probably won't alter much over the next thirty years (along with most of the educators). ⁵So instead of complaining about it, why not just get on with *beating* "the system"!

語句 1. **element** 名「要素；いくらか」 **inquísitiveness** 名「探求心，好奇心」 2. **desire to do** 「…したいという気持ち」 **delight** 名「喜び，楽しみ」 3. **fellow student** 「仲間の学生」 **complain** 動「不平を言う」 **system** 名「制度，しくみ」 **tend to**「～に注意を払う，気を配る」 tend to *do*（…する傾向がある）と区別。**after all**「結局」 **primary** 形「第一の，主要な」 4. **alter** 動「変化する」（＝ change） **along with**「～と共に」 5. **why not** *do*「…したらいいじゃないか」 **get on with**「～を続ける」 **beat** 動「を打ち負かす」

研究 ■ 1. **it is important for you to bring an element of inquisitiveness to the classroom**「君が〔いくらかの好奇心を教室に持って行くこと→〕ある程度好奇心を持って授業を受けることが大切だ」an element of「いくらかの～」

■ 3. **Too many of your fellow students are too busy complaining about the teachers and *the system* to tend to their studies**「君の仲間の学生のあまりにも多くの者が，教師や学校〔という制度〕について不平を言うことに忙しすぎて学問に精を出すことができないでいる」二つの too のうち，前の Too（many）は「残念ながらあまりにも（多くの）」の意を表し，後の too（busy）は to（tend）と相関的に用いられて「あまりにも～なので…できない」の意を表す。

(not) too ～ to do

次のような基本的な意味関係を理解し，訳文は直訳にするか，いくらか意訳にするか，文脈に応じて選ぶ。

① He is **too** old **to** do it.「それをするには年をとりすぎている／年をとりすぎているのでそれができない」

訳 ¹君が受けている学校教育の枠組みの中において，大切なことはいくらかの探求心を持って授業に臨むことだ。²学ぼうとする意欲があれば学問し勉強することが楽しくなる。³君の仲間の学生のうちあまりに多くが，教師や"制度"について不満を言うのに忙しすぎて，自分の勉強に打ち込めていないのだが，結局のところは勉学こそが学校にいる第一の理由なのだ。⁴学校制度は私が大学にいた頃から 30 年間変わっていないし，たぶん今後 30 年間においても（大半の教師もそうだが）あまり変わることはないだろう。⁵だから文句を言ったりする代わりに，"制度"に「打ち勝とう」とがんばり続けてみてはどうだろう！

2 ¹ **In the selection of** your courses, **do not be too eager to pick** only those that solely relate to business. ² **A person with a little worldly knowledge is as valuable as he is rare**. ³ **There are countless subjects to choose from** that will give you a wider perspective of this world and make you a better businessman one day — Political Science, History, Geology, Astronomy — **to mention but a few**.

語句 1. **selection** 名「選択」 **be eager to do**「熱心に…しようとする」 **pick** 動「を選ぶ」（= choose） **solely** 副「ただ〜，〜だけ」 **relate to**「〜と関係がある」 2. **worldly** 形「この世の，世の中の；世俗的な」 **rare** 形「まれな」 3. **countless** 形「数えきれない（ほど多くの）」 *cf.* priceless「（値段をつけられないほど）高価な」 **subject** 名「学科，教科，科目」 **perspéctive** 名「視野」 **one day**《過去の》ある日；《未来の》いつか *cf.* some day「英《未来の》いつか」 **political science**「政治学」 **geólogy** 名「地質学」 **astrónomy** 名「天文学」 *cf.* astrology「占星術」 **but a few**「ほんのわずか」（= only a few）

研究 ■ 1.① **In the selection of** 〜「〜を選ぶときには」 = In selecting 〜 = When you select 〜

■ 1.② **do not be too eager to pick** 〜「あまりに熱心に〜を選ぼうとしてはいけない」これは **1** 3 と異なり〈too 〜 to do〉の構文ではないので注意。

■ 2. **A person with a little worldly knowledge is as valuable as he is rare.**「この世界についてのいくらかの知識を持っている人は少数であると同時に価値がある」with a little knowledge は「いくらかは知っている」（肯定的）の意。with little knowledge ならば「ほとんど知らない」。

　形容詞 worldly「この世の」は，文脈によって「①俗世間の，②物理的な，③生

144

きているこの世界の，④世知にたけた，世慣れた」などといった意になる。ここでは"ビジネスに直結した狭い世界にとらわれない"という意味が込められている。

■ 3. ① **There are countless subjects to choose from**「その中から選ぶことができる科目が数えきれないほどたくさんある」(= There are countless subjects from which you can choose)

■ 3. ② **... to mention but a few**「ほんのごく一部をあげただけでも（…といったものがある）」慣用的な独立不定詞の表現。but は only の意。

訳 ¹履修科目の選択にあたっては，ビジネスにしか関連のない科目ばかりを選ぶことに熱心になりすぎてはいけない。²この世界に関する知識をいくらか備えた人はごく少ないと同時に，貴重でもあるのだ。³世の中についての君の視点を広げ，やがていつか君をより立派な実業家にしてくれるような選択科目は数えきれないほどある——例えば，政治学，歴史，地質学，天文学などごく一例を挙げただけでもね。

3 ¹According to the English writer John Dryden, everything in the world is good for something, and I believe that wholeheartedly. ²**I would recommend you take** one new subject every year that will give you a wider perspective, a new or different outlook on life. ³**You never know** what field of industry you might eventually become involved in or how valuable even a *little* knowledge might be **once you're winding your way through those mine fields of the business world.**

語句 1. **according to**「〜によれば」 **John Dryden**「ジョン・ドライデン（英国の詩人・劇作家・批評家，1631〜1700）」**wholeheartedly** 副「心から」 2. **recomménd** 動「を推薦する；を勧める」 **outlook on life**「人生に対する見方，人生観」 3. **índustry** 名「産業；勤勉（ = diligence）」 evéntually 副「最終的に，結局」 involve 動「を巻き込む」 once 接「いったん…すれば」 wind [waɪnd] *one's* way「曲がりくねって進む」 míne field「地雷敷設区域」

<u>研究</u> ■ 2. **I would recommend** (that) **you take ...**「私なら，君が…を取るように勧めたい」take は『仮定法現在』と呼ばれる語形で，米用法に多い。仮定法現在の特徴は，

(1) 主語の人称や主文の動詞の時制に関係なく常に原形。

(2) 代表的な用法として，人に勧める［要求する，提案する］意の動詞に続く that 節の中に見られる（ただし本文では that が省略されている）。

> He recommended［demanded, suggested］that she <u>stay</u>. 米
> 「彼は彼女がとどまることを勧めた［要求した，提案した］」

この例で時制の一致により stayed となることもないし，she に合わせた stays の語形にもならない点に注意。なお，英用法では主に should stay が用いられる。

■ 3. ① **You never know ...**「(未来のことがどうなるかは) 決してわからない」(= You never can tell ...)。<u>never</u> know *A* or *B* の構造に注意（「A も B もわからない」）。接続詞 once の導く節（次項解説参照）は，そのうち B のみを修飾する。

■ 3. ② **once you're winding your way through those mine fields of the business world**「ひとたび君が産業界という（いわば）地雷敷設区域を縫って進むようになったときに」wind(ing) の発音［waɪnd(ɪŋ)］に注意。wind *one's* way「縫うようにして進む」は feel *one's* way「手さぐりで進む」, elbow *one's* way「ひじで押し分けながら進む」, fight *one's* way「(困難と) 闘いながら進む」などと同類の表現。(⇒ p.249 研究 1 10.)

訳 　¹イギリスの著述家ジョン・ドライデンによれば，この世に存在するすべてのものは何かのためになる。私もその通りだと心から思う。²より広い視野，人生に対する新しい見方や違った見方を君に与えてくれるような新しい科目を，君が毎年一つ選ぶよう勧めたい。³君が最終的にどのような産業分野にかかわることになるのかは決してわからないわけだし，ひとたび産業界という地雷原をくねくねと曲がりながら進むことになった場合に，ちょっとした知識でさえもがどれほど貴重になるかというのも決してわからないのだから。

---

4 ¹ University education is designed to expand your brains, train you to work hard, **teach you how to organize** your hours and days, **meet** many people, **play** sports, **chase** girls, **drink** beer, **and enjoy** life. ² (Just don't place *too* much emphasis on the last three "subjects" since these somehow seem to get ample share of one's days [and nights] with very little expenditure of hard work or effort.)

語句 1. *be* designed to *do*「…するように設計［意図］されている」 expand 動「を拡大する」
órganize 動「を組織［構成，計画］する」 chase 動「を追う，追跡する」 2. place émphasis
on「～を重視［強調］する」 ample 形「たっぷりとした，十分な」 share 名「分け前，割り当て」
expénditure 名「支出，消費」

研究 ■ 1. **teach you how to organize ～, meet ～, play ～, chase ～,**
　　　　　drink ～, and enjoy ～「～を計画する，～に出会う，～をする，～を追いか
け，～を飲む，そして～を楽しむ方法を君に教える」動詞の原形がたくさん並んでいる
が，いずれも how to に続くものと解する。teach ～ (how) to *do* について：

(a) He taught me to drink beer.
(b) He taught me how to drink beer.

　(a)も(b)も「彼は私にビールの飲み方を教えてくれた」の意であるが，(a)は「彼
に教えてもらって私はビールが飲めるようになった」の意，(b)は「私は（すでにビー
ルは飲めたかもしれないが）彼に（ビールはこうして飲むもんだと）正しいビール
の飲み方を教わった」の意となることがある。

訳
　1大学教育は，君の頭脳を伸ばし，君が一生懸命勉強するように訓練し，また時間や日
を計画的に使ったり，多くの人々に出会ったり，スポーツをしたり，女の子を追いかけた
り，ビールを飲んだり，人生を楽しんだりする方法を君に教えるように設計されている。
　2（ただし，最後の三つの“科目”には重点を「あまり」置きすぎないように。というのは，
これらは，苦心や努力なんかほとんどしなくたって，必ずなんとか，たっぷりと時間（昼
だけでなく夜もだが）の割り当てを受けることになるようだから。）

解答・解説

解答

1	B
2	君の仲間の学生のうちあまりに多くが，教師や“制度”について不満を言うのに忙しすぎて，自分の勉強に打ち込めていないのだが，結局のところは勉学こそが学校にいる第一の理由なのだ。

3	A	**4**	ビジネスにしか関連のない科目ばかりを選ぶことに熱心になりすぎてはいけない

5	A	**6**	B	**7**	only	**8**	D → H → C → A → F → E → G → B

9	chase girls, drink beer, and enjoy life
10	地雷原［地雷敷設［埋設］区域／多くの地雷が埋まった所も可］

解説 **1** 直後の文に，a *desire* to learn「学びたいという気持ち」という言いか
　　　　えがある。A「はっきりとした学習目的」 B「学びたいという強い衝動」
C「教室内での強いリーダーシップ」 D「十分な寛容の精神」

147

2 *be* busy *doing* で「…するのに忙しい，余念がない」の意。二つの too については 研究 **1** 3. を参照。〈tend to ＋名詞〉「～に気を配る，～に専念する」と〈tend to *do*〉「…する傾向がある」を混同しないこと。

3 動詞 beat の原義は「を打つ」で，そこから「〔リズム〕を刻む」，「〔相手〕を打ち負かす」などの意味が生まれた。**A**「を打ち倒すこと」（なお defeat は，動詞で使うときは「〔相手〕を敗北させる＝〔相手〕に勝つ」意だが，名詞では「敗北」の意である点にも注意），**B**「を否定すること」，**C**「～に慣れること」，**D**「を広めること」

4 研究 **2** 1. ②参照。代名詞 those は courses を指す。solely relate to の訳出は「～との関連しかない」でも「～としか関連のない」でも可。

5 研究 **2** 2. 参照。A person with a little ... knowledge「…な知識が少しある人」を正しく解釈すれば，**B**，**D**は不可。同一者の異なる性質が同程度であることを意味するこの『同等比較』では，「～だが，かえってその分…だ」という意味にはならないので**C**も不可。

6 主格の関係代名詞 that で，先行詞は countless subjects「数えきれないほどの科目」である。**A**「すべては『ありがとう』を言う時間もないほどの短時間で起こった」〈such ＋名詞句＋ that *SV*〉の相関語句。**B**「ことわざにもあるように，きらきらするものがすべて金<ruby>金<rt>きん</rt></ruby>なのではない」all を先行詞とする関係代名詞。goes は says の意。**C**「わが家はあなたたちのとそれほど変わらないと思う」〈that ＋形容詞または副詞〉で「それほど～」の意。**D**「弟を傷つけたのは私の思慮に欠けた言葉だった」『強調構文』の that。

7 研究 **2** 3. ②参照。but がもつ逆接の接続詞「しかし」以外の用法を確認しておこう。①「ただの～，単なる～」（例：He's <u>but</u> a child.「彼は子供にすぎない」）②「～を除いて」（例：The library is open every day <u>but</u> Mondays.「その図書館は月曜を除き毎日開いている」）の他，not *A* but *B*「A ではなく B」，not only *A* but (also) *B*「A だけではなく B も」など。

8 「どれほど～であるか」の意で how を用いる際は，直後の形容詞または副詞と分離させないように注意。very valuable というつながりが分離不可であるように，how valuable のつながりも分離不可。

9 前段落まで subjects は「教科・科目」の意だが，本段落では比喩的な用法で，**4** 1 の designed to 以下に列挙された，大学（教育）で得られる一連のものを指す。そのうち最後の三つを抜き出せばよい。

10 those mine fields of the business world にある「同格の of」に着目。「ビジネス社会という地雷原」

精講

1 ¹What makes a man a man? ²Well, I would think the first essential is the realization that everyone owns a *spirit* — a unique, one and one only, individual spirit created *by* oneself *unto* oneself. ³**Only when you comprehend that fact, and that you are in charge of it, and what power it puts at your disposal can you really begin to *do** your own thing.* ⁴**Only then will you not always be waiting for others**, walking with others, looking to others for help. ⁵**You will be looking primarily to *yourself*.**

語句 2. **realization** 名「実現；悟ること，認識」　**own** 動「を所有する（= possess）；を認める（= admit）」　**unto**《古》= to　3. **comprehend** 動「を理解する」　***be* in charge of**「〜の責任者だ，〜を監督［世話，担任］する」　**put 〜 at *one's* disposal**「人に〜を自由に［意のままに］使わせる」　4. **look to A (for B)**「Aに（Bを）頼る［期待する，求める］」　5. **primarily** 副「まず，第一に」

研究 ■ 1. **What makes a man a man?**「何が人を人たらしめるのか／何によって人は人といえるのか／人の人たるゆえんは何か」人間の本質を問う表現。

■ 2. **Well, I would think ...**「そうですね，私ならこう考えるでしょう…」大きな問いに対して，少し間を置いて，これは筆者の一意見にすぎないという体裁をとることで，読者に受け入れられやすい響きになっている。

■ 3. ① **Only when you comprehend ... can you really begin to *do* 〜**「…を理解して初めて，あなたは本当に〜し始めるのが可能になる」can you ... begin における倒置に注意。

倒置（Inversion）（2）

否定詞が強意的に文頭に出ると倒置が行われる（⇒ p.73）が，only の場合もその代表的な例である。

<u>Only</u> in this way <u>can one</u> learn to speak fluently.
〔< *One can* learn to speak fluently *only* in this way.〕
「このような方法によってのみ流ちょうに話せるようになる」

▶裏返せば「〜によってしかできない」で，only は意味上の否定詞である。

複雑な文構造を図示すると：

［文全体］Only when ＿＿＿＿＿ **can you** really **begin** ...
　　　　　「～したとき初めて」　　　　　倒置

［＿＿＿＿＿内部］you = S，comprehend = V。目的語は次の三つ。

① that fact

② that you are in charge of it

③ what power it puts at your disposal（下の解説参照）

■ 3.② **what power it puts at your disposal**「それがどのような力をあなたが意のままに使えるようにしてくれるか」 what は名詞を修飾する疑問形容詞「どのような～」。it は前述の「精神」を指し，『無生物主語』（⇒ p.120）であることを考慮すると，「その精神によってどのような力を意のままに使えるようになるか」の意。

■ 4. **Only then will you not always be waiting for others**「そのとき（＝あなたがそのようなことを理解するようになったとき）に初めて，あなたはいつも人を待っているようなことをしなくなるだろう」 3.①同様，倒置に注意。「人を待つ」とは「自ら進んで行動しようとしないで他人の様子を見る［反応をうかがう］」ことを表す。

■ 5. **You will be looking primarily to** *yourself*.「あなたはまず自分自身を頼りにするようになるだろう」 look は「見る」ではない。前文の looking to others for help「他人の援助を当てにする」を引き継いだ叙述であることを踏まえて解釈する。

> **訳**
> ¹人の人たるゆえんは何であろうか。²そう，私ならばこう考える。第一に肝要なのは，すべての人が精神を有しているという理解である——それは自分自身によって，自分自身のもとに作り出される，固有で唯一かけがえのない，個としての精神である。³この事実と，自分はその精神に対して責任があるということ，さらにはその精神によってどんな力が自由に使えるようになるかを理解して初めて，本当に，"自分ならではのことをし"始めることが可能になる。⁴そのとき初めて，常に人を待っていたり，人について歩いたり，人の助けを期待したりしなくなるだろう。⁵まず第一に"自分"を恃（たの）むようになるだろう。

> **2** ¹Many people have an inherent fear of accepting responsibility much akin to the fear of failure. ²I wish I could remind each such person individually that **to have tried and failed is no disgrace**; not to have tried is disaster. ³Accepting responsibility is accepting challenge; accepting challenges throws open the doors through which glorious achievements enter our lives.

語句 1. **inherent**[ɪnhíərənt] 形「生来の，内在的な」 **akin to**「～に類似した」（= similar to） 2. **individually** 副「個々に；個人的に（は）」 **disgrace** 名「恥，恥辱」（= shame） **disaster**

研究 ■ 2. **to have tried and failed is no disgrace**「やってみて失敗したという
ことは決して不名誉なことではない」

同じ『否定』でも *not* と *no* の間には次のような違いがある:

- (a) It is <u>not</u> a disgrace.「それは恥ではない」
- (b) It is <u>no</u> disgrace.「それは決して恥なんかじゃない→むしろ名誉だ」

(a) は It is a disgrace. の否定。(b) では語の持つ含みが反転している。

次の例も参考になる:

It is no good.「それは, だめだ」〔←「よくない (not good)」ではない。〕

He is no teacher.「彼は教師なんかじゃない」〔職業は教師だがその資質に欠ける〕

訳 ¹ 多くの人々は, 失敗することを恐れる気持ちによく似た, 責任を引き受けることへの
生来の恐れを持っている。² このような人たち一人一人にぜひとも思い出してもらえたら,
と思う——試みて失敗したということは決して恥などではなく, むしろ試みなかったこと
こそが大きな不幸なのだということを。³ 責任を引き受けるということは, 挑戦を受け入
れるということである。挑戦を受け入れるということは, すばらしい成果がわれわれの人
生に入ってくる扉をきっぱりと開け放つことである。

PART II

22

3 ¹ There are many, many people today — especially among the young
— who are unhappy and find little meaning to their lives. ² **Perhaps a
lack of *goals* is largely responsible.** ³ Without goals, there are no
achievements or accomplishments bringing them happiness. ⁴ For some
reason, they fail to tap the potential power of their abilities.

語句 2. lack 图「欠如, 不足」 largely 副「主として, 大部分」 responsible (for) 形「(〜に対し
て) 責任がある;(〜の) 原因になっている」 3. accomplishment 图「成就, 達成」 4. for
some reason「何らかの理由で」 tap 動「の注ぎ口を開けて出す;を利用する」 potential 形「潜在
的な」

研究 ■ 2. **Perhaps a lack of *goals* is largely responsible.**「もしかすると
"目標" の欠如がたいていその原因になっているのかもしれない」

訳 ¹ 世の中には今日, 不幸せで自分の人生にほとんど意味を見いだせない人々が——特に
若い人たちの間に——大勢いる。² もしかすると "目標" がないということが大いに関係し
ているのかもしれない。³ 目標がなければ, 自分に幸せをもたらす達成も成就もない。⁴ な
ぜだか, その人たちは自分に備わっている潜在的な能力を使わないままでいる。

4 [1] Happiness is not something you can create out of nothing or from material objects — **even those basics of life surrounding you**. [2] Our finest moments of true happiness **occur upon the achievement of some goal** we have set for ourselves. [3] It might be as simple as cleaning up the backyard or as outstanding as being elected by your fellow human beings to some station in life. [4] **Happiness can be helping someone — a friend or, better still, someone you don't know**. [5] It is also earning successful marks in school, learning how to drive a car. [6] Happiness is *doing*.

語句　1. **material** 形「物質的な」 **object** 名「物体，物；目的」 **basics** 名「基礎，基本的なもの；必需品」 **surround** 動「を取り囲む」 3. **backyard** 名「裏庭」 **outstanding** 形「目立つ，抜きん出た」 **elect** 動「を選ぶ」 *cf.* erect「を建てる」 5. **earn** 動「をかせぐ，得る（= gain）」 **successful marks**「首尾よく得られた点数，好成績」

研究　■ 1. **even those basics of life surrounding you**「あなたを取り囲む，生活の必需品でさえも」　これは関係代名詞を用いて even those basics of life which surround you と言い換えられるが，このような those ... which の those は，those ... who の場合と同じく，後置される修飾語句の存在を予示する用法で，「それらの」とは訳出しない。

〔誤〕「あなたを取りまく，それらの生活の必需品」
〔正〕「あなたを取りまく，生活の必需品」

doing の用法

doing は (A) 動名詞，(B) 現在分詞として用いられ，現在分詞としては①進行形の一部，②補語，③名詞の修飾，④分詞構文の場合がある。

(A) Happiness is doing.「幸せとは "行動すること" だ」（**4** 6）

(B) ① She is smiling.「彼女は微笑んでいる」〔be + *doing* で進行形〕

　② I saw her smiling.「彼女が微笑んでいるのを見た」

　③ I saw a smiling girl.「微笑んでいる少女を見た」

　④ She nodded, smiling broadly.「にっこり微笑みながらうなずいた」

▶③では現在分詞が目的語や修飾語を伴う場合，名詞を後ろから修飾する。

a girl smiling broadly「にっこり微笑んでいる少女」

▶次のような場合の (a) 動名詞と (b) 現在分詞の区別も正しく。

(a) a sleeping bag「寝袋」（= a bag for *sleeping* in）
(b) a sleeping child「眠っている子」（= a child who is *sleeping*）

■ 2. **... occur upon the achievement of some goal**「…は何らかの目標を達成したときに生まれる」(up)on は『時』を表し，on *doing*「…するとすぐに」と同じ用法。また of は『目的語関係』を表す。(⇒ p.249) したがって ... occur *on achieving* some goal，あるいは ... occur *when we achieve* some goal とも表現できる。

その他，同類の on を用いた表現：*on* (her) arrival there「(彼女が) そこへ着くと (すぐに)」，*on* examination「調べてみると」

■ 4. ① **Happiness can be helping someone**「幸せはだれかを助けることであり得る」この helping は動名詞。can は「〜でありうる→〜である場合もある」の意で，次のように言ってもよい：

Sometimes happiness is helping someone.
「幸せとはだれかの役に立つことだというときもある」

■ 4. ② **a friend or, better still, someone you don't know**「友人，もしくはさらによい場合としては，あなたの知らない人を」副詞 still は，「なおさら」という意で比較級を強める。副詞 much や far が「はるかに」の意で，比較対象との差が大きいことを強調するのに対し，still はそもそも共有された性質の程度がより一段と強いことを示す。ここでは「友人を助ける」と「知らない人を助ける」という "good なもの同士" の比較。

訳 ¹幸せとは，無から作り出せるものでも，物質的な "もの" から作り出せるものでもない──身の回りの必要物資からでさえも。²われわれの本当の幸せの最もすばらしい瞬間は，自らに定めたある目標を成就したときに生まれる。³それは裏庭を掃除するといった簡単なことであるかもしれないし，仲間の人間によって社会的なある地位に選ばれるといった際立ったことであるかもしれない。⁴幸せとはだれかを──友人や，なおも素敵なのは，自分の知らないだれかを──助けること，という場合もある。⁵それはまた，学校で立派な成績をとることでもあるし，車の運転ができるようになることでもある。⁶幸せとは "行動すること" なのである。

5 ¹Happiness accompanies achievement. ²Achievement is the product of freely made choices and attitudes, accepted and fulfilled responsibilities, and strong, indomitable spirits ever willing to *try*.

語句 1. **accompany** 動「に伴う」 2. **product** 名「産物」 **attitude** 名「(基本的な) 考え方，態度，心構え」 **fulfill** 動「を満たす，果たす，実現する」 **indomitable** 形「不屈の」 **ever** 副「常に」 **willing to** *do*「〔条件が整えば〕…しても構わない，…する用意がある」

解答・解説

解答

1	C
2	この事実と，自分はその精神に対して責任があるということ，さらにはその精神によってどんな力が自由に使えるようになるかを理解して初めて，本当に，"自分ならではのことをし"始めることが可能になる。

3	yourself	**4**	D	**5**	D

6	doors through which glorious achievements enter our
7	D
8	幸せとは，無から作り出せるものでも，物質的な"もの"から作り出せるものでもない

9	B	**10**	C

解説

1 研究 **1** 1. 参照。A「ある人物ともう1人とを区別するものは何か」B「人は人であるために何を作るか」C「人が人であるためには何が肝要か」D「人は他者に奉仕するために何をすべきか」

2 研究 **1** 3. ①・②参照。前文の内容を指す that fact「その事実」と，that 節および what ～ disposal が同格で並列されている。

3 研究 **1** 5. 参照。筆者は **2** で人はみな固有の精神をもっていると述べ，**3**・**4** では自立した生き方と他者に依存する生き方を対照する。空所には語数制限がなければ your own spirit なども入りうるが，1語で述べられるのは yourself。

4 形容詞 akin は〈be akin to ＋名詞〉「～によく似た，同種の」という形で使われるが，本来は「血縁関係のある」という意味だった（kind「種類」や kin「血縁，親族」と同語源）。A「明白な」B「知られた」C「反対の」D「よく似た」

5 no disgrace「不名誉どころか誇るべきこと」（詳細は 研究 **2** 2. 参照）。筆者は前文で責任を引き受けることへの恐れを，失敗への恐れと重ねて見ており，**3**・**4** 段落にかけて，目標を定め行動に出ることの重要性を説く。

6 throw open ～（＝ throw ～ open）「～を大きく開く」に続けて，the を冠した目的語となる名詞句をつくる。the doors through which *SV*「S が通って V する扉」。文末の lives[laɪvz]は名詞 life の複数形。

7 動詞 tap は，本来は酒樽の「栓」，いまでは水道の「蛇口」を意味する名詞 tap

154

を動詞に転用し，「〔中身〕を取り出す，利用する」意となったもの。本文の fail to tap ... とは"樽のように中身をためこんで外に出さない"というイメージ。なお，動詞 tap には「軽くたたく」の意もあるが，擬音語に由来する用法で，本問で扱うのとは別語。A「を誇りにする」B「を抑える」C「をたたく」D「を利用する」

8 something you can create を和訳では「作り出せるもの」と訳出したが，「作り出すことのできる何か」と訳してもよい。create 〜 out of nothing「無から〜を作り出す」。material object「形あるもの，物質的なもの」(*cf.* materialism「物質主義」)。

9 *be* elected to a station「ある地位に選ばれる」。A「基地，署」の意。「子供たちはみな学校の近くに消防署があることを知っていた」B「彼女は会社で非常に責任ある地位に就いている」C動詞で station が用いられた例。「彼らは南方の海岸にミサイルを配置することに決めた」D「この駅は，その国で最大のターミナルの一つとして知られている」

10 accompany は「に伴う」であって「を伴う」ではない。

Thunder accompanies lightning.〔誤〕「雷鳴は稲妻を伴う」→〔正〕「雷鳴は稲妻に伴う」「ぴかりと光ってゴロゴロ鳴る」のであって，その逆ではない。

例：An interpreter accompanied the princess.「1 人の通訳が王女に同行した」A「達成（感）は幸福から生まれる」B「達成とは幸福のもう一つの形である」C「幸福は達成のあとに続いてくる」D「幸福と達成とは等価である」

PART II

22

原典について

問題 21 と同じ，G. Kingsley Ward（1932〜2014）の *Letters of a Businessman to His Son*（邦題『ビジネスマンの父より息子への 30 通の手紙』，1987）からの一節。同書は若者へのメッセージとして日本でも好評を博した。

精講

1 ¹**In the framework of arbitrary coherence, the relationships we see in the marketplace between demand and supply** (for example, buying more yogurt when it is discounted) **are based not on preferences but on memory.** ²Here is an illustration of this idea. ³Consider your current consumption of milk and wine. ⁴Now imagine that two new taxes will be introduced tomorrow. ⁵**One will cut the price of wine by 50 percent, and the other will increase the price of milk by 100 percent.** ⁶**What do you think will happen?** ⁷**These price changes will surely affect consumption**, and many people will walk around slightly happier and with less calcium. ⁸But now imagine this. ⁹**What if the new taxes are accompanied by induced amnesia for** the previous prices of wine and milk? ¹⁰**What if the prices change in the same way, but you do not remember what you paid for these two products in the past?**

語句 1. **framework** 名「枠組み」　**arbitrary** 形「恣意（しい）的な，思いつきの」　**coherence** 名「首尾一貫していること」　**relationship** 名「関係」　**marketplace** 名「市の立つ広場，市場（しじょう）；商業界」　**demand and supply**「需要と供給」　**yogurt** 名「ヨーグルト」　**discount** 動「を割り引く，値引く；を無視する」　**be** based on「〜に基づく」　**preference** 名「好み」　2. **illustration** 名「例，例証」　3. **consider** 動「を考える，熟考する」　**current** 形「現在の」　**consumption** 名「消費（量）」　4. **imagine** 動「を想像する」　**introduce** 動「を導入する」　5. **increase** 動「を増す；増える」　7. **affect** 動「に影響する」　**walk around**「歩き回る」　**slightly** 副「わずかに」　**cálcium** 名「カルシウム」　9. **What if ...?**「もし…だとしたらどうだろう」　**be** accompanied by「〜に付き添われる，〜が同時に起こる」　**induced** 形「〔人為的に〕誘発された」　**amnesia** 名「記憶喪失，健忘（症）」　**previous** 形「〔時間的に〕前の，〔順序が〕先の」　10. **product** 名「製品，生産品」

研究 ■ 1. ① **In the framework of arbitrary coherence**「恣意の一貫性という枠組みでは」arbitrary coherence は経済学で提唱され始めた用語で「理由なき意思決定」などと意訳されることもある。「恣意という点での一貫性」つまり "恣意的な（根拠がなかったり，論理的でなかったりする）ものであっても，消費者が一度それに基準を定めると，以後それに基づき一貫性のある行動をとる" というこの考え方が，本文では **3** 2 にある conventional economic theory「伝統的な経済理論」との対照で紹介されている。

■ 1. ② **the relationships we see in the marketplace between demand**

and supply ... are based not on preferences but on memory「市場にお

いてわれわれが需要と供給の間に見る関係性は…好みに基づくものではなく，記憶に基づく」

the relationships の直後には関係代名詞 which が省略されている。not *A* but *B*

「A ではなく B」にも注意。

in the marketplace は see を修飾するものであるから「市場における^{・・・・}需要と供

給」と解釈するのは誤訳。

対照語

「需要と供給」のように並べて用いる組み合わせがほぼ決まっているもの

がある。

cause : effect「原因：結果」	right : duty「権利：義務」
crime : punishment「罪：罰」	rule : exception「規則：例外」
demand : supply「需要：供給」	theory : practice「理論：実際［実践］」
means : end「手段：目的」	victory : defeat「勝利：敗北」
prosperity : adversity「順境：逆境」	virtue : vice「美徳：悪徳」
quality : quantity「質：量」	

■ **5. One will cut the price of wine by 50 percent, and the other will

increase the price of milk by 100 percent.**「〔2 種の税のうち〕一方はワインの

価格を 50％切り下げ，もう一方は牛乳の価格を 100％上げることになる」前文の仮想の続

き。「100％上げる」とは要するに倍になること。〈one ～ the other〉については

問題 20 **研究** **3** 5. (⇒ p.140) 参照。

■ **6. What do you think will happen?**「何が起こると思いますか」見かけ上, What

will happen?「何が起こるだろうか」に do you think が挿入された形になる（実

際には"挿入"ではない）。

疑問詞の位置

『間接疑問文』における疑問詞の位置に注意すること。

① Yes / No で答えるものについては，疑問詞を文頭に置かない。

Do you know **where** he lives?「彼がどこに住んでいるか知っていますか」

② Yes / No では答えられない疑問文は，疑問詞を文頭におく。

Where do you think he lives?「彼はどこに住んでいると思いますか」

　→ Do you think he lives 　**X**　 ? の X を疑問詞にして文頭に送った形。

▶Where does he live? に do you think を挿入したのではないのは he lives の

語順からも明白である。

▶疑問詞 Where は he lives を導く接続詞の役割も兼ねるから，think の後に

that は置かない。

■ 7. **These price changes will surely affect consumption**「これらの価格変動は消費量に確かに影響するだろう」surely は字句どおりの「確かに，確実に」の意であるが，■2■ 以降での筆者の論理展開にとっては『譲歩』の含みを持つ。

affect : effect : influence

3語の用法を正しく区別すること。

affect	動「に影響する」	:	affect our decision「われわれの決定を左右する」
effect	名「影響」	=	have an effect on our decision
influence	名「影響」	=	have an influence on our decision
	動「に影響する」	=	influence our decision

■ 9. **What if the new taxes are accompanied by induced amnesia for ～?**「その新しい税が，～に対する誘発された忘却を伴っているとしたらどうだろう」が直訳。accompany の解釈における注意点は問題 22 ■10■ の解説参照（⇒ p.155）。

induced「誘発された」という形容詞は，"理論の実践によって引き出された"効果であることを示す。

『名詞構文』（⇒ p.26）であるから，直訳では自然な日本語にならない。(1) 新税導入と過去の価格への忘却の同時性を be accompanied by ～に，(2) 忘却の発生源が新税にあることを induced に読み取ることで，「新たな税が，同時に～に対する記憶を失わせる効果をもたらすとしたら…」という解釈が成立する。ただこれが非常に大胆な発想で，一読して理解しにくいことは，英語を母語とする読者にとっても同じである。そこで，次文で平易な表現への言い換えがなされる。

what if ...?

省略表現で「もし…だとしたらどうだろう［どうしよう］」の意を表す。if 節では①起こりうる仮定には『直説法』の動詞を，②起こる可能性のほとんどない仮定には『仮定法』の動詞を用いる。

① What if I *fail*?（< What *will* happen if I *fail*?）『直説法』
「もし失敗したらどうなる」

② What if I *were shot*?（< What *would* happen if I *were* shot?）
『仮定法過去』「もし撃たれたらどうなるだろう」

What if I *had failed*?（< What *would have happened* if I *had failed*?）
『仮定法過去完了』「もし失敗していたらどうだっただろう」

▶ What if ...? の if は，『仮定』だけでなく『譲歩』の含みを持つ場合もある。
What if I fail? I can always try again.
「失敗したとしてそれがどうだというんだ。またやればいいんだ」

■ 10. **What if the prices change in the same way, but you do not**

remember what you paid for these two products in the past?「もしも価格は同じように変化するが，過去にあなたがこれら二つの商品にいくら払ったか覚えていないとしたら，どうだろう」前文の平易な言い換え。if 節は but 以下をも含む。

what you paid ＝ how much you paid

2 ¹**I suspect that the price changes would make a huge impact on demand if people remembered** the previous prices **and noticed** the price increases; but **I also suspect that without a memory for past prices, these price changes would have a trivial effect, if any, on demand.** ²**If people had no memory of past prices, the consumption** of milk and wine **would remain essentially the same, as if the prices had not changed.** ³In other words, **the sensitivity we show to price changes might in fact be largely a result of our memory for** the prices we have paid in the past **and our desire for** coherence with our past decisions — **not at all a reflection of** our true preferences or our level of demand.

P
A
R
T
II

23

語句 1. **suspect** 動「…ではないかとにらむ」 **huge** 形「巨大な，非常に大きな」 **impact** 名「影響」 **notice** 動「に気づく」 **trivial** 形「ささいな」 **effect** 名「効果」 2. **remain** 動「〜のままである」 **essentially** 副「実質的に」 **as if SV**「まるで…であるかのように」 3. **sensitivity** 名「感度，感受性，気配り」 **in fact**「実際」 **largely** 副「大部分」 **result** 名「結果，成績」 **past** 名「過去」 **decision** 名「決定，決心」 **reflection** 名「反射，反映；内省」

研究 ■ 1. ① **I suspect that the price changes would make a huge impact on demand if people remembered ～ and noticed ～;**
「私は人々がもし～を覚えており，～に気づいた場合，価格の変動は需要に対して極めて大きな

影響を与えるのではないかとにらんでいる」助動詞 would や if 節内の動詞は『仮定法過去』だが，いわゆる"反実仮想"ではなく，「…なのではなかろうか」と控えめに予想を提示するための表現。

「疑う」の真意　　動詞 suspect と doubt はどちらも「疑う」あるいは「疑わしい」という同じ訳語が充てられるが，両者の意味は正反対といってよい。訳出の際にはどのような意味で「疑う」のかを吟味し，訳によって誤解が生じないよう注意する。

I suspect that excessive use of social networking is having a negative effect on your mental health.「ソーシャルネットワークの過度な利用が精神衛生に否定的な影響があるのではと疑っている〔→…ではなかろうかとにらんでいる〕」
→"真相はこうではないか"という推測。

I doubt his way of using the Internet had a negative effect on his mental health.「彼のインターネットの利用のしかたが精神衛生に否定的な影響を及ぼしたという話は疑っている〔→という話の正当性を疑問視している〕」
→"真相は異なる"という判断。

■ 1.② **I also suspect that without a memory for past prices, these price changes would have a trivial effect, if any, on demand.**「私は同時にこう疑ってもいる。過去の物価に対する記憶がないなら，これらの価格変動は需要に対して，あるとしてもささいな影響しか持たないのではなかろうか，と」直前に述べた予測を補完する。that 節内は，条件を without ～で，予測の部分を『仮定法過去』で表現している。

if any の挿入　　「あるとしても」の意の if any が，数の少なさ／量の乏しさを表す形容詞を含む表現に挿入されることがある。

You can see few, if any, students on campus in August.
「8月の大学構内に学生は，いるとしてもわずかしか見かけないよ」

There is little difference, if any, between the two.
「両者の違いは，あるとしてもわずかしかない」

■ 2. **If people had no memory of past prices, the consumption ... would remain essentially the same, as if the prices had not changed.**「もし人々が過去の物価を記憶していないなら，消費量は…まるで価格が変わらなかったかのように，実質上同じままであるだろう」これも『仮定法』を用いた文で，"反実仮想"ではないから『直説法』で表現できないわけではない。しかし控えめな姿

勢で予測を述べるという筆者の心理を反映して，ここでは『仮定法』が用いられている。

as if 節内は "The prices <u>have not changed</u>."（物価は変わっていない）という完了の用法が『仮定法』に反映されたもので，過去の事実に反する仮定ではない。

■ 3. ① **the sensitivity we show to price changes might in fact be ...**
「価格の変動に対してわれわれが示す感受性は，実際には…であるのかもしれない」the sensitivity の直後には関係代名詞 which が省略されている。might が用いられるのは，やはり筆者の控えめな心理の反映である。

■ 3. ② **be largely a result of our memory for 〜 and our desire for 〜 — not at all a reflection of 〜**「大部分は〜に対するわれわれの記憶と〜に対するわれわれの願望の結果であって，〜の反映では決してない」

and とダッシュ（―）で結ばれた語句の関係を正確につかむ。

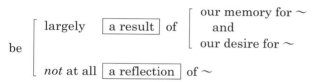

not A but B「A ではなく B」に相当する内容（⇒ p.16 **not A but B** 参照）は，しばしば B, not A「B であって A ではない」と表現される。

P A R T II
23

> **訳**
> [1] 私は，もし人々が過去の物価を記憶し価格上昇に気づくならば，価格変動は需要に対して非常に大きな影響を与えるのではないかと思っている。しかし私はまた，過去の物価についての記憶がなければ，こうした価格変動は需要に対して，あるとしてもごくわずかな影響しかないだろう，とも思う。[2] もし人々が過去の物価を覚えていなければ，牛乳とワインの消費量は，まるで価格が変わらなかったかのように実質上同じままであるだろう。[3] 言い換えれば，われわれが価格変動に対して示す敏感さは，実際にはかなりの部分，自分が過去にいくら支払ったかという記憶の産物，および自分が過去に決めたものを変えないでいたいという願望の産物であるのかもしれない――つまり，決してわれわれの真の好みや必要の度合いを反映したものではないのだ。

---

3 [1] The same basic principle would also apply if the government one day decided to impose a tax that doubled the price of gasoline. [2] Under conventional economic theory, this should cut demand. [3] But would it? [4] Certainly, people would initially compare the new prices with their anchor, would be flabbergasted by the new prices, **and so might pull back on** their gasoline consumption **and maybe even get** a hybrid car. [5] **But over the long run, and once consumers readjusted to the new price and new anchors** (just as we adjust to the price of Nike sneakers, bottled water, and everything else), **our gasoline consumption, at the new price, might in fact get close to the pretax level.** [6] Moreover, **this process of readjustment could be accelerated if the price change were to also be accompanied by** other changes, such as a new grade of gas, or a new type of fuel (such as corn-based ethanol fuel).

語句 1. **principle** 图「原則，原理」 **apply** 動「当てはまる，適用される」 **impose** 動「を課す」 **double** 動「を倍にする」 **gásoline** 图「ガソリン」 2. **conventional** 形「伝統的な，慣習的な，型にはまった」 **economic** 形「経済学の」 **theory** 图「理論」 4. **certainly** 副「確かに」 **initially** 副「最初は，もともと，当初は」 **compare** *A* **with** *B*「A を B と比較する」 **anchor** 图「（船舶の）錨（いかり）；動かない基準」 **flabbergast** [flǽbərgæst] 動「をびっくり仰天させる」 **pull back on**「〜を削減する」 **hybrid car**「（異なる動力源を併用した）ハイブリッド車」 5. **over the long run**「長期的には」（= in the long run）**consumer** 图「消費者」 **readjust** [rìːədʒʌ́st] **(to)** 動「（〜に）再順応する」（= re- + adjust）**adjust (to)** 動「（〜に）順応する，適応する」 **sneaker** 图「運動靴，スニーカー」 **get close to**「〜に近づく」 **pretax** 形「税を考慮に入れる前の（= 税引き前の；税制導入前の）」 6. **process** 图「過程，経過」 **readjustment** 图「再調整，再適応，再順応」（re- + adjustment）**accélerate** 動「を促進する，加速する」 **such as**「例えば〜のような」 **grade** 图「等級，成績」 **gas** 图「ガス；ガソリン（= gasoline）」 **fuel** 图「燃料」 **corn-based** 形「トウモロコシを原料とする」 **ethanol** 图「エタノール，エチルアルコール」

研究 ■ 1. ① **The same basic principle would also apply if the government one day decided to** 〜「同じ基本原理は，政府がある日〜することに決めた場合にもまた当てはまるだろう」この場合の apply は自動詞。

自動詞と他動詞の区別 『自動詞』にも『他動詞』にも用いられる動詞は多くあるが，用法を混同した訳語を充ててしまうと正しい論理関係の把握にいずれ支障をきたす。大学入試に向けて英文読解を訓練するのは，学問に必要な論理関係を鍛えることでもあるから，『自動詞』・『他動詞』の区別については特に気をつけたい。

They will <u>apply</u> these rules <u>to</u> all students.〔他動詞〕
「彼らはこれらの規則を全学生に適用するだろう」

These rules will also <u>apply to</u> this case.〔自動詞〕
「これらの規則はこの場合にも当てはまるだろう」

<u>lead</u> them <u>to</u> victory〔他動詞〕「彼らを勝利に導く」

<u>lead to</u> defeat〔自動詞〕「敗北につながる」（× 「敗北を導く」）

■ 1. ② **a tax that doubled the price of gasoline**「ガソリン価格を倍にする税」

doubled は『時制の一致』によるもの。

■ **2. Under conventional economic theory, this should cut demand.**
「伝統的な経済学の理論の下では，これは需要を削減するはずだ」should の持つ「…するはずだ」という語感に注意。

■ **3. But would it?**「しかしそうなるだろうか」前文の内容から But would it *really cut demand*？と補うことができる。

■ **4.①　Certainly, people would initially compare ～, would be flabbergasted by ～, and so might pull back on ～ and maybe even get ～.**「確かに，人々は初めのうち～を比較するだろうし，～に仰天するだろうし，その結果～を減らしたり，～を手に入れたりさえするかもしれない」助動詞 would が別置されていることから，「初めに比較する」ことと「驚く」ことが消費者の "異なる反応" として述べられているとわかる（"～を比較して～に驚くことだろう" という一連の流れとしての表現ではない）。しかし助動詞 might は pull back on ～と get ～の両者を従え，二つの行為が一連のものとみなされる（"ガソリン消費を控え，場合によってはハイブリッド車を入手する"）。

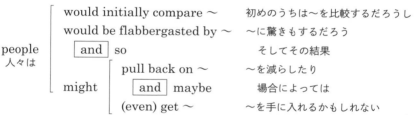

people
人々は

	would initially compare ～	初めのうちは～を比較するだろうし
	would be flabbergasted by ～	～に驚きもするだろう
［and］ so		そしてその結果
might	pull back on ～	～を減らしたり
	［and］ maybe	場合によっては
	(even) get ～	～を手に入れるかもしれない

文頭の certainly「確かに」は，次文の逆接を引き出す『譲歩』の含みを持つ。

■ **4.② compare the new prices with their anchor**「新しい価格と自分の基準〔とする価格帯〕を比較する」名詞 anchor「錨（いかり）」は，船舶が漂流を防ぐために綱や鎖に結びつけて水底に下ろす重り。"状況が変化しても位置のずれないもの" というところから，"〔変化を読み解く〕基準となるもの" "〔ゲストではなく〕番組の司会者"，あるいは "いつでも信頼できるよりどころ，頼みの綱" の比喩になることもある。また心理学では，初めに与えられた何らかの数値を「アンカー」として，後の数値の判断がそれに引っ張られることを「アンカリング」と呼ぶ。この文脈では "自分が思う基準値"，つまり増税前のガソリンの価格帯のこと。

■ **5. But over the long run, and once consumers readjusted to the new price and new anchors ..., our gasoline consumption, at the new price, might in fact get close to the pretax level.**「しかし長期的に見ると，そしてひとたび消費者が新しい価格と新基準とに再適応してしまったら…，われわれのガソリン消費量は実際に新しい価格の下でも，課税前のレベルに近づくことになるかもしれない」

over the long run「長期的に見れば」と once *SV*「いったん…すると」(once は接続詞)は共に副詞として主文を修飾し，主文の内容が成立するための条件を表す。

in fact「実際に」は，前文に述べられた予測とは対照的な現実に言及するために挿入されている。

■ 6. **this process of readjustment could be accelerated if the price change were to also be accompanied by** 〜「この再適応のプロセスは，価格変動が同時に〜を伴うような場合には加速することだろう」助動詞 could はこれまで同様『仮定法過去』で，筆者の予測の控えめな表現。accompany については **1** 9 同様。

if 節内で単数主語を受ける were to *do* は『仮定法過去』だが，いわゆる "反実仮想" ではなく，「〜するようなことでもあれば」という筆者の非常に控えめな心理の反映。

訳

¹これと同じ基本原理は，ある日政府がガソリン価格を2倍にする税を課すことに決めた場合にもあてはまるだろう。²伝統的な経済理論の下では，これは需要を減らすはずだ。³しかしそうだろうか。⁴確かに人々は初めのうちは，新しい価格を自分の基準と比べ，新しい価格にびっくり仰天し，その結果ガソリンの消費量を減らして，ハイブリッド・カーを手に入れさえするかもしれない。⁵しかし長期的に見ると，そしてひとたび消費者が新しい価格と新基準とに再適応してしまったら（ナイキ社製のスニーカーにせよ，ボトル入りの水にせよ，その他なんでもわれわれがその値段に順応するのと同じように），われわれのガソリン消費量は実際に新しい価格の下でも，課税前のレベルに近づくことになるかもしれない。⁶さらに，このような再適応のプロセスは，もし価格変動に例えば新しいクラスのガソリンだとか，新タイプの燃料（例えばトウモロコシ由来のバイオ・エタノール燃料など）といった他の変化を伴うことがあれば，加速するかもしれないのだ。

---

4 ¹I am not suggesting that doubling the price of gasoline would have no effect on consumers' demand. ²But I do believe that in the long term, it would have a much smaller influence on demand **than would be assumed from** just observing the short-term market reactions to price increases.

語句 1. **suggest** 動「を提案する；を示唆する」 2. **in the long term**「長期的には」 **influence** 名「影響」 **assume** 動「を想定する，推測する」 **observe** 動「を観察する；を遵守（じゅんしゅ）する」 **short-term** 形「短期的な」 **reaction** 名「反応」

研究 ■ 1. **I am not suggesting that doubling the price of gasoline would have no effect on consumers' demand.**「私はガソリン価格を2倍にしても消費者側の需要に全く影響しないと示唆しているのではない」ここまで『仮

定法』に控えめな心理を反映させて述べてきた筆者であるが,「…ではない」と断言する部分は『直説法』である（I am not suggesting that ...）。次文の I do believe も同様。

■ 2.① **But I do believe that in the long term, it would have** 〜「そうではなくて長期的に見れば，それは〜を持つだろうと考えている」文頭の but は前文の I am not suggesting ... を受け，not A but B「A ではなくて B」の論理展開であるから，「しかし」という訳は不適。

I *do* believe の助動詞 do はアクセントを置いて発音し，『強意』の用法である。といっても「強く信じる」という意味での強調ではなく，that 以下のことが事実であること（don't ではないこと）の強調である。

> His story *does* sound like an exaggeration, but he is telling the whole truth.「彼の話は確かに誇張のように聞こえるが，彼は真実をありのまま話している」

■ 2.② **a much smaller influence ... than would be assumed from** 〜「〜から想定されるであろうよりもはるかに小さな影響」much は比較級の示す差の程度を「はるかに」と強調する。比較構文における than の関係代名詞的な機能は，後続部分に主語を欠いている際に顕著になる。(⇒ p.223 擬似関係詞 than)

> He hires more people than are really needed.〔than は『主格』に相当〕
> 「彼は実際に必要な人数より多くの人を雇っている」
> = He hires more people than he really needs.〔than は『目的格』に相当〕

訳
¹私はなにもガソリン価格を２倍にしても消費者の需要に何の影響もないだろうと言いたいわけではない。²そうではなくて，私はこう思っている。長期的に見ればそれ〔＝ガソリン価格を２倍にすること〕は，価格上昇に対するマーケットの短期的な反応をただ観察してそこから想定するよりも，需要に対してはるかに小さな影響しかないであろう，と。

PART Ⅱ
23

解答・解説

解答

1	A	2	C → A → E → B → D

3	私はまた，過去の物価についての記憶がなければ，こうした価格変動は需要に対して，あるとしてもごくわずかな影響しかないだろう，とも思う

4	A	5	memory	6	A	7	D	8	B	9	B

10	C → E → F → B → A → D

解説 **1** A「明日ワインの価格が半額になる一方，牛乳の価格が２倍になるだろう」B「明日ワインの価格は半額になる一方，牛乳の価格は同じだろう」

C「明日ワインの価格が 1.5 倍になる一方，牛乳の価格は 2 倍になるだろう」〈比較級 + by half〉は "50 % 増し" つまり 1.5 倍になることをいう（= 〈half + 比較級〉）。**D**「明日ワインの価格は 1.5 倍になる一方，牛乳の価格は同じだろう」

2　研究 **1** 6. 参照。

3　研究 **2** 1. ②参照。

4　条件節 = "〔値上がりしても〕過去の価格を覚えていないなら" ／主節 = "消費量は実質同じ"という議論の一部。**A**「まるで…かのように」**B**「なぜなら…だから」**C**「その結果」**D**「…しない限り」

5　In other words「言い換えれば」で始まるこの文は，前文の内容をわかりやすくしたもの。

6　この立場の経済学が出す結論は本文後半にある通りだが，次文でこれに疑問が呈され，**3** 5・6 で否定されることになる。**A**「伝統的な，従来どおりの」**B**「無関係な」**C**「最新の」**D**「責任ある」

7　over the long run「長期的にみれば」**A**「通常のガソリン車での長距離移動のあとで」**B**「ガソリンが長年にわたり売られてきたのだから」**C**「燃料効率の違いを考慮に入れると」take 〜 into account「〜を考慮に入れる」（= take 〜 into consideration）**D**「長い期間を通して」

8　**A**「増税のために急落する」**B**「税導入前の水準に近づく」**C**「徐々にではあるが着実に下がる」**D**「税負担とは裏腹に急増する」

9　readjustment = re-「再」＋ adjustment「調整，適応」。**A**「将来の価格変動を予見すること」**B**「新たに設定された価格に慣れること」**C**「値札を取り替えること」**D**「税制を見直すこと」

10　have a … influence on の目的語になる名詞は唯一 demand である。あとは比較級 smaller に対応する部分を仕上げる。研究 **4** 2. ②参照。

精講

1 ¹**Whether work should be placed among the causes of happiness or among the causes of unhappiness** may perhaps be regarded as a doubtful question. ²There is certainly much work which is exceedingly irksome, and **an excess of work is always very painful.** ³I think, however, that, **provided work is not excessive in amount,** even the dullest work is to most people less painful than idleness. ⁴There are in work all grades, **from mere relief of tedium up to the profoundest delights,** according to the nature of the work and the abilities of the worker. ⁵Most of the work that people have to do is not in itself interesting, but **even such work has certain great advantages.** ⁶To begin with, it fills a good many hours of the day without the need of deciding what one shall do. ⁷Most people, **when they are left free to fill their own time according to their own choice, are at a loss to think of anything sufficiently pleasant to be worth doing.** ⁸And **whatever they decide on**, they are troubled by the feeling that **something else would have been pleasanter.** ⁹To be able to fill leisure intelligently is **the last product of civilization,** and at present very few people have reached this level. ¹⁰Moreover, the exercise of choice is in itself tiresome. ¹¹Except to people with unusual initiative it is positively agreeable to be told what to do at each hour of the day, provided the orders are not too unpleasant. ¹²Most of the idle rich suffer unspeakable boredom as the price of their **freedom from drudgery.**

語句 1. **cause** 名「原因」(⇔ effect「結果」) 2. **exceedingly** 副「極めて，非常に」 **irksome** 形「わずらわしい，退屈な」 **excess** 名「過度」 3. **provided** 接「…であるならば」 **excessive** 形「過度の」 **idleness** 名「何もしていないこと，無為」*cf.* laziness「怠けていること，怠惰」 4. **grade** 名「等級，度合い」 **relief** 名「安堵；救済；解放・息抜き」 **tedium** [tíːdiəm] 名「退屈，けん怠」 **profound** 形「深い」 **according to**「～によれば；～に従って」 **nature** 名「自然；性質」 5. **advantage** 名「利点」 6. **to begin with**「まず第一に」(= in the first place) **a good many**「かなり多くの」 7. *be left free to do*「自由に…してもよい状態に置かれる」 *be at a loss to do*「どうして…していいか途方に暮れる[わからない]」 **think of**「～のことを考える；～を思い出す；～を思いつく」 **sufficiently** 副「十分に」 9. **leisure** [líːʒər／léʒə] 名「余暇，暇」(= spare time) **intelligently** 副「知的に，賢明に」 10.

tiresome 形「わずらわしい，やっかいな」　11. except 前「〜以外は」　initiative [ɪníʃɪətɪv] 名「主導権；率先；進取の精神」　positively 副「積極的に；確かに；はっきりと」　agreeable 形「快い」　12. unspeakable 形「口では言えない（ほどの）」　boredom 名「退屈」　drudgery 名「単調な［退屈な］骨の折れる仕事」

研究　■ 1. **Whether work should be placed among the causes of happiness or among the causes of unhappiness ...**「仕事が幸せの原因の一つに数えられるべきか不幸の原因の一つに数えられるべきかは（もしかするとはっきり答えにくい問題と見なされるかもしれない）」この文では whether 〜 or ... は「〜か…かということ」の意の名詞節で，主語として機能している。

文頭にくる whether 節は，次の文に見られるように「〜であろうと…であろうと」の意の副詞節の可能性もあることに注意する。(⇒ p.64 研究 2 ①)

Whether it is the supreme value or not, prosperity is earnestly desired by man.

「それが最高の価値であろうとなかろうと，繁栄は人間によって熱心に求められる」

■ 2. **an excess of work is always very painful**「過度の仕事は常に大きな苦痛になる」an excess of work「仕事が多すぎること」は excessive work「多すぎる仕事」のように考えて訳してよい。同様に，permanence of interest「興味の永続性」→ permanent interest「永続的な興味」のように，前に置かれた名詞を形容詞的に訳したほうがよい場合も多い。逆に increased leisure「増加した余暇→余暇の増加」のように，形容詞が名詞に訳し換えられることも多い。

■ 3. **provided work is not excessive in amount**「仕事の量が多すぎないとすれば」条件を表す副詞節の挿入。

provided の用法

provided (that)... および providing (that)... はいずれも「もし…ならば，…である限り」(= (only) if ... ／ on condition that ...) の意を表す。同じように動詞や分詞が『条件・仮定』を表す接続詞として用いられるものに suppose ..., supposing (that)...「…とすれば」, assuming (that)...「…と仮定すれば」がある。

Suppose you were left alone to live on a desert island, and you were allowed to take just one luxury with you, what would you choose?

(*Electric Delights* by William Plomer)

「もし仮に，あなたがただひとり無人島に置き去りにされ，ぜいたく品を一つだけ持って行ってよいということになれば，あなたは何を選びますか」

■ 4. **from mere relief of tedium up to the profoundest delights**「単なる退屈しのぎ程度のものから，この上なく深い喜びを与えるものまで」relief of tedium は

「退屈を減らす［除く］こと」。

■ 5. **even such work has certain great advantages**「このような（それ自体は退屈な）仕事にもあるいくつかの大きな利点がある」形容詞 certain は，「明白な，確実な」という語義のほか，次のように，用法によって異なる語義がある。

▶ 『限定用法』(for a certain reason のように名詞を修飾する場合)
　(1)「ある，ある種の」(2)「いくつかの，一定程度の」のように，特定を避ける表現

▶ 『叙述用法』(I'm certain のように補語として用いられる場合)
　(1)「(to do を伴って) きっと…する」(2)「(of を伴って) ～を確信している」

■ 7.① **when they are left free to fill their own time according to their own choice**「彼らが自らの選択に従って自らの時間を自由に埋めることができる状態に置かれると」A is left free to *do* は，能動態 leave A free to *do*「A が自由に…できる状態にしておく，思いのまま…させておく」(第5文型 (SVOC)) を背景とした受動態の構文。

■ 7.② **are at a loss to think of anything sufficiently pleasant to be worth doing**「するだけの価値のある (ほど十分に) 楽しいことを思いつけずどうしていいかわからない」*be* at a loss to *do* は「どうして…すればいいか途方に暮れる」の意。anything sufficiently pleasant は anything pleasant enough と言い換えられる。

■ 8.① **whatever they decide on**「彼らが何をすることに決めようと」(= no matter what they decide on)

■ 8.② **something else would have been pleasanter**「何か他のこと (をしていればそれ) のほうが楽しかっただろう」『仮定法過去完了』は，過去の事実についての現在の視点での評価を表す。

■ 9. **the last product of civilization**「文明が最も生み出すことのなさそうなもの」文明は生活の利便性を増し，余暇を増やすことはできるが，余暇を賢く利用できる能力まで与えるわけではない。したがって「文明の最後の産物」とするのは誤訳。次の例を参考に，last の持つ含みを理解しよう。

　　He was the last person I want to talk to on this matter.
　　「彼は私がこの問題で一番話したくない人物だった」
　　To resign is the last thing on his mind.「辞任することはまず彼の念頭にはない」

■ 12. **freedom from drudgery**「苦役がないこと」freedom of は「～の自由」:
freedom of speech「言論の自由」, freedom of the press「報道の自由」
freedom from は「～からの自由，～から解放されていること」: freedom from care「心配がないこと」, freedom from responsibility「責任を免除されていること」

PART II

24

¹仕事が幸福の原因の一つに数えられるべきか不幸の原因の一つに数えられるべきかどうかは，もしかするとはっきり決めがたい問いと見なされるかもしれない。²確かに極めて退屈な仕事もたくさんあるし，過度の仕事は常に苦痛なものである。³しかし，私の考えでは，仕事の量が多すぎない限りは，最も退屈な仕事でさえ，大半の人々にとっては働かないでいることより苦痛は少ない。⁴仕事には，その仕事の性質と仕事をする人の能力によって，単なる退屈しのぎから最も深い喜びを与えるものまで，ぴんからきりまである。⁵人がしなければならない仕事の大部分はそれ自体はおもしろいものではないが，そのような仕事でさえもいくつかの大きな利点がある。⁶まず第一に仕事は1日のかなり多くの時間を，自分が何をするか判断する必要もなく埋めてくれる。⁷たいていの人間は，自分自身の選択に従って自由に自分の時間を埋めてよいとされたならば，するだけの価値のある楽しいことを思いつくことができず途方に暮れてしまう。⁸しかも，何を決めるにせよ，他のことをしたほうがもっと楽しかったのではという気持ちに悩まされる。⁹余暇を賢く埋められるというのは，文明が最も生み出せない能力で，現在この水準に達している人はほとんどいない。¹⁰その上，選択を行うこと自体わずらわしいことなのである。¹¹非常に自発性に富んだ人にとっての場合を除けば，指図があまりに不愉快でない限り，1日のどの時間に何をするかいちいち指示されたほうが，断然心地よい。¹²暇な金持ちたちはほとんどみな，嫌な仕事をしないですむことの代償として，口では言えないほどの退屈を味わされている。

2 ¹ Work, therefore, is desirable, first and foremost, as a preventive of boredom, for **the boredom that a man feels when he is doing necessary though uninteresting work** is as nothing in comparison with the boredom that he feels **when he has nothing to do with his days**. ²**With this advantage of work another is associated**, namely that it makes holidays much more delicious when they come. ³Provided a man does not have to work so hard as to impair his vigour, he is likely to find far more zest in his free time than an idle man could possibly find.

語句 1. **first and foremost**「何よりもまず第一に」 **preventive**名「防止するもの，予防法」 2. **be associated with**「〜と関係がある，〜と結びついている」 **namely**副「すなわち」(= that is) **delicious**形「非常においしい；(香りが) 非常によい」 3. **impair**動「を損なう，損傷する」(= damage) **vigour**[vígər]名「元気，活力」 **zest**名「熱意，興味；趣；風味」

研究 ■ 1. ① **the boredom that a man feels when he is doing necessary though uninteresting work**「おもしろくないとはいえ必要な仕事をする際に感じる退屈さ」necessary と uninteresting が，ともに work を修飾する構造に注意。ただし「必要だがおもしろくない仕事」とするのは誤訳。though

は but と異なり，二つの形容詞を対等に結び付けるものではないため，though …
は「…ではあるものの」という挿入の副詞句と見なければならない。

- ■ 1. ② **when he has nothing to do with his days**「自分の日々に関して何もや
ることがないときに」ここは have nothing to *do*「することがない」に with his days
「自分に与えられた日々がありながら」が付いた形。（ `have to do with` （⇒ p.252）で
扱ったイディオムと混同しないように注意すること。）
- ■ 2. **With this advantage of work another is associated**「仕事の持つこのよ
うな利点に，もう一つ（の利点）が結びついている」*A* is associated with *B*（A は B と
結びついている）の with B が前に出た形。

> **訳**
> ¹したがって，仕事は，何よりも第一に，退屈を防ぐものとして望ましい。というのも，
> おもしろくないとはいえする必要のある仕事をしているときに人が感じる退屈は，日々何
> もすることがなくて感じる退屈と比べれば，無に等しいようなものだからである。²仕事
> が持つこのような利点には，もう一つの利点，すなわち，仕事は休日がやってきたときそ
> れをはるかに爽やかなものにしてくれるという利点が結びついている。³人は，もしその
> 活力を損なうほど激しく働かなくてもよいとするならば，自由な時間の中に，仕事のない
> 人間にはとうてい見いだしえないほどのはるかに大きな味わいを見いだすことができるだ
> ろう。

解答・解説

解答

1	A
2	しかし，私の考えでは，仕事の量が多すぎない限りは，最も退屈な仕事でさえ，大半の人々にとっては働かないでいることより苦痛は少ない。
3	D
4	たいていの人間は，自分自身の選択に従って自由に自分の時間を埋めてよいとされたならば，するだけの価値のある楽しいことを思いつくことができず途方に暮れてしまう。

5	D	6	余暇を賢く利用できるレベル	7	B	8	A

9	というのも，おもしろくないとはいえする必要のある仕事をしているときに人が感じる退屈は，日々何もすることがなくて感じる退屈と比べれば，無に等しいようなものだからである
10	idle

解説 　1　doubtful には「本当とは思えない，疑わしい」の意のほかに，「〔結論
の〕はっきりしない」という意味がある（このことは doubt が double「二
重の」と同語源であることと関係がある）。a doubtful question = a delicate
question と言い換えてもよい。**A**「未決の」 **B**「教養のない」 **C**「不適切な」 **D**

171

「価値のない」

2 provided ～ amount の挿入については 研究 **1** 3. 参照。〈even the ＋最上級〉「最も～なものさえ」, (to) most people「大半の人々（にとって）」といった修飾語を訳文に反映させること。less painful than = not so painful as「～ほどには苦痛がない」

3 「性質，タイプ」の意。A「兄［弟］は生まれつき難聴だ」"生来の性質"を意味する nature で，by nature は「生まれつき」の意のイディオム。B「グランド・キャニオンは自然界の偉大な驚異の一つだ」C「これらの花は本物そっくりに描かれている」"そのままの状態"を意味する nature；be true to「～に忠実な」。true to nature は「写実的な」というイディオム。D「この本はよく似た性質の問題を取り扱っている」

4 研究 **1** 7. ①・②参照。

5 研究 **1** 9. 参照。A「結局のところ，自分の余暇を賢く埋めることができるのは，最も文明の進んだ国々の人たちだけである」（『強調構文』, those = people）B「文明が人々に余暇を賢く埋める能力を与えるには何百年もかかるだろう」C「ひとたび文明が人々に余暇を賢く埋める能力を与えてしまえば，文明はもはや何も生み出さなくなるだろう」D「文明から最ももらえそうにないことは，余暇を賢く埋める能力である」

6 **1** 6 以降, 時間を「埋める」(fill the hours) ことが話題になっている。7・8 にあるように，大半の人（most people）は仕事のない時間をどう埋めるべきかで悩む。本文の very few people は，それと対照的な人々である。

7 研究 **1** 3. **provided の用法** 参照。A「…ではあるものの」B「…である限り」C「…であるから」D「…でなければ」

8 freedom の語義については 研究 **1** 12. 参照。as the price of「～の代価として」は比喩表現で，「～との交換で〔手に入れる〕」こと。A「不快な仕事を全くする必要がないことから彼らが得る退屈さ」B「不快な義務を自発的に引き受ける際に彼らが感じる退屈さ」C「不快な仕事を押しつけられたときに彼らが耐える退屈さ」D「彼らが不快な仕事をする自由を得るために自ら招来する退屈さ」

9 研究 **2** 1. ①・②参照。冒頭の接続詞 for は，理由を後から追加的に述べるもので「というのは／それというのも／なぜなら」などと訳し，文末はそれを受けて「…だからである」と結ぶこと。

10 本文は一貫して過重ではない仕事をもって働く人と，仕事をする必要がなく時間を余らせる人との対比で述べられる。直前の an は空所の語が母音で始まることを示唆する。

精講

> ¹ **When possible, the brain makes a behavior into a habit, which saves effort and therefore gives us** more capacity to deal with complex, novel, or urgent matters. ² **Habits mean we don't strain ourselves to make decisions, weigh choices, dole out rewards, or prod ourselves to begin.** ³ Life becomes simpler, and many daily hassles vanish. ⁴ Because I don't have to think about the multistep process of putting in my contact lenses, **I can think about the logistical problems posed by the radiator leak in my home office**.

語句　1. **make** *A* **into** *B*「A を（加工して）B にする」　**behavior** 图「行動」　**habit** 图「習慣」　**save** 動「を省く；を取っておく，蓄える」　**capacity** 图「能力」　**novel** 形「新奇な」　**urgent** 形「緊急の」　2. **strain** 動「（を引っ張る，緊張させる→）を最大限に働かせる」　**weigh** 動「の重さをはかる」　**dole out**「～を少しずつ与える」　**reward** 图「ほうび，報酬」　**prod** 動「をつつく」　3. **hassle** 图「面倒なこと，厄介な問題；口論」hustle 動「急ぐ，張り切る」と混同しないこと。**vanish** 動「消え失せる」　4. **multistep** 形「複数の段階から成る」　**logistical** 形「物流［補給］に関する；事業の遂行に関する」　**pose** 動「（問題）を提出する；を引き起こす」　**radiator** 图「ラジエータ（(1)建物に造り付けの暖房機，(2)エンジンの冷却装置）」　**leak** 图「漏水，液漏れ」

研究　■ 1. **When possible, the brain makes a behavior into a habit, which saves effort and therefore gives us ...**「可能であれば，脳は行動を習慣に変えるが，それは労力を省き，その結果われわれに…を与える」when possible は when it is possible (to do so)「（そうすることが）可能な場合に」の省略。類似表現として if possible もよく用いられる。

　関係代名詞 which の先行詞は a habit。したがって which 以下は「それ〔＝習慣〕は労力を省き，その結果われわれに…を与える」となるが，『無生物主語』構文の性質を利用し，日本語では「それ〔＝習慣〕によって労力は省かれ，それゆえにわれわれは…を手にする」と考えると理解しやすい。（⇒ p.26 名詞構文）

■ 2. **Habits mean we don't strain ourselves to make decisions, weigh choices, dole out rewards, or prod ourselves to begin.**「習慣（の存在）は，われわれが無理に決断したり，選択肢をはかりにかけたり，ほうびを与えたり，急いで始めさせたりしないということを意味する」動詞 strain は「を引っ張る」が原義だがここでは「めいっぱい使う」（strain *oneself* で「めいっぱい努力する」）の意。weigh「をはかりにかける」も比喩的な用法で，ここでは「（選択肢の重要性を）比較検討

する」の意。動詞 dole（out）は名詞 deal「分け前」と同語源で，「（ちびちびと）与える」，また prod は「をつつく，つついて刺激する」が原義で，prod *A* to *do* は比喩的に「急かして A に…させる」の意。

■ 4. **I can think about the logistical problems posed by the radiator leak in my home office**「私は仕事部屋のラジエータの液漏れによって起こされた業務遂行上の問題について考えることができる」「ラジエータ」はここでは，寒冷地の比較的古い建物によく見られる，室内に造り付けの暖房装置のこと。壁沿いの配管内を温水が通っているのだが，液漏れを起こしてしまっては部屋を暖めることができない。

> **訳** ¹脳は，可能ならば行動を習慣に変える。そうすれば労力は省かれ，それゆえより多くの能力が，ややこしい，新たな，あるいは緊急のものごとに注がれる。²習慣とは，われわれが頑張って決断したり，選択肢をはかりにかけたり，ほうびを与えたり，無理に始めようとしたりしないことを意味する。³〔習慣のおかげで〕暮らしはよりシンプルになり，日々多くある面倒なことが消えるのだ。⁴〔例えば〕コンタクト・レンズをはめるという何段階にもなる作業については思考する必要がないから，自分の仕事部屋のラジエータの液漏れによって生じた，業務遂行上の問題について考察することができるわけだ。

---

2 ¹Also, when we're worried or overtaxed, a habit comforts us. ²Research suggests that people feel more in control and less anxious **when engaged in habit behavior**. ³I have a long blue jacket that I wore for two years straight whenever I gave speeches, and now it's quite tired-looking — **yet if I feel particularly anxious about some presentation, I still turn to that well-worn jacket**. ⁴ᴬSurprisingly, **stress doesn't necessarily make us likely to** indulge in bad habits; ⁴ᴮwhen we're anxious or tired, we fall back on our habits, **whether bad or good**. ⁵In one study, students in the habit of eating a healthy breakfast were more likely to eat healthfully during exams, while students in the habit of eating an unhealthy breakfast were more likely to eat unhealthfully. ⁶**For this reason, it's all the more important to** try to shape habits mindfully, so that when we fall back on them at times of stress, we're following activities that make our situation better, not worse.

語句 1. **overtax** 動「に重税を課す；を酷使する，に過重負担を強いる」　**cómfort** 動「を慰める，苦痛を和らげる」　2. **in control**「制御できた状態で」（⇔ out of control「制御不能で」）**anxious** 形「心配した；切望した」　**engaged in**「〜に従事して」　**habit behavior**「習慣行動，習慣動作」（＝

habitual behavior「習慣的行動」） 3. **wore** < **wear** 動「を身に着ける」 **for ~ years straight**「～年連続で」（straight は 副） **tired-looking** 形「くたびれて見える」 **presentation** 名「発表；プレゼン」 **turn to**「～に頼る」 **well-worn** 形「かなりくたくたの」 4A. **indulge in**「～にふける」 4B. **fall back on**「～に頼る，～をあてにする」 5. **unhealthfully** 副「不健康なやり方で」 6. **shape** 動「を形づくる」 **mindfully** 副「注意深く，思慮深く」 **follow** 動「（活動）に従事する，（習慣・作法）に従う」

研究　■ 2. **when engaged in habit behavior**「習慣行動に従事しているとき」when の直後に they are が省略されている。

　habit behavior「習慣行動」は〈名詞＋名詞〉の組み合わせで，第一の名詞が形容詞化したもの（類例：computer viruses「コンピュータ・ウイルス＝〔生物ではなく〕コンピュータに侵入して悪事を働くプログラム」；school grammar「学校文法＝学校で教える文法」）。ここでは habitual behavior「習慣的な行動」と同義とみてよい。

■ 3. **yet if I feel particularly anxious about some presentation, I still turn to that well-worn jacket**「それでいて，あるプレゼンについてとりわけ心配に感じる場合には，いまだにそのすっかりよれよれのジャケットに頼るのだ」yet は but とほぼ同義だが，and yet という形でも用いられ，前文の内容を生かしつつ「そうはいっても」と逆接に持ち込む表現。ここでは 2 年間使い続けたジャケットの「かなり見た目のくたびれた（quite tired-looking）」様子への言及を受けたもの。主文の副詞 still「依然として；それでもなお」も同じように主観のこもった表現。

　some presentation（単数形）の some は「いくつかの」ではなく「何らかの」。

■ 4A. **stress doesn't necessarily make us likely to ...**「ストレスは必ずしもわれわれを…しやすくするわけではない」not necessarily は部分否定。『無生物主語』の構文として「ストレスによってわれわれは必ずしも…しやすくなるわけではない」という訳もよい。

■ 4B. **whether bad or good**「悪いものにせよよいものにせよ」省略部分を補えば，whether *the habits are* bad or good あるいは whether *they are* bad or good (*habits*)。

■ 6. **For this reason, it's all the more important to ...**「この理由により，…することがなおのこと重要になる」この構文については問題 33 研究 **1** 5. 参照 (⇒ p.236)。

（⇒ p.236）

---

reason と前置詞

　「理由」の意の (the) reason は，前置詞 for を伴う。

① the reason <u>for</u> ＋名詞「～の理由」（= the reason why[that] *SV*)
　Nobody knows <u>the reason</u> **for** his absence. (×the reason of his absence)
　「だれも彼の欠席の理由を知らない」
　= Nobody knows the reason why he is absent.

② <u>for</u> the reason「その理由で」

訳 ¹ 同様に，悩んでいたり過労の状態にあるとき，習慣があればわれわれは楽になる。² 研究が示唆するところによると人は，習慣的な行動に従事している間は，よりうまくいっていると感じ，さほど心配を感じないという。³ 私の場合，2 年連続して，スピーチをするときにいつも着ていた青い丈長のジャケットがあって，もう見た感じはかなりくたくたになっている——それでも，何かのプレゼンで特に心配を感じるときは，今でもそのかなり着古したジャケットに頼っている。⁴ᴬ 驚くべきことだが，ストレスが必ずしもわれわれを悪い習慣にふけりやすくするわけではない。⁴ᴮ われわれは，心配事があったり，疲れたりしているときに，悪いものであれよいものであれ習慣に頼るということなのだ。⁵ ある研究では，健康的な朝食を摂る習慣の生徒のほうが，試験期間中に健康的に食べる傾向がより強く，一方で不健康な朝食を摂る習慣の生徒たちは，〔試験期間中に〕食事が不健康になる傾向がより強かった。⁶ こうした理由から，習慣を思慮深く形成するように努めることが，なおのこと重要になる。そうすれば，ストレスを感じるときにその習慣に頼れば，自分の置かれた状況を悪化させるのでなく，好転させるような行動をとっていることになる。

---

3 ¹ But **habits, even good habits, have drawbacks as well as benefits**. ² Habits speed time, because when every day is the same, **experience shortens and blurs**; by contrast, time slows down when habits are interrupted, when the brain must process new information. ³ **That's why** the first *month* at a new job seems to last longer than the fifth *year* at that job. ⁴ **And, as it speeds time, habit also deadens.** ⁵ **An early-morning cup of coffee was delightful the first few times, until it gradually became part of the background of my day**; now I don't really taste it, but I'm frantic if I don't get it. ⁶ **Habit makes it dangerously easy to become numb to our own existence.**

語句 1. **drawback** 名「欠点，難点」 **benefit** 名「利益，恩恵」 2. **speed** 動「を加速する」 **shorten** 動「（規模・効力が）小さくなる」 **blur** 動「（輪郭が）ぼやける」 **by contrast**「それとは対照的に」 **slow down**「速度を落とす」 **interrupt** 動「をさえぎる，中断させる，阻害する」 **process** 動「を加工する，処理する」 3. **last** 動「続く」 4. **deaden** 動「活力を失う」 5. **delightful** 形「うれしい，快適な」 **background** 名「背景；ありふれた光景」 **frantic** 形「取り乱した」 6. **numb** 形「感覚を失った」 **existence** 名「存在，生存；生活，人生」

研究 ■ 1. **habits, even good habits, have drawbacks as well as**

benefits「習慣は，よい習慣でさえも，よい点と同時に欠点もある」ここまで述べてきた行動の習慣化のよい側面を前提に，これから欠点について述べる。

B as well as A　　「A だけでなく B も」の意では，次のような表現法がある。

① This program is instructive <u>as well as</u> interesting.
② This program is <u>not only</u> interesting <u>but</u> (also) instructive.
③ This program is <u>both</u> interesting <u>and</u> instructive.
「この番組はおもしろいだけでなくためにもなる」

とくに①では，A と B の配置が②・③とは逆になる点に注意。

■ **2. experience shortens and blurs**「経験は減り，不鮮明になる」習慣化された行動において経験内容［過程］は自動化され，経験として意識されないことをいう。

　experience は純粋に抽象的な意味での「経験」というより「経験内容，経験過程」の意で用いられている。このように『抽象名詞』は，抽象の度合いが文脈によって異なり，ときに具体的なものをも表しうる（<u>an</u> experience は個別の「経験」の意で『普通名詞』）ので，文脈に応じた意味の検討が必要になる。

　動詞 shorten は「短くなる；（量・規模・効果が）減じる，小さくなる」意で，blur「（輪郭が）不明瞭になる」としばしば組にして用いられる。

■ **3. That's why ...**「だから…」That's the reason why ...「それが…する理由だ」を簡略化した口語表現。

■ **4. And, as it speeds time, habit also deadens.**「しかも習慣は時間を加速させつつ，同時にその中身が乏しくなる」カジュアルな文章や話し言葉は別として，改まった文章では文頭に and を置くことは多くない。あえて "And ..." で文を始めるときは「しかも…」の意になる。

　as it speeds time の it は，後にくる主節の主語（habit）を指す。

　動詞 deaden は，（動詞 die とは別に）形容詞 dead「死んでいる」を動詞化したもので，"dead な状態にする"→「弱まる［弱める］，鈍る［鈍らせる］，生き生きした状態でないものに変える」の意。その真意は，次文以降で詳述される。

■ **5. An early-morning cup of coffee was delightful the first few times, until it gradually became part of the background of my day;**
「早朝の 1 杯のコーヒーは最初の数回は喜ばしいものだったが，やがて徐々に 1 日の目立たない一部になった」「早朝」を意味する 2 語をハイフン（記号「-」）で結合し 1 語にして，「早朝の」の意の形容詞になっている。なお，2 語以上を結合して作った形容詞内では単数名詞が用いられることも併せて押さえておきたい。

　　a three-<u>year</u>-old girl「3 歳の女の子」（*cf.* The girl is three <u>years</u> old.）
　　three five-<u>dollar</u> stamps「5 ドル切手 3 枚」

A until *B* は，(1) 返り訳「B までは A」(2) 順送り訳「A で，ついには B」の 2 通りの解釈法がある。文法構造の基本的理解に (1) は欠かせないが，結果や結末を中心に述べる文脈では (2) が有効になる。

> I did not realize my mistake until it was too late.
> (1)「手遅れになるまで私は間違いに気づかなかった」
> (2)「私は間違いに気づかないまま，結局手遅れになった」

元来 background は演劇用語で，舞台上の「背景」を指す語であったが，比喩的に転用された用法が重要。本文では「目立たない光景」の意だが，「（人物を作りあげた）生い立ち・環境・経歴」「（出来事の生じた）背景事情」の意でも用いる。

■ 6. **Habit makes it dangerously easy to become numb to our own existence.**「習慣は，自分の人生に対して感覚が麻痺することを危険なまでに容易にする」『抽象名詞』として existence は「存在」の意だが，本文のように「生活，生活様式，生き方」の意で用いることがある。

"make it easy to *do*"「…するのを容易にする」は通常，簡便化のよさをいうが，本文の *dangerously* easy「危険なほど容易」は明らかに否定的な表現。過剰を示唆する too を使って "makes it too easy to *do*" と表現してもよい。

> **訳** ¹ しかし習慣というものは，よい習慣でさえ，メリットと同様デメリットもある。² 習慣は時間を加速させる。なぜなら毎日が同じ状態にあるとき，経験内容は小さく不鮮明になるからだ。それとは対照的に，習慣が妨げられ，脳が新しい情報を処理しなければならないとき，時間はゆっくりになる。³ だから新しい仕事をする最初の「1 か月間」は，その〔同じ〕仕事をしている 5 年目の「1 年間」より長く続くように思えるのだ。⁴ しかも習慣は時間を加速させつつ，同時にその中身は乏しくなる。⁵ 早朝の 1 杯のコーヒーは，最初の数回はうれしかったのに，結局，徐々にそれは自分の 1 日の目立たない一部になってしまった。今では本当に味わってはいないのに，そのコーヒーがないと平静さを失う。⁶ 習慣というものは，まさにわれわれが人生に対して鈍感になるのを，危険なほどに容易にしてしまうのである。

解答・解説

解答

1	D	2	C	3	C	4	B

| 5 | all the more important to try to shape | 6 | A | 7 | B |

| 8 | A |

1 形容詞 novel「新奇な」は，名詞 nova「新星」，supernova「超新星」などと同語源。名詞 novel「小説」も，本来は「新しい読み物」のような意味であった。A「危険な」 B「想像上の，架空の」 C「古くさい」 D「変わった，普通でない」

2 物理的に「引っ張る，緊張させる」意の strain を比喩的に用い，strain *A* to *do* で「A を（緊張させて→）めいっぱい使って…する」の意。A「私の犬は外を散歩するとき，首輪の紐<ruby>紐<rt>ひも</rt></ruby>をぴんと張るのが好きなんです」strain の最も基本的な用法。B「彼女は小石を除くために水を濾<ruby>濾<rt>こ</rt></ruby>す必要があった」 「（ざるで）濾<ruby>濾<rt>こ</rt></ruby>す」の意（*cf.* strainer は「ざる」「茶漉<ruby>漉<rt>こ</rt></ruby>し」から「水槽の濾過装置」「（流し台で固形物の流失を防ぐ）ごみ受け」など，網目状のものを広く指す）。C「講演者に対し注意深く耳を向けようとする人はだれもいないようだった」D「こんな寒い日には筋肉がつってしまうことも多くなる」「（緊張・酷使の結果）痛めてしまう」の意。

3 the multistep process「いくつもの段階がある過程」ではあるが，自動化してその方法を細かく考える必要のない行為を選ぶ。A「挑戦しがいのあるジグソー・パズルを完成させること」 B「夫がどこかに置いた鍵束を探すこと」 C「コンタクト・レンズをはめること」 D「新しく出版された本についてレポートを書くこと」

4 〈turn ＋前置詞または副詞〉を用いたイディオムには多様な意味があるが，代表的な意味を確認しておく。A. turn in「～を提出する」 B. turn to「～を頼る，あてにする」これは turn <u>to</u> friends <u>for</u> help［advice］「友人の助け［助言］をあてにする」のような用法にも注意。C. turn over「～を裏返す，（ページ）をめくる」D. turn down「～を断る，拒否する；（音量・火力）を下げる，小さくする」

5 形式主語構文に〈all the ＋比較級（＋理由の表現）〉「（…ゆえに）それだけいっそう～」の構文（⇒ p.236 研究 **1** 5.）を組み合わせる。

6 研究 **3** 4. 参照。A「さえない［味気ない］ものになる」B「いら立たせるものになる」C「強まる」D「変化しなくなる」

7 形容詞 numb（［nʌm］b は発音しない）は「（しびれて）感覚のない，（感覚が）麻痺した」の意。A「心配した；切望した」B「無感覚な；無神経な」C「神経質な，（不安などで）緊張した」D「情熱的な」

8 A **1** 1 に一致。B **2** 4 に不一致。C **3** 3 に不一致。D 本文に言及なし。

精講

１ ¹**Nearly three-fourths of Earth's surface** is covered with water. ²**Perhaps the most important liquid in the world, water is usually easy to get from** rain, springs, wells, streams, rivers, ponds, and lakes. ³It fills the vast ocean beds. ⁴As vapor, water is also present in the air, **where it often condenses into clouds**. ⁵**The bodies** of most living things **contain a large proportion of water**. ⁶For example, water makes up about 60 percent of the weight of the human body.

語句 1. **fourth** 名「4分の1」 **surface** 名「表面」 2. **liquid** 名「液体」 **spring** 名「泉；春；ばね」 **well** 名「井戸」 **stream** 名「小川，水流」 3. **vast** 形「広大な」 **ocean bed**「海底，海床」 4. **vapor** 名「水蒸気」 **present** 形「存在する」 **condense** 動「凝縮する，液化する」 5. **living things** 名「生き物」 **contain** 動「を含む」 **proportion** 名「割合，比率，バランス」 6. **make up**「～を構成する，占める」 **weight** 名「重さ，重量」

研究 ■ 1. **Nearly three-fourths of Earth's surface**「地球の表面の4分の3近くが」a fourth は「4分の1」(= one-fourth ／ = a quarter) の意。『序数詞』は分数における分母を表す。『基数詞』が示す分子とはハイフンで結ぶ。

■ 2. ① **Perhaps the most important liquid in the world, water is ...**「おそらく世界で最も重要な液体であって，水は…」文頭に単独で置かれた名詞句が，主語についての補助的情報である場合がある。これは文頭に being を補えば『分詞構文』として理解でき，主語を修飾する働きはない（「おそらく世界で最も重要な液体である水は」とは訳さない）。このような書き方は百科事典など，限られたスペースで提供される簡潔な説明文に多い。下の例はケネディ大統領（John F. Kennedy, 1917〜63）についての説明文の一節。

The son of Joseph P. Kennedy, he graduated from Harvard University in 1940 and joined the navy the following year.

(*Britannica Concise Encyclopedia*, 2008)

「ジョセフ・P・ケネディの息子で，彼は1940年にハーバード大学を卒業し，翌年海軍に入隊した」

■ 2. ② **water is usually easy to get from** ～「水は通常～から容易に手に入れられる」主語（water）が不定詞（to get）にとって目的語でもあるという関係を，形式主語構文との違いとともに押さえておく。

循環構文 文の主語が to 不定詞の目的語を兼ねていることに注意する。

Water is easy to get.「水は手に入れやすいものだ」

（= It is easy to get water.「水を手に入れることは容易だ」）

The instructor is pleasant to talk with.「その講師は一緒に話すのが楽しい人だ」

（= It is pleasant to talk with the instructor.

　　「その講師と一緒に話すことは楽しい」）

■ 4. **where it often condenses into clouds**「そしてそこで，それはしばしば雲へと凝縮する」関係副詞 where = and there = and in the air「そして空気中で」。

■ 5. **The bodies ... contain a large proportion of water**「身体は…水がその大部分を占めている」「身体は…大量の水を含む」とするのは誤訳。この文は「水」の絶対的な量ではなく，全体に対する相対的な量について述べている。

　名詞 proportion とともに用いられた前置詞 of の論理関係にも注意する。

(1) A large proportion of the votes were in opposition to the project.「票のうちの大部分はその計画に反対というものだった」〔of は「～のうちの」の意〕

(2) Balanced meals include the right proportion of proteins and carbohydrates for health.「バランスのよい食事は，健康にとってふさわしい分量のたんぱく質と炭水化物を含んでいる」〔of は「～が占めている」の意〕

　本文における a large proportion of water は (2) の用法。（⇒ p.249 **of の用法**）

訳 ¹地球の表面の4分の3近くが水に覆われている。²おそらく世界で最も重要な液体であって，水は普通，雨や泉，井戸，小川，河川，池，湖から容易に得られるものである。³水は広大な海床を満たしている。⁴水蒸気という形で，水は空気中にも存在し，そのなかで水はしばしば凝縮して雲になる。⁵大半の生き物の身体は水の占める割合が大きい。⁶例えば，水は人間の体重の約60％を占めているのである。

2 ¹ Water is necessary for life. ² A few billion years ago the first forms of life on Earth grew in the sea. ³ **Although today** many plants and animals are able to live on land**, they still need water**. ⁴ **This life-sustaining liquid** makes up most of the animal blood or plant sap that nourishes living tissues.

語句 2. **billion** 形「10億の」　3. **still** 副「いまだに，依然として」　4. **life-sustaining** 形「生命を維持させる，生命を支える」　**sap** 名「樹液」　**nourish** 動「に栄養を与える；を養い育てる」 **tissue** 名「組織」

■ 3. **Although today ..., they still need water.**「今日<ruby>こんにち</ruby>…ではあるが，そ
れらはいまなお水を必要としている」『譲歩』の although については，問題
34 研究 1 1. 参照（⇒ p.240）。

■ 4. **This life-sustaining liquid**「生命を支えるこの液体は…」言うまでもなく「水」
のこと。英語ではすでに言及済みの特定の名詞を，〈the（または this / that / these
/ those）＋より広い意味の普通名詞〉で置き換えて表現することが頻繁にあるが，
その直訳は日本語に馴染まないことも多い。そのような場合はその表現が指す具体
的な名詞で訳出したほうがよい（本文の場合「生命を支えるこの水は…」）。

> 訳
> ¹水は，生命にとって必要なものだ。²数十億年前，地球上で最初の生命体は海の中で育
> った。³今日多くの動植物が陸上で生活できるとはいえ，それでも水を必要としている。⁴生
> 命を支えるこの水は，生体組織に栄養を与える動物の血液や植物の樹液の大部分を占める
> のである。

> **3** ¹ Earth's water constantly circulates **through the hydrosphere**, the
> part of Earth that includes all the liquid water on, just below, and just
> above the planet's surface. ² A person taking a drink of water today may
> be drinking the same water that gave refreshment to **humans living
> thousands of years ago**. ³ Although water constantly cycles through
> the hydrosphere, many areas on Earth have a scarce supply.

語句　1. **constantly** 副「常に，恒常的に」 **circulate** 動「循環する」 *cf.* circle 名「円」
hydrosphere 名「水圏」 3. **cycle** 動「回る」（＝ circulate） **scarce** 形「乏しい」 **supply**
名「供給」（⇔ demand 名「需要」）

研究　■ 1. **through the hydrosphere**「水圏じゅうを」"難語"（hard words）
は英語にも日本語にも存在するが，日本語においては漢字の知識が助けに
なるように，英語においては語の構成要素が理解の鍵になる。次の語の構成要素を
確認しておく。

　　　hydro-「水」：<u>hydro</u>gen「<u>水</u>素」，carbo<u>hydr</u>ate「炭水化物」
　　　　　　　　　de<u>hydr</u>ation「脱水（症状）」
　　　-sphere「球」：sphere「球体；天球」から「広がり，領域」の意にもなる。
　　　　　　　　　hemi<u>sphere</u>「半球」（the Northern Hemi<u>sphere</u>「北半球」）

■ 2. **humans living thousands of years ago**「何千年も前に生きていた人たち」
thousands of years は年月の長さの強調で「数千年」ではなく「何千年も」の意。

> 訳
> ¹地球の水は水圏全体を，つまり地球のうちで地表の上，直下およびすぐ上方の，液状

のすべての水を含む部分を，常に循環している。²今日水を飲んでいる人は，何千年も前に生きていた人たちに潤いを与えたのと全く同じ水を飲んでいるのかもしれない。³水は常に水圏じゅうを巡っているとはいえ，地上の多くの地域は〔水の〕供給に乏しい。

---

4 ¹Earth's water has a profound effect on where and how people live. ²**From farming communities to the smallest villages to large cities, access to water has helped determine human settlement patterns throughout history.** ³Livestock and crops depend upon water. ⁴**One fully grown corn (maize) plant uses more than a gallon of water a day.** ⁵**It takes** about 800,000 gallons (3,028,300 liters) of water **to grow an acre of cotton**. ⁶Earth's climate is affected by water. ⁷Through erosion and the scraping action of glaciers, water changes the surface of the land.

語句 1. **have an effect on**「～に対する影響がある，～に作用する」 **profound** 形「深い，深遠な；程度の大きな」 2. **farming community**「農村」 **access** 名「接近；接近手段；入手経路」 **determine** 動「を決定する」 **settlement patterns**「定住パターン」 3. **livestock** 名「家畜」（複数扱い） **crop** 名「作物；収穫高」 **depend upon**「～に依存する；～次第である」 4. **fully grown**「完全に生育した」 **corn (maize) plant**「トウモロコシ」 5. **acre** 名「エーカー（面積の単位）」 **cotton** 名「綿，綿花」 6. **climate** 名「気候」 *cf.* weather「天候，天気」 **affect** 動「に影響する，作用する」 *cf.* effect 名「作用，影響」 7. **erosion** 名「浸食」 **scrape** 動「をこする」 **glacier** 名「氷河」

研究 ■ 2. **From farming communities to the smallest villages to large cities, access to water has helped determine human settlement patterns throughout history.**「農村から極めて小さな村落，さらには大都市に至るまで，水へのアクセスが歴史を通して人間の居住パターンを決定する支えとなってきた」from A to B「A から B まで」を基本に，多様な事例を紹介するときには from A to B to C「A から B，そして C に至るまで」，経由地を明示するときには from A through B to C「A から B を通って C まで」のような応用表現がある。

access to water「水へのアクセス」とはここでは「必要な水をうまく確保できるかどうか」ということ。名詞 access の基本義は「接近，接近方法」で，そこから「入手経路，入手方法（の有無）」を意味することがある。

動詞 help は，to 不定詞を伴うことも，原形不定詞を伴うこともあり，両者に意味の差はない。（⇒ p.28 研究 2 5.②）なお，**6** 4 でも原形不定詞が用いられている。

Scientific knowledge helps (to) solve various problems.
「科学の知識がさまざまな問題を解決するのに役立つ」

This software will help you (to) create an ideal website.
「このソフトウェアは，あなたが理想のウェブサイトを作るのに役立ちます」

■ 4. **One fully grown corn (maize) plant uses more than a gallon of water a day.**「完全に生育したトウモロコシ1本は，1日につき1ガロン以上の水を使う」が直訳。"〔苗の頃と異なり〕収穫目前のトウモロコシには大量の水が必要"という意味にもとり得るが，文脈上本文の意味はそうではない。主語に含まれる過去分詞は，文の動詞によってもたらされた「結果」を含意したもので，「トウモロコシ1本が完全に育つまでに1日につき1ガロン以上の水を使う」の意。

A surprised angler caught a giant black bass in the lake.
〔直訳〕「驚いた釣り人が湖で巨大なブラックバスを釣った」
→「釣り人が湖で巨大なブラックバスを釣り上げて驚いていた」

＊日本で "コーン" といえば「トウモロコシ」を連想するが，corn は元来「穀物」を意味する語で，地域によって指す作物は異なる（例えばイングランドやウェールズで「小麦（wheat）」，スコットランドやアイルランドでは「燕麦（oats）」）。そこで，「トウモロコシ」に意味を特定するために corn (maize) のような表記になっている。

■ 5. **It takes ... to grow an acre of cotton**「1エーカーの綿花を育てるのに…がいる」何かをするのに必要な時間その他の要件を表す構文。

It takes three hours to get there.「そこに着くには3時間を要する」
It takes practice to be a good singer.「歌が上手になるには練習がいる」
▶ただし費用を示す際は動詞に cost を用いる。
It costs five dollars to send this package.「この小包を送るのに5ドルかかる」

訳 [1]地球にある水は，人々がどこに，どのようにして暮らすかに対して重大な影響を持つ。[2]農村から非常に小さな村落，果ては大都市に至るまで，水へのアクセスが歴史を通して人間の居住パターンの決定を支えてきた。[3]家畜も作物も水次第である。[4]トウモロコシ1本が完全に生育するのに1日1ガロン以上の水を使うのである。[5]綿花を1エーカー育てるのにおよそ80万ガロン（302万8300リットル）の水がいる。[6]地球の気候は水に影響される。[7]浸食，そして氷河が〔地表を〕削り取る作用を通して，水は陸地の表面を変えてしまう。

---

5 [1]Although all water is important, **it is fresh water that is needed to sustain life**. [2]Most of Earth's water — roughly 97.3 percent — is salt water and is found mainly in the oceans. [3]The remaining 2.7 percent of Earth's water is fresh water — however, most of that is frozen in polar ice caps and glaciers or locked up underground as groundwater. [4]Less than 1 percent of Earth's fresh water is surface water, the water available for use by living things.

語句 1. **fresh water**「真水」　**sustain** 動「を維持する」　2. **roughly** 副「おおまかにいえば」　3. **remaining**[rɪméɪnɪŋ] 形「残りの」　**polar** 形「極地の」　**ice cap**「氷冠, 極冠」（北極・南極にある氷）**lock up**「～を閉じ込める」　**underground** 副「地下に, 地中に」　**groundwater** 名「地下水」　4. **surface water**「地表水（湖沼・河川など地上の水）；表層水（海洋を含む地球の表面を覆う水）」　**available** 形「利用可能な, 入手可能な」

研究 ■ 1. **it is fresh water that is needed to sustain life**「生命を維持するのに必要とされるのは真水である」〈It is ～ that ...〉の『強調構文』。なお, fresh water が「新鮮な水」か「〔塩水に対する〕真水」かは文脈による。ここではもちろん後者。

訳 ¹あらゆる水は重要とはいえ, 生命を維持するのに必要なのは真水である。²地球の水の大半は——ざっとみて 97.3 ％が——塩水で, 主として海洋にある。³地球の水の残り 2.7 ％は真水である——ところが, その大半は極地の氷冠や氷河の中で凍っているか, 地下水として地中に閉じ込められている。⁴地球の真水の 1 ％未満が地表水, つまり生物による利用に対応できる水ということになる。

PART Ⅲ
26

6 ¹**Water's physical properties make it vastly different from** most other liquids. ²Water, for example, has the rare property of being lighter as a solid than as a liquid. ³**If ice (solid water) were heavier than water, frozen water** in a lake **would sink** to the bottom **and pile up** to the top, **killing all the marine life.** ⁴Water's ability to store great amounts of heat helps living things survive through wide changes in temperature. ⁵**The amount of heat produced by a man during one day's activity would be enough to raise his body temperature by as much as 300°F were it not for the water in his tissues.**

語句 1. **physical** 形「物理的な」　**property** 名「財産；[複] 特性」　**vastly** 副「大幅に, 非常に」　2. **rare** 形「珍しい, まれな」　**solid** 名「固体」形「堅い；固体の」　3. **sink** 動「沈む」　**pile up**「積み重なる」　**marine** 形「海の, 海生の；（ここでは）水中の」　4. **store** 動「を蓄える」　**survive** 動「生き残る, 生き延びる」　**temperature** 名「温度」　5. **raise** 動「を上昇させる」 *cf.* rise「上昇する」

研究 ■ 1. **Water's physical properties make it vastly different from** ～「水の物理的特性は, 水を～とは非常に大きく異なるものにしている」 it は water を指す。

■ 3. **If ice ... were heavier than water, frozen water ... would sink ... and pile up ..., killing all the marine life.**「仮に氷が…水よりも重いとすれば,

凍った水は…沈んで…積み重なり…，あらゆる水中の生命を殺してしまうことだろう」If 節において単数名詞（ice）の主語を were で受けているのは『仮定法過去』。それを受けて主節でも，『仮定法過去』の助動詞 would が用いられている。一つの would を共有する二つの動詞句（sink ... と pile up ...）は一連の動作であるから，「沈んで積み重なることだろう」となる。本文はさらに『分詞構文』によって文が継続しており，分詞 killing は接続詞を用いれば and kill と言い換えられるから，訳出の際は助動詞 would の効力がそこまで及ぶとみてよい。

仮定法（2）

『仮定法過去』は“現在の事実と反対”の条件や願望を表すことがある。

If I were rich, I would buy it.「金持ちであれば買うんだが」

〔= As I am not rich, I can't buy it.「金持ちでないから買えない」〕

I wish I were rich.「金持ちであればいいのになあ」

〔= I'm sorry I am not rich.「金持ちでなくて残念だ」〕

形容詞 marine は「海の；海に住んでいる」の意だが，本文は湖についてのたとえであるから，「水中の」と訳すしかない。本文には用語の検討がやや不十分に思われる箇所がところどころ見受けられ，ここはその一例。

■ 5. **The amount of heat produced by a man during one day's activity would be enough to raise his body temperature by as much as 300°F were it not for the water in his tissues.**「1 人の男性が 1 日の活動の間に発する熱量は，仮に身体組織に水がないとすれば，その人の体温を華氏 300 度〔摂氏 148.9 度〕も上昇させるに十分なほどになるだろう」 ここでの a man は，人類の代表として「人」の意ではなく，「1 人の男性」。発生熱量には男女差があるという点を踏まえ，このような記述では明確に訳出したい。

助動詞 would は『仮定法過去』の帰結部分で，条件節は were it not for ～。接続詞 if が省略されて倒置形になっている（= if it were not for ～）。（⇒ p.236）

°F は degree(s) Fahrenheit と読み，米英で広く用いられる「華氏」による温度の表現。1 気圧での水の氷点は 32°F（= 0℃），沸点は 212°F（= 100℃）。

主観をこめた表現

as much as ～が主観をこめた表現であることを押さえておこう。数値などを客観的に示すのではなく，そこに筆者［話者］の主観を反映させるのである。

He earns as much as 200,000 dollars a month.

「彼は月になんと 20 万ドルも稼ぐ」

The lake froze over as early as November last year.

「昨年は早くも 11 月に湖全体が凍ったのです」

訳 ¹水の物理的特性は, 水を他のほとんどの液体とは大きく異なるものにしている。²例えば水は, 固体としては液体としてよりも軽いという珍しい性質を持っている。³仮に氷（固体状の水）のほうが水よりも重いとすれば, 湖で凍った水は底に沈んで, 水面にまで積み重なっていき, 水中のあらゆる生命を殺してしまうだろう。⁴水が大量の熱を蓄えることのできる力は, 生き物たちが温度の大きな変化を経ても生き延びる助けとなっている。⁵ 1人の男性が1日活動して発する熱量は, 仮にその身体組織に水がなければ, その人の体温をなんと華氏300度も上昇させるに十分なほどになるだろう。

解答・解説

解答

1	D	**2**	B
3	1人の男性が1日活動して発生する熱量は, 仮にその身体組織に水分がなければ, その人の体温をなんと華氏300度も上昇させるに十分なほどになるだろう。		
4	地球上の水の97.3%は真水ではない上, 真水のうち大半は極地や氷河中, 地下深くにあるため。		
5	A, D		

解説 **1** 大気中に存在し, 雲のもとになるもの。A「大気」 B「気候」 C「液体」 D「水蒸気」

2 hydrosphere の語義を推測するのに必要な知識は, 研究 **3** 1. 参照。A「雨やみぞれ, 雪, あられや雹（ひょう）につながる気象状況」 B「地球のうちで地表の上, 直下およびそのすぐ上方の, 液状の水すべてが含まれる部分」厳密には「液状の水」とは限らず, 水蒸気や氷も含むべきだが, 語義説明としてはこれが最も適切。C「家庭用ならびに商業用の水の安定的供給が保証された都市および近郊地域」 D「浄水設備や配水に必要な水道管のネットワークを含む水供給システム全体」

3 研究 **6** 5. 参照。

4 生命の維持にはどんな水が必要かについて述べた **5** の内容をまとめる。

5 A「地球の表面の約4分の1は, 世界で最も重要な液体によって覆われていない」 **1** 1に一致。B「大昔, 陸上の動植物は現在ほどには多くの水を必要としていなかった」陸上の生物が水を必要としていることは **2** 3にあるが, 必要な水の量の違いについての言及はない。C「人間は水が入手可能かどうかに関係なく, 地球上のあらゆる所に暮らす最初にして唯一の生物種である」人間の居住地と水の関係を述べた **4** に言及なし。D「凍った湖の生物は, 仮に氷が液体の水より重ければ, 決して生存できないであろう」 **6** 3に一致。E「水があまり多くの熱エネルギーを保持できないという事実は, 生物が生存する上で役立つ場合がある」 **6** 4に不一致。

精講

> **1** ¹How can the capacity for solitude be cultivated? ²With attention and respectful conversation.

語句　1. **capacity** 图「能力，できること」　**solitude** 图「孤独，自分ひとりでいること」　**cultivate** 動「を養う，涵（かん）養する，育てる；を培養する」　2. **attention** 图「関心，注目；配慮，心遣い，親切」　**respectful** 形「敬意のこもった，丁重な」　**conversation** 图「会話，話のやりとり，対話（dialogue）」

研究　■ 1.・2. **How can the capacity for solitude be cultivated? With attention and respectful conversation.**「孤独に対する能力はどうやって育まれることができるのか。配慮，そして敬意のこもった対話によって」が直訳。2 は文頭で It can be cultivated が省略されたもの。cultivate「を養う，育む」には「〔土〕を耕す」の意もあり，もとは農業（agriculture）に関連の深い語である。現在では「〔魚〕を養殖する」「〔微生物〕を培養する」の意にもなるが，もとは手間と愛情と時間をかけて育成するイメージが強い。

　投げかけた大きな問いに対して，すぐにその答えを明かす手法は，答えそのものより，なぜその答えに至るのかの考察を読者に促すため。

訳　¹自分ひとりでいられる力はどうやって伸ばすことができるのか。²〔それは〕配慮と，そして敬意をこめた対話によって〔である〕。

> **2** ¹Children develop the capacity for solitude in the presence of an attentive other. ²Consider the silences that fall when you take a young boy on a quiet walk in nature. ³**The child comes to feel increasingly aware of what it is to be alone in nature, supported by being "with" someone who is introducing him to this experience.** ⁴Gradually, the child takes walks alone. ⁵Or **imagine a mother giving her two-year-old daughter a bath, allowing the girl's reverie with her bath toys as she makes up stories and learns to be alone with her thoughts, all the while knowing her mother is present and available to her.** ⁶Gradually, **the bath, taken alone, is a time when** the child is comfortable with her imagination. ⁷Attachment enables solitude.

語句 1. **develop** 動「を発達させる, 伸ばす, 成長させる」 **in the presence of**「〜のいるところで」(⇔ in the absence of「〜のいないところで」) **attentive** 形「気遣い［思いやり］の心を持った, 耳を傾けてくれる；用心深い」 2. **consider** 動「を考慮する, 熟考する」 **silence** 名「沈黙, 静寂」 **fall** 動「倒れる, 転ぶ, 落ちる；来る」 **take ～ on a walk**「〜を散歩に連れていく」 3. **come to do**「〔自然に〕…するようになる」 **increasingly** 副「ますます, どんどん」 **aware (of)** 形「(〜を)意識して, (〜に)気づいて」 **support** 動「を支える, 支持する」 **introduce A to B**「A を B に導入［案内／紹介］する」 4. **gradually** 副「徐々に」 **take a walk**「散歩する」 5. **imagine A doing**「A が…するところを想像する」 **allow** 動「を許可する, 許容する」 **reverie** 名「空想, 夢想」 **toy** 名「おもちゃ」 **make up**「〜を作り上げる, 考え出す；でっちあげる」 **learn to do**「〔習得の結果〕…するようになる」 **thought** 名「思考, 考えた内容」 **all the while**「その間ずっと」 **present** 形「存在する, いる［ある］；出席して」 **available** 形「利用［入手］可能な；予定が空いて」 6. **comfortable (with)** 形「(〜を)心地よく楽しんで, (〜で)心地よく過ごして」 **imagination** 名「想像, 空想」 7. **attachment** 名「愛情（を注ぐこと), 愛着；付着；付属品」 **enable** 動「を可能にする」

研究 ■ 3. **The child comes to feel increasingly aware of what it is to be alone in nature, supported by being "with" someone who is introducing him to this experience.**「その子が自然の中でひとりになるとはどういうことか, このような経験に自分を導いてくれた人と『一緒に』いることに支えられながら, その意識を深めるようになる」引用符（" "：quotation marks）は, ここでは読者の注意を喚起し, この平易な語が本文で重要な意味を持つことを示す（音読する際には聞き手がそのことに気づくような読み方が求められる）。ここで「ひとりになる」ことは, ひとり放置されることではない。そこへ導いてくれた人の存在を前提に, 少年はただ自分と自然だけの世界に浸るのである。

what it is to be alone in nature は『間接疑問文』。前置詞 like を含んだ what it is like to be ～「～であるとはどのようなことか」と比較すると, 本文の表現は「～であるとは何か」という, より直接的な問いかけであることがわかる。

supported by ～ は comes to feel increasingly aware を修飾。

■ 5. ① **imagine a mother giving her two-year-old daughter a bath**「ある母親が 2 歳の娘をお風呂に入れてあげる場面を想像しなさい」形容詞 two-year-old の語形については問題25 **研究** **3** 5. 参照（⇒ p.177）。imagine A doing の表現では, doing を『動名詞』ととらえて A をその『意味上の主語』とし,「A が…する場面を想像する」と解釈するのがよい（文法的に有効な他の解釈として, doing が直前の A を修飾する『現在分詞』ととらえ,「…している A を想像する」と解釈する方法もある）。

■ 5. ② **allowing the girl's reverie with her bath toys**「女の子が自分のお風呂のおもちゃを使って空想するに任せながら」allowing は〔前出の imagine と結びつけるよりも〕『分詞構文』（付帯状況）として解釈するのがよい。

■ 5. ③ **as she makes up stories and learns to be alone with her thoughts**「一方, 女の子はいろんなお話を組み立てたり, ひとりで考え事にふけるように

なったりする」接続詞 as によってここから新たな文となり，主語が切り替わる。読者の視線は母親から，接続詞 as（= while）を境にもうひとり，つまり女の子のほうに向かう。主語の she は，お風呂に入れてもらっている女の子である。

接続詞 as の区別　辞典や文法書では，接続詞 as について「①時（〜するとき）；②理由（〜だから）；③様態（〜するのと同様に）；④対照（〜であるのに対して）；⑤比例（〜するにつれて）；⑥〔〜 as *SV* で〕譲歩（〜ではあるものの）」などとたくさんの"用法"が列挙される。しかしこれだけ多くの用法があるということは，接続詞 as は明確な論理関係を示すものではないとも言える。

　二つの文を結ぶ as は，両文の内容が『同時に成立』することを示唆するもので，場合によっては一方が他方に対し"理由"の要素を帯びることもあれば，互いに"対照"的な様相を呈する場合もある。さらに2種の変化が同時並行しているさまを"対照"するなら，それは「比例」と分類されることになる。

　文と文の論理関係を熟慮することは非常に重要だが，接続詞 as は2文を直結させる働きがその最大の特徴である。用法の峻別について過度にこだわると，かえって文の味わいを損ないかねない。

He frowned <u>as</u> I pointed out his grammatical mistake.

「私が彼の文法的誤りを指摘すると彼は顔をしかめた」

▶「①時」でも「②理由」でもあり得る（その区別をもし重要視するなら，as ではなく when や because を用いて表現するはずである）。

■ 5.④ **all the while knowing her mother is present and available to her**「その間ずっとお母さんがいて，〔呼べば〕答えてくれることを知っている」副詞句が冒頭にあるが，これは『分詞構文』で knowing の意味上の主語は前出の she つまり女の子である。

■ 6. **the bath, taken alone, is a time when ...**「お風呂は，ひとりで入浴した場合でも，…なひとときになる」「入浴する」に相当する英語表現は take a bath で，本文の taken alone は過去分詞による『分詞構文』（= even if it is taken alone）。

訳　¹子供は自分に関心を寄せてくれる他者がいるところで，ひとりでいられる力を発達させる。²小さな男の子を自然の中での静かな散歩に連れ出したときに訪れる無言の状態を考えてみなさい。³その子は自然の中でひとりになるという意味をだんだんと深く意識していくようになる——この経験に導き入れてくれているだれかと「一緒」にいることで支えられながら。⁴徐々に，その子はひとりで歩くようになる。⁵もしくは母親が2歳の娘を入浴させる様子を想像しなさい——それも，母親はその子がお風呂用のおもちゃを持って空想するに任せていて，その子はいろいろなお話を作って，ひとりで考え事ができるよう

になり，それでもその間ずっとお母さんがいてくれて，お母さんを呼べるとわかっている，という状況を。⁶徐々に，入浴は自分ひとりでも，空想しながら楽しめる時間になる。⁷愛情が，自分ひとりでいることを可能にするのである。

---

3 ^{1A}Paul Tillich has a beautiful formulation: ^{1B}**"Language ... has created** the word 'loneliness' to express the pain of being alone. ²**And it has created** the word 'solitude' to express the glory of being alone." ³Loneliness is painful, emotionally and even physically, **born from a "want of intimacy" when we need it most, in early childhood**. ⁴Solitude — the capacity to be contentedly and constructively alone — is built from successful human connection at just that time. ⁵But **if we don't have experience with solitude — and this is often the case today — we start to** equate loneliness and solitude. ⁶This reflects the impoverishment of our experience. ⁷If we don't know the satisfaction of solitude, we only know the panic of loneliness.

P
A
R
T
Ⅲ

27

語句 1A. **Paul Tillich**「パウル・ティリッヒ（ドイツに生まれ，米国に亡命した哲学者, 1886～1965）」 **formulation**图「公式化，定式化；明確に言い表した言葉」*cf.* formula 图「〔数学〕公式；〔化学〕式（化合物の構造式など）」 1B. **loneliness**图「孤独，寂しさ」 **express**動「を表現する」 **pain** 图「痛み，苦痛，つらさ」 2. **glory**图「栄光，称賛；この上ないすばらしさ，華麗さ」 3. **painful**形「つらい，苦痛を伴う」 **emotionally**副「感情的に，心情的に，心の面で」 **physically**副「肉体的に；物理的に」 **want**图「欠乏，欠如」 **intimacy**图「親密さ，親しさ」*cf.* intimate 形「親密な，親しい」 **childhood**图「子供時代」 4. **contentedly**副「甘んじて，不満のない状態で」 **constructively**副「建設的〔役に立つ／前向き〕なやり方で」 **successful**形「うまくいった，成功した」 **connection**图「接続，つながり」 5. *be* **the case**「その場合にあたる，当てはまる」 **equate**動「を同一視する」 6. **reflect**動「を反射する，反映する；を熟考する」 **impoverishment**图「貧窮，疲弊」*cf.* poverty 图「貧困」 7. **satisfaction**图「満足」 **panic**图「恐怖，不安，狼狽（ろうばい）；経済恐慌」

研究 ■ 1B. **Language ... has created** ～「言語は…～を創出した」無冠詞，単数で用いられた language は特定の言語ではなく，「言語」という存在，もしくは人間の能力としての「言語」を意味する。

■ 2. **And it has created** ～「さらにそれは～を創出した」文頭に置かれた and については，問題9 研究 **3** 1. ①参照（⇒ p.60）。主語の it は language「言語」を指す。前文から続くティリッヒのこの言葉は，"人がひとりでいる" という状況は物理的に見れば，"他の人と共にいない" というだけにすぎないのに，言語能力を持つ人間はそれを質によって区別し，そこに異なる名称を与えている，という指摘。

■ 3. **born from a "want of intimacy" when we need it most, in early childhood**「一番それが必要なとき，つまり幼少期において『親密さの欠如』から生まれる

もの」過去分詞による『分詞構文』で，接続詞を補って考えるなら *and it is* born from ～とすればよい。need it most の it は intimacy を指す。

名詞 want は「欠如（= lack）」の意で，しばしば for want of「～がないので」の形で用いられる。

> For want of other choices, I did my assigned task.
> 「他に選択肢もないので，私は自分に与えられた仕事をした」

■ 5. **if we don't have experience with solitude ― and this is often the case today ― we start to ～**「もしもわれわれにひとりでいることに関する経験がなければ――しかもこれは今日実際起きているわけだが――われわれは～し始めるのだ」experience with solitude は, 孤独との"出会い"や"語らい"といった, 人の内面的体験を思わせる点で, より直接的な experience of (being) solitude「孤独でいるという経験」とは異なる味わいがある。

be the case (with)「（～に）当てはまる, そのとおりである」は重要表現。

> As is often the case with children, Jim can't concentrate for long.
> 「子供にはよくあることだが, ジムは長時間集中できない」

この文で this は if 節の内容を受け, それが決して仮定の話でなくもはや現実であることを指摘する。

訳 ¹ᴬ パウル・ティリッヒ〔の言葉〕に, ある美しい公理がある。¹ᴮ「言語は…ひとりでいることのつらさを表すために『ひとりぼっち (loneliness)』という語を生み出した。² さらに言語は, ひとりでいることのすばらしさを表すために『自分ひとり (solitude)』という語を生み出した」と。³ ひとりぼっちは気持ちの面でも, また肉体的にさえも, つらいものである―― 一番それを必要とする時期, 幼少期に「親密さを欠くこと」から生まれるものだから。⁴〔一方,〕自分ひとりでいること――不満なく積極的な意味でひとりになれること――は, ちょうどその時期に人間関係がうまくいったところから築かれる。⁵ だがもしわれわれが自分ひとりでいる経験を持たないならば――しかも今日起きていることだが――われわれは, ひとりぼっちの状態と自分ひとりでいることを同一視し始める。⁶ これはわれわれの経験が貧しくなっていることの反映である。⁷ われわれがもし自分ひとりでいる満足感を知らないなら, ひとりぼっちの不安しか知らないことになる。

---

4 ¹ Recently, **I was working on my computer during a train ride from Boston to New York, passing through a snowy Connecticut landscape**. ² **I wouldn't have known this but for the fact that I looked up when I walked to** the dining car to get a coffee. ³ **As I did, I noted that every other adult on the train was staring at a screen.** ⁴ **We deny ourselves the benefits of solitude** because we see

the time it requires as a resource to exploit. ⁵ Instead of using time
alone to think (or not think), we **think of filling it with digital
connection**.

語句 1. **recently** 副「最近」 **ride** 名「乗ること；乗り物；〔車・電車・バイクでの〕移動，旅」 **pass
through**「〜を通り抜ける」 **snowy** 形「雪の」 **landscape** 名「景色，風景；風景画」 2. **but
for**「〜がなければ」 **look up**「見上げる，上を［前を］見る」 **dining car**「食堂車」 3. **note** 動「に
気づく；をメモする」 **stare at**「〜を見つめる，凝視する」 **screen** 名「スクリーン，画面；仕切り，つ
いたて」 4. **deny** *oneself* + *O*「O を断念する，あきらめる」 **benefit** 名「利益；利点，強み」 **require**
動「を要求する」 **resource** 名「資源」 **exploit** 動「を開拓する；を活用する；を搾取する」 5.
instead of「〜の代わりに；〜しないで」 **fill** *A* **with** *B*「A を B で満たす［埋める］」 **digital** 形「デ
ジタル方式の，コンピュータ化された」

研究 ■ 1. **I was working on my computer during a train ride from
Boston to New York, passing through a snowy Connecticut
landscape**「私はボストンからニューヨークへ列車で移動中，パソコンを使って仕事をし，
コネチカットの雪景色を通り過ぎた」passing through ... は，was working と同時進
行の状態を表す『分詞構文』。ボストンもニューヨークも米国東海岸の大都市で,北
から南に向かっての鉄道の旅である。列車は，間にあるコネチカット州の平原地帯
を通る。

■ 2. **I wouldn't have known this but for the fact that I looked up
when I walked to 〜**「私は，〜に向かって歩くときに目を上げたという事実がなければ，
このことに気づかなかっただろう」this は直前の「雪景色を通り過ぎていること」を指
す。〈wouldn't have *done*〉は『仮定法過去完了』。実際には気づいたことを，「気
づかなかったことだろう」と反転させて述べている。

　〈but　for + 名詞〉は『仮定法』の表現と共に用いて「〜がなければ［なかった
ら］」の意になることがある。

　the fact that I <u>looked</u> up when I <u>walked</u> to ... の下線部は，ともに事実をその
まま述べた『直説法過去』である。なお，look up とは「視線を上げる；上を［前
を］見る」ことで，それまでパソコンの画面に向かっていた視線が周囲に向いたこ
とを表す。

■ 3. **As I did, I noted that every other adult on the train was staring
at a screen.**「そのとき，列車にいる他の大人がみな，画面をじっと見ていることに私は気
づいた」As I did は『代動詞』を用いた表現で，did は既出の動詞の代わりに用いた
もの。つまり「立ち上がって食堂車に移動するまさにそのとき」雪景色に気づいた
ということを，同時性を示唆する接続詞 as（⇒ p.190 接続詞 as の区別 ）とともに示す。
この文を Doing so, I noted that ... のように『分詞構文』を用いて言い換えること
もできる。

staring は発音[stéəriŋ]で，動詞 stare の現在分詞であることに注意（もし発音が[stáːriŋ]であれば starring というつづりになる）。

■ 4. ① **We deny ourselves the benefits of solitude**「われわれはひとりでいることの利点を放棄している」動詞 deny[dinái]の基本義は「を否定［否認］する」だが，目的語を二つとる場合には要注意。deny *A B*（または deny *B* to *A*）で「A に対して B を与えない；使わせない」の意。ここでは再帰代名詞（ourselves）を用いているから，「自分に対して与えない」つまり「放棄する，選び取らない」の意になる。

■ 4. ② **see the time it requires as a resource to exploit**「そのことが必要とする時間を利用すべき資源と見なす」see *A* as *B*「A を B と見なす」（= regard *A* as *B*）の構造。

the time の直後には，目的格の関係代名詞 which が省略されている。it は solitude を指し，それを当てはめて the time it requires を直訳すれば「ひとりでいることが要求する時間」，つまり「ひとりでいるために必要な時間」ということになる。

動詞 exploit は「を利用する，開発する」意であるが，"利益を得るために" という含みがあるため，「を酷使する；搾取する」という悪い意味を帯びることが多い。本文でも筆者は，自分ひとりになって豊かに過ごせるはずの時間を安易な利益追求のために使ってしまう人々の態度を指して使っている。

■ 5. **think of filling it with digital connection**「それをネット上のつながりで満たそうと考える」it は time を指し，fill「を埋める，満たす」を使うということは時間についての表現に容器の比喩を用いていることになる。空っぽ（empty）の時間があってそれを何で満たすか，というとき，筆者が推奨するのが solitude「自分ひとりでいること」であって，それは考えない時間（ぼーっとただ存在するだけ）でもよい，という。何か生産的であることばかりが人生ではないという筆者の哲学が，ここに表現されている。

> **訳**
> ¹最近，ボストンからニューヨークに向かう列車の旅の途中，私は自分のパソコンに向かって仕事をしていて，コネチカットの雪景色の中を通り過ぎることがあった。²食堂車にコーヒーを買いに行くときに目を上げたという，その事実がなかったならば，きっと自分はこれに気づかなかったことだろう。³そのとき，車内の他の大人たちもみな，〔パソコンや通信機器の〕画面を眺めていることに私は気づいた。⁴われわれは，自分ひとりでいることの利点を放棄している――その理由は，自分ひとりでいるために求められる時間を，利用するための資源と見なしているからである。⁵考え事をするため（もしくはしないため）にひとりで時間を使うのではなく，ネット上でつながることで時間を埋めることをわれわれは考えてしまうのである。

解答・解説

1	B
2	連れてきてくれた人と一緒に沈黙の中でひとり自然と直接向き合う［自然にひたりきる］という体験。
3	B 4 A 5 A
6	食堂車にコーヒーを買いに行くときに目を上げたという，その事実がなかったならば，きっと自分はこれに気づかなかったことだろう。
7	D 8 C

解説　**1**　子供が真にひとりでいられる力を身につける際に an attentive other の存在が不可欠だというのが筆者の主張で，**2** 3"with" や 5 all the while knowing her mother is ... available to her はその直接の具体例。段落末の Attachment enables solitude. もその主張の力強い要約である。A「～であるのと同様に」B「～のいるところで」C「～とは無関係に」D「～とは異なり」

2　含むべき要素は (1) 子供が完全にひとりぼっちでないことを示唆する言葉，(2)「ひとり［自分だけ］で」，(3)「沈黙」，(4)「自然」，(5)「体験［経験］」。

3　a want of「～の欠如」íntimacy 图「親密さ」A「独立したいという希望」B「愛情ある関係の欠如」C「自由の必要性」D「友情の理想的な姿」

4　**3** 4 は solitude を定義する重要な一文。直前の副詞 contentedly「不満のない状態で」と並んで alone を修飾するに最もふさわしい副詞を，文脈を踏まえて選ぶ。A「建設的に」B「感情的に」C「文字どおりに」D「無意味に」

5　研究 **3** 5. 参照。A「ひとりでいる経験の欠如」B「うまく築かれた人間関係」C「ひとりでいることが幼少期の良好な人間関係から築かれること」D「ひとりぼっちであることとひとりでいることをわれわれが同一視し始めること」D を指していうのであれば，本文のような形で挿入するのではなく，文末に as is often the case today と追記する方が自然な表現になる。

6　研究 **4** 2. 参照。

7　研究 **4** 4.①参照。A「われわれはひとりでいることのよい点に完全に夢中だ」B「われわれは自らを欺いて，ひとりでいることによい点があると信じ込んでいる」C「ひとりでいることの長所のようなものがあるとは思えない」doubt that SV「…であることを疑う」→「…であるとは思わない」such things as「～のようなもの」D「われわれは自分自身にひとりでいることのよい点を与えることを拒絶する」

8　A「自分ひとり」は **2** 3 の主旨に合致せず，「何か大きな存在に出会う」の部分は本文に言及なし。B「母親の助けを借りずに」は **2** 5 に不一致。C **3** 1B・2 に一致。D **4** 3 に不一致。

精講

1 ¹It is quite possible, even common, to work across cultures for decades and travel frequently for business while remaining unaware and uninformed about how culture impacts you. ²Millions of people work in global settings while viewing everything from their own cultural perspectives and **assuming that all** differences, controversy, and misunderstanding **are rooted in personality**. ³This is not due to laziness. ⁴Many well-intentioned people don't educate themselves about cultural differences because they believe that if they focus on individual differences, that will be enough.

語句 1. **common** 形「ありふれた，普通の」 **across cultures**「文化を越えて，異文化との」 **for decades**「何十年も」 **frequently** 副「頻繁に」 **unaware about**「〜に気づかずに」 **uninformed about**「〜を知らずに，教わらずに」 **impact** 動「に影響する」 2. **millions of**「何百万という数の〜；非常に多くの〜」 **setting** 名「状況，環境，設定」 **view** 動「を見る，眺める」 **perspective** 名「観点」 **assume** 動「を引き受ける；と仮定する」 **controversy** 名「論争，対立」 *be rooted in*「〜に根差している」 **personality** 名「個人の領域；人格，性格」 3. **due to**「〜のせいで」 **laziness** 名「怠惰」 *cf.* lazy 形「怠惰な」 4. **well-intentioned** 形「善意の」 **focus on**「〜に焦点をあてる，注目する」 **individual** 形「個々の；個人に関する」 名「個人」（**3** 2）

研究 ■ 2. **assuming that all ... are rooted in personality**「あらゆる…が〔個人の〕人格に根差しているという前提で」assume は語源的には"手に取る"意の多義語で，「〔義務・責任〕を引き受ける；〔地位〕に就く；〔習慣〕を身につける」などの意があるが，ここでは「〔assume *A* to be 〜で〕*A* は〜だと思い込む；〔that 節を伴って〕…であると前提する」の意で，とくに"根拠のない推測"という含みがある（この点で presume「〔確信に基づき〕と見なす，を前提とする」とは異なる）。関連語として名詞 assumption「前提，想定，決めつけ」（**4** 2）も押さえておく。

訳 ¹何十年にもわたり文化の違いを超えて仕事をし，頻繁に商用で旅をしていながら，一方で，文化がどう自分に影響しているのかに無意識なまま，教えられないままでいるというのは大いにあり得ることで，よくある話でさえある。²何百万という人々が，国際的な状況で仕事をしながら，自文化の観点ですべてを見，あらゆる相違，対立，誤解は個人の人格に根差すものと見なしているのだ。³このことは，怠惰によるものではない。⁴善意ある多くの人たちは，個人レベルの相違に焦点を当てればそれで十分だと信じているから，文

2 ¹After I **published an online article on the differences among Asian cultures and their impact on** cross-Asia teamwork, one reader commented, "²**Speaking of cultural differences leads us to stereotype and therefore put individuals in boxes with 'general traits.'** ³Instead of talking about culture, it is important **to judge people as individuals, not just products of their environment.**"

語句 1. **publish** 動「を出版する，公表する」 *cf.* public 形「公の」 **article** 名「記事；項目；冠詞」 **cómment** 動「と批評［コメント］する」 2. **stereotype** 動「型にはめて～を見る」 **put *A* in *B***「A を B に入れる」 **general** 形「一般的な，共通して見られる」 **trait** 名「特徴，特質」 3. **instead of**「～の代わりに」 **judge *A* as *B***「A を B だと判断する」 **product** 名「産物，製品」

研究 ■ 1. **published an online article on the differences among Asian cultures and their impact on ...**「アジア諸文化間における相違とその…への影響についてのオンライン記事を公開した」 on the differences 以下は article を修飾する『形容詞句』で「～についての」の意。their は the differences among Asian cultures を指す点にも注意。

■ 2. **Speaking of cultural differences leads us to stereotype and therefore put individuals in boxes with 'general traits.'**「文化的相違について話をすることは，われわれが個々の人々を固定観念で見，それゆえに『広く見られる特徴』［というレッテル］を利用して［いくつかの］箱に入れる（＝分類する）ようにしてしまう」

動詞 lead の目的語のあとに to が続くとき，構文としては (1) lead *A* to ＋名詞「A を～に導く」，(2) lead *A* to *do*「A を…するほうに導く」の可能性があり，また英単語 stereotype には (a) 名「既成概念，決まりきったイメージ」，(b) 動「を既成概念にはめて見る」双方の可能性があるが，ここでは後半の and therefore put individuals というつながりから，(2)—(b) であることがわかる。

leads us to ┌ stereotype ┐
             │ and therefore │ individuals
             └ put in boxes ┘

「個々の人を決まった枠にあてはめて見，それゆえ箱に入れるようにわれわれを仕向ける」

■ 3. **to judge people as individuals, not just products of their environment**「人々をただ単に環境の産物としてだけでなく，個人として判断すること」 次に示す関係と考えれば，not just の直後に as を入れることもできる。

本文では： as 〔individuals, not just products of their environment〕

（＝ as individuals, not just as products of their environment）

¹私がアジアの諸文化に見られる違い，およびアジア間での連携に及ぼすその影響についてのネット記事を公表したとき，1人の読者がこうコメントしてきた。²「文化の相違を話題にするのは，個人を固定観念でとらえ，その結果個人という存在を"広く見られる特徴"によっていくつかの箱に入れてしまうことにつながります。³文化について語る代わりに，人を単なる環境の産物〔として〕ではなく個人として判断することが大切です」と。

---

3 ¹At first, this argument sounds valid, even enlightened. ²Of course individuals, no matter their cultural origins, have varied personality traits. ³So why not just approach all people with an interest in getting to know them personally, **and proceed from there?** ⁴Unfortunately, this point of view has kept thousands of people from learning what they need to know to meet their objectives. ⁵If you go into every interaction assuming that culture doesn't matter, **your default mechanism will be to view others through your own cultural lens and to judge or misjudge them accordingly**. ⁶**Ignore culture, and you can't help but conclude,** "⁷Chen doesn't speak up — obviously he doesn't have anything to say! ⁸His lack of preparation is ruining this training program!" ⁹Or perhaps, "**Jake told me everything was great** in our performance review, **when really he was unhappy with my work** — he is a sneaky, dishonest, incompetent boss!"

語句 1. **argument** 名「論争；主張，言い分」 **sound** 動「～であるように聞こえる」 **valid** 形「正当な，有効な」 **enlightened** 形「進歩的な」 2. **no matter** ＋名詞「～に関係なく」 **origin** 名「起源，出自」 **varied** 形「多様な（＝ various）」 3. **Why not** *do*?「なぜ…しないのか；…してはどうか」 **approach** 動「に近づく」 名「対処方法，解決策」(**5** 2) **proceed** 動「前進する，開始する」 4. **objective** 名「目的，目標；方針」 5. **interaction** 名「(人々の) 交流；相互作用」 **matter** 動「重要である」 **default** 名「初期設定，デフォルト」 **méchanism** 名「機械装置，機構，仕組み」 **lens** 名「レンズ」 **misjudge** 動「を誤審する，不当に評価する」 **accordingly** 副「それに基づいて」 6. **ignore** 動「を無視する」 **can't help but** *do*「どうしても…する，…せざるを得ない」 **conclude** 動「と結論づける」 7. **speak up**「はきはきと話す」 **obviously** 副「明らかに」 8. **lack** 名「欠如」 **preparation** 名「準備；覚悟」 **ruin** 動「を台無しにする」 9. **performance review**「反省会；勤務評定，人事考課」 **sneaky** 形「卑劣な，陰険な」 **dishonest** 形「不正直な」 **incompetent** 形「無能な」

研究 ■ 1. **At first, this argument sounds valid, even enlightened.**
「当初はこのような議論が正しく，進歩的にさえ響く」副詞句 at first は「当初は，初めのうちは」の意で，"あとでその評価が変わる"ことを示唆している（first「は

じめに」〔= firstly, = in the first place「まず第一に」〕との違いを意識しておくこと）。

enlightened が過去分詞に由来した形容詞である点に注意して意味をつかむこと。

> enlightened 形「進歩的な，開化した，〔on ～について〕よく知っている」
> enlightening 形「啓発的な，目を開かせてくれるような」

なお，enlightenment 名「啓蒙，啓発」（「蒙」とは「くらい」の意）とは，語源的には "light「光」を入れることで暗かったところを明るくすること" をいい，東洋思想の「悟り」に対する英訳としても用いられる。なお，18世紀ヨーロッパは「啓蒙主義（the Enlightenment）の時代」と呼ばれるが，それは宗教の力が圧倒的だったそれまでの世界観を否定し，人間の持つ理性によって世界に "光" をもたらそうとする合理主義がフランスを中心に広まったからである。

■ 2. **Of course individuals, no matter their cultural origins, have varied personality traits.**「もちろん一人一人はその文化的出自に関係なく，多様な個人的特徴を持っている」of course「もちろん」は，単に "当然である" ことをいうためではなく，『譲歩』の論理で "…なことはもちろんなのだが" という論の流れを築くためのもの。しかしこの段落では『譲歩』を踏まえた主張部分を明示する『逆接』の接続詞が明示されていない。これについては 4. ①を参照。

no matter は通常，直後に what / when / where / who / how などの疑問詞を置いて，「～に関係なく」の意の節を作るが，名詞のみを続ける用法も見られる。

No matter the place, or no matter the time, you should take your safety seriously.「場所や時を問わず，身の安全については真剣に考えるべきだ」

No matter your age, you can regain your powerful urge to learn.
「年齢に関係なく，学びたいという強い気持ちは取り戻すことができる」

■ 3. **So why not just approach all people ..., and proceed from there?**
「そうであるなら，…あらゆる人々に接近して，そこから先へと進んだらどうか」

〈Why not *do*?〉=〈Why don't you *do*?〉「(1)〔疑問・非難〕なぜ…しないのか (2)〔推奨〕…してはどうか；…すべきだ」文法的には疑問文で，(1) はその字句どおりの解釈。一方 (2) は真意がそれとは異なる『修辞疑問』である（⇒ p.63）。本文は後者で，しかも 2 とならんで『譲歩』の論理の一部を成す。

■ 4. ① **Unfortunately, this point of view has kept thousands of people from ...**「残念ながら，こうした物の見方が，何千という人々に…させないでいる」前々文・前文をふまえた上での叙述。Unfortunately, this ...「残念ながら，こうした…」という論の展開は，前 2 文で述べた内容を『譲歩』と位置づけ，ここからが筆者の主張の真意であることを読者に印象づける。

■ 4. ② **learning what they need to know to meet their objectives**「目的を満たすために知っておくべきことを学習すること」 動詞 meet には次のような用法が

あることを押さえておく。

　　meet your expectations「あなたの期待に応える」

　　meet the demand「需要を満たす」

　　their objectives「目的とするもの」とは, 前文で with an interest in 〜「〜に関心をもった状態で」という形で示されたその内容を指す。

■ 5. **your default mechanism will be to view others through your own cultural lens and to judge or misjudge them accordingly**「あなたのデフォルトの仕様では, 他人を自分の文化に基づいたレンズを通して見, それに基づいて判断したり誤解したりすることになろう」default は「(1) 義務の不履行；不参加, 棄権；(2)〔コンピュータの〕初期設定, デフォルト」の意で, ここでは (2) である。人間の行動原理をコンピュータのプログラムに例え, 文化的差異について無知の状態を「デフォルト」と呼んでいる。そして méchanism は直接的には「機械の仕組み,〔プログラムの〕実行手順」の意だが, ここでは人間の行動にまつわる比喩であるから,「〔他者と交流する際の〕行動パターン,〔交流〕術」ととらえるとよい。

　　accordingly「それに基づいて」とは, 二つある to 不定詞のうちの前者, すなわち「"to view others through your own cultural lens"の結果として得られた相手の姿に基づいて」の意。

■ 6. **Ignore culture, and you can't help but conclude, ...**「文化を無視しなさい, そうすれば…と結論づけざるを得なくなる」

命令文に続く接続詞 命令文に and や or が続く場合, 命令文が『条件』に相当する場合がある。

　Keep early hours, **and** you will stay healthy.
　「早寝早起きをしなさい, そうすれば健康なままでいられるでしょう」
　＝ If you keep early hours, you will stay healthy.
　　「早寝早起きをすれば, 健康なままでいられるでしょう」
　Keep early hours, **or** you will lose your health.
　「早寝早起きをしなさい, そうしないと健康を損ねるでしょう」
　＝ Unless you keep early hours, you will lose your health.
　　「早寝早起きをしないと, 健康を損ねるでしょう」

■ 9. **Jake told me everything was great ... , when really he was unhappy with my work**「ジェイクさんは私に, 何もかもすばらしいと言ってくれたが, 実際には私の仕事ぶりに不満を持っていた」接続詞 when には while と同様, 『対照』の用法があり, "一方では"の意。

訳 ┃ ¹初めのうちは，この言い分〔ぶん〕は正しく，また進歩的にさえ響く。²もちろん一人一人はその文化的出自には関係なく，多様な個人的特徴を持つ。³そうであるなら，個人レベルで知り合うことへの関心を持ってあらゆる人々に近づき，そこから先に進んではどうか。⁴残念ながら，そういう物の見方のせいで，何千という人々が，その目的〔＝個人レベルで知り合うこと〕を果たすために知っておく必要のあることを学べずにいる。⁵もしも一つ一つの交流に，文化は関係ないという前提で臨むなら，その初期設定での交流術は，自分の文化的レンズを通して他者を見，それに基づいて他者を理解したり誤解したりすることだろう。⁶文化を無視してみなさい，そうすれば次のように結論せざるを得ない。「⁷チェン君ははっきりとした声で話さない——どう見ても彼は言うべき意見を持っていないんだ！⁸彼が準備をしていないせいで，この訓練プログラムは台無しにされている！」と。⁹あるいはこういうこともあろう。「ジェイクさんはわれわれの勤務評定では，何もかもがすばらしいと私に言っているけど，実際には私の出来映えには不満なんだ——あの人は陰険で，うそつきで，無能な上司だ！」と。

4 ¹Yes, every individual is different. ²And yes, when you work with people from other cultures, **you shouldn't make assumptions about** individual traits **based on where a person comes from.** ³But this doesn't mean learning about cultural contexts is unnecessary. ⁴If your business success relies on your ability to work successfully with people from around the world, you need to have an appreciation for cultural differences as well as respect for individual differences. ⁵Both are essential.

語句 ┃ 2. **assumption** 图「仮定，想定，前提」 3. **context** 图「文脈，脈絡，つながり」 4. **rely on** 「～に頼る，依存する」 **appreciation** 图「正当な評価」 **respect** 图「敬意，尊敬」 5. **essential** 形「本質的な，欠かせない」

研究 ┃ ■ 1.・2. **Yes, every individual is different. And yes, ... you shouldn't make assumptions about ～ based on where a person comes from.** 「そう，一人一人はみな違う。そう，それに～を出身地に基づいて決めてかかるべきではない」まるで読者と対話しているかのように思わせる書き方で，相手の考えに同調してみせ，その上で 3 But ... と続ける『譲歩』の論理。

訳 ┃ ¹そう，確かに一人一人は皆違う。²それに，確かに異文化出身の人々と働くときに，個人的な特質を出身地に基づいて決めてかかるべきではない。³しかしだからといって文化的な脈絡について知ることが不要だということにはならない。⁴もしあなたの業務上の成功が，世界中の人々とうまく仕事のできる力にかかっているのなら，個人レベルの相違に

対する敬意だけでなく，文化的相違についての正しい理解を備えておくことが必要だ。
⁵そのどちらもが欠かせないことなのである。

---

5 ¹**As if this complexity weren't enough**, cultural and individual differences are often wrapped up with differences among organizations, industries, professions, and other groups. ²But even in the most complex situations, understanding how cultural differences affect the mix may help you discover a new approach. ³**Cultural patterns of behavior and belief frequently impact** our perceptions (what we see), cognitions (what we think), and actions (what we do).

語句 1. as if SV「まるで…であるかのように」 complexity 图「複雑な状態」 wrap up「を完全に包む」 organization 图「組織」 industry 图「産業，産業界」 profession 图「職業，専門職」 2. complex 形「複雑な」 affect 動「に影響する」 3. behavior 图「行動，ふるまい」 belief 图「信念，信条」 perception 图「知覚，認知，気づき」 cognition 图「認識」

研究 ■ 1. **As if this complexity weren't enough**「あたかもこの複雑性が十分ではないかのように」単数主語を受けた were は『仮定法過去』。this complexity「この複雑性」とは前段落を踏まえたもので，出会った異文化出身者の特徴はそのすべてが個人に起因するものとは見なせず，背景となる文化が密接にかかわっているという事実をいう。しかしこのあと，主節で触れるように，所属する組織や業種，職種ごとにありがちな人の特徴というものもある。それらがどれだけ複雑に絡み合っても，という仮定が 2 の even in the most complex situations「最も複雑な状況においてさえ」という副詞句で，その状況は the mix「混じり合った状況」とも表現されている。

■ 3. **Cultural patterns of behavior and belief frequently impact ...**「行動や信念が持つ文化的な型は，頻繁に…に影響するのである」cultural patterns は「文化ごとに異なるパターン」ということ。

訳 ¹まるでこの複雑な状況だけでは不十分であるかのように，文化的・個人的相違は組織や業種，専門やその他の集団の間に見られる相違にしばしば包み込まれてしまう。²しかし最も複雑に絡み合った状況にあってさえ，その混沌としたものに文化的相違がどう影響しているかを理解することで，新たな解決法が見いだしやすくなることもある。³文化に根差した行動・信念の型があって，それがわれわれの知覚（何を見るか），認識（どう考えるか），行動（何をするか）に頻繁に作用しているのである。

解答・解説

解説 **1** 空所に入る語の選択基準は文法ではなく，筆者の主張との関連である。筆者は，文化的相違は決して無視できないものと考えるが，**2** にあるように，文化的相違は固定観念につながるおそれがあるため，"個性の違い" ととらえ，それ以上に触れるべきでないという考えが存在する。しかもそのような考えの人が多くいると筆者は見なしており，それが本文を書く動機になっているのである。A「間違って」B「十分で」C「困難で」D「本物で」

2 筆者の主張と異なり，このコメントの主旨は "文化的相違を重視すべきで**ない**" というものだから，第一に A と D を除外する。individuals とは一人一人の人間を「集団の一部」ではなく，それぞれ固有の人格をもった存在として扱う語だが，put individuals in boxes とは，"独立しているはずの人々をいくつかの箱に分けて入れる"，つまり "グループ化してしまい，もはや個人としては見ない"，ということ。A「文化的相違に関心を払わないとき，人々を固定観念でとらえ，異なる集団を同じ範疇に分類してしまいやすい」"文化的相違を重視すべき" という主旨で不適。B「文化的相違を考慮するなら，型にはまった見方で考え，異なる人たちに同じレッテルを貼ることは避けられない」"文化的相違を重視すべきでない" という主旨であり，かつ文化的相違に注目することがなぜ推奨できない〔と評者が考える〕かについても適切に言い換えられている。C「文化的相違を無視しないなら，文化の違いを超えた観点から恩恵を受けることができるだろう」言い換えれば「恩恵を受けるためには文化的相違を無視してはいけない」という主旨になり，評者の主張（"文化的相違を重視すべきでない"）と矛盾する。接続詞 unless（＝ if ... not）の導く節が示す条件に注意。D「文化的相違に重点を置かない限り，あまりに大ざっぱに人々を評価してしまう誤りを犯すことだろう」"文化的相違を重視すべき" という主旨で不適。

3 文頭の Unfortunately「残念なことに」をふまえると，"この観点のせいで必要なことを学ばない人が多くいる" という主旨の文が期待される。keep A from *doing* ＝ prevent A from *doing*; hinder A from *doing*「A に…させない」。

4 研究 **3** 6. 参照。それぞれ選択肢の接続詞を入れてみると：A「文化を無視せよ，そうすれば…と結論せざるを得なくなる」B「…と結論せざるを得ないなら［得ないとしても］，文化のことは無視せよ」C「文化を無視せよ，そうしないと…と結論せざるを得なくなる」D「…と結論せざるを得ないとはいえ，文化のことは無視せよ」

5 *X* as well as *Y* は「Y と同様 X」の意で，Y を前提として X についていう表現（= not only *Y* but (also) *X*）(⇒ p.177)。**A**「個人的相違を尊重するよりむしろ文化的相違を認める」**B**「文化的相違を強調する代わりに個人的相違を尊重する」**C**「個人的相違を認識しつつ文化的相違を理解する」**D**「文化的相違もしくは個人的相違の片方を選択する」

6 **A**「異文化を理解することはときとして深刻な摩擦を生じ，それが人的交流における誤解につながることがある」give rise to ＋名詞「〜を生む」。筆者の主張は文化の重要性を否定する人との間で摩擦を生じているが（**2**），異文化出身者との人的交流が異文化理解によって阻害される主旨の言及は本文にない。**B**「異文化コミュニケーションにおける一部の誤解は，他の文化への関心が高すぎることの結果である」本文に言及なし。**C**「文化的な脈絡を理解することは重要だが，人をかけがえのない個人として扱うことのほうがはるかに重要である」筆者がどちらの重要性も認めていることは **4** **5** にあるとおり。しかし本文は文化的相違への理解の重要性を説くものであり，優先順が逆。**D**「最も複雑な環境下においてさえ，文化による影響を把握することで，文化的・社会的背景の異なる人々との仕事はしやすくなることがある」**5** 2 に一致。

精講

---

1 ¹Literature allows writers to share their ideas and visions with their readers. ²Their work is not complete until someone has read it and responded to it.

語句 1. **allow**[əláu] *A to do*「Aに…させる［することを許す／認める］」 **share** *A* with *B*「AをBと共有する，分かち合う」 2. **work** 图「作品」 **complete** 形「完全な，完了した，完成された」 **respond to**「～に応答する，反応する」*cf.* response 图「応答，反応」（**4** 6）

研究 ■ 1. **Literature allows writers to share their ideas and visions with their readers.**「文学は作家に，自分のアイデアや想像を読者と共有することを許す」ここでいう writers は "文学作品の書き手"，つまり "作家" のことで，readers「読者，読み手」と対照される存在である。しかし **2** 5にある writers は，それとは意味が異なることに注意。

　allow *A to do*「Aに…させる」は〈許容・容認（…することを許す）〉や〈放任（…させたままにする）〉の含意がある（= let *A do*）。

■ 2. **Their work is not complete until someone has read it and responded to it.**「作家の作品はだれかがそれを読み，それに反応するまでは完成しない」が直訳。not ～ until は非常によくみられる構文で，よく習熟しておきたい。「作家の作品はだれかがそれを読み，それに反応して初めて完成する」という訳出もよい。問題40 **9** 解説参照（⇒ p.299）。

訳 ¹文学は，作家がその考えやイメージを読者と共有させるものである。²作家の作品は，だれかがそれを読み，それに反応して初めて完成する。

---

2 ¹As readers, **we too have something to say**. ²At the very least, we have opinions about the work itself, but we also may have other ideas to express. ³Perhaps we are moved to compare this story with others, or perhaps it has given us some new ideas that we want to explore further. ⁴**Sometimes** we share our ideas directly with others in face-to-face discussions. ⁵**At other times, we become writers in order to** communicate our thoughts and opinions.

語句 2. **at the very least**「少なくとも」(= at least) **express** 動「を表明する」 3. **perhaps** 副「もしかすると」 **move** *A* **to** *do*「A〔の心〕を刺激して…させる」(= cause *A* to *do*, drive *A* to *do*) **compare** *A* **with** *B*「AをBと比較する」 **explore** 動「を探検する，探索する，調査する」 **further**(< far の比較級)副「さらに先へ，もっと奥へ」 4. **directly** 副「直接的に，じかに」 **face-to-face** 形「直接会った方法の，面と向かっての」 5. **in order to** *do*「…するために」 **communicate** 動「を伝える；意思疎通する」 **thought** 名「思考，考察」

研究 ■ 1. **we too have something to say**「われわれのほうにも言いたいことがある」この too は also の意(wé have something to say, too でもよいが，その場合は we に強いアクセントを置いて読むことになる)。また something to say は「言いたいこと」もしくは「言うべきこと」どちらの意にもなる。

■ 4. · 5. **Sometimes .... At other times, ...**「ときには…である。また…というときもある」文法で学習する〈some と others(または other + 複数名詞)〉の対照は，必ずしもその通りの形で現れるとは限らない。

■ 5. **we become writers in order to ...**「…するためにわれわれが書き手になる」we は本来 readers「読者」であるが，ここで writers「書く人」になる。これは **1** 1 のような「作家」の意ではない。読んだことについて頭で考察した内容や心に浮かんだ印象を整理して書き起こす人のことで，**5** 3のシンプルな表現でいえば study literature「文学を研究する」人。

訳 ¹読み手として，われわれのほうにも言いたいことがある。²少なくとも，作品そのものについての意見があるのだが，それ以外に表明したい考えがある場合もある。³もしかしたら，この物語と他の物語を比較したい気になったり，あるいはもしかしたら，その物語はさらに探求したい何か新しい考えを与えてくれるものかもしれない。⁴ときとしてわれわれは他の人たちと直接に，面と向かって議論して，考えを分かち合う。⁵またときにわれわれは，自分の考察や意見を伝えるために，書き手となることもある。

3 ¹The first part of writing about literature, therefore, is thinking about it. ²This step is perhaps **the most vital part of the process**, because we need to know **not only what we think but why we think as we do**. ³**Which of our thoughts come from the work itself?** ⁴Which have been inspired by it? ⁵Which come from our predispositions and preconceptions about literature?

語句 1. **therefore** 副「したがって，それゆえに」 2. **step** 名「一歩，歩み，段階」 **vital** 形「決定的に重要な，欠かせない」 **process** 名「経過，作業工程」 4. **inspire** 動「を奮い立たせる，元気づける；に着想を授ける」 5. **predisposition** 名「〔すでに持っている〕傾向，性向，性質」 **preconception** 名「予断，先入観，偏見」

研究

■ 2.① **the most vital part of the process**「全工程のうちで最も重要な部分」形容詞 vital の語幹 vit- には "命" の意があり，「命にかかわるほど →極めて重要な，欠かせない」という含意がある（⇒ p.103 [重要な]を意味する主な形容詞 ）。同じ語幹を持つ語には vitamin[váitəmin; [英]vítəmin]「ビタミン」がある。

■ 2.② **not only what we think but why we think as we do**「われわれがどう考えるかだけでなく，なぜそう考えるのかということも」 日本語では「どう［どのように］考えるか」と言うが，think の目的語は名詞であるべきだから，what we think という（〔誤〕how we think）。なお「どう感じるか」と言うときは how we feel でよい（feel の補語は形容詞）。

as we do の do は『代動詞』で，think の言い換え。

■ 3. **Which of our thoughts come from the work itself?**「われわれの思考内容のうちどれが作品そのものからくるのか」前置詞 of は「〜のうちの」の意で，母集団や分母を示す（*cf.* many students「多くの学生」many of the students「その学生たちのうちの多く」）。comes ではなく come が用いられているのは，「どれ」に当たる内容が複数あることを想定しているため。なお次文・次々文では反復を避けるため，which の直後の of our thoughts は省略されている。

訳

¹したがって文学について書くということの第一の部分は，文学について考察することである。²この段階はもしかすると，〔書くという〕プロセスの最も欠かせない部分かもしれない——なぜなら考察の中身だけでなく，なぜそのように考察するのかについても，わかっている必要があるからだ。³自分の考察のうちどういった部分が作品そのものに由来するのか。⁴どの部分が作品に触発されているのか。⁵どの部分が文学についての自分の傾向や先入観に由来するのだろうか。

PART Ⅲ

29

4 ¹**We enjoy stories for many reasons.** ²Some are intrinsic to the story itself: **language artfully used**, characters we believe in and care about, actions that **carry significant messages for us** or **give us new insight into ourselves and our society**. ³(**Whether the story provides that insight by answering questions for us or by** urging us into asking our own questions **does not matter here.** ⁴**What *does* matter is that** the impetus for question or answer comes from within the story itself.) ⁵Other causes of enjoyment are external, coming not from the artistry of the story, but from the fact that the story fits our current notions of **what a story should be like** or calls forth some pleasant personal memories. ⁶In short, the external factors in our response to a story come from things we already think or feel. [7] Intrinsic factors come from the writer's craftsmanship and art.

語句 1. **reason** 名「理由，根拠；理性；道理」 2. **intrinsic** 形「内在的な；本来的に備わった，本質的な，固有の」(⇔ extrinsic 形「外部からの，非本質的な」) **artfully** 副「巧みに，器用に」*cf.* artistically 副「芸術的に」 **cháracter** 名「登場人物；性格，特徴」 **believe in**「〜〔の存在・正しさなど〕を信じる」 **care about**「〜を心配する，気にかける；〜を大切に思う」 **carry** 動「を運ぶ；を伝える，伝達する」 **significant** 形「意味の深い；重要な」 **insight** 名「洞察，洞察力」 3. **provide** 動「を提供する」 **urge A into doing**「A を促して [せきたてて] …させる」(= urge A to do) **matter** 動「重要である，問題になる」 4. **ímpetus** 名「起動力，推進力，勢い；衝動，誘発要因」 **within** 前「〜の内部に [で]」 5. **cause** 名「原因；大義名分，目標」 **extérnal** 形「外部の，外的な」 **artistry** 名「芸術性，技巧の素晴らしさ」 **fit** 動「に合致する，適合する」 **current** 形「現在の，現在通用している」 **notion** 名「観念，考え，見解」 **what S is like**「S がどのようなものであるか」(like は 前) **call forth**「〜を呼び起こす，引き出す，生じさせる」 **pleasant**[plézənt] 形「楽しい，愉快な；心地よい」 **personal** 形「個人的な；人と人との」 6. **in short**「要するに，要約すると，手短にいえば」 **response** 名「応答，反応」 7. **craftsmanship** 名「職人技，すぐれた技巧；熟練」 **art** 名「技術，技巧」

研究 ■ 1. **We enjoy stories for many reasons.**「われわれは多くの理由で物語を楽しむ」reason「理由」とともに用いる前置詞については，問題 25 **研究** **2** 6. 参照 (⇒ p.175)。

■ 2.① **language artfully used**「巧みに用いられた言葉」〈関係代名詞 + *be*〉の省略 (= language that[which] is artfully used)。

不可算名詞として用いた language は「〔存在としての〕言語；言語能力；言葉遣い，言い回し，文体」などの意であって，英語，日本語といった個々の言語を指すわけではない。

artfully「巧みに」と artistically「芸術的に」を混同しないこと。art は元来「技術」の意（「技術」の意は，artificial「人工的な」や artisan「職人」などの語にも表れる）。「芸術」の意は "fine art"「美術，芸術」の短縮から生じたもの。

■ 2.② **carry significant messages for us**「われわれにとって深い意味のあるメッセージを伝える」形容詞 significant は「重要な」という訳し方で満足することも多いが，関連語（sign 名「しるし，記号」signify 動「を示す，意味する」など）を考慮に入れると，「内包する意味が大きい」から「重要」なのである。

前置詞 for は significant に関連して用いたもので，「〜にとって」の意であることに注意する。つまり「重要なメッセージをわれわれに伝える」とするのは誤訳。

cf. He immediately carried the news to his family.
「彼はそのニュースをすぐに家族に伝えた」

■ 2.③ **give us new insight into ourselves and our society**「われわれに，われわれ自身およびその社会についての新たな洞察を与える」2.②と並んで関係代名詞 that に連なる。文学作品中の人物の行動を追いながら，読者は自分自身や社会について

の物の見方が変わることがあり，それを give new insight into「〜についての新たな洞察を与える」と表現する。

■ 3. ① **Whether the story provides that insight by ... or by ... does not matter here.**「その洞察を与えるのが…によってなのか，あるいは…によってなのかは，ここでは重要ではない」Whether 節は does not matter の主語，つまり『名詞節』である。

that は指示形容詞で「その〜，いま言及した〜」の意。

■ 3. ② **by answering questions for us**「われわれに代わって問いに答えてくれることで」"自身や社会についての問いに，文学作品中の人物が答えを出してくれることによって"ということ。前置詞 for はここでは『代理』の用法で，「〜に代わって」の意であることに注意。つまり「われわれに対して質問に答えることで」とするのは誤訳。

■ 4. **What *does* matter is that** *SV*「むしろ重要なのは…ということだ」前文の … does not matter「…は重要でない」を受け，強意の助動詞 do を伴って重要な点を強調する（助動詞を用いない通常の表現は What matters is that *SV*）。

■ 5. **what a story should be like**「物語とはどのようなものであるべきか」like は前置詞。

What is he like?「彼はどのような人ですか」〔→性格などの特徴を尋ねる〕
cf. What does he look like?「彼はどんな見た目の人ですか」〔→容姿を尋ねる〕

訳
[1] われわれが物語を楽しむ理由はたくさんある。[2] なかには物語そのものに内在するものもある——巧みに用いられた言葉であったり，信じて気にかけていた登場人物であったり，われわれにとって深い意味を持ったメッセージを伝え，もしくはわれわれ自身や社会に対する新たな洞察を与えてくれるような行動であったり。[3]（物語がそうした洞察を与える手法が，われわれに代わって問いに答えることによるのか，それともわれわれを促してわれわれ独自の問いを投げかけさせることによってなのか，どちらなのかはここでは重要ではない。[4] むしろ重要なのは，その問いなり答えなりを生み出そうとする力が，作品そのものの内部に由来するということである。）[5]〔文学の〕楽しみを生み出すものにはそのほかに外的なものがあって，それは物語の芸術性からではなく，物語とはどうあるべきかという自分の現在の考えにその物語がぴったり当てはまっているとか，何か個人的な楽しい思い出を呼び起こしてくれるとか，そういった事実からくるものである。[6] 要するに，物語に対するわれわれの反応における外的要因は，〔読む前から〕すでにわれわれが思っていたり感じていたりするものに由来する。[7]〔しかし〕内在的要因というのは，作家の技能や技巧に由来するものなのだ。

---

5 [1] When we **read for pleasure alone**, we need not care where our

pleasure comes from. ²**Any** appeal a story may have **will be welcome.**
³When we study literature, however, we want to concentrate on the intrinsic qualities of the works we read, **for they can teach us most about** the craft and the workings of literature. ⁴**It is a story's intrinsic qualities, therefore, and our response to them, that we want to write about when** we write about literature.

語句 1. alone 副「それだけで；ひとりぼっちで」 care 動「を心配する，気にする」 2. appeal 名「魅力；訴え，要求」 welcome 形「喜ばしい，歓迎される」 3. cóncentrate on「〜に集中する，専念する」 quality 名「性質，特質，特性」 for SV「というのも…だから」 craft 名「技術，技；技術を要する仕事［職業，分野］」 the workings of「〜の働き方［メカニズム，仕組み］，〜の作用，〜という営み」

研究 ■ 1. **read for pleasure alone**「楽しみのためだけに読む」（= read only for pleasure）この文脈では「ひとりで楽しむために読む」意ではない。

■ 2. **Any 〜 will be welcome.**「どんな〜も喜ばれるだろう」文頭に置かれた any は「どのような〜も」の意。ここでの welcome は形容詞。

■ 3. **for they can teach us most about** ...「というのもそれらは…についてわれわれに最も多く教えることができるからだ」 この接続詞 for は理由を追加的に述べるためのもの。副詞の最上級（most）には the が不要である。

■ 4. **It is _A_, therefore, and _B_, that we want to write about (when _SV_)**「それゆえ（…するときに）われわれが書きたい内容は A について，さらには B についてである」〈It is 〜 that ...〉の『強調構文』で want to write about のあとに続くべき要素が強調されている。

　前半部分はやや複雑である。まず副詞 therefore「だから，それゆえ」が（カンマで区切られて）挿入され，It is _A_, therefore, that ... という文が作られる。そこへ，強調すべき内容 B を追加したために，It is _A_, therefore, and _B_, that ... という形になった（この場合 and は「さらには；それから；おまけに」の意）。言葉による表現はその効果を少しでも引き出そうと，常に軌道修正しながら用いられるものなのである。

訳 ¹われわれがただ楽しみのためだけに読むときは，その楽しさがどこから来るのか気にする必要はない。²物語が持ち得るどんな魅力も歓迎されることだろう。³しかし文学を研究する際には，読む作品に内在する特質に注目したいものだ。というのも，それらこそがわれわれに，文学という技術を要する分野やその働きについて最も多くを教える力を持つからだ。⁴したがって，われわれが文学について書くときに書きたいのは，物語の内的特徴について，さらにはそれらに対するわれわれの反応についてなのである。

解答・解説

解答

1	作家の作品は，だれかがそれを読み，それに反応して初めて完成する。［作家の作品はだれかがそれを読み，それに反応するまでは完成しない。］
2	A **3** D **4** B **5** external **6** C **7** A
8	したがって，われわれが文学について書くときに書きたいのは，物語の内的特徴について，さらにはそれらに対するわれわれの反応についてなのである。

解説

1 研究 ① 2. 参照。

2 move *A* to do「A の心を動かして…させる」（move には「感動させる」意がある）の受動態。**A**「駆り立てられて（drive *A* to do「A を駆り立てて…させる」）」 **B**「戸惑って，ばつの悪い思いをさせられて」 **C**「移動させられて」 **D**「切り替えられて，交替されて」

3 文学について「書く」とは，**2** 5にあるとおり，文学についての自身の考察や意見を表明することである。その第一段階を，**3** 2では the most vital part「最も欠かせない部分」と述べているので，それにふさわしいものを選ぶ。**A**「自分の周囲の人々を観察すること」自身の考察ではないため不適。**B**「ただ楽しみのためにそれを読むこと」**5** 1で言及される読み方だが，これは本文では他者との意見の共有を含まず，個人の領域に留まる読み方。**C**「直接人と会って考えを分かち合う」**2** では"人と会って作品の印象を直接分かち合う"行為と，"作品についての考察や意見を表明するために文章を書く"ことは区別されている（**2** 4・5）。**D**「それについて考察する」**3** 3〜5で，考察すべき内容が列挙されている。

4 **4** 6にわかりやすい言い換えがある。なお，predisposition「〔もともと備えている〕傾向，性向，性質」，preconception「先入観，予断，偏見」はいずれも「事前に」という意味を持つ接頭辞 pre- が含まれている（*cf.* disposition「配置；気分，気質」conception「思い描くこと，概念作用；把握，理解；構想」）。**A**「文学に関するわれわれの好き嫌い」**B**「分析的な読みの結果としての完全に更新された印象」**C**「われわれ各自がどの程度文学を象徴的に解釈したがるか」**D**「作品についてわれわれが事前に聞いている評判」

5 **4** 5以降にたびたび登場し，intrinsic と常に対比されている。

6 current はここでは形容詞で「(1) 現在の；(2) 現在通用している」，名詞としては「(1) 流れ，水流，潮流，電流；(2) 風潮，最近の動向」の意。**A**「変わりやすい」**B**「本質的な」**C**「現在の」**D**「まっすぐな，回りくどくない」

7 本文は文学研究が日常の読書とどのように違うのかを論じているのであって，日常の読書を決して否定するわけではない。直後に When we study literature, however, と続くことを踏まえ，空所には **5** 1後半と同じ主旨の文言がふさわしい。

A「物語の持ち得るどんな魅力も歓迎されるだろう」本来の文学の楽しみをそのまま認めている。**B**「今こそ読書の効用を再発見すべき時だ」一般的な読書論の主張で，筆者の主張ではない。**C**「喜びは文学がわれわれ読者に与えることのできる唯一のものである」**5** 1 の for pleasure alone は「ただ楽しむためだけに」の意。**D**「文学をそういう方法で読むことはほとんど価値がない」　それぞれの読書の方法について価値判断をするのが本文の主旨ではない。

8 　研究　**5** 4. 参照。〈It is ～ that ...〉の『強調構文』で強調されているのは want to write about の目的語である。「…は，物語の内的特徴およびそれらに対するわれわれの反応なのである」という訳し方でもよい。

精講

1 ¹To his great consternation, he awoke to find an enormous snake staring at him from the end of the bed. ²A bead of sweat trickled down his back as he recognized the distinctive markings on its head to be consistent with those of the infamous black mamba. ³One bite from such a serpent would prove not only painful but positively pernicious. ⁴Slowly the snake slithered forward toward him. ⁵His left leg recoiled instinctively as the viper's tongue flicked out just millimeters from his big toe. ⁶The snake, a beast of truly monstrous proportions, inched toward him. ⁷Sweating profusely now, the man contemplated the options before him: lie perfectly still and hope that the serpent would merely glide over him, not recognizing him as a potential source of sustenance; or try to reach for his sword, which was resting on the bedside table to his right, and attempt to cut off the creature's head with a single, swift slash. ⁸There was no time for delay; staring as he was at the very real prospect of his approaching demise, now was the time for action. ⁹He could clearly see the beast's remorseless yellow eyes growing larger as its huge head made its advance further up the bed toward him. ¹⁰The sweat was now cascading down his forehead as he reached surreptitiously for his trusty weapon. ¹¹Grasping it by the handle he prepared to strike his deadly blow.

語句 1. **consternation** 名「仰天，狼狽（ろうばい）」　**awake** 動「目覚める」　**enormous** 形「巨大な，莫大（ばくだい）な」　**stare at**「～を見つめる，凝視する」　2. **bead** 名「珠，ビーズ」　**sweat**[swet] 名「汗」　**trickle** 動「〔液体が〕垂れる，したたる」　**recognize** *A* **to be** ～「*A* が～であると認識する」　**distinctive** 形「特徴的な，独特の，他との区別となる」　**marking** 名「印，模様」　**be consistent with**「～と合致する，一致する」　**infamous**[ínfəməs] 形「悪名高い」　**black mamba** 名「ブラック・マンバ（アフリカのサバンナ地帯に生息するコブラの一種）」　3. **bite** 名「噛（か）むこと，かじること」　**serpent** 名「蛇」（= snake）**prove**[pruːv] 動「〔…であると〕判明する；…を証明する」　**positively** 副「積極的に，肯定的に；明確に；まったく，断然」　**pernicious** 形「破滅的な，致命的な；有害な」　4. **slither**[slíðər] 動「〔スルスル，またはズルズルと〕滑る，滑って進む」slide 動「滑る」と同語源。5. **recoil** 動「あとずさりする，ひるむ；〔筋肉などが反動で〕はね返る」　**instinctively** 副「本能的に，〔意識せず〕勝手に」*cf.* **ínstinct** 名「本能」　**viper**[váipər] 名「蛇（= snake, serpent），マムシ」　**tongue** 名「舌；言語」　**flick out**「はじき飛ばす；〔蛇が舌を〕ちろちろ出して動かす」　**míllimeter**

图「ミリメートル」　**toe** [tou] 图「足の指，つま先」　6. **beast** 图「獣；動物」　**monstrous** 形「奇怪な，恐ろしい；巨大な」　**proportion** 图「割合，比率；釣り合い，均衡；大きさ，サイズ」　**inch** 動「徐々に動く」(< 图「〔長さの単位〕インチ（1インチ＝2.54cm）」)　7. **profusely** 副「多量に；過度に，むやみに」　**cóntemplate** 動「を熟慮する，瞑想する；を凝視する；を意図する」　**option** 图「選択肢」　**lie** 動「横になる，横たわる；ある，存在する」　**still** 形「じっとした，動かない」　**merely** 副「ただ（＝ only）」　**recognize A as B**「A が B であると気づく」　**potential** 形「潜在的な；可能性を持った」　**source** 图「源，源泉」　**sustenance** 图「維持；栄養，生命維持に必要なもの；〔生計の〕手段」 cf. sustain 動「を維持する」　**reach for**「～に手を伸ばす，～を取ろうとする」　**rest on**「～〔の上〕にある；～にかかっている；～をあてにする」　**attempt to do**「…しようとする」　**creature** [krí:tʃər] 图「生物，動物」　**swift** 形「敏速な，素早い」　**slash** 图「すぱっと切ること；〔記号〕スラッシュ（／）」　8. **delay** 图「遅延」　**próspect** 图「見込み，可能性；見通し」　**approaching** 形「迫ってくる，接近してくる」　**demise** [dɪmáɪz] 图「終焉，終わり；消滅，廃止，死」　**action** 图「行動」　9. **remorseless** 形「無慈悲な，容赦ない，残忍な」　**huge** 形「巨大な」　**make one's advance**「前進する」　**further**（< far の比較級）副「さらに，さらに先へ」　10. **cascáde** 動「滝のように流れ落ちる」本来 cascáde 图とは「〔連続した〕滝」の意。**forehead** [fɔ́:rhèd] 图「額（ひたい）」　**surreptitiously** 副「内密に，人目を忍んで」　**trusty** 形「信頼できる」　**weapon** [wépən] 图「武器，兵器」　11. **grasp** 動「をつかむ；を把握する，理解する」　**handle** 图「取っ手，持ち手」　**prepare to do**「…する準備をする」　**strike** 動「を打つ，たたく」　**deadly** 形「死に至る，致命的な」　**blow** 图「一撃；〔息・風の〕ひと吹き」

研究

■ 1.① **To his great consternation**「大いに仰天したことに」〈to one's ＋ 感情名詞〉「～にとって…なことに」の表現。consternation は "恐怖を伴ったこの上ない驚き" を表す。

　To my disappointment, the amusement park closed last year.
　「（私にとっては）残念ながら，その遊園地は昨年閉園しました」

■ 1.② **he awoke to find an enormous snake staring at** ～「目が覚めると巨大な蛇が～を見つめているのに気づいた」『結果』を意味する to 不定詞の『副詞用法』。

■ 2.① **A bead of sweat trickled down his back**「玉のような汗が背中をしたたり落ちた」a bead of sweat は「汗でできた玉」と考えれば，前置詞 of は『材質』を表す用法である（例：a house of wood「木造の家」，a dress of silk「シルクのドレス」）。しかしここでは「玉のようになった汗」という比喩に通ずるものがある。次のような『同格』の of による比喩表現が参考になるだろう。

　　an angel of a girl「天使のような少女」（＝ an angelic girl）
　　a mountain of a wave「山のような波」（＝ a mountainous wave）
　　a genius of a poet「天才的な詩人」（＝ a poet of genius）

■ 2.② **as he recognized the distinctive markings on its head to be consistent with those of** ～「彼はそれ〔＝蛇〕の頭にある独特の模様が～のそれと一致しているとわかって」動詞 récognize「を認める，がわかる」は，事前に得ている知識との照合によって "わかる" ということ。

　At first, he didn't recognize me.
　「初めのうち，彼は僕がだれだかわからなかった」

代名詞 those は既出の複数名詞，ここでは the (distinctive) markings を指す。

接続詞 as については問題 27 [接続詞 as の区別] を参照（⇒ p.190）。「時」の意味にも「理由」の意味にもとれるが，その峻別よりも蛇の正体がわかった瞬間だくだくと汗の流れる「同時性」を味わうほうがよい。

■ 3. **One bite from such a serpent would prove not only painful but positively pernicious.**「そんな蛇にひと噛みされれば，痛いだけでなく確実に命を落とすことになるだろう」助動詞 would は『仮定法過去』で，ここは「できれば起こってほしくない」という主観をこめた用法（つまり，"反実仮想"の用法ではない）。そもそも『仮定法』とは表現者の心理を反映した動詞の形のことをいうが，詳しくは問題 36 [研究] [6] 5. 参照（⇒ p.260）。"条件"を明示した英文を求めるのであれば，"If I received one bite from such a serpent, it would prove not only painful but positively pernicious." となる。

　動詞 prove はここでは自動詞で，形容詞を補語にとり，「〔結果的に／あとで〕～だとわかる，判明する」の意。他動詞の「を証明する；の真偽を確認する」ではないことに注意。

　この文に [p] の発音が集中していることに気づいただろうか（serpent，prove，painful，positively，pernicious）。語頭や語中の子音をそろえる技法を『頭韻』（alliteration）という。頭韻がうまく決まると，読み手や聞き手を惹きつける効果が大きい（そのため新聞記事の見出しや広告のキャッチ・コピー，楽曲の歌詞やスピーチのほか，商店・企業の名称や人気キャラクターの名前などにも頭韻が多用される）。英語表現を味わう力をつけるには黙読やリスニングだけでは不十分である。普段から自分で発音し，アクセントやリズムに配慮しつつバランスよく学ぶ姿勢が，英語を身につける鍵である。

▶ 4 では Slowly the snake slithered，7 にも cut off the creature's head with a single, swift slash のように子音が揃った頭韻がみられる。その他，本文には全体的に擬音語由来の表現も多い。

　1 匹の蛇をめぐる話であるが，1 で snake「蛇」として登場させたものをここでは serpent「蛇」といい，その他にも 5 では viper「蛇，マムシ」，6 他では beast「獣，動物」，7 で creature[kríːtʃər]「生き物」などとさまざまに言い換える。同一内容を同一表現で表さず，あえて『類義語』や『比喩』で言い換えることは，表現の単調さを避けるために英語で多用される技法で，表現者はしばしば類語辞典（thesaurus）に頼るほど。この技法は硬い文章ほど多用され，読者にはそれに対応できる豊富な語彙とともに，見かけ上は異なるが同一のものを正確に読み取る力が求められる。

■ 4. **Slowly the snake slithered forward toward him.**「ゆっくり，ズルズルと，蛇は彼のほうへ前進してきた」slither forward「ズルズルと前進する」は蛇に着

目した進行方向，toward him は周囲を視野に入れた進行方向。

■ 5. **as the viper's tongue flicked out just millimeters from his big toe**
「蛇の舌が，彼の足の親指からわずか数ミリのところでちろちろと出ていて」2.②と同様，接続詞 as はその「同時性」を楽しみたい。論理関係の限定された when や because にはない，as の持つ直結的な印象が，本文の持つ緊迫感に一役買っている。

動詞 flick は音をイメージさせる語の一つで，はたいたり，はじいたりする際に用いることが多い（例：He flicked the dust off his sleeve.「彼はそでの埃をパッパと払った」）。しかし蛇に関しては，開いた口から見える舌の素早い動きをいう。

The snake was flicking its tongue in and out.
「蛇は舌をちろちろ出し入れしていた」

擬音語由来の語については問題 16 研究 **5** 5.① 参照（⇒ p.116）。

big toe は「足の親指」のこと（なお，little toe は「足の小指」）。

■ 6. **The snake, a beast of truly monstrous proportions, inched toward him.**「その蛇は，本当に化け物のような大きさの動物で，それがじわじわ彼のほうに来たのだ」この蛇については 1 ですでに an enormous snake「巨大な蛇」と言っている。しかしここで『同格』の挿入句は改めて読者に，その monstrous「モンスター級の」巨大さを意識させる。

of ～ proportions は規模や程度を表す形容詞句。名詞 proportion は通常「〔全体における〕割合，比率，バランス」を表すが，複数形で用いると "全体の規模や形状" を表すことがある。

They cooperated to fight the wildfire <u>of</u> disastrous <u>proportions</u>.
「災害級の森林火災と闘うべく彼らは協力した」

動詞 inch は，長さの単位である名詞 inch を転用したもので，通常 "進み方が遅い" という含意がある。*cf.* inch *one's* way「じりじりと前進する」

■ 7.① **Sweating profusely now**「今や汗をだらだら流しながら」恐怖の汗への言及は 2 に続き 2 度目。この後 10 にも言及があり，汗の表現の変化から登場人物の感じる緊迫感が伝わってくる。

■ 7.② **lie perfectly still and hope that ...**「完全に静かに横たわって…することを希望する」ここでの still「静かな状態の」は『形容詞』で，文中では補語として機能する。

---

still の意味　　still は "変わらない" というのが基本イメージで，形容詞・副詞それぞれの用法を押さえておく。

形容詞①「動かない，じっとした」

a still picture「静止画；スチール写真」 Sit still, please.「じっと座っていなさい」

形容詞②「静かな，音［風］のない」

a still night「静かな夜」a still mind「落ち着いた心」

副詞①〔状況が不変→〕依然として，なおも」

We have still no answer.「いまだに返事がない」

副詞②〔比較級や other などを修飾〕「〔方向性が不変→〕なおいっそう」

That's still better.「そっちのほうがなお良い」

still another choice「さらにもう一つの選択」

＊still water には「(1)流れていない水〔湖沼；水のよどんだ箇所など〕，(2)静かに流れ
る川」の意のほか「炭酸入りでない水（⇔ fizzy water「炭酸水」）」の意がある。

■ 7.③ **merely glide over him**「ただ彼の上を這い進む」動詞 glide は「グライダ
ー」から連想されるように「〔鳥や飛行機が〕滑空する」意のこともあるが，"滑る
ように進む"ことで，"空の上"とは限らない。

■ 7.④ **not recognizing him as a potential source of sustenance**「彼のこ
とを隠れた栄養源だと気づかずに」否定の『分詞構文』は分詞の直前に not が置かれる。
recognize については 2.②を参照。

■ 7.⑤ **try to reach for his sword, which was resting on the bedside
table to his right**「右のほうにあるベッド脇のテーブルに置いた刀に手を伸ばそうとす
る」sword[sɔːrd]「刀」であって knife「ナイフ」ではない。野生動物に囲まれる危
険のある地域で，護身用に必要だったのだろう。

reach for「～に向かって手を伸ばす」。

関係代名詞の非制限用法　　　　先行詞（his sword）のあとにコンマをおいて『関係
詞』節をつなぐのは，『非制限用法（継続用法）』。この用法から示唆されるのは，
"刀があって，それがテーブルに置かれている"ということ。

▶どの刀かを特定するのは『制限用法（限定用法）』。

He showed great interest in the sword **which** rested on the table.

「彼はテーブル上にある刀に大いに興味を示した」（刀がほかにもあることを示唆）

▶一つしかなく特定の必要のないものを『制限用法』の関係詞節で修飾するべき
ではない。一夫一婦制の文化が前提である文脈では，文法面で次のような制約
が生じる。

〔誤〕× Immediately he called his wife **who** was on a trip at that time.

〔正〕○ Immediately he called his wife, who was on a trip at that time.

「すぐに彼は当時旅行中だった妻に電話をかけた」

日本語に訳すときは，誤解のない範囲で，『非制限用法』の関係詞節を制限的に訳
してもよい。

PART Ⅲ

㉚

■ 8. **staring as he was at the very real prospect of his approaching demise**「まさに自分に近づきつつある終わりの，まさにその現実的な可能性を実際まじまじと見ていると」『分詞構文』中に短い as SV が挿入された構造。本文の as he was は，あえて補うなら "as he was staring at it"「彼がそれを見つめていたように」を意味する『様態』の副詞節。

▶ このように『分詞構文』に挿入された省略形の as 節（〈as + S + is〉もしくは〈as + S + does〉）は，「実際に」の意となって，分詞を際立たせる。

▶ 『分詞構文』では，分詞の意味上の主語は文の主語と一致させることが原則である。しかしこの文で分詞の意味上の主語は he，文の主語は now であり，一致していない（次の②に相当）。

分詞構文で主語が一致しないケース：

①独立分詞構文：分詞の前に意味上の主語が明示される。

> Weather permitting, the event will be held in the open air.
> 「天気がよければ，その行事は屋外で実施されるだろう」

> All things considered, the situation is not so bad.
> 「あらゆることを考慮に入れると，状況はそれほど悪くない」

②懸垂分詞構文：自然な英語にはたびたび見られるが，文法的に好ましくないとされる。

> Looking out of the airplane window, the Alps came into view.
> 「飛行機の窓から外を見ると，アルプス山脈が見えた」

> → Looking out of the airplane window, I saw the Alps come into view. とすれば，分詞の主語は文の主語に一致する。

> Walking through the corridor, the fire alarm went off.
> 「廊下を歩いていたら，火災報知器が鳴った」

> → Walking through the corridor, I found that the fire alarm went off. とすれば，分詞の主語は文の主語に一致する。

■ 9. **as its huge head made its advance further up the bed toward him**「その巨大な頭がベッドの枕側に向かってどんどん彼のほうへ進んでくるにつれ」蛇を見つけ，その頭の模様から蛇の正体を知って以降，主人公の関心はずっと蛇の頭部に集中している。

接続詞 as は，直前に述べられた『変化』（growing larger）と本節に述べる『変化』（made its advance further up the bed）を結びつけ，「〜するにつれて」の意。

up the bed は，ここでは「枕のあるほうへ」の意の副詞句。蛇は当初，足元にいたのである。

■ 10. **The sweat was now cascading down his forehead as he reached**

surreptitiously for his trusty weapon.「今や汗は額を滝のように流れていた——そんな中，ひそかに彼は頼みの武器に手を伸ばした」reach for については 7. ⑤参照。額の大汗が流れる様子は他者が見てわかるもので，そこへ読者の注意を引きつけつつ，見えないように進められる動作が言及される。このような「同時進行」の表現に接続詞 as はぴったりなのである。

■ 11. **Grasping it by the handle he prepared to strike his deadly blow.**「刀の取っ手をつかみ，彼は必殺の一撃を与える準備をした」grasp it by the handle「刀の取っ手をつかむ」にみる日英表現の違いについては問題31 研究 **3** 4. ①参照（⇒ p.224）。

strike a blow「一撃を与える」は，strike「を打つ」という原義からみれば『結果目的語』の一例（⇒ p.113 研究 **3** 2. ②）。直接的には strike the snake「蛇を打つ」。

訳

¹大いに仰天したことに，彼は目を覚ますと巨大な蛇が，ベッドの端から自分を凝視しているのに気づいた。²玉のような汗が，背中を伝い落ちた——蛇の頭にある独特の目印が，悪名高きブラック・マンバ〔コブラの一種〕のものと一致することに気づいたからだ。³そんな蛇に1度噛みつかれたら，痛いだけでなく確実に命を落とすことになるだろう。⁴ゆっくりとその蛇は彼のほうに這い進んできた。⁵本能的に彼の左足は引っこめられた——自分の足の親指からわずか数ミリのところで蛇の舌がちろちろと出ているのだ。⁶その蛇は，本当に化け物みたいに大きい動物で，じりじり彼に寄ってきた。⁷今や汗をだらだら流しながら，男は自分の眼前の選択肢を考えた。完全に静止した状態で横たわり，蛇が自分を食料になり得るものと認識しないまま，自分の上をただにょろにょろ過ぎていくのを望むのか。それとも，右側にあるベッド脇のテーブルに置いてある刀に手を伸ばして，すばやい一撃でそいつの頭を切り落とそうとするか。⁸ぐずぐずしている時間はなかった。まさに自分に迫りくる終わりのときがまさに現実味を帯びてくるのを実際目にしていると，やるなら今しかなかった。⁹彼にははっきりと見えた——蛇の頭がベッドの枕側へ，自分に向かってさらに進むにつれ，その無慈悲な黄色い両目が大きくなるのが。¹⁰彼が頼みとする武器にこっそりと手を伸ばす中，汗は今や滝のように額を流れ落ちていた。¹¹刀の取っ手をつかんで，彼は致命的な一撃を食らわす用意をした。

解答・解説

解答		
1	C → H → E → A → D → F → G → B	
2	(the distinctive) markings	
3	そんな蛇に1度噛みつかれたら，痛いだけでなく確実に命を落とすことになるだろう。	
4 D	**5** A	**6** C

　1　**研究** **1** 1.②参照。〈find + O + *doing*〉「O が…しているところを発見する」stare at「〜を見つめる」

2　those は既出の複数名詞を指す。問題文に「1 語で」という指示がない場合は，the を含め the distinctive markings と解答するのが理想。

3　**研究** **1** 3. 参照。

4　instínctively「本能的に」。ínstinct **名**「本能」とのアクセントの違いにも気をつけたい。ここでは自分の意図と関係なく，反射的にとった行動についての表現。A「注意深く」 B「激怒して；猛烈に」 C「明瞭に；わかりやすく」 D「反射的に」

5　sustenance は，sustain **動**「維持する，〔生活を〕支える」の名詞形で，「維持・保持」の意と「〔生命維持のための〕栄養物，糧」の意があり，ここでは後者。A「栄養があるかもしれないもの」 B「自分の体重を支え得るもの」 C「敵意を持っているかもしれないもの」 D「長持ちするかもしれないもの」

6　A「男は蛇がケースから逃げ出したのに気づいて驚いた」蛇がもともと何か容器に入れられていたとする記述はない。B「男はその蛇を黄色い目によってブラック・マンバだと特定した」2 に不一致。C「男は蛇がいなくなるまでやり過ごすという選択肢を考えた」7 に一致。D「男は最終的になんとかその蛇を自分の刀で殺した」本文は刀に手をかけるところで終わっており，このような結末は述べられていない。

難しさにも "種類" がある

物語や人生論など，文芸や文学と呼ばれるものを英語で読むときには，特有の難しさに直面する。技巧を凝らして読者に迫る文章はそれだけでも難しい。しかしそれに加えて，風景や人物の様子を上手に思い描いたり，物語の背景が徐々に明かされていくのを辛抱強く待ちつつ読み進めたり，あるいは想定していなかった展開に自分の想像力を追いつかせたり，さらには意味深長な暗示や比喩を正確に理解したりする力が読者に要求されるからである。一方，学術的な論考や時事問題を扱う英文は，そこから新たな知見や情報を得るという点での難しさはあるが，叙述そのものは明晰な場合が多く，前提となる知識が十分あれば論理を丹念にたどって読み進められる。自分が読む文章の種類によって，求められる理解力のタイプが異なることを意識しつつ，さまざまな英文に触れていこう。

精講

> **1** ¹For decades, Paul Ekman and his colleagues have studied **the influence of culture on the facial display of emotions**. ²They have concluded that display rules are particular to each culture and dictate what kinds of emotional expressions people are supposed to show. ³**As we saw in our discussion of athletes' spontaneous expressions at the Olympics and Paralympics**, the display rules of individualistic cultures discourage the expression of shame in front of others, while the display rules of collectivistic cultures allow (or even encourage) it.

語句 1. decade 名「10 年間」 cólleague 名「同僚」 facial 形「顔の，顔面の」 display 名「表示」 動「を表示する」（**2** 4) emotion 名「感情」 2. conclude 動「と結論づける」 partícular 形「特有の；特定の」 dictate 動「を〔口述で〕書き取らせる；を指示する，指令する」 emotional 形「感情的な」 expression 名「表現，表出，表情」 *be* supposed to *do*「…することになっている」 3. áthlete 名「スポーツ選手，アスリート」 spontaneous 形「自然発生的な，自発的な」 individualistic 形「個人主義の」 discourage 動「を落胆させる，やる気をなくさせる；を妨げる，阻止する」 shame 名「恥，不名誉；残念なこと」 collectivistic 形「集団主義の」 allow[əláu] 動「を許可する，容認する」 encourage 動「を元気づける；を勧める」

研究 **■** 1. **the influence of culture on the facial display of emotions**
「感情の顔面への表出に対して文化が持つ影響」the influence <u>of</u> *A* <u>on</u> *B*「*A* の *B* に対する影響；*A* が *B* に対してもつ影響」前置詞の使われ方に注意すること。また「感情の顔面への表出」という直訳は英語の『名詞構文』(⇒ p.26)の置き換えにすぎず，日本語で理解するときには不自然である。そこで「感情が顔にどのように表れるか」のように文章の形にひらくと，論理関係を理解しやすくなる。

■ 3.① **As we saw in our discussion of athletes' spontaneous expressions at the Olympics and Paralympics**「オリンピックやパラリンピックでの選手たちの自然に生じる表情についての議論で見たように」本問では省略されている内容への言及。より長い文章からの抜粋である入試英文では，このような箇所は受験生が理解しにくいとして割愛されるのが普通。ただ，実際に英語を使用する場面では，書物や記事を拾い読みすることもよくあるわけで，見ている範囲を超えたものへの対応力も必要になる。

英単語 Olýmpic や Paralýmpic は『形容詞』である。「大会」を表すには the を付して名詞化し，the Olympics（または the Olympic Games），the Paralympics

（または the Paralympic Games）のように複数扱いとする点にも注意。

> **訳**
> ¹何十年にもわたってポール・エクマンとその同僚たちは，感情が顔にどのように表れるかについて文化が持つ影響を調査してきた。²彼らはこう結論づけた。〔表情の〕表出ルールはそれぞれの文化ごとに特有であって，人々がどんな感情表現を示していることになっているのかを規定している，と。³オリンピックやパラリンピックでアスリートたちが自然に示す表情についてわれわれが議論するなかで見てきたように，個人主義の強い文化での〔表情の〕表出ルールは，他人の前で恥を表に出すことを勧めないものであり，一方，集団意識の高い文化の表出ルールはそれを許す（あるいは勧める）ものである。

> **2** ¹Here is another example: American cultural norms discourage emotional displays in men, such as grief or crying, but allow the facial display of such emotions in women. ²In comparison, in Japan, traditional cultural rules dictate that women should not exhibit a wide, uninhibited smile. ³**Japanese women will often hide a wide smile behind their hands**, whereas Western women are allowed — indeed, encouraged — to smile broadly and often. ⁴**Japanese norms lead people** to cover up negative facial expressions with smiles and laughter and, in general, **to display fewer facial expressions than are displayed in the West.**

語句 1. **norm** 名「標準，基準，規範，ノルマ」*cf.* normal 形「普通の，標準的な」 **grief** 名「悲嘆，嘆き」 2. **in comparison**「対照的に」 **exhibit** [ɪgzíbət] 動「を展示する，表に出して示す」 **uninhibited** 形「禁じられていない，制約されていない，遠慮のない」 3. **whereas** 接「その一方で」（= while） **indeed** 副「実際は；それどころか」 **broadly** 副「広く；〔笑顔が〕いっぱいに」 4. **lead *A* to *do***「Aが…する方向へ導く，Aに…させようとする」 **cover up**「〜を覆い隠す」 **negative** 形「否定的な」 **laughter** 名「〔声を出しての〕笑い，笑い声」*cf.* laugh 動「〔声を出して〕笑う」 **in general**「概して，一般的に」 **few** 形「少ない，わずかの；ほとんど〜ない」

研究 ■ 3. **Japanese women will often hide a wide smile behind their hands**「日本人女性はよく満面の笑みを手の向こうに隠すものである」助動詞 will は『習性』を表す用法。

■ 4. **Japanese norms lead people ... to display fewer facial expressions than are displayed in the West.**「日本の〔文化的〕ルールは…西洋で表されるよりも少ない数の表情を人々が示すように導く」が直訳。比較級 fewer「より少ない」は，日本文化に属す人々の示す表情の種類を，西洋の人々の表情の種類と比較するために用いられている。

直後に動詞がくる接続詞 than は関係代名詞的な用法。

You shouldn't ask for more money than is needed.

「必要以上のお金を求めるべきではない」

訳

¹もう一つの例をあげよう。アメリカの文化的基準は，男性については悲嘆だとか泣くことといった感情の表出をさせまいとするが，女性についてはそうした感情を顔に出すことを許容する。²対照的に，日本の場合，伝統的な文化の掟（おきて）が指示しているのは，女性は満面の，遠慮のない笑みを見せるべきでないということだ。³日本の女性は満面の笑みを手で隠すことがよくあるものだが，一方西洋の女性はにっこりと，それもたびたびほほ笑むことが許されて——それどころか勧められてさえ——いる。⁴日本の〔文化的〕基準によって人々は，否定的な表情をほほ笑みや〔声をあげての〕笑いで覆い隠すようになっており，概して西洋において表に出されるよりも少ない表情しか示さないようになっている。

---

3 ¹There are, of course, other channels of nonverbal communication besides facial expressions. ²**These nonverbal cues are strongly shaped by culture.** ³**Eye contact and gaze are** particularly powerful nonverbal cues. ⁴In mainstream American culture, people typically become suspicious **when a person doesn't "look them in the eye" while speaking**, and **they find it quite disconcerting to speak to** someone who is wearing dark sunglasses. ⁵However, in other parts of the world, direct eye gaze is considered invasive or disrespectful.

語句　1. channel 图「水路，海峡；伝達経路，伝達方法」　nonverbal 形「言語によらない，非言語的な」　2. cue [kjuː] 图「合図，指示，思い出すきっかけ」　shape 動「を形づくる」　3. gaze 图「注視」　particularly 副「特に，とりわけ」　4. mainstream 形「主流の」　typically 副「通常，典型的に」　suspicious 形「怪しく思って」　look ～ in the eye「～の目を見る，～と目を合わせる」　disconcerting 形「当惑させるような，落ち着きを失わせるような」　5. consider A B「A を B と見なす」（= regard A as B）　invasive 形「出すぎた，〔プライバシーに〕立ち入った，侵略的な」 cf. invade 動「に侵入する」　disrespectful 形「敬意を欠いた，失礼な，不作法な」

研究　■ 2. **These nonverbal cues are strongly shaped by culture.**「これらの非言語による合図は，文化によって強固に作られている」単に“非言語的な合図が文化によって作られた”という事実を言っているのではない。be strongly shaped by culture「文化によって強固に作られている」とは，それらが“文化の一部を構成するものとして〔文化と切り離しては成立しないものとして〕出来上がっている”という含意。

■ 3. **Eye contact and gaze are ...** 「目で伝えることや，目で凝視することは…」いまや「アイ・コンタクト」は日本語の語彙の一部になっているが，文法的には〈名詞＋名詞〉で，第一の名詞が形容詞化したもの（⇒ p.175 研究 **2** 2.）。ここで重要なのは，形容詞化した eye が gaze をも修飾しているという点である。

Eye contact and gaze are ...

なお，eye gaze という表現は 5 に用いられている。

■ 4. ① **when a person doesn't "look them in the eye" while speaking**
「人が話をしていて『相手の目を見る』ことをしないとき」

日英表現の感覚の違い　　英語の学習では，身近な日常表現の中に見られる英語と日本語の"感覚の違い"を大切にしたい。「相手の目を見る」という行為は，英語の感覚ではまず一義的には「相手を見る」ことであって，どの部分を見るかは付加的な情報である（look at his eyes ということもできるが，その場合は「目そのものを注視する」意が強くなる）。このような構文では，身体の部位を表す語には（所有格代名詞ではなく）定冠詞 the が用いられる。

She looked me *in* the face.「彼女は私の顔を見た」

（→ looked <u>at</u> me ではない点にも注意。）

He kissed me *on* the cheek.「彼は私のほほにキスをした」

▶なお，英和間における目的語のこのような違いは，次のような表現にも確認できる。（⇒ p.8）

We thank you *for* your advice.「私たちはあなたの助言に感謝します」

■ 4. ② **they find it quite disconcerting to speak to ...** 「彼らは…に話しかけることを，かなり戸惑わせることのように思う」が直訳。『形式目的語』it は，to speak 以下を指す。現在分詞に由来する形容詞は，他動詞的に「〜な感情を与えるような」の意。過去分詞由来の形容詞で表すなら they <u>feel</u> quite <u>disconcerted</u> when they speak to ... のような言い方が可能。

訳　¹もちろん，言語によらない意思疎通手段は表情の他にもある。²そうした〔感情を伝える〕非言語の合図は，文化によってしっかりと形成されたものである。³視線で意思を伝えたり，じっと相手を見つめることは，とりわけ強力な非言語シグナルである。⁴アメリカ文化の主流においては，通常，話をしていて「〔こちらの〕目を見」ない人がいると怪しいと思うようになるし，色の濃いサングラスをかけている人に話しかけることは戸惑いの気持ちを起こさせるように思う。⁵しかし世界の別の地域では，まっすぐに視線を合わせることは〔相手の領域に〕踏み込み過ぎだとか，無礼であると見なされる。

4 ¹Another form of nonverbal communication is **how people use personal space**. ²Imagine that you are talking to a person who stands too close to you or too far away; these deviations from "normal" spacing will affect your impressions of that person. ³**Cultures vary greatly in** what is considered normative use of personal space. ⁴For example, most Americans like **to have a bubble of open space, a few feet in radius, surrounding them**. ⁵In comparison, in some other cultures **it is normal for strangers to stand right next to each other, to the point of touching**; someone who stands apart may be considered odd or suspicious.

語句　1. **personal**形「個人的な；人に関する，人と人同士の」　2. **deviation**名「逸脱，ずれ；偏差」　**spacing**名「空間［距離］のあけ方」　**affect**動「に影響する」　**impression**名「印象」　3. **vary**動「変化する，多様な姿を見せる」　**normative**形「標準に関する；標準となる；標準に忠実な」　**use**[juːs]名「利用，利用法」　4. **bubble**名「泡；〔隔離された〕場所」　**open**形「空いた，何もない」　**radius**名「半径」　**surround**動「を取り囲む」　5. **stranger**名「赤の他人，見知らぬ人」　**right**副「まさに」　**next to**「～の隣に」　**each other**「お互い」　**to the point of** *doing*「…しそうなくらいに」　**odd**形「奇妙な，変な；奇数の」

研究　■ 1. **how people use personal space**「人々が他人との距離をどう使うか」ここでの use は動詞（発音[juːz]）だが，名詞 use（発音[juːs]）を使えば people's use of personal space という句に言い換え可能（実際，3 にはそれに近い句がみられる）。

■ 3. **Cultures vary greatly in ...**「文化は…において非常に変化に富む」動詞 vary は「変化する」という意だが，形容詞 various「多様な」や名詞 variety「多様性」の派生元として「多様性を生む」の含みがある。前置詞 in は『分野・領域』を示す用法。「…という点で文化は実にさまざまだ」とすると自然な日本語訳になる。

■ 4. **to have a bubble of open space, a few feet in radius, surrounding them**「何もないちょっとした空間が，半径数フィート，彼らの周りにある状態にする」文構造は〈have + O + *doing*〉で「O を～な状態で持つ」。

　open space「何もない空間」のような目に見えない抽象的なものにイメージしやすい輪郭を与えるため，これをしばしば可算名詞によって束ねることがある。a bubble of は字義どおりには「～でできた泡」であるが，ここでは半径数フィートのふわっとした広がりを「泡」という輪郭をもった比喩でイメージさせ，「ある程度の広がり」の意にしたもの。なお 1 フィート（one foot）は約 30.48cm。

■ 5. **it is normal for strangers to stand right next to each other, to the point of touching**「見知らぬ人たちが互いのすぐ隣に，触れ合うくらいで立つことが普通だ」本文の前置詞 for は to 不定詞の意味上の主語。

訳 ¹非言語コミュニケーションのもう一つの形態には，人と人との空間をどう利用するかというものがある。²立つ位置が自分に近すぎるとか，あるいは遠すぎる相手と話をすることを想像してほしい。このように「正常な」距離の取り方から逸れた状態は，その人物に対するあなたの印象に影響することだろう。³文化というのは，相手との距離の標準的な利用法と見なされる部分において，非常に大きな多様性を示す。⁴例えば大半のアメリカ人は，ちょっとした何もない空間が，半径数フィート，自分の周りにあるのが好きである。⁵対照的に，それ以外の文化のなかには，赤の他人同士が互いのすぐ隣に，触れてしまうくらいで立つことが普通というものもある。離れて立つ人は〔そうした文化では〕おかしいとか，怪しいと見なされることがあるのだ。

解答・解説

解答	**1**	C	**2**	D → C → E → A → B	**3**	A	**4**	E → C → D → B
	5	D	**6**	D				

解説　**1**　*be* particular to「～に独特〔特有〕な」　**A**「〔好みや要求の〕うるさい」**B**「例外的な，特別な」　**C**「固有〔特有〕な」　**D**「超越した」

2　研究 **2** 4. 参照。

3　cue「合図」とは，相手に何らかのメッセージを伝えるもの。These nonverbal cues「これらの非言語の合図」とあることから，直前の内容が参考になる。**A**「意思伝達の方法」　**B**「結論」　**C**「文化的基準〔規範〕」　**D**「相互の意思疎通」

4　研究 **3** 4.①参照。

5　研究 **4** 3. 参照。**A**「文化はプライバシーを保護するために何が〔文化的〕基準であるべきかについての考え方を劇的に変える」　**B**「ある文化における適切な社会的距離についての人々の感覚は，時代によって大きく変わりやすいものである」　**C**「人と人との距離が持つ意味は，文化的基準という観点で見るとき，相当程度に変化する」　**D**「文化的基準によって，とるべきと要求される他人との距離は，文化によって大きく異なる」

6　**A**「ポール・エクマンとその同僚によって行われた研究が示唆するのは，恥を表情に出すことがある文化における個人主義の目印だということだ」　**1** 3に不一致。　**B**「アメリカ文化における男女間の表情の差は，日本文化ほどにははっきりしていない」　**2** 1にはアメリカ文化における男女間の表情の差が，2には日本女性の表情の特徴が述べられているが，性差の大きさを比較する叙述はない。なお3は女性の表情についての日本と西洋の比較，4は（性別とは関係なく）表情の種類について

の日本と西洋の比較。C「アメリカの主流文化の出身者は，話をするときにまっすぐ目を見つめられると非常に脅威に感じる傾向がある」**3** 4に不一致。D「相手に対するあなたの印象は，会話の際にとる物理的な距離によってよくもなれば悪くもなり得る」**4** 2に一致。

精講

1 ¹**The most important effect of** the new technology **on** economics **has been that involving public policy.** ²If machines can perform various tasks more quickly and effectively than people can, how important is the individual? ³If men and women begin to feel that they are of little worth, then mental and emotional problems can occur. ⁴**In an economy** based on technology, there is a danger that decisions will be made on the basis of what is best for technology, not what is best for people.

語句 1. **effect** 名「効果；結果（⇔ cause）；影響（= influence）」（⇒ p.158） **technology** 名「科学技術」 **económics** 名「経済学」 4 の economy と区別すること。**involve** 動「を巻き込む；にかかわる；を伴う」 **policy** 名「政策；方針」 cf. politics「政治学」 2. **perform** 動「を成し遂げる；を演じる」 **task** 名「仕事，務め」 3. **emotional** 形「感情の，情緒の」 **occúr** 動「生じる，起こる」 4. **ecónomy** 名「経済，経済組織；節約」 **based on**「〜を基礎にした」 **decision** 名「決定，決心」

研究 ■ 1. **The most important effect (of 〜 on ...) has been that involving public policy.**「（〜の…に対する）最も大きい影響は公共政策にかかわるものであった」代名詞 that を具体的な名詞で表せば ... the *effect* involving（= which involves）public policy（公共政策にかかわる影響）である。

■ 4. **In an economy ...**「ある経済体制のもとでは…」economy「経済」そのものは抽象名詞で不可算であるが，an が付されるとその具体化として「経済体制（の国・地域）」の意となる。次の例も参考に理解しよう。

democracy「民主主義」 ― a democracy「民主主義国家」

success「成功」 ― a success「成功した事例」

protest「抗議」 ― a protest「抗議行動」

beauty「美」 ― a beauty「美人」

訳 ¹新しい科学技術が経済学に及ぼした最も重要な影響は，公共政策に関連するものであった。²もし機械がさまざまな仕事を人間よりも速く効率的にできるとすれば，個々の人間にはどのくらいの重要性があるというのか。³もし人々が，自分にはほとんど価値がないと感じ始めたならば，精神的・情緒的問題が生じ得る。⁴科学技術を土台とした経済体制においてはさまざまな決定も，何が人間にとって最善かではなく，何が科学技術にとって最善かという基準によってなされる危険が存在する。

2 [1]It is certain that **the increased productive powers of the economy will change attitudes about work and play**. [2]**Vastly increased productivity will make possible much better standards of living** and greatly reduce hours of work. [3]New patterns of income distribution may have to be developed.

語句 1. **incréased**[-st] 形「増加した」 **attitude** 名「態度，考え方」 2. **vastly** 副「非常に」 **productivity** 名「生産力，生産性」 **standard of living**「生活水準」 **reduce** 動「を減らす」 3. **íncome** 名「所得，収入」 **distribution** 名「分配」

研究 ■ 1. **the increased productive powers of the economy will change attitudes about work and play**「その経済体制の増加した生産力は，労働と余暇に対する態度を変えさせるだろう」（直訳）→「その経済体制が持つ生産力が増せば，……態度が変わるだろう」日本語に直訳すると非常に固い響きになるのは，日英の表現法の差異による。日本語のように助詞を持たない英語は，論理の型（『五文型』など）に当てはめて文を構築するため，主語や目的語の位置に名詞化された表現がどうしても必要になる。主語や目的語の名詞句に多くの情報量がこめられた英文を『名詞構文』と呼ぶ。

　『名詞構文』を自然な日本語訳にするには，名詞句内部に見られる論理構造を正確に解きほぐす必要がある。2, **3** 2・3, **4** 2 なども『名詞構文』。(⇒ p.26)

■ 2. **Vastly increased productivity will make possible much better standards of living**「大幅に増加した生産性は今よりずっと高い生活水準を可能にするだろう」「大幅に増やされた生産力」が直訳であるが，「大幅に増える生産力，生産力の大幅な増加」ぐらいの日本語に近い。possible は目的補語。

文型と語順

SVOC の文型の文で，O（目的語）に修飾語が付いて長くなる場合に 〈S + V + C + O〉の語順をとることに注意。

(a) He can't make it *known* in words.〔普通の〈S + V + O + C〉の語順〕

(b) He can't make *known* in words what he feels and needs.

　　(a)「彼はそれを言葉で人に知らせることができない」

　　(b)「彼は自分の気持ちや必要なことを言葉で人に知らせることができない」

▶ (b)では目的語が長いために後ろに置かれ，補語（known）が前に出ている。

〔⇒ p.121 **語順（後置目的語）** も参照〕

　このあとにも *advanced* ... nations（**3** 2），*continued* growth（**4** 2）などの過去分詞が用いられているが，現在分詞との意味の違いを正しく区別しておかなけ

P A R T III

32

ればならない。

過去分詞と現在分詞 分詞が名詞の前に置かれる形で用いられる場合，一般に過
去分詞は「自〜した／他〜された」（*fallen* leaves「落葉」／a *broken* window
「割れた窓」／*lost* love「失われた恋，失恋」）の意を，現在分詞は「自〜している
／他〜させる」（*falling* leaves「散りゆく木の葉」／an *amusing* story「おもし
ろがらせる〔→おもしろい〕話」／a *boring* story「退屈させる〔→退屈な〕話」）の意
を表す。したがって，次のような区別がなされる。

| *developed* countries「開発された［発展した］国，先進国」
| *developing* countries「発展しつつある国，発展途上国」
| *advanced* nations「進んだ国，先進国」
| *advancing* years「寄る年波」

ただし，increased, continued では，普通「〜した，された」の意は薄くなり，
特に continued はほとんど continuing に近い意味を表すことになる。

| *increased* wealth「増えた富，増加する富〔→富の増加〕」
| *increasing* wealth「増加しつつある富」
| *continued* growth「続けられる成長，引き続く成長」
| *continuing* growth「継続しつつある成長」

訳 [1]ある経済体制で生産力が増せば，仕事と余暇に対する考え方もきっと変わってくるだ
ろう。[2]生産性が大幅に増加すると，生活水準をはるかに向上させ労働時間を大幅に短縮
することが可能になるだろう。[3]〔そうなると〕所得の分配について新たな様式が開発され
ねばならなくなるかもしれない。

3 [1]The new technology will without a doubt create economic prosperity.
[2]**In advanced industrial nations, at least, poverty as we know it
can be ended.** [3]Increased incomes and leisure time have greatly
improved the quality of life in advanced countries and **will continue to
do so**. [4]More people are better educated. [5]Because of television and
radio, millions of people can now enjoy education and entertainment
that were available to only a few people several generations ago.

語句 1. **without a doubt**「疑いなく，確実に」 **prosperity** 名「繁栄」 2. **advanced** 形「進ん
だ」 **indústrial nation**「工業国」 *cf.* an indústrious people「勤勉な国民」 **at least**「少な
くとも」 **poverty** 名「貧乏，貧困」 **end** 動「を終わらせる」 3. **improve** 動「を改良する，向上させる」

230

quality 图「質」(⇔ quantity「量」) 5. **entertainment** 图「もてなし；娯楽」　**available** 形「利用できる；入手できる」　**only a few**「ほんの少数の〜」(= but a few) *cf.* quite a few「かなりの数の〜」

研究 ■ 2. **In advanced industrial nations, at least, poverty as we know it can be ended.**「少なくとも先進工業国では，われわれが知るような貧困は終わらせることができる」

as の用法（1）　次のような文における (a) 関係代名詞用法の as と，(b) 接続詞用法の as を，正しく区別しなければならない。

(a) Pollution, <u>as</u> *you know*, is threatening us.
(b) Pollution <u>as</u> *you know it* did not exist then.

(a)「ご存じのように，汚染はわれわれを脅かしている」の意で，as は主節の内容を先行詞（= know の目的語）とする関係代名詞。
(b)「あなた方が知っているような汚染は当時存在しなかった」の意で，as は『限定』を表す接続詞。

■ 3. **... will continue to do so**「そうし続けるだろう」の do so は improve the quality of life in advanced countries を表す。

訳 ¹新しい科学技術が経済的な繁栄を生み出すであろうことは確実である。²少なくとも，先進工業国においては，われわれが知っているような貧困に終止符を打つことができるだろう。³収入と余暇の増加は先進国における生活の質を大幅に向上させてきたし，これからもそうし続けるだろう。⁴より多くの人々が，より高い教育を受けている。⁵テレビやラジオのおかげで，何百万人もの人々が，数世代前にはほんの少数の人々しか得ることのできなかった教育や娯楽を，今では享受することができるようになっている。

P
A
R
T
Ⅲ

32

4 ¹At the present time, **something is seriously wrong with the way wealth is being used** in some of the advanced countries. ²In other countries prosperity has not yet been achieved and **continued growth in population may prevent its achievement for many generations**.

語句 2. **achieve** 動「を達成する，成就する」　**continued** 形「継続的な，引き続く」　**prevent** 動「を防ぐ，妨げる」

研究 ■ 1. **something is seriously wrong with the way wealth is being used**「富の使われ方にはどこかひどく間違ったところがある」

「〜はどこか具合が悪い；おかしな点がある；故障している」の表現を押さえておく。There で始める場合には倒置が起きる点にも注意したい。

Something is wrong with（= Something is the matter with）

= There is something wrong with

（= There is something the matter with）

the way のあとに in which を補うと理解しやすい。また how との関係も確認しておこう。

the way in which he did it「彼がそれをした方法」

= the way he did it

= how he did it「どのように彼がそれをしたか」

■ **2. continued growth in population may prevent its achievement for many generations**「人口の継続的増加は何世代にもわたってその達成を妨げるかもしれない／人口が増え続ければ何世代にもわたって繁栄は達成されないかもしれない」prevent 〜 from *doing* の形で言い換えれば prevent *it* from *being achieved*（それが達成されるのを妨げる）のようになり，動名詞が受身形になることを，prevent *us* from *achieving it* のような能動態の形をとる場合と区別する。

訳 ¹現在，先進国の一部における富の使い方はどこかひどく間違っている。²他の国々では，繁栄がまだ達成されておらず，増え続ける人口が今後何世代にもわたってその達成を阻むことになるかもしれない。

解答・解説

解答

1	D	2	to feel that they are of little worth	3	D

4	B

5	少なくとも，先進工業国においては，われわれが知っているような貧困に終止符を打つことができるだろう。

6	B	7	C	8	A

9	with the way wealth is being used in	10	B

解説 **1** 研究 **1** 1. 参照。**A**「生徒たちが髪を染めるのをそれほど奇妙なこととは思いません」「それほど（〜ない）」の意の副詞。**B**「とりわけ重要なのはあなたの心である」『強調構文』の that。**C**「その有名な俳優にそんな質問をする人はいないだろう」「その，あの」の意の指示形容詞。**D**「日本の人口はドイツの人口よりも多い」代名詞。

2 〈of ＋抽象名詞〉が形容詞の働きをする（of worth ＝ worthy）。(⇒ p.120)

3 Ａ「を分ける」Ｂ「を広げる」Ｃ「を増やす」Ｄ「を減らす」

4 income distribution「①所得分布，②所得分配」ここでは②の意。Ａ「極めて利益の多いビジネスを育成するには刷新が必要とされるかもしれない」foster 動「を育てる」Ｂ「富の公正な共有のための新たなシステムを構築する必要があるかもしれない」novel 形「新たな」Ｃ「消費行動のさまざまな変化が実現される必要があるかもしれない」Ｄ「さまざまな生活様式によって人はより健全な社会を作り上げていけるようになるかもしれない」

5 研究 **3** 2. 参照。

6 leisure「余暇」[líːʒər／léʒə] ― Ａ「通路」[aɪl]（s は黙字）Ｂ「偶然の；形式ばらない」[kǽʒuəl] Ｃ「妥協」[kɑ́(ː)mprəmàɪz] Ｄ「保険」[ɪnʃúərəns]

7 二つの比較級（more people と better educated）をふまえ，「人数が増えた」こと，「（より）高い教育を受けられるようになったこと」が反映されたものを選択する。Ａ「多くの人々がもっときちんと学校に通う」Ｂ「一般民衆にとって教育の質が改善される」Ｃ「高等教育が一般化しつつある」higher education「高等教育」は，『比較級』を用いながら特定の比較対象（than ～）を示さず，全体の中でどちら寄りであるかを示す『絶対比較級』という用法。*cf.* the upper class「上流階級」the younger generation「若い世代」。Ｄ「以前に比べて人々が学校に行く頻度が高まる」

8 can now enjoy ... that were ～「以前であれば～だった…を今は享受できる」の部分に現在と過去の対照を読み取る。Ａ「利用できる」Ｂ「お気に入りの」Ｃ「不可能な」Ｄ「時代遅れの」

9 研究 **4** 1. 参照。『進行形の受動態』〈be being *done*〉にも注意。

10 Ａ「公共政策は科学技術よりも人間の幸福を優先しなければならない」**1** 3・4 の主旨に一致。Ｂ「機械が人間の労働者に取って代わったとしても，生産性の水準の向上はそう長くは続かない」本文に言及なし。Ｃ「一部の国における生活の質の向上は，科学技術の発達と結びついている」**3** 1・2 の主旨に一致。Ｄ「人口が増加し続けるために，一部の国々では経済的な成功を達成するのに何世代もかかることがあり得る」**4** 2 に一致。

精講

1 ¹Language is nothing but a set of human habits, **the purpose of which is to give expression to thoughts and feelings, and especially to impart them to others.** ²**As with other habits it is not to be expected that they should be perfectly consistent.** ³No one can speak exactly as everybody else or speak exactly in the same way under all circumstances and at all moments, hence a good deal of vacillation here and there. ⁴ᴬ**The divergencies would certainly be greater if it were not for the fact that** the chief purpose of language is to **make oneself understood** by other members of the same community; ⁴ᴮ**this presupposes and brings about a more or less complete agreement on all essential points.** ⁵**The closer and more intimate the social life of a community is, the greater will be the concordance in speech between its members.** ⁶ᴬIn old times, when communication between various parts of the country was not easy and when the population was, on the whole, very stationary, **a great many local dialects** arose which differed very considerably from one another; ⁶ᴮthe divergencies naturally became greater **among the uneducated** than among the educated and richer classes, as the latter moved more about and **had more intercourse with** people from other parts of the country. ⁷In recent times the enormously increased facilities of communication have to a great extent counteracted the tendency towards **the splitting up of the language into dialects** — class dialects and local dialects.

語句 1. **nothing but**「ただ〜, 〜にすぎない」(= only) *cf.* anything but「決して〜ではない」(= by no means 〜), all but「ほとんど〜」(= almost) **a set of**「一連の〜, 一組の〜」 **give expression to**「〜を表現する」(= express) **impart** 動「を与える；を伝える」(= convey) 2. **as with**「〜についてもそうだが, 〜の場合と同じく」 **consistent** 形「首尾一貫した, 矛盾のない」 3. **under all circumstances**「あらゆる状況において」 **hence** 副「したがって（〜が生じる）」この文のように動詞なしで用いることが多い。**here and there**「あちらこちらに, そこここに」 4A. **divergency** = **divergence** 名「分岐」 **if it were not for**「〜がないとしたら」 4B. **bring about**「〜をもたらす」(= cause) **more or less**「多かれ少なかれ；ほぼ, およそ (= about)」 **agreement** 名「一致；同意」 5. **close** 形「密接な」 **intimate** [-mət] 形「親密な」 6A. **various** 形「さまざまな」

234

population 名「人口；《the ～》（ある地域の）住民」 **on the whole**「概して」 *cf.* as a whole「全体として」 **stationary** 形「動かない，静止している」 *cf.* stationery 名「文房具」 **local** 形「（ある）地方の，地域的な」 **dialect** [dáɪəlèkt] 名「方言」 **arise** 動「生じる，生まれる」 **considerably** 副「かなり，相当に」 6B. **naturally** 副「自然に；《文修飾》当然（のことながら）」 the uneducated「教育を受けていない人々」 研究 **1** 6B. ①参照. **move about**「動き回る，あちこち移動する」 **intercourse** 名「交際，交流；性交」 研究 **1** 6B. ②参照. 7. **recent** [ríːsənt] 形「最近の」 *cf.* resent [rɪzént] 動「に立腹する」 **enormously** 副「ものすごく，非常に」 **facility** 名「施設；手段」 **to a great extent**「非常（な程度）に」 **counteráct** 動「に逆に作用する；を妨げる，阻止する」 **split up**「分裂する；を分割する」

<u>研究</u> ■ 1. ① **the purpose of which is to give expression to thoughts and feelings**「その目的は思考と感情を表現することである」 この関係詞節は，この形を含め，3通りが可能。

- whose purpose is to give expression to ～
- the purpose <u>of which</u> is to give expression to ～
- <u>of which</u> the purpose is to give expression to ～

■ 1. ② **and especially to impart them to others**「そしてとりわけそれら（＝思考と感情）を他人に伝えること（である）」 impart は通常「を分け与える」の意であるが，ここでは communicate「を伝達する」と同じ意味で用いられている。

■ 2. **As with other habits it is not to be expected that they should be perfectly consistent.**「他の習慣もそうだが，それらが完全に首尾一貫していると予想されるべきではない」が直訳。they は a set of human habits を指す。

it is not to be expected that ...「…だと期待されるべきではない，当然…だと考えてはならない」it は形式主語で that ... を内容とする。この *be to* (*do*) は should (*do*) の意。

---

be to do の用法 この形は①「予定」②「可能」③「義務・当然・命令」④「運命・必然」⑤《if 節の中で》「目的・意図」などを表す。

① I'm to visit Paris next week.「来週パリを訪れることになっている」
② Happiness is not to be bought with money.「幸せは金では買えない」
③ You are to return to your post at once.「すぐ部署に戻れ」
　 You aren't to drink so much.「そんなに飲んではいけない」
④ He was never to see his wife again.「彼は妻に二度と会えない運命にあった」
⑤ If we are to get along together, we must understand each other.
「仲よくやっていくつもりなら，互いに理解し合わなければならない」

■ 4A. ① **The divergencies would certainly be greater if it were not for the fact that ...**「もし…という事実がなければ, きっとこの（ような言葉の）差異はもっと大きなものになるだろう」

「もし仮に〜がなければ」という"反実仮想"は、『仮定法』を用いて if it were not for 〜 で表す。過去については if it had not been for 〜「もし〜がなかったならば」を用いる。

> If it were not for（= *But for*）air, no creature could live.
> 「空気がなければ，どんな生き物も生きられないだろう」
>
> If it had not been for（= *But for*）your help, I would have failed.
> 「君の援助がなかったとしたら，僕は失敗していただろう」

▶それぞれ if が省略されて were it not for, had it not been for という倒置形を用いることもある。このほうが文語的。また，いずれも but for に言い換えられるが，さらに without とも表せる。

■ 4A. ② **make oneself understood**「自分の言うことが人に理解されるようにする」
→「人に理解させる」は頻出表現。

■ 4B. **this presupposes and brings about a more or less complete agreement on all essential points**「このことは，すべての基本的な点についてのある程度完全な一致を前提とし，またそのような一致をもたらす」presuppose「を前提とする」と bring about「〜を〔結果として〕もたらす」という論理的に正反対の二つの動詞が，一つの目的語（agreement）を共有している点に注目。主語 this は文の前半の条件節内に示された事実を指し，ここでその事実の持つ重要な意味を説く。すなわち共通の合意がなければ伝達は成立せず，また伝達し合うことによって共通の合意がさらに増す，ということ。

■ 5. **The closer and more intimate the social life of a community is, the greater will be the concordance in speech between its members.**
「共同体の社会生活が密接であり親密であればあるほど，（それだけいっそう）その共同体の構成員の間の言葉の一致は大きなものになるだろう」〈the＋比較級〉を用いた構文では，the は定冠詞ではなく副詞で，従節では「〜すればするほど」，主節では「それだけ（いっそう）」の意を表す。（⇒ p.13）次のような表現の the も同じ。

> I love him all the more for his faults.
> 「彼に欠点があるために〔それだけいっそう→〕なおさら彼を愛する」
>
> I like her none the less for her faults.
> 「〔彼女に欠点があるのでそれだけ少ししか彼女を愛さないということはない→〕
> 彼女に欠点があってもやっぱり彼女が大好きだ」

the greater will be the concordance「それだけいっそう一致は大きくなるだろう」『倒置』が起きていることに注意（文の主語は the concordance）。この構文では，主節にしばしば倒置が生じる。次の例を参照：

The greater the uniformity that in fact exists, *the more eager* becomes <u>the search</u> for differences that may moderate it.

(*In Praise of Idleness* by Bertrand Russell)

「実際に存在する一様性が大きければ大きいほど，それを緩和するような相違を求める探究が，それだけいっそう熱心になる／実際に一様性が多く存在すればするほど，それを和らげてくれそうな多様性が熱心に求められるようになる」

▶ 従節では The greater the uniformity ... is の is が省略されており，これもこの構文でよく行われる省略である。主節は the more eager（C） becomes（V） the search（S） という倒置形式になっているが，この文でも（本文の場合と同じく）主語（＝ search）に長い修飾語がついており，動詞 becomes をそのあと（つまり文尾）に置くと文の形が整わないので倒置されることになる。

■ 6A. **a great many local dialects** 「非常に多くの地域的方言」great は many を強める。

> │ *a great* many men 「非常に多くの人々」
> │ many *a great* man 「多くの<u>偉大な人々</u>」〔＝ many great men〕

■ 6B. ① **among the uneducated** 「教育を受けていない人々の間で」

the ＋形容詞・分詞

〈the ＋形容詞・分詞〉は①「～な人々」，②「～なこと，～なもの」の意を表す。

　① *the* unfortunate 「不幸な人々」（＝ unfortunate people）／
　　 the living 「生きている人々」／*the* wounded 「負傷者」
ただし，*the* deceased 「故人」／*the* accused 「被告人」は単数にも複数にも用いられる。

　② *the* beautiful 「美しいもの，美」／*the* impossible 「不可能なこと」
▶ 語によっては文脈により①，②両方の意味を表すものもある。
　 the unknown ①「無名の人々」，②「未知のこと」

■ 6B. ② **had more intercourse with** ～ 「～との交流もより多かった」問題文は初版が 1930 年代で今なお読み継がれる名著からの引用。本文では intercourse が「〔意見の〕交換，交流」の意味で用いられているが，現在ではその意味では使用しない（もっぱら性的な意味を帯びる）ので，注意すること。

■ 7. **the splitting up of the language into dialects** 「言語が方言へと分かれてしまうこと」動名詞 splitting を自動詞「分かれる」に由来すると考えれば, of は『主語関係』（⇒ p.249）で「言語が方言に分裂すること」，他動詞「を分ける」に由来すると考えれば, of は『目的語関係』で「言語を方言に分裂<u>させる</u>こと」と訳出できる。

¹ 言語は一連の人間の習慣に他ならず，その目的は思考や感情を表現し，とりわけそれを他人に伝えることにある。² 他の習慣についても同じであるが，この習慣もまた，当然，完全に首尾一貫したものではありえない。³ いかなる人も，他のみんなと全く同じように話したり，また，どんな場合，どんなときにでも常に全く同じ話し方をすることはできないことから，あちこちに多くの差異が〔存在することになる〕。⁴ᴬ もし，言語の主な目的は同じ社会の他の人々に自分を理解させることであるという事実がなければ，この多様化した有様はきっといっそう拡大しているだろう。⁴ᴮ このことが前提とし，また〔結果として〕もたらしているのは，あらゆる本質的な部分についてのほぼ完全な合意である。⁵ ある共同体の社会生活が緊密かつ親密であればあるほど，その社会の構成員の間の言葉の一致は大きなものになるだろう。⁶ᴬ 昔，国内各地の間の意思疎通が容易ではなく，概して人々の大きな移動がなかった時代には，互いに相当に異なった非常に多くの地域的方言が生まれた。⁶ᴮ このような方言的相違は，当然のことながら無教養な人々同士のほうが，教育のある裕福な階級の人々の間でよりも，大きくなった。それは，後者のほうが移動して回ることが多く，同じ国の他の地域の人々との交流も多かったからである。⁷ 近年においては，伝達手段が著しく増加したため，言語が方言——階級的方言と地域的方言——に分化する傾向はかなりの程度，弱められている。

解答・解説

解答							
1	言語は一連の人間の習慣に他ならず，その目的は思考や感情を表現し，とりわけそれを他人に伝えることにある。						
2	A	**3**	for	**4**	D	**5**	D
6	ある共同体の社会生活が緊密かつ親密であればあるほど，その社会の構成員の間の言葉の一致は大きなものになるだろう。						
7	D	**8**	the educated and richer classes			**9** A **10** D	

解説　**1**　研究　1.①・②参照。nothing but「～にすぎない」は重要なイディオム（この but は「～を除く」意の前置詞で，直訳では「～という点を除けば何でもない」）。

2　a set of human habits は文法的には単数（a set）であるが，句全体で複数扱い。出題文は，言語が人々の共通の記号であり，一様なものだととらえる一般的な認識を否定するもので，言葉遣いは人によっても異なるし，同じことでも時と場合に応じて表現が異なることをもって（3），言語も固定した記号ではなく形に幅のある一種の慣習である（1）という文脈。A「言語と呼ばれる人間の習慣」 B「言語を使う人々」 C「人々とその言語」 D「人々の思考や感情」

3 　研究 **1** 4A. ①参照。

4 　研究 **1** 4B. 参照。セミコロン（;）は，文法的には完全に終止している文の余韻を保持しつつ，そこに補足を加える際に使用される。

5 　bring about「〔結果として〕〜をもたらす」A「を認める」B「を壊す」C「を遅らせる」D「を生み出す」

6 　研究 **1** 5. 参照。

7 　stationary 形「静止した」は station「駅；配置；地位（status）」などと同語源。なお，つづりの似た stationery 名「文房具」と混同しないこと。A「〔密度が〕濃い」B「増加する」C「小規模な」D「〔変動がなく〕安定した」

8 　教育を受けていない人々（近代になってもそういう人々は多かった）と，教育を施された人々の比較だが，文中の the は名詞 classes に付されているものであるから，解答として the educated だけでは不十分。

9 　move about は move around に同じ。A「3 日間にわたって彼らは森の中をさまよっていた」「〜してまわる」意の副詞。B「それはこのテーブルとだいたい同じ高さでした」「およそ」の意の副詞。C「彼らは何か他に話したいことがあるようだ」「〜について」の意の前置詞。D「オフィスに彼女を訪ねたとき，彼女はちょうど出ようとしているところだった」*be about to do*「まさに…しようとしている」。

10 　counteract とは直訳すれば「の反対方向に作用する」（*cf.* counteraction「反作用」）で，毒物に対しては「を中和する」，何らかの勢いに対しては「を抑える，弱める」の意になる。A「言語をより多様化するためにその傾向と戦った」B「言語が多様化しようとする傾向があることを証明した」C「言語が多様化する傾向を強めた」D「言語が多様化する傾向を弱めた」

P
A
R
T
Ⅲ

33

筆者について

著者オットー・イェスペルセン（Otto Jespersen, 1860〜1943）はデンマークの英語学者で，英文法の研究で知られる。言語学的にいうと英語とデンマーク語は同じゲルマン系の言語で，互いに非常に近い関係にある。イェスペルセンはそうした観点から，英語を母語としないにもかかわらず，英語の重要な特徴を精密に分析して，壮大な研究をまとめ上げた。

精講

> **1** ¹ **Although it is possible to achieve happiness, happiness is not a simple thing.** ² There are many levels.

語句　1. **achieve** 動「を成就する，獲得する」

研究　■ 1. **Although it is possible to achieve happiness, happiness is not a simple thing.**「幸福を達成することは可能ではあるが，幸福というのは単純なものではない」 although は『譲歩』の副詞節を導く代表的な接続詞だが，『逆接』とのちがいに注意する。

譲歩と逆接

　　　『譲歩』とは，表現者が自分の主張とは相容れない一般論や異なる意見への理解を「確かに…ではあるが」と示した上で自身の主張を展開する際の論理関係をいう。

▶接続詞 although（または though）は『譲歩』の副詞節を導くが，これをそのまま『逆接』の but に置換することはできない。

Their opinions are quite different **although** there are some similarities.
『譲歩』「彼らの意見は，<u>類似点がいくつかあるとはいえ</u>かなり異なるものだ」
　≠ Their opinions are different but there are some similarities.
　　『逆接』「彼らの意見は異なっているが，類似点がいくつかある」

▶『譲歩』節は副詞節であるから，文中に挿入することも可能である。

Their opinions are, <u>although there are some similarities</u>, quite different.

訳　¹幸福を手にするのは可能なこととはいえ，幸福は単純なものではない。²そこには多くのレベルがある。

> **2** ¹ **Let us leave aside for a moment** ultimate religious or spiritual aspirations like perfection and enlightenment and deal with **joy and happiness as we understand them in an everyday or worldly sense**. ² Within this context, there are certain key elements that we **conventionally** acknowledge as contributing to joy and happiness.

³For example, good health is considered to be one of the necessary factors for a happy life. ⁴Another factor that we regard as a source of happiness is our material facilities, or the wealth that we accumulate. ⁵An additional factor is to have friendship, or companions.

語句 1. **leave aside**「～を考慮に入れない」 **ultimate** 形「究極的な」 **aspiration** 名「切望，憧れ」 **perfection** 名「完全，完璧」 **enlightenment** 名「悟り」 **deal with**「～を扱う」 **worldly** 形「世俗的な」 2. **context** 名「文脈，脈絡」 **element** 名「要素」 **conventionally** 副「慣習的に，従来，通例」 **acknowledge A as B**「A を B として認める」 **contribute to**「～に貢献［寄与］する」 3. **consider A (to be) B**「A を B と見なす」 **factor** 名「要素」(= element) 4. **source** 名「源」 **material** 形「物質的な」 **facility** 名「施設；便宜；手段」 **wealth** [welθ] 名「富，財産，豊かさ」 **accúmulate** 動「を蓄積する」 5. **companion** 名「仲間」

研究 ■ 1.① **Let us leave aside for a moment ...**「…についてはしばらく脇へおくとしよう」議論の対象をしぼるための表現。for a moment「しばらく」は挿入句。leave ～ aside「～を脇へおいておく」の目的語が離れているので注意。

■ 1.② **joy and happiness as we understand them in an everyday or worldly sense**「私たちが日常的・世俗的な意味で理解しているような喜びと幸せ」as は『限定』を表す接続詞。(⇒ p.231)

名詞 sense が「意味」の意で用いられる典型的な例：

in a sense「ある意味で」

in the literal sense (of the word)「文字通りの意味で」

in the sense of「～という意味で（の）」

in an everyday sense における éveryday は「毎日の，日々の」の意の形容詞で，語頭にのみアクセントを置き，1 語で記す。アクセントが 2 か所ある副詞の évery dáy「毎日」は 2 語で記す。

訳 ¹完徳や悟りといった，究極の宗教的・精神的憧れについてはしばらく脇に置いて，日常的・世俗的な意味でわれわれが理解する喜びや幸せを扱うことにしよう。²このような文脈の中でも，喜びや幸せに寄与するものとして昔からわれわれが認めているいくつかの重要な要素がある。³例えば，健康は幸福な人生にとって必須の要素の一つと見なされる。⁴もう一つの，われわれが幸福の源と見なす要素は，所有する物質的に便利なもの，つまりわれわれの蓄積する富である。⁵さらにもう一つを加えるなら，友とのつながり，つまり仲間を持つことである。

3 ¹Now, **all of these factors are, in fact,** sources of happiness. ²But **in order for an individual to be able to fully utilize them** towards the goal of enjoying a happy and fulfilled life, your **state of mind** is key.

³ It's crucial.

語句　2. **utilize** 動「を利用する」　**fulfilled** 形「満ち足りている」　3. **crucial** 形「重要な, 決定的な」

研究　■ 1. **all of these factors are, in fact, ...**「確かにこれらの諸要素はみな, …である」in fact は「実際に」という意味のほか,「確かに…ではある（が）」という『譲歩』の含みを持つことがあり, 次文冒頭の but で始まる論理展開を予期させる。類似の構文による『譲歩』の論理展開については, it is true ... but ~ (⇒ p.274) を参照。

■ 2. ① **in order for an individual to be able to fully utilize them**「1 人の人がそれらの要素を十分に活用することができるためには」

in order for ~ to do　この for は不定詞の意味上の主語を表し, 『節』の形に書き換えれば,「～」の語がその主語になる。
　→ in order that *an individual* may be able to ...

■ 2. ② **state of mind**「心の状態」mind は, body（体）に対し,「心, 精神」を表し, state of mind は「心の状態」,「精神状態」,「気持ち, 気分」などを表す。人は「心」が穏やかな状態にあるとき,「気持ち」が安らいでいるときに, 幸せに感じる。

訳　¹ さて, 確かにこれらの要素は, いずれも幸福の源ではある。² しかし 1 人の人が幸せで充足した人生を享受するという目標に向かってそれらを十分に生かすことができるためには, その人の心の状態が鍵になる。³ これは決定的に重要だ。

4　¹ Without the right mental attitude, these things have very little impact on our long-term feelings of happiness. ² For example, **if you harbor hateful thoughts or intense anger somewhere deep down within yourself, then** it ruins your health; thus it destroys one of the factors. ³ Also, **if you are mentally unhappy or frustrated, then physical comfort is not of much help.** ⁴ On the other hand, if you can maintain a calm, peaceful state of mind, then you can be a very happy person even if you have poor health. ⁵ So there is no guarantee that wealth alone can give you the joy or fulfillment that you are seeking. ⁶ The same can be said of your friends too.

語句 1. **áttitude** 图「(基本的な) 考え方，態度，心構え」 **impact** 图「影響」 **long-term** 形「長期的な」 2. **harbor** 動「を (心に) 抱く」 **hateful** 形「憎悪に満ちた」 **intense** 形「激しい」 **anger** 图「怒り」 **ruin** 動「を台無しにする」 3. **frustrated** 形「挫折した，落胆した；欲求不満を抱いた」 **physical** 形「身体的な，物質的な」 **comfort**[kʌ́mfərt] 图「快適さ，心地良さ；慰め」 4. **on the other hand**「他方では，それと反対に」 **calm** 形「落ち着いた」 **peaceful** 形「平穏な」 5. **guarantée** 图「保証」 **fulfillment** 图「実現，成就；満足感，充足感」

研究 ■ 2. **if you harbor ... somewhere deep down within yourself, then** 〜「もしあなたが自分の内面のどこか奥深くに…を隠し持っているなら，そのような場合〜」if 節が主節に先行するとき，主節の始まりはしばしば then で示されるが，このような then はとくに訳出の必要がないことが多い。3・4 も同様。

■ 3. **if you are mentally unhappy or frustrated, then physical comfort is not of much help**「もしあなたが精神的に不幸であったり欲求不満の状態にあるならば，物質的な面での快適さも大して役には立たない」形容詞 physical は mental「心の」との対比では「肉体的な」の意に取ることが多く，ここもその訳が全く不適なわけではない。しかし，physical comfort は「健康・富・仲間」という3要素中の第2，**2** 4 でいう material facilities「物質的に便利なもの」への言及であり，**4** 5 でも wealth alone「富だけで」と換言されていることから，「肉体的な心地よさ」ではなく「物質的な快適さ」という訳を充てている。

『of ＋抽象名詞』of much help ＝ very helpful に注意（⇒ p.120）。

訳 ¹ふさわしい心的態度を欠いたままでは，これらのものはわれわれの長期的な幸福感にほとんど影響しないのだ。²例えば，もしあなたが自分の中のどこか奥深いところに憎しみに満ちた思いや強い怒りを抱いていたならば，それはあなたの健康を壊してしまう。そうすると幸福の要素の一つが破壊されることになる。³同様に，もしあなたが精神的に不幸であったり欲求不満の状態にあるならば，物質的な面での快適さもあまり役に立たない。⁴一方，もしあなたが穏やかで安らかな心の状態を保つことができるなら，たとえ健康状態が優れていなくとも大いに幸福な人でいられる。⁵そういうわけで，富だけで自分の求める喜びや充足を得ることができる保証はないのだ。⁶同じことが友達についても言える。

P A R T Ⅲ

34

5 So, leaving aside the perspective of spiritual practice, **even in worldly terms, in terms of our enjoying a happy day-to-day existence, the greater the level of calmness of our mind, the greater our peace of mind, the greater our ability to enjoy a happy and joyful life.**

語句 **perspective** 图「観点，見方，視野」 **calmness** 图「平穏」 **joyful** 形「喜びに満ちた」

■ ① **even in worldly terms, in terms of our enjoying a happy day-to-day existence**「世俗的な観点から言っても，私たちが幸せな日々の生活を楽しむという点から言っても」in ～ terms は「～の言葉で；～の点で」の意。（＝ in terms of）

explain *in* simple *terms*「簡単な言葉で説明する」

> **in terms of** 「～の点［観点，立場］から；～の言葉で」(⇒ p.266)
>
> *in terms of* salary「給料の点では」
> ┌ in terms of economy
> └ in economical terms「経済性［節約］の点では，経済的観点からすれば」

existence は「存在，生存」のほか「生活，暮らし方」(way of living) の意で用いることに注意。

■ ② **the greater the level of calmness of our mind (is), the greater our peace of mind (is), the greater our ability to enjoy a happy and joyful life (is).**「私たちの心の穏やかさの程度が大きければ大きいほど，私たちの心の安らぎが大きければ大きいほど，幸せで喜びに満ちた生活を楽しむ私たちの能力もそれだけいっそう大きくなる」〈the＋比較級〉の形の節が三つ並んだ例であるが，それぞれ動詞 is が省略されている。前の二つの節が『従節』で（and で結ばれることもある），本文では三つ目の節が『主節』であることに注意する。(⇒ p.13)

少しくだいて次のように訳すこともできる。「私たちの心が穏やかであればあるほど，また私たちの心が安らいでいればいるほど，私たちはいっそう幸せで喜びに満ちた生活を楽しむことができる」

訳 したがって，精神的な修行といった考え方は脇へおき，世俗的な観点で見ても，つまり，われわれがその日その日の幸せな生活を楽しむという観点で見たとしても，心の平静さが大きければ大きいほど，心の安らぎが大きければ大きいほど，われわれが幸せで喜びに満ちた生活を楽しむ能力も大きくなる。

6 [1] I should mention that when we speak of a calm state of mind or peace of mind we shouldn't confuse that with **a totally apathetic state of mind**. [2] Peace of mind or a calm state of mind **is rooted in affection and compassion**. [3] There is a very high level of sensitivity and feeling there.

語句 1. **mention** 動「に言及する，について述べる」 **confuse _A_ with _B_**「AをBと混同する」 **totally** 副「全く」 **apathétic** 形「無関心な，冷淡な」 2. **be rooted in**「～に根差している」 **affection** 名「愛情」 **compassion** 名「同情，思いやり」 3. **sensitivity** 名「感性，感受性」

研究 ■ 1. **a totally apathetic state of mind**「全くものごとを感じない心の状態」apathétic は ápathy の形容詞。

-pathy で終わる語

-pathy は feeling の意を表す。

sýmpathy「同情，共感」antípathy「反感」ápathy「無関心，無感動，冷淡」
émpathy「感情移入，共感」
〈接頭辞の意味〉sym-「共に」，anti-「反」，a-「無」，em-「中に」

■ 2. **... is rooted in affection and compassion**「…は愛情と同情に根ざしている」
愛や思いやりを感じることが，心の安らぎや幸せを感じることの母体となる。

訳 ¹ 言っておくべきことは，穏やかな心の状態とか心の安らぎとわれわれが言うとき，それを感性を完全に欠いた心の状態と混同してはならない，ということだ。² 心の安らぎや穏やかな心の状態は，愛情と思いやりに根差している。³ そこには非常に高度な感性や感情が存在している。

7 ¹As long as there is a lack of the inner discipline that brings calmness of mind, **no matter what external facilities or conditions you have**, they will never give you the feeling of joy and happiness that you are seeking. ²On the other hand, if you possess this inner quality, a calmness of mind, a degree of stability within, then even if you lack various external facilities that **you would normally consider necessary** for happiness, it is still possible to live a happy and joyful life.

**P
A
R
T
Ⅲ**

34

語句 1. **as long as _SV_**「…する限りは」 **lack** 名「欠如，不足」 **inner** 形「内部の」 **discipline** 名「規律，訓練，しつけ」 **extérnal** 形「外の，外面的な」 2. **possess** 動「を所有する」 **quality** 名「質」 **a degree of**「ある程度の～」 **stability** 名「安定」 **normally** 副「通常は」

研究 ■ 1. **no matter what external facilities or conditions you have**「たとえどんな外面的な手段や条件を持っていても」what は名詞を修飾する形容詞「どんな～」であるから，後続の名詞と分離することはできない点に注意。
〔誤〕× no matter what you have external facilities or conditions
→この語順での what は名詞で，have の目的語が二つになってしまう。

このことは no matter what を whatever で置き換えた場合も同じで，この部分は whatever external facilities or conditions you have（下線部は分離不可の名詞句）と表現することができる。

■ 2. **... you would normally consider necessary**「普通，必要と考えるであろう…」normally「普通ならば」が条件を表し，『仮定法過去』の would が用いられている。consider の目的語に相当するのは関係代名詞 that。

> **訳** ¹心の平静さをもたらす内面的な鍛錬が欠けている限り，どんな外面的な手段や条件に恵まれていても，求めている喜びや幸福の気持ちをそれらが与えてくれることは決してないだろう。²一方，もしあなたがこの内面的性質，つまり心の平静さ，ある程度の内面的安定を備えているならば，たとえ，普通，幸福に不可欠だと考えられるさまざまな外面的な手段を欠いていたとしても，それでもなお，幸せで喜びに満ちた人生を送ることは可能なのである。

解答・解説

解答		
1	B	
2	1人の人が幸せで充足した人生を享受するという目標に向かってそれらを十分に生かすことができるためには，その人の心の状態が鍵になる	
3	健康，物質的に便利なもの［富］，および友人　**4** C　**5** health　**6** D	
7	C	
8	心の平静さが大きければ大きいほど，心の安らぎが大きければ大きいほど，われわれが幸せで喜びに満ちた生活を楽しむ能力も大きくなる	
9	D　**10**〔ⅰ〕C　〔ⅱ〕A　〔ⅲ〕D	

解説 **1**　ここで取り扱うべき話題の対象を限定する一文。空所に続く joy and happiness ... in an everyday or worldly sense のことを，**2** 2で Within this context「この文脈に限っても」といって議論が続く。A「についてもまた」B「を取り扱う」C「と同様に」D「を完全に無視する」

2　研究 **3** 2.①・②参照。happy は必ず life を修飾することがわかる形で訳すこと（「幸福と充実した生活」という訳は不可）。

3　**2** で例示される三つ。**4** でも，そのおのおのについての考察が展開されている。

4　harbor はもとは名詞で「港」，そこから「〔嵐を避けるための〕避難所」の意を持つようになった。これが動詞に転用されると「〔逃げる者〕をかくまう」，さらには「〔よくない想念〕を心に隠し持つ」のように否定的な含みを持つ場合が多い。A「に立ち向かう」B「を廃止［排除］する」C「〔考え〕を抱く」D「を解放［公表]

する」

5 **4** は「健康・物質的豊かさ・仲間」の3要素を一つずつ順に検証する。

6 研究 **4** 3. 参照。「健康・物質的豊かさ・仲間」の3要素のうち第2を言い換えたもの。**A**「心が享受し得る安らいだ状態」これは幸福の前提として本文で a calm, peaceful state of mind として述べられたもの。**B**「長期的な幸福感」これは目標であって幸福を与える要素ではない。**C**「あなたが達した宗教的完徳」physical「肉体的な，物質的な」にそぐわない上，この種の幸福は議論から **2** 1 および **5** で一時的に除外されている。**D**「これまでに積み上げてきた富」ここでいう富は金銭のことではなく物質的に便利なもの（material facilities）のこと。

7 say something[nothing] of「～について何かを言う［何も言わない］」のように，動詞 say との関連で of は「～に関して」の意。

8 研究 **5** ②参照。

9 **6** 2には affection「愛情」，compassion「思いやり」といった語がならぶ。なお，語幹 path- については 研究 **6** 1. 参照。「無」を意味する接頭辞 a- を含む例は apathy のほか atom「〔「分けられない」が原義→〕原子」，asexual「性別に関係ない；〔生物に〕性のない」，amoral「道徳心がない」（*cf.* immoral「道徳に外れた」）など。**A**「不合理な，理不尽な」**B**「反応の早い」**C**「愚かな」**D**「無情な，感情的でない」

10 形容詞 inner「内的な」と external「外的な」が対照されている点に注意。〈if に始まる条件節 + then に始まる主節〉というのは **4** で繰り返された文体だが，ここで条件節は大前提を述べるにとどまり，主節内部にさらなる条件が埋め込まれる。

精講

1 ¹Academic learning is the basic opportunity that you have in college, and **it is what college is all about**. ²There are at least three kinds of learning we hope you will acquire. ³The most obvious one is concerned with your vocation. ⁴**In college, as in your earlier schooling, you are preparing for some sort of vocation.** ⁵We want you to learn so as to prepare for a vocation as best you can. ⁶But vocation is not the chief end of learning. ⁷It is actually a secondary goal in the learning situation. ⁸Albert Einstein wrote:

⁹**The development of general ability for independent thinking and judgment should always be placed foremost, not the acquisition of special knowledge.** ¹⁰If a person masters the fundamentals of his subject and has learned to think and work independently, **he will surely find his way** and besides will better be able to adapt himself to progress and changes than the person whose training principally consists in the acquiring of detailed knowledge.

語句 1. **academic learning** 名「学問」 learning だけでは「学習；学識」などの意味を特定できないが，academic（大学の；学問的な）で修飾されて，「(高度・純粋な）学問」を表す。**basic** 形「基本的な」 2. **acquire** 動「を得る，身につける，習得する」 3. **obvious** 形「明らかな，明白な」 *be concerned with*「〜と関係がある」 **vocation** 名「職業」(= profession) 5. **so as to** *do*「…するために」(= in order to *do*) **as best** *one* **can**「できるだけ」(= as well as *one* can, to the best of *one's* ability) 6. **chief** 形「主要な」(= main, principal) **end** 名「端；終わり；目的」(⇔ **means** 名「手段」) 7. **actually** 副「実際に；実は」 8. **Albert Einstein**「アルバート・アインシュタイン（ドイツ生まれで米国に帰化した物理学者，1879〜1955）」 9. **development** 名「発達；教育」 **general** 形「一般的な」 *cf.* generous「寛大な；気前のいい」 **independent** 形「独立［自立］した」 **foremost** 副「まっ先に」 **acquisition** 名「獲得；習得」(動 acquire) 10. **fundaméntal** 名「基本」形「基本的な」(= basic)」(**2** 1) **learn to** *do*「…することができるようになる」 **find** *one's* **way**「自分が進む（正しい）道を見つける，（初めての場所・分野などを）進む」 **besides** 副「その上，さらに」 **adapt** *oneself* **to**「〜に適応［順応］する」 **prógress** 名「進歩」(動 は -́-) **principally** 副「主として」 **consist in**「〜にある」(= lie in) *cf.* consist of「〜から成る」 **detailed** 形「詳細な」

研究 ■ 1. **it is what college is all about**「〔それは大学がかかわるすべてのことだ→〕学問こそが大学の目的だ」

248

主語にあたるものの本質を単刀直入に表現する構文。

College is *about* learning.「大学は学問のためにある」

■ **4. In college, as in your earlier schooling, you are preparing for ~**

「大学では，それ以前の学校教育におけるのと同様に，学生は～のために準備をしている」

as in ... = as you were in ...

接続詞 as「～のように」の直後の〈S + *be*〉は，自明な場合省略されることがある。

In Japan, rugby is one of the most popular sports <u>as</u> ∧ in the UK.

「日本では，イギリスと同じく，ラグビーは最も人気のあるスポーツの一つだ」

〔∧ の位置には it is が省略されている〕

■ **9. The development of general ability ... should always be placed foremost, not the acquisition of special knowledge.**「専門的な知識の習得

ではなく，（自主的な思考と判断ができる）一般能力の育成が常に最も重視されなければならない」development *of* の of は『目的語関係』（～を育てること）を表す。

of は日本語の「の」に対応する場合が多いが，そのなかで(a)『主語関係』と(b)『目的語関係』を表す場合も，正しく区別されなければならない。

(a) the death of his father「彼の父の死」（父が死ぬこと）

(b) the education of the young「若者の教育」（若者を教育すること）

(a) Man is the creature [kríːtʃər] of circumstances.

「人は環境の産物である」（環境が生み出す生き物）

(b) Man is the creator [kri(ː)éitər] of circumstances.

「人間は環境の創造者である」（環境を作り出す者）

P A R T Ⅲ

35

B, (and) not A = not A but B「A ではなく B」（⇒ p.16）。

The world is to be regarded as an opportunity for happiness, *not* a burden to be endured.

「この世は，耐えるべき重荷ではなく，幸せになれる機会として見なさなければならない」

■ **10. he will surely find his way**「その人は必ずや自分の進む道を見いだすだろう」

find *one's* way は「自分の道を見つける，（初めてのところを）進んで行く，（道を捜しながら）たどり着く」の意。この表現の基本形は make *one's* way「進む」で，make の代わりに「進み方」を具体的に示す他の動詞をいろいろ用いる：feel

［struggle, work］*one's* way「手探りで［押しわけかきわけ，働きながら］進む」
（⇒ p.146 研究 3 3. ②）

訳 ¹学問レベルでの学びは，大学において君たちが手にするチャンスの土台部分であり，それこそが大学のそもそもの存在目的である。²君たちに習得してもらいたいと思う学問には少なくとも三つの種類がある。³最も明白なのは職業と関係のある学問である。⁴大学では，それ以前の学校教育においてもそうだったように，何らかの職業に就くための準備をしているわけだ。⁵君たちには，職業の準備をするために精一杯学んでもらいたいと思う。⁶しかし職業は学問の主な目的ではない。⁷学びの場において，職業というのは実は二次的な目標なのである。⁸アインシュタインも述べている。

⁹常に最も重要視されなければならないのは，自主的に考え判断するための一般的な能力を育てることであって，専門的な知識を習得することではない。¹⁰もし人が自分の学科の基本事項を修得し，自分で考え研究することができるようになっていれば，必ずやその人は自分の進む道を見いだし，その上詳しい専門知識の習得を主とする教育を受けた人よりも，進歩や変化に対して正しく適応することができるだろう。

---

2 ¹**With this view in mind, we are interested in what may be called the fundamental area of learning** — **general, liberal, humane education.** ²This is the type of education that does not prepare you specifically for any given vocation, but prepares you for any one of **a number of vocations into which you may later enter.** ³**This fundamental learning has to do also with the skills of reasoning and thinking critically, habits of analysis and of judgment.** ⁴We hope that in your college years you will develop these skills and abilities to an extent far greater than you now command them, and that you learn enough history so that you are not doomed to repeat it.

語句 1. **in mind**「留意して，念頭に置いて」*cf.* keep ～ in mind「～を心に留めている」 **area**[éəriə] 图「地域；分野」 **liberal** 形「自由（主義的）な；一般教養の」 **humane**[hjuméɪn] 形「人情深い；人文的な」 2. **specifically** 副「具体的に（は）」 **given** 形「与えられた，一定の」 **later** 副「後に，あとになって」 3. **have to do with**「～と関係がある」 **reason** 動「（理性を働かせて，筋道を立てて）考える，推論する」 **critically** 副「批判的に」 **análysis** 图「分析」 4. **extent** 图「範囲，程度」 **command** 動「に命令する；を支配する；を自由に操る」 *be* **doomed to** *do*「…するように運命づけられている」

研究 ■ 1. ① **With this view in mind, we are interested in what may be called the fundamental area of learning**「このような見解を念

頭に置いて，われわれは基本的な学問分野とも呼び得るものに関心を抱いている」with は『付帯状況』を表す。(⇒ p.20)

> ### what の用法
> 次のような区別を認めておく。**①疑問代名詞［形容詞］**((a) 直接疑問文で　(b) 間接疑問文で) **②関係代名詞** ((a) 主語　(b) 目的語　(c) 補語　(d) 前置詞の目的語　になる名詞節を導く) **③関係形容詞**
>
> ②(a) What *is done* can't be undone. 「なされたことは元に戻せない」
> 　(b) I mean what *I say*. 「〔言うことを意味する→〕本気で言ってるんだ」
> 　(c) Things are not what *they seem*. 「物事は見かけ通りではない」
> 　(d) He kept me waiting *for* what *seemed an age*.
> 　　　「彼は私を〔一時代と思えるもの→〕ずいぶん長い間待たせた」
> ③ I gave him what (little) *money* I had.
> 　「(わずかながら) 持っているだけの金を彼に与えた」
> ▶疑問詞・関係代名詞のいずれにも解せる場合もある。
> Do you remember what he said?
> ┌「彼が何と言ったか覚えていますか」と訳せば疑問代名詞 (① — (b))。
> └「彼が言ったことを覚えていますか」と訳せば関係代名詞 (② — (b))。
> 〔**2** 1 の what は (② — (d))。なお (⇒ p.267 what one is)〕

- 1. ② **general, liberal, humane education**「総合的, 教養的, 人文的教育」教育を修飾する liberal は「自由 (主義的な)」の意ではない。*liberal* education「教養教育」とは「専門教育 (*technical* education)」や「職業教育 (*professional* or *vocational* education)」などに対して，広く一般教養や知的素養を育成することを目的とした教育。言い換えれば *liberal* arts (一般教養科目＝語学・文学・歴史・哲学・芸術・自然科学・社会科学など) を内容とする教育。humáne も，普通は húman「人間の」と区別して「人間らしい」の意で用いられるが, 教育に関して言う場合は「人文教養的な (＝ humanistic)」の意。cf. (the) humanities「人文学」

- 2. **a number of vocations into which you may later enter**「君たちが後に加わるかもしれない多くの職業」enter は, 物理的な空間に入る意では他動詞 (enter a room) だが，抽象的な領域に入る意では into が必要。
  enter into conversation［an agreement, details］
  「会話を始める［協約を結ぶ, 詳細に立ち入る］」

- 3. ① **This fundamental learning has to do also with 〜**「この基本的な学問は〜とも関係がある」

have ⎰ ① *much* [*a lot*]
　　　　② *something*
　　　　③ *little*
　　　　④ *nothing* ⎱ *to do with*

「〜と関係が①大いにある　②いくらかある　③ほとんどない　④全くない」

■ 3. ② **the skills of reasoning and thinking critically, habits of analysis and of judgment** 「論理的考察や批判的思考の技術，分析や判断の習慣」動名詞 reasoning は，「論理（reason）を用いること」であって，「推理」と訳すこともある。critically は直前の thinking を修飾。「批判的に考察する」とは，予想される反論に堪えられるよう自分の考察をより客観的なものに仕上げていくことをいう。analysis「分析」は全体を細分化し精査することであるが，judgment「判断」は全体について何らかの評価を下すこと。それらを habits「習慣」という名詞にまとめているのは，そのような知的行為を日常的に実践できるようになることが「教養教育」の目的だからである。

訳

¹このような考えを念頭に，われわれは言わば学問の基本的領域とでも呼び得るものに注目している——すなわち，一般的，教養的，人文的な教育である。²これは，具体的なある特定の職業のための準備を施すのではなく，君たちが将来従事することになるかもしれない数ある職業のうちどれに対しても準備ができるような教育である。³この基礎的な学問はまた，論理的考察や批判的思考の技術，分析や判断という習慣とも関係がある。⁴在学中に君たちがこのような技術や能力を，現在身につけているよりもはるかに進んだ程度にまで育て，歴史を繰り返すことを運命づけられてしまうことのないように，十分に歴史を学んでもらいたいと思う。

3 ¹The third kind of learning has to do with the development of characteristics or traits of mind and spirit, a value pattern. ²**A value pattern will help you to** look at yourself and look at the world in which you live and see some harmony there.

語句　1. **charactéristic** 名「特質」　**trait** [treɪt] 名「特性，特徴」　**value páttern**「価値形態（ものごとの価値についての考え方の型），価値観」　2. **harmony** 名「調和」

研究　■ 2. **A value pattern will help you to** 〜「価値判断の型が一つあれば，君たちは〜しやすくなるだろう」to 以下の二つの and の役割の違いに注意。

to [(look at *A* and look at *B*) and see *C*] という構造で,「A に目を向け, B にも目を向けて」というまとまりを作るのが第 1 の and であり, そして「C を見出す [理解する]」と展開するのが第 2 の and の働きである。直訳では「価値判断の型は, あなたが~することを助けるだろう」となるが,『無生物主語』構文であることを意識し,「価値判断の型があることによって, あなたは~しやすくなる」と訳出すれば, 自然な日本語に置き換えられる。

訳

¹ 3 番目の種類の学問は, 頭脳と精神の特質や特徴, つまり価値判断の型の育成と関係がある。²価値判断の型を持っていれば, 君たちが自分自身を見, また自分が住んでいる世界を見て, ある種の調和を両者の間に認めるのは容易になることだろう。

解答・解説

解答

1	A	**2** A	**3** goal	**4** B

5	(その人は必ずや自分の進む道を見いだし, その上) 詳しい専門知識の習得を主とする教育を受けた人よりも, 進歩や変化に対して正しく適応することができるだろう
6	このような考えを念頭に, われわれはいわば学問の基本的領域とでも呼び得るものに注目している
7	この基礎的な学問はまた, 論理的考察や批判的思考の技術, 分析や判断という習慣とも関係がある。

8	D	**9**	(ⅰ) yourself　　(ⅱ) the world (in which you live)

10	(例) 職業と関連する学び〔職業と結びついた学問〕(9〜10 字) ／基本的で一般的な教育〔特定の分野に偏らない学問〕(10〜12 字) ／知性と精神を育てる学び〔価値観を確立させる学問〕(11 字)

P A R T Ⅲ

35

解説

1 **研究** **1** 1. 参照。類例：Love is what life is all *about*.「〔愛こそが人生がかかわるすべてのものだ→〕人生は愛がすべて」

2 vocation「職業」の voc- という語幹には「声 (voice)」という原義があり,「天の声で招き入れられた道」→「天職, 適職」という意味になった。語幹 voc- は単語によっては vok- となって現れる：evoke「(記憶や感情) を呼び起こす」, provoke「を挑発する, 誘発する」など。A「職業；経歴」B「祝日；休暇」C「関心；利子」D「学校教育；訓練」

3 「終わり」という訳語がイメージされやすい end だが,「端」の意として, 文脈に応じた適切な解釈が求められることがある。例：sit on the *end* of the sofa「ソファの端に座る」, means and *end*「手段と目的」, the *end* of my patience「我慢の限界」など。ここでは「目的, 目標」の意。

4 文の後半 not the acquisition of special knowledge「特殊な知識の獲得ではなく」との対照を考慮すると，special の反意語が入ることになる。**A**「平等な」**B**「一般的な」**C**「特殊な」**D**「伝統的な」

5 adapt *oneself* to *A*「*A* に適応する」の *A* に相当するのは progress and changes である。比較級 better（< well）を受ける than 以下の内容から，比較対象となる人物を特徴づける要素を的確に押さえること。consist in *A*「〔本質などが〕*A* の中にある」，detailed「詳細な，細かい」。

6 研究 **2** 1.①参照。語注にあるとおり we は大学を指しているので，「本校」「本学」「わが校」などと訳出してもよい。

7 研究 **2** 3.①，②を参照。

8 command の目的語 them は，these skills and abilities「これらの技術と能力」であるから，「〔言語や能力など〕を使いこなす，自由に操る」の意である。**A**「どうやって彼は同僚たちの尊敬を集めているのか」**B**「船長は自分の船から下りるよう部下全員に命じるつもりだ」**C**「この部屋はかつては街の美しい景色を一望できていた」**D**「われわれはスペイン語を使いこなせる助手が必要だ」

9 研究 **3** 2. 参照。前半の look at *A* and look at *B* を受けて，see *C* と続いている点に注目。

10 それぞれについて筆者は段落（パラグラフ）一つずつを充てている。

精講

> **1** ¹An exploding lake is a strange phenomenon. ²**There are three of them in the world**, all in Africa: **Lakes Monoun and Nyos in Cameroon** and Lake Kivu **between Rwanda and Congo**.

語句 | 1. explode 動「爆発する」　lake 名「湖」　phenomenon 名「現象（複 phenomena）」

研究 ■ 2.① **There are three of them in the world**「世界にはそれらが三つある」〈数詞 + of 〉は「～が何個」の意になることがある。

I want these animal stamps ... give me five of each.
「これらの動物の切手が欲しいです…それぞれ 5 枚ずつください」

可算の普通名詞に用いるこの of の用法は, 不可算の物質名詞について a glass of milk や two bottles of wine などというときの of の用法と同じとみてよい。

■ 2.② **Lakes Monoun and Nyos in Cameroon**「カメルーンのマヌーン湖およびニオス湖」単数／複数の区別は日本語と異なり英語は厳密である。Lake Monoun と Lake Nyos をまとめていう際には Lakes Monoun and Nyos である。次のような表現にも注意したい。

The 19th and 20th centuries saw dramatic progress in medicine.
「19 世紀および 20 世紀には医学が劇的に進歩した」

A different version of the story is found from pages 15 to 18.
「この物語の別バージョンが, 15 から 18 ページにかけて載っている」

＊なお, 略号にも複数形がある。「15 ページ」の略記は "p.15" だが, 複数形は "pp.15 - 18" のように記号を重複させて示す。その他, 例えば「3 番」は No. 3 (number three) だが,「3 番, 4 番, 5 番」なら Nos. 3, 4 and 5 (numbers three, four and five) である。

■ 2.③ **between Rwanda and Congo**「ルワンダとコンゴの間に」ここでは "ルワンダとコンゴの国境にまたがって" の意。なお「コンゴ」という名を持つ国は二つあり, 本文に関係するのは「コンゴ民主共和国」（一時期「ザイール共和国」と称した）。ルワンダの公用語はルワンダ語のほかフランス語, 英語, スワヒリ語で, コンゴ民主共和国はフランス語が公用語。

訳 | ¹爆発を起こす湖, というのは奇妙な事象である。²世界には三つあるが, そのいずれもがアフリカにある。カメルーンにあるマヌーン湖とニオス湖, そしてルワンダとコンゴ

〔民主共和国〕の間にあるキブ湖である。

---

2 ¹**These lakes were formed when water collected in deep craters** (large holes) **left by old volcanoes.** ²Though those volcanoes are no longer active, there is still volcanic activity in the mountains nearby. ³Because of this, **gases** such as methane and carbon dioxide **are released from deep under the earth into the lake waters**.

語句 1. **form** 動「を形成する」 **collect** 動「集まる；を集める」 **crater** 名「噴火口；クレーター（惑星や衛星にみられる陥没箇所）」 **volcano** [vɑ(ː)lkéɪnou] 名「火山」 2. **no longer**「もはや〜ない」 **active** 形「活動して；活動的な」 **volcanic** 形「火山の，火山性の」 **activity** 名「活動」 **nearby** 形・副「近くの〔で〕」 3. **gas** 名「ガス（複 gases）」 **methane** [méθeɪn] 名「メタン（ガス）」 **carbon dioxide**「二酸化炭素」 **release** 動「を放出する」

研究 ■ 1. **These lakes were formed when water collected in deep craters ... left by old volcanoes.** 「これらの湖は，古い火山によって残された深い噴火口に水がたまって形成された」collected は自動詞の過去形で「集まる」，left は他動詞の過去分詞で「残された」の意。水は"集められた"のではなく，"たまった"のである。この文に文法的な省略をみるとすれば過去分詞 left の直前のみで，それを補うと deep craters *which had been* left by old volcanoes となる。

■ 3. **gases ... are released from deep under the earth into the lake waters** 「いろいろなガスが…地中深くから湖水中へと放出される」本来は形容詞である deep だが，from deep「深いところから」など一部の用法では名詞に転用される（「深さ」の意での名詞は depth）。

品詞転換 この種の表現は単語単位としてではなく，語句のまとまり（collocation）で意識したほうがよい。

We had better finish it before dark.「暗くならないうちに終わらせたほうがいい」
〔→ dark は「日暮れ」を意味する名詞用法。*cf.* darkness「暗闇」〕
I heard a voice from behind the curtain.「カーテンの向こうから声がした」
〔→ behind the curtain が場所を指す名詞として転用されたもの。〕
▶ **9** 3. も参照。

訳 ¹これらの湖は，古い火山が残した深い火口に水がたまって形成された。²それらの火山はもう活動していないが，近くの山地には今なお火山活動がある。³そのため，メタンや二酸化炭素などのガスが地中深くから湖水の中へと放出されている。

256

3 [1] This happens in other crater lakes around the world. [2] However, in those lakes the gases are not dangerous because the water "turns over" regularly. [3] **That is, the water from the bottom of the lake rises and mixes with the water at the top, allowing the gases to escape slowly.**

語句 1. **crater lake**「火口湖」 2. **dangerous** 形「危険な」 **turn over**「ひっくり返る」 **regularly** 副「定期的に，規則的に」 3. **bottom** 名「底，底面」 **rise** 動「上昇する」 **allow** *A* **to** *do*「A に〔許可・許容・放任によって〕…させる」 **escape** 動「逃げる，逃亡する」

研究 ■ 3. ① **That is,**「つまり」直前に述べたことを言い換えたり，詳述したりする際の表現で，that is to say（= namely）ともいう。

■ 3. ② **the water from the bottom of the lake rises and mixes with the water at the top, allowing the gases to escape slowly**「湖底からの水が上昇して最上部の水と混ざり，ガスを徐々に逃がす」allowing 以下は，叙述を追加する『分詞構文』。文法的には分詞の『意味上の主語』は主文の主語と一致するものなので，接続詞を使った書き方では and (it) allows the gases to escape slowly となる（it = the water from the bottom of the lake)。ただし文脈的には，湖底の水が湖面の水と混ざり合う過程で湖底のガスが外に逃げるわけだから，直前の内容すべてを先行詞とした which allows the gases to escape slowly という解釈をしても結果的には同じである。

訳 [1] そうしたことなら世界中の他の火口湖でも起きている。[2] しかしそれらの湖では水が定期的に「ぐるっと回って」いるので，ガスは危険にならない。[3] すなわち，水は湖の底から上昇して上部の水と混ざりあい，ゆっくりガスを逃がしているのである。

---

4 [1] In the African lakes, however, the water does not turn over, so most of the gases remain trapped at the bottom. [2] Small amounts of carbon dioxide are sometimes released and **form pockets on the water near the shore.** [3] **These "evil winds,"** as they are known, **are most common on the Congo side of** Lake Kivu, where every year **a number of people die from the gas.**

語句 1. **remain** 動「〜のままである，〜の状態にとどまる」 **trap** 動「を閉じ込める；をわなにかける」 2. **amount** 名「量」 **pocket** 名「ポケット」 **shore** 名「岸，岸辺」 3. **evil** 形「邪悪な；有害な；不吉な」 **common** 形「よくある，普通の，平凡な」 **die from**「〜が原因となって死ぬ」

■ 2. **form pockets on the water near the shore**「湖岸近くの水の上にポケットを形成する」通常 pocket といえば衣服やかばんに付いたものを想像するが,辞書を調べると実に多くの用法がある。名詞 pocket は"小さな袋"が原義（日本語の「ポシェット」も同語源）で，そこから"〔外側とは異なる〕何かが詰まった部分"をも指すようになった。本文では"〔周囲の空気とは異なる〕有毒ガスの滞留箇所"のこと。本書の全文訳では form pockets を「〔ガスが〕たまる」と訳出。

■ 3. ① **These "evil winds," …, are most common on the Congo side of** ~「こうした『悪い風』は…，~のコンゴ側では極めて普通である」引用符を付した "evil winds" は，現地語を英語に直訳したもの。

most common は本来の『最上級』（= the most common「最も平凡な，最もありふれた」）の働きが弱まった表現で,もはや他者との比較ですらない。このような most は形容詞または副詞をただ強調するもので，「極めて（very, extremely, highly）」の意。

■ 3. ② **a number of people die from the gas**「多くの人々がそのガスのために亡くなっている」a number of「多くの~」と the number of「~の数」の違いについては，問題 8 研究 2 1. ②参照 (⇒ p.52)。

死因についての言及では，die from は死に至った間接的な原因，die of はより直接的な原因を表すとされるが，必ずしもそう明確に区別できるわけではなく，どちらを使うかが慣用的に定まっている場合もある。

die from overwork「過労で」die from an infectious disease「感染症で」
die of cancer「癌（がん）で」die of hunger「飢えで」

[1]ところがアフリカの〔上述三つの〕湖では，水は回転しておらず，そのためガスのほとんどが底に閉じ込められたままになる。[2]少量の二酸化炭素がときおり放出され，湖岸の水上にたまる。[3]こうした「悪い風」——まさにその名で知られているのだが——は，キブ湖のコンゴ側では極めて普通で，現地では毎年そのガスが原因で亡くなる人が多い。

[5] [1] But **another, far more serious problem** for people living on Lake Kivu is the risk of explosion. [2] The other two lakes have exploded quite recently: Lake Monoun in 1984, killing 47 people, and Lake Nyos in 1986, killing 1,700 people. [3] Those explosions released the gases from the lakes, so **another explosion is not likely soon.**

1. **serious** 形「深刻な」 **risk** 名「危険性」 **explosion** 名「爆発」 2. **quite** 副「かなり，十分に」 **recently** 副「最近に」 3. **likely** 形「ありそうな；可能性の高い」

■ 1. **another, far more serious problem**「もう一つの, はるかに深刻な問題」another は problem を修飾。比較級（more serious）を修飾する副詞 far は, 程度の差を強調する。even / still との違いについては問題16 研究 **2** 3. 参照（⇒ p.111）。

■ 3. **another explosion is not likely soon**「次の爆発は, 間近にはなさそうだ」ここに用いられた another の訳語に「別の」を充てるのは不適切。つづりをみればわかるように another は "an + other" であって「1」の含意があり,「もう一つの」という訳語を大切にしたい。ここでは, すでに大爆発を終えたあとの another explosion であるから「この次の爆発（the next explosion）」ということになる。

訳
¹しかしキブ湖沿岸に住む人々にとってもう一つの, はるかに深刻な問題は爆発の危険性である。²残り二つの湖はごく最近爆発を起こしている。マヌーン湖は 1984 年に〔爆発し〕47 名の死者を出したし, ニオス湖は 1986 年に〔爆発して〕1,700 名の死者を出している。³それらの爆発が湖からガスを放出したので, 次の爆発はすぐにはなさそうだ。

---

6 ¹However, scientists fear for Lake Kivu. ²**This is the largest and deepest of the lakes.** ³The layer of gas lies under 1,500 feet of water. ⁴However, **as gas builds up on the lake bottom, the danger increases.** ⁵**One day, a storm or a landslide could cause the water to turn over suddenly.** ⁶**Then all the gases would escape at once in a violent explosion.**

語句 1. **fear for**「～を心配する」 3. **layer** 名「層」 **lie** 動「横たわる；ある, 存在する」 **feet** < **foot** 名「〔長さの単位〕フィート」（1 フィート＝約 30.48cm） 4. **build up**「積み上がる, 蓄積する」 **increase** 動「増加する, 増大する」 5. **storm** 名「嵐, 荒天」 **landslide** 名「地すべり, がけ崩れ」 **cause *A* to *do***「*A* に…させる」 6. **at once**「一度に, 同時に；すぐに」 **violent** 形「激しい, 猛烈な；暴力的な」

P A R T III

36

研究
■ 2. **This is the largest and deepest of the lakes.**「これは, それらの湖のなかでも最大で最深である」文法的には "世界で〔その国で〕一番大きくて深い湖" とも解釈できるが, ここでの the lakes は当然 the three lakes (mentioned above) のこと。文意の把握に際しては, 文脈が決定する要素も大きいことを心しておきたい。

■ 4. **as gas builds up on the lake bottom, the danger increases**「ガスが湖底に蓄積するにつれて危険が増す」湖底におけるガスの変化と, 危険性の増大という二つの変化を対照させているので, 接続詞 as は『比例』（～するにつれて）の用法である。（⇒ p.190 接続詞 as の区別 ）。

■ 5. **One day, a storm or a landslide could cause the water to turn over suddenly.**「ある日，嵐か地すべりが湖水を突然回転させることもあるだろう」助動詞 could は『仮定法過去』であるが，この文は可能性についての言及であって，とくに“反実仮想”的内容ではない——つまり，同じ内容を『直説法現在』can「…し得る，…であり得る」を用いて表現することも可能である（ここで念のために記しておくと，『直説法』・『仮定法』とは動詞の語形についての用語であり，文構造をいうものではない。つまり条件節の有無は『仮定法』とは関係がない）。

このような場合，『直説法』can と『仮定法』could のいずれを用いるかは，筆者［話者］の心理が関係する。『直説法』can は「…することがある」と，可能性をストレートに表現するが，『仮定法』could「…することもあろう」は (1) 角を立てない丁寧な表現，もしくは (2) 起こってほしくないという心理の反映のこともある。

あえて“条件”を意識した日本語訳にしたい場合は，主語に注目すればよい。「ある日，嵐あるいは地すべりが発生すれば，それによって湖水が突然回転することもあるだろう」（= If a storm or a landslide should happen one day, it would cause ... で，if 節中の should は可能性の低さを前提とするときに用いられ，“まさかそのようなことは起こるまいが［起きてほしくないが］”という心理の反映。）

■ 6. **Then all the gases would escape at once in a violent explosion.**「そうなるとガスが全部一度に，激しい爆発の中で，逃げていくことだろう」前文を then で受けて，仮定法の表現をさらに続ける。ここでの at once は at one time の意であり，主語に含まれる all と連携して「全部が一度に」，「一気に」という表現。

> **訳**
> ¹だがキブ湖については科学者たちは心配している。²ここは 3 湖のうちで面積も深さも最大なのだ。³ガスの層は水深 1,500 フィート［= 457 メートル］のところにある。⁴しかしガスが湖底にたまるにつれて，危険が増す。⁵いつか，嵐か地滑りが湖水を突然かき回すこともあり得るだろう。⁶そうなれば，すべてのガスが，激しい爆発という形で一気に逃れだすだろう。

---

7 ¹**The consequences of an explosion would be devastating.** ²Over two million people live along the lakeshore. ³**Since scientists cannot tell when an explosion might happen, it would be impossible to warn people and send them away.** ⁴According to the scientists, the only way to prevent an explosion is to remove the gases from the lake. ⁵This is possible, but difficult and dangerous.

語句 1. **cónsequence** 名「結果，帰結」 **dévastating** 形「破滅的な，破壊的な」 2. **million** 形「100万の」 **lákeshore** 名「湖岸」 *cf.* séashore 名「海岸」 3. **can tell**「…がわかる」

happen 動「発生する」 warn[wɔːrn] 動「に警告する，警報を出す」 send 〜 away「〜を遠くへと送る，追い払う」 4. prevent 動「を阻止する，予防する」 remove 動「を除去する，取り除く」

<u>研究</u> ■ 1. **The consequences of an explosion would be devastating.**「1回の爆発のもたらす結果は破滅的なものになろう」前段落の，『仮定法過去』を用いた控えめな想定の表明が，ここにも続いている。

■ 3. **Since scientists cannot tell when an explosion might happen, it would be impossible to warn people and send them away.**「いつ爆発が起こり得るかは科学者もわからないのだから，人々に警報を出して遠くに行かせるのは無理であろう」理由を表す since については，問題 11 <u>研究</u> **2** 1. 参照 (⇒ p.72)。

can tell は「…を言うことができる」から転じて「…がわかる［区別／判別できる］」の意となり，疑問文や否定文で用いることが多い。"区別／判別の tell" はその他, tell A from B「A を B と区別する（= distinguish A from B)」にもみられる。

I can't tell the difference between the two.「私には両者の違いがわからない」

Can you tell him from his twin brother?「彼と双子の兄[弟]の区別がつきますか」

『直説法現在』と『仮定法過去』の対照（**6** 5 参照）が実によくわかる 1 文である。科学者が爆発の可能性を予見できないことは筆者にとって明白で，それを筆者はストレートに『直説法』で述べる。しかし爆発の恐れそのものや，住民対策は不可能という判断については，引き続き控えめな態度での表現にとどめている。

<u>訳</u>
¹一度の爆発の結果は破滅的なものになるだろう。²湖岸沿いには 200 万人以上が暮らしている。³いつ爆発が起こり得るかは科学者にも予見できないから，人々に警報を出して遠くに行かせることも不可能だろう。⁴科学者たちによれば，爆発を防ぐ唯一の方法は，湖からガスを除去することだ。⁵これなら可能だが，困難かつ危険である。

---

8 ¹At the same time, however, **the methane from the lake could be put to good use**. ²Both Rwanda and Congo have no other source of cheap energy. ³**The methane from the lake could reduce energy costs and help development in Rwanda and Congo.** ⁴Many areas of these countries are now without electricity. ⁵In Rwanda, for example, only 1 in 14 homes has electricity. ⁶**This means that no one can use** computers or other machines, **and that children cannot** study in the evening.

<u>語句</u> 1. **put 〜 to use**「〜を利用する」 2. **source** 名「源，源泉，出どころ」 **energy** 名「エネルギー」 3. **reduce** 動「を減らす」 **cost** 名「コスト，出費，必要経費」 **development** 名「開発，発展」 4. **electricity** 名「電気」

■ 1. **the methane from the lake could be put to good use**「湖から採取したメタンは十分に活用されることが可能だろう」『仮定法過去』の用法については **6** 5 他と同じ。

put ～ to use「～を利用［活用］する」（名詞 use の発音は［juːs］）が『受動態』(be put to use) で用いられている。形容詞 good はここでは "善悪" を問題にしているのではなく，「十分な」の意。

■ 3. **The methane from the lake could reduce energy costs and help development in Rwanda and Congo.**「湖から採取したメタンは，ルワンダおよびコンゴ両国のエネルギー・コストを減らし，発展の一助となることだろう」『仮定法』については **6** 5. 参照。"条件" を意識するなら「湖からメタンが採取できれば，それがルワンダおよびコンゴ両国の…」。

■ 6. **This means that no one can use ～, and that children cannot ～.**「このことは，だれも～が使えないことと，子供たちが～できないことを意味する」動詞 means の目的語となる that 節が二つあって and で結ばれている。第 2 の that 節においては，that を省略することができない。第 2 の that の有無が文意に与える影響は次を比較すれば理解できる。

He said (that) he was tired, and <u>that</u> he wanted to take a nap.
「彼は，自分は疲れていて昼寝がしたいのだ，<u>と言った</u>」

He said (that) he was tired, and he wanted to take a nap.
「彼は疲れていると<u>言った</u>し，それに彼は昼寝がしたかったのだ」

訳　¹しかし同時に，この湖のメタンが有効活用されるというのも可能だろう。²ルワンダもコンゴも，安価なエネルギー源を他に持たない。³湖のメタンは，ルワンダ，コンゴ両国のエネルギー・コストを下げ，発展していく一助にもなり得るのである。⁴両国の多くの地域には現在，電気がない。⁵例えばルワンダでは，14 世帯につき 1 世帯しか電気がないのである。⁶ということは，だれもコンピュータや他の機器が使えないということであり，また子供たちは日が暮れると勉強できないということである。

---

9 ¹Working with American scientists, the Rwandan government has started removing methane from the lake. ²A tall barge (flat boat) now sits out in the middle of Lake Kivu. ³Workers **pipe the gas up from the bottom and across to** the Kibuye power plant, which produces about 50 megawatts of power. ⁴**By 2010, the government was getting a third of all its electricity from the lake.**

語句 1. **Rwandan** 形「ルワンダの」 2. **barge** 名「はしけ，平底荷船；屋根付の小舟」 **flat** 形「平らな，平坦な」 **sit out**「長く居座る，座ったままじっとしている；外に張り出している」 3. **pipe ～ up**「パイプで～を吸い上げる」 **power plant**「発電所」 **produce** 動「を生産する」 **megawatt** 名「〔電力の単位〕メガワット（＝100万ワット）」 **power** 名「電力」 4. **third** 名「3分の1」

研究 ■ 3. **pipe the gas up from the bottom and across to ～**「底からガスをパイプで吸い上げて，～に送る」pipe「管」は名詞だが，ここは動詞としての用法で, pipe ～ up「パイプで～を吸い上げる」と pipe ～ across to ...「パイプで～を…まで〔湖を〕横切って送る」が一つにまとまった構造。このような『品詞転換』はしばしばみられ，英語の表現を豊かにする要素となっている。

She <u>spooned</u> the stew for her daughter.
「彼女は娘にシチューをスプーンですくってあげた」

I want no <u>ifs</u> and <u>buts</u>! 「『もしも』や『だけど』はもう結構！」

■ 4. **By 2010, the government was getting a third of all its electricity from the lake.**「2010年までに〔ルワンダ〕政府はその全電力の3分の1を湖から得ていた」序数 third は〔分数の〕分母を表す。3分の2であれば two-thirds。

訳 [1]アメリカの科学者たちと協働して，ルワンダ政府は湖からメタンを抜き始めている。[2]現在，背の高い平船が，キブ湖の中ほどに陣取っている。[3]作業員たちは湖底からガスを吸い上げて，キブイエ発電所まで送っており，その発電所は50メガワットほどの電力を生産している。[4]2010年までに〔ルワンダ〕政府は,国の全電力の3分の1をこの湖から得ていた。

10 [1]So far, the project is entirely controlled by the Rwandan government. [2]In the future, several foreign companies will become involved, and the project will be expanded. [3]The government of Rwanda is also holding talks with the government of Congo, which has rights to half of the methane. [4]The two countries plan to work together to **build a much larger power plant** that will produce 200 megawatts of power.

PART III

36

語句 1. **so far**「今のところ，これまでのところ」 **project** 名「計画」 **entirely** 副「完全に」 **control** 動「を制御する，支配する」 2. **several** 形「いくつかの」 **foreign** 形「外国の」 **company** 名「仲間，会社，企業」 **involved** 形「巻き込まれて；関与して」 **expand** 動「を広げる，拡大する，拡張する」 3. **hold** 動「を持つ，保持する」 **talk** 名「会談，対話」 **right (to)** 名「（～についての）権利」

研究 ■ 1. **So far, the project is entirely controlled by ～**「これまでのところ，その計画は完全に～によって管理されている」so far は「これまでのところ，今までの範囲では」の意の重要な表現で，thus far ということもある。二つの

so を対応させた慣用表現 "So far, so good."「今までのところは順調だ」と合わせて覚えておきたい。

■ 4. **build a much larger power plant**「はるかに大きな発電所を建設する」much は 5 1 の far と同様，比較級で示される差の大きさを強調する。

> **訳**
>
> ¹これまでのところ，この計画はルワンダ政府が完全に掌握している。²将来においては，いくつかの外国企業が関与することになり，計画は拡大されるだろう。³ルワンダ政府はまた，コンゴ政府とも協議を行っている。コンゴも，キブ湖のメタンの半分に対して権利を有しているのである。⁴両国は，200 メガワットの電力を生産するはるかに大きな発電所を共同で建設することを計画している。

解答・解説

解答	
1	D　2　A　3　could be put to good use
4	government was getting a third of all
5	（I）A　（II）C　（III）E　（IV）D
6	A: T　B: F　C: T　D: F　E: F
7	湖の内部からときどき放出されて湖岸近くの水上にたまった二酸化炭素が，風とともに湖岸に運ばれてくるから。〔51 字〕
8	大爆発がいつ発生するかは予見できないため，事前に警報を出したり，200 万を超える湖岸の住民を避難させたりするのは不可能であり，湖からガスを抜けば爆発は防げるものの，困難であり危険を伴うから。〔94 字〕

解説　**1**　研究 4 2. 参照。A「吹く」B「逃げる」C「落ちる；降りる」D「集まる」

2　A「（を）蓄積する，たまる［ためる］」B「を汚染する」他動詞。C「溶ける；を溶かす」（dissolve 発音注意［dɪzá(ː)lv］）D「浮上する；表面化する；に表面をつける」

3　put 〜 to use「〜を利用する」のイディオムを見抜く。

4　a third「3 分の 1」。

5　A「そのため，メタンや二酸化炭素などのガスが地中深くから湖水の中へと放出されている」爆発する湖の形成過程やメカニズムは 2〜4 で述べられる。地中からガスが出るのは近隣の火山活動が活発だから。B「その湖は 2 か国に属しており，そのことが問題をより複雑にしている」キブ湖が 2 国間の境界上にあることは 1 に述べられるが，その 2 か国について再び論じられるのは 8 以降。C「すなわち，水は湖の底から上昇して上部の水と混ざりあう」That is, = That is to say,「すな

わち」。 **3** 2 the water "turns over" の説明に相当。**D** 「そのときガスはすべて，激しい爆発という形で一度に逃れだすだろう」予測の助動詞 would に注目。直前に爆発を引き起こす条件がそろう叙述があるはず。**E** 「それらの爆発が湖からガスを放出したので，次の爆発はすぐにはなさそうだ」比較的近い過去の爆発事例が **5** に述べられている。

6 **A** 「火山活動がなければ，爆発を起こすこれらの湖は存在しなかったであろう」**2** に一致。**B** 「水が定期的に循環する湖は世界に三つしかない」**3** に不一致。**C** 「キブ湖が突然爆発しても意外ではないだろう」**6** に一致。**D** 「近年の爆発にもかかわらずキブ湖からガスは逃げなかった」本文に言及なし。**E** 「ルワンダ政府はメタンをすべて自分たちのためにとるつもりである」**10** に不一致。

7 **4** 3 に述べられた事実についての問いで，the gas は二酸化炭素。**4** 2 の内容と合わせて要約する。高濃度の二酸化炭素は致命的な中毒を起こす。

8 **7** の内容を要約することになる。この問いにおける「危険」とは人的・物的被害をもたらす危険であるが，⑴ 沿岸住民が多いこと，⑵ 事前予測ができないこと，⑶ ガスの抜き取りは可能であっても現実的でないことの 3 点に触れる。

P
A
R
T
III

36

精講

---

1 ^{1}Children need to know others — including important adults in their lives — and to be known. ^{2}**Here the term 'know' is used in the strong sense, as when we speak of knowing a friend**. ^{3}**Children must be allowed to understand that** the school exists for them; **that it is their rightful place** — a place in which they **experience adults who** respect and value them as individuals in everything they are and do. ^{4}**Children must be made aware that what they are or do has great importance to the teacher**, and **they should experience acceptance and respect as people in their own right**. ^{5}A teacher gives each child this feeling of worth as she listens carefully to what the child says about his work, his feelings, reasons for doing things. ^{6}**It** shows in the serious respect given to what the child says, even when the adult thinks the child is mistaken. ^{7}**It** is seen in truly constructive criticism.

語句 1. **including** 前「を含めて」(⇔ excluding「を除いて」)　**adult** [ədʌ́lt, ǽdʌlt] 名「大人」　2. **term** 名 → 研究 **1** 2.①参照。**sense** 名「意味」　**as when ...** → 研究 **1** 2.③参照。3. **allow** [əláu] 動「を許可する，〜させる」　**exist** 動「存在する」　**rightful** 形「正当な」　**experience** 動「を経験する」　**respect** 動「を尊敬する」(⇔ despise「を軽べつする」)　**válue** 動「を重んじる」　4. **aware** 形「気づいて」**acceptance** 名「受け入れ，受諾，受容」(⇔ rejection「拒否」)　**in** *one's* **own right** → 研究 **1** 4.③参照。5. **feeling of worth**「価値のある［大事な］ものだという気持ち［意識］」　6. **show** 動「現れる，見える」この show は自動詞。**serious** 形「まじめな，真剣な」　7. **constrúctive** 形「建設的な」(⇔ destructive「破壊的な」)　**criticism** 名「批評，批判」

研究 ■ 2.① **Here the term 'know' is used in the strong sense, as ...**「ここで "知る" という言葉は，…のように，強い意味で用いられている」

term の用法　　主な意味は「期間；学期；用語，言葉；複 間柄，条件」で，熟語としては on 〜 terms（〜の間柄で），in terms of 〜（〜の立場［点］から，〜に換算して）が重要。

I'm <u>on</u> friendly <u>terms with</u> him.「彼とは親しい仲だ」

He sees everything <u>in terms of</u> money.「何でもお金本位に見る」

■ 2.② **sense**「感覚，意識，意味，分別」も重要な多義語。ここでは前置詞 in とのつ

ながりが重要。cf. in a sense「ある意味で」in a broad sense「広い意味で（の）」
in a strict sense「厳密な意味で（の）」。本文のように, of 〜 や that 〜 などが続
くときは in the sense of[that] 〜 となる。

■ 2.③ **as when we speak of knowing a friend**「友だちを知ることについて話す
場合と同様に」as の直後に省略された要素を補うと, as *it is used in the strong
sense* when ...「…の場合にそれが強い意味で使われるのと同様に」となる。なお,
friend は acquaintance（単なる「知人」）と区別され, know には友人関係の進
展を示す強い意味がある。

■ 3.① **Children must be allowed to understand that ...**「子供たちは…とい
うことを, 理解させてもらわなければならない」少々回りくどく感じるこの表現は, 能動
形に置き換えて考える：must allow children to understand that ...「…という
ことを子供たちが理解できるようにする」。(allow *A* to *do*〔許可または放任によっ
て〕「A が…できるようにしてやる」)。そして第1文を考慮に入れればその主体は
「周囲にいる大人たち」である。

■ 3.② **that it is their rightful place**「自分たちにとって正当な場所だということを」
直前の that 節を別の言い方に置き換えたもの。

■ 3.③ **experience adults who ...**「…する大人たちを経験する」が直訳。このよう
な『名詞構文』は「大人たちが…してくれるのを経験する」のように文章的にとら
えるとよい。

■ 4.① **Children must be made aware that ...**「子供たちは…ということに気づ
かせられなければならない」能動形に置き換えれば must make children aware
that ...「…ということを子供たちに気づかせる」。3.① で見たとおり, その主体は
「周囲にいる大人たち」である。

■ 4.② **what they are or do has great importance to the teacher**「彼ら
の存在や行為が先生にとって大きな重要性を持っている」

what *one* is

この what は関係代名詞で, 直訳すれば「人がそうであるところ
のもの」であるが, 文脈に応じて適切に意訳する。

She has made me what I am.
「彼女は私を私があるところのものにしてくれた→今の私があるのは彼女のおかげです」
He is not what he used to be.「彼はもう昔の彼ではない」
A man's worth lies not in what he has but in what he is.
「人間の価値はその人が持っているものではなくその人自身にある／人の価値は財産では
なく人柄［人物］にある」

■ 4.③ **they should experience acceptance and respect as people in**

their own right「子供たちは一人前の人間として受け入れられ尊重されることを経験しなければならない」

(1)ここでの acceptance は「accept すること」ではなく「accept されること」の意,同様に respect も respecting「尊重すること」ではなく being respected「尊重されること」の意であることを正しく理解する。

> ### 名詞の能動的意味と受動的意味
> 動詞の意味を含む名詞は,それが文脈により,具体的には, (a)『能動』, (b)『受動』のいずれの意を表すのかを区別しなければならない場合がある。
> - (a) He has great <u>respect</u> for her.「彼は彼女に大きな敬意を抱く」
> - (b) He deserves <u>respect</u>.「彼は尊敬に値する」
> ▶respect は (a)「(彼が) 尊敬すること」, (b)「(彼が) 尊敬されること」
> - (a) the critics' hostile <u>reception</u> of the play〔receiving の意〕
> - (b) the play's hostile <u>reception</u> by the critics〔being received の意〕
>   「批評家が示したその劇に対する辛口な反応」
> ▶reception は (a)「(批評家が) 迎えること」(b)「(劇が) 迎えられること」

(2)in *one's* own right は「自身の (生得の) 権利で／生まれながらの／親譲りの」「自身の能力で／独力で／他者に依存せずに」の意。ここでは「その人が,その人であるという理由だけで」(=一人前の,自立した) の意。

　　The film-star's son became a famous actor in his own right.
　　「その映画スターの息子は〔親の七光りではなく〕自力で有名な俳優になった」

■ 6.・7. 主語 **It** は,英文5の教師が子供に与える feeling of worth を指す。

> ### 訳
> [1]子供というのは他者を——自分の人生で大切な大人たちを含めて——知ること,そして〔自分が他者に〕知られることを必要とする。[2]ここで"知る"という言葉は,〔例えば〕友だちを知ることについて話す場合と同様に,強い意味で用いられる。[3]子供は,学校が自分のために存在するということ,つまり学校が自分にとって正当な場所——存在と行動のすべてにおいて自分を個人として尊重し大切にしてくれる大人を経験する場所——であるということを,理解させてもらわなければならない。[4]子供は,自分の存在や行為が教師にとって大きな重要性を持つことに気づかせられねばならず,また一人前の人間としての受容と尊重とを経験するべきである。[5]教師は一人一人の子供にこのような"価値ある存在だ"という思いを,子供が自分の勉強のこと,自分の気持ち,いろんなことをする理由について何を話すかに注意深く耳を傾けながら与えていく。[6]こうした思いは,子供の言うことに対して,それもその子の考えは間違っていると大人が思う場合でさえも与えられる真剣な敬意のうちに表れる。[7]それはまた真に建設的な批判のうちにも示される。

2 [1] In every situation in life, and at every age, **personal relationships** based upon genuine interest and real respect **are of the greatest importance to growth**. [2] **If teachers and children are to work together** at learning **in a truly productive fashion**, personal relationships marked by understanding and affection are clearly essential. [3] Where these exist, difficulties of all kinds **are less likely to occur**. [4] But **such relationships never simply happen**. [5] They spring from the continually developing skill of the teacher in responding to each child in accordance with his or her unique personality. [6] They demand awareness and hard work.

語句 1. **situation** 名「状況, 立場」 **at every age**「あらゆる年齢において」 *cf.* in every age「あらゆる時代において」 **relationship** 名「関係」 **based (up)on**「～に基づいた」 **genuine** [dʒénjuɪn] 形「本物の, 真の」(= real) 2. **fashion** 名 → 研究 **2** 2.②参照。**personal** 形「個人的な, 人格的な」 **marked by**「～で印づけられた, ～によって特徴づけられた」: It was a love marked by sadness.「それは悲しさを帯びた愛だった」 **affection** 名「愛情」 **essential** 形「本質的な, 不可欠な」(= indispensable) 3. **be likely to *do***「…しそうだ」 **occur** [əkə́ːr] 動「起こる」 4. **simply** 副「ただ, 単純に」 5. **spring from**「～から生じる」 **continually** 副「絶えず」 **devélop** 動「を育てる, 開発する；発達する」 **respond to**「～に反応する」 **in accordance with**「～に従って, ～に合わせて」 **unique** 形「独特の, 独自の」 6. **demand** 動「を要求する；を必要とする」(= require)

研究 ■ 1.① **personal relationships** は「個人的な関係」ととらえるだけでは弱い。「個人的」はしばしば「公的」(official) と対照されるものだからである。名詞 person には単なる「個人」に加えて「人格」の意があり, ここでは「(全) 人格的かかわり」ととらえたい。*cf.* the whole person「全人格」personal maturity「人格的成熟」

■ 1.② **... are of the greatest importance to growth**「…が成長にとって一番大切である」of the greatest importance は『of + 抽象名詞 = 形容詞』であるから (⇒ p.120), the most important に言い換えられる。

■ 2.① **If teachers and children are to work together ...**「もし教師と子供たちが…協力してやろうとするならば」

if 節中の be to do be to do はいく通りかの意味を表す (⇒ p.235) が, if 節中では「…しようとするならば, …するためには」の意を表す。to の持つ意味合いを見逃さないように注意。

If reading is to accomplish anything more than passing time, it must be active.「読書が暇つぶし以上のことを成し遂げるものであるためには, 能動的に行われなければならない」

■ 2. ② **in a ... productive fashion**「…生産的なやり方で」（= in a productive way ; productively）日本語でカタカナで親しんでいる英単語は，日英での意味の違いを常に意識すること。*cf.* in a fashion「ある方法で」

■ 3. **～ are less likely to occur**「～は起こる可能性が少なくなる」likely（たぶん…する，…しそうだ）は，次のような言い換えができるよう習熟しておく。

⎰ He is likely to live long.「彼はたぶん長生きするだろう」
⎱ It is likely that he will live long.

■ 4. **such relationships never simply happen**「このような関係はただ［何もしないで］生じるのでは決してない」語順に注意（一種の部分否定）。

 cf. Such relationships <u>simply never</u> happen.

  「このような関係が生じることは絶対にない」

   ▶この場合の simply は否定を強める『強意用法』。

> **訳**　¹人生のあらゆる状況，あらゆる年齢において，真の関心と本物の敬意に基づく人格的かかわりが成長にとって最も重要なものとなる。²もし教師と子供とが，学習の場で本当に生産的なやり方で一緒に取り組もうとするならば，理解と愛情とに印づけられた人格的かかわりが明らかに不可欠なのだ。³このような関係が存在するところでは，あらゆる種類の問題が起こりにくくなる。⁴しかし，そのような関係はただ自然に生じるわけではない。⁵そうした関係が生まれるのは，子供一人一人の固有の人格に応じて一人一人に対応する技術を教師が絶えず磨いていくことからなのである。⁶人格的かかわりは，自覚と懸命な努力とを必要とするものなのである。

解答・解説

解答

1	D	2	let

3	子供は，自分の存在や行為が教師にとって大きな重要性を持つことに気づかせられねばならない

4	B	5	D

6	このような人格的な関係が存在するところでは，あらゆる種類の問題が起こりにくくなる。

7	B

解説　**1**　研究　**1**　2.②参照。A「彼は自分の方向感覚を失ってしまったようだ」B「私は皆さんに深い感謝の意を表明したい」C「父は自身の家を売り払うような無茶はしない」（直訳では「売り払う以上の分別がある」）D「この語句は一部の文脈では違う意味になることがある」

2 下線部を能動態にした We must allow children to understand を設問の構造と比較。to を使わない→原形不定詞を伴う使役動詞（have, let, make）のうち，allow のように「許容，容認」の意味を持つものを選ぶ。

3 〈S + must be made aware + that 節〉「S は…に気づかされなければならない」という枠を押さえたうえで，that 節内を正確に解析する。what they are「ありのままの彼ら」，what they do「彼らがすること」をもとに what they are or do「彼らの存在あるいは行動」とまとめることが可能。

4 研究 **1** 4.③参照。A「彼らは他人の経験を真実として受け入れ尊敬すべきだ」B「彼らは自立した人間として受容され，尊敬されていると感じるべきだ」C「彼らは周囲の人物のように自分自身を受け入れ，尊敬すべきだ」D「彼らは他人をそのまま受け入れ，尊敬するようになるべきだ」

5 子供の存在と行動を受容することを前提に，constructive「建設的な」と criticism「批判」を含むものを選択。「ある少年が言った言葉がクラスメートを泣かせてしまったのに，その少年は自分が何も間違ったことは言っていないと信じているとき，教師は（　　　　）」A「少年の言い訳を否定し，そんなことを二度と言わないように命じる」B「実際にその言葉の何がいけないのかを説明する」C「少年が正直であることをほめ，自分らしくいるよう元気づける」D「少年には，もっといい言い方があったかもしれないよと言ってみる」。A や B は教師の立場からの一方的な指導であり，C は全く criticism に欠けるが，D は今後の考え方につながる諭し方といえる。

6 these は **2** 1 および 2 で言及されている personal relationships「人格的な関係」のこと。さらに詳しく言えば 1 によれば「真の関心と本物の尊敬を土台とした人格的な関係」，2 によれば「理解と愛情に特徴づけられた人格的な関係」。

7 A「知る」の意味が **1** 2 に不一致。B **1** 5 に一致。C **2** 2 に不一致。「人格的な関係を築く」のは目的ではなく前提である。D 本文に言及なし。

37

代名詞をめぐる問題

1 5 で teacher を代名詞 she で受けている。これは，かつて教職が女性の就く代表的な職種であったこと，またとりわけ幼少時の子供を受け持つ教師の持つ"母性"的側面が強調されたこととも関係があるだろう。子供を he で受けるのは「（性別を特定せず）その人」という用法。現在では，そうした表現に"偏りがある"と見る傾向があり，これらを he or she あるいは they で受けたり，child（単数）ではなく children（複数）を用いるなどといった配慮がなされる。ただ，書かれたものを読む際には現代の価値基準だけでなく時代背景をもふまえて読む態度が大切なので，本問では筆者の使用する代名詞をそのまま残しておいた。

精講

> **1** ¹ The Japanese are loud in bemoaning **their lack of proficiency in the English tongue.** ² **Scarcely a week or a month passes without a letter appearing on this subject** in one of the English newspapers. ³ **Usually this lack is attributed to the fact** that Japan is an island, separated by vast distances from the English-speaking countries. ⁴ For this reason, few Japanese have the opportunity of conversing with the native English speakers: or if the opportunity comes their way, they miss it through shyness or sheer inability to express themselves.

語句 1. *be* loud in *doing*「大きな声で［うるさく，しきりに］…する」 bemoan 動「を嘆く，悲しむ」 lack 名「不足，欠如」 proficiency 名「熟達，堪能（たんのう）」 tongue[tʌŋ] 名「舌，言語」 3. attríbute ～ to ...「～の原因を…に帰する」 *cf.* contríbute to「～に貢献する」，distríbute「を分配する」 séparate[-reɪt] 動「を分離する」形容詞の場合の語尾の発音[-rət]と区別。vast 形「巨大な，莫（ばく）大な」 4. converse 動「会話する」 native English speaker「英語を母語として話す人」 native speaker of English とも言う。come *one's* way「自分のほうに来る，自分の身に起こる」miss 動「を逸する」 shyness 名「はにかみ，内気」 sheer 形「全くの」 inability 名「できないこと，無能」 express *oneself*「自分の考え［気持ち］を表現する」

研究 ■ 1. **their lack of proficiency in the English tongue**「英語における堪能さの欠如→英語が堪能でないこと」 ここでは主として「英語が上手に話せないこと」。

■ 2. **Scarcely a week or a month passes without a letter appearing on this subject**「この問題について投書が掲載されることなしに1週間あるいは1か月が過ぎることはほとんどない」が直訳。a letter は動名詞 appearing の意味上の主語。関連した重要表現：

never ... without *doing*

never（決して～ない）, seldom（めったに～ない）, scarcely（ほとんど～ない）などの否定詞が without *doing* を伴う場合, 裏返しの訳し換えがよく行われる。

They never[seldom] meet without quarreling.
「けんかをすることなしに彼らが会うことは決して［めったに］ない
→彼らは会えば必ず［ほとんどいつも］けんかをする」

したがってこの文も「ほとんど毎週あるいは毎月のように，この問題についての投書が掲載される」のように訳し換えられる。

また，never ... without *doing* の文は Whenever ［Every time］they meet, they quarrel. の形で言い換えられるように，この文も言い換えれば次のようになる。

　　Almost every week or month, a letter appears ...

■ 3. **Usually this lack is attributed to the fact ...** 「普通この欠如は…という事実に起因するとされている→このように英語が堪能でないのは…という事実のためだと考えられている」attribute は owe と用法を区別。

　　He owes his success to luck.
　　「彼は成功を運に負うている→彼が成功したのは運がよかったからだ」

　　He attributes his success to luck.
　　「彼は成功の原因を運に帰している→彼は成功したのは運がよかったからだとしている」

訳 　[1] 日本人は英語が堪能でないことを声高に嘆く。[2] ほとんど毎週，あるいは毎月のように，この話題に関する投書が英字新聞のどれかに載る。[3] 普通，この［技量の］欠落は日本が島国であり，英語を話す国々から遠く隔てられていることに起因するとされている。[4] このため，英語を母語として話す人々と会話する機会に恵まれている日本人はわずかしかないし，また，その機会がやってきても，日本人は，内気なせいで，あるいは自分の気持ちを表現する能力を全く欠くために，その機会を逸してしまうのだ，と。

2 　[1] But I am not wholly convinced by this explanation. [2] I think it is possible to master English — at least theoretically — without meeting a single native speaker of English. [3] **Conversation, it is true, helps one to be fluent in a language; but it does not ensure that one will be correct.** [4] **If anything, it tends to confirm one in bad habits of speaking which later become impossible to remove.** [5] Before the student comes to the stage of conversing in English, he has to learn what is correct and what is not correct in English composition. [6] In other words, he has to make a thorough study of English grammar.

38

語句 　1. **not wholly**「《部分否定》完全に…であるわけではない」　**convínce** 動「を確信［納得］させる」　2. **at least**「少なくとも」　**theorétically** 副「理論的には」（⇔ practically「実際に」）　3. **fluent** 形「流ちょうな」　**ensure** 動「を保証する」　4. **if anything**「どちらかと言えばむしろ」　**tend to do**「…する傾向がある」　**confirm** 動「を確認する；を固めさせる」　**remove** 動「を取り除く」（= get rid of）　5. **composítion** 名「作文，作曲；構成」　6. **in other words**「換言すれば」　**thorough** [θə́ːrou／θʌ́rə] 形「徹底的な」

■ 3. Conversation, it is true, helps one to be fluent in a language; but it does not ensure that one will be correct.

「会話は確かにある言葉が流ちょうに話せるようになるのに役立つが, 正しく使えるようになることを保証するわけではない」二つの one は「人」の意。

it is true ... but ～

「なるほど［確かに］…だが～だ」の意を表す相関表現で, it is true のほか, indeed, true, no doubt, certainly, to be sure などを用いることもある。

Indeed[No doubt, Certainly] he is old, but he is full of vigor.
「なるほど彼は年をとっているが, まだぴんぴんしている」

■ 4. If anything, it tends to confirm one in bad habits of speaking which later become impossible to remove. 「むしろ, 会話は, あとになると取り除けなくなるような悪い話し方の習慣を人に固めてしまう傾向がある」if anything は if any「もしあれば, あるとしても」と区別する。one は（3 と同様）総称的に「人」を指す。

訳

¹しかし私はこの説明に完全には納得できない。²私が思うに, 英語を母語とする人に一人も会わなくても——少なくとも理論上は——英語をものにすることは可能である。³会話は, なるほど, ある言語が流ちょうに話せるようになるのに役立つが, 正確に使えるようになることを保証はしない。⁴むしろ, 会話はあとになって取り除くことができなくなってしまう悪い話し方の習慣を固めてしまう傾向がある。⁵学生は英語で会話する段階に至る前に, 英作文で何が正しく何が正しくないかを学ばなければならない。⁶言い換えれば, 学生は英文法を徹底して学ばなければならないのである。

3 ¹And here I find a real lack of proficiency in Japanese students. ²**It is, moreover, their keen awareness of this lack which, I feel, makes them afraid to speak English** with native speakers even when they have the opportunity. ³They are afraid of exposing their ignorance of English grammar.

語句 2. **moreover** 副「その上, さらに」 **awareness** 名「気づいていること, 自覚」 3. **expose** 動「をさらす；をあばく」 **ignorance** 名「無知」（⇔ knowledge「知識」）

■ 2. It is, moreover, their keen awareness of this lack which, I feel, makes them afraid to speak English これは〈It is ～ which ...〉「…なのは～だ」の『強調構文』で,「その上, 彼らに英語を話すのを恐れさ

せる（と私には感じられるのだが）のは，この文法力の不足についての彼らの痛切な自覚なのである」が直訳。

訳 ¹そしてこの分野においてこそ，日本の学生の技量が真に欠落しているのを私は見いだしている。²またさらに，機会があっても英語を母語とする人と英語を話すことを，私が思うに彼らが怖がってしまうのは，この能力が欠けていることを切実に自覚しているからなのである。³彼らは英文法についての自分の無知をさらすのを恐れているのである。

---

4 ¹But why is it that Japanese students are so weak in English grammar? ²It is sometimes said that this is due to the many linguistic differences between English and Japanese. ³The thought patterns in English are so different from those in Japanese, that it is almost impossible for poor Japanese students to succeed in mastering them. ⁴I myself can sympathize with this reason, **having approached the problem from the other end** — as an Englishman trying to master Japanese.

語句 1. **why is it that ...**「…なのはどうしてか」（強調構文）　2. *be* **due to**「〜による」　**linguistic** 形「言語の」　3. **páttern** 名「型，様式」　**succeed in** *doing*「（うまく，首尾よく）…できる」（⇔ fail to *do*「…できない」）　4. **sýmpathize with**「〜に同情［共鳴］する」**approach** 動「に接近する；に取り組む」　**the other end**「もう一方の端，反対の立場」

研究 ■ 4. **having approached the problem from the other end**「もう一方の側からこの問題に取り組んできたので」これは完了形の『分詞構文』で，理由を表し，接続詞を用いて節の形に書き換えるならば as I have approached the problem ... となる。**5** 3 の Having met many Japanese teachers ... の分詞構文も同じである。

訳 ¹しかし，日本の学生はなぜそんなに英文法に弱いのだろうか。²それは英語と日本語の間にある多くの言語的相違によるものだと言われることもある。³英語の思考様式は日本語のそれと非常に違っているので，かわいそうな日本の学生たちがその習得に成功するのはほとんど不可能なのである。⁴私自身もこのような理由に共感を抱くことができる――この問題に逆の立場から，つまり日本語をものにしようとする英国人として，取り組んできたので。

---

5 ¹Again, however, I must voice a contrary opinion. ²It seems to me that if Japanese students are weak in English grammar, it is simply because they have not been taught English grammar properly in high school. ³Having met many Japanese teachers of English over a period of many years, I am not at all surprised that so few of their students **have a mastery of** that language. ⁴No one can give what he does not have. ⁵When the very teachers are themselves weak in English grammar, **it cannot be expected that their students will be anything but weak**.

語句   1. **voice** 動「を声に出す，述べる」 **contrary** 形「反対の」 2. **simply because ...** 「ただ…であるために」 **properly** 副「適切に，正しく」 3. **period** 名「期間」 **not at all** 「全然…ない」

研究   ■ 3. **have a mastery of** で「～に熟達している，～を習得している，～をものにしてしまっている」の意。

■ 5. **it cannot be expected that their students will be anything but weak** 「彼らの生徒が文法に弱くならないことなど期待できない」

anything but   二つの用法を区別する。

① 《普通の場合》「〔～以外の何でも →他の何であろうと～でだけはない→〕決して～ではない」(= not at all ～, far from ～, by no means ～)

② 《否定詞のあとで》「～以外の何も（…ない）」〔not ... anything but ～ = nothing but ～「～だけ…だ」〕

　① He is anything but a writer.「彼は決して作家などではない」

　② He does not want to be anything but a writer.「彼は作家以外の何にもなりたくない」〔→なりたいのは作家だけ = He wants to be nothing but a writer.〕

▶上の文も「弱くなること以外は何も期待できない→期待できるのは弱くなることだけ」の意になり，「弱くなって当然だ」の意を強めている。

訳   ¹しかしながら，またここで，私は反対意見を述べなければならない。²私にはどうも，日本の学生が英文法に弱いとすれば，それは彼らが高校で英文法をきちんと教えられなかったからに他ならないように思える。³長年にわたって多くの日本人の英語の教師に会ってきたが，彼らの教え子でこの言語を正しく身につけている者は極めてわずかしかいないことに，私は少しも驚かない。⁴だれだって自分が持っていないものを人に与えることはできない。⁵当の先生自身が英文法に弱いのであるから，その生徒が弱くならないことなどとうてい期待することはできないのである。

276

解答・解説

1	英字新聞の一つにこの話題についての投書は, ほとんど毎週あるいは毎月のように登場する。[英字新聞の一つにこの話題についての投書が載らずに, 1週間あるいは1か月が過ぎることはほとんどない。]
2	C　**3**　D
4	会話は, あとからでは取り除くのが不可能になる悪い言葉遣いの習慣を頑強にする傾向がある
5	B　**6**　those　**7**　A
8	(a) 日本の学生が英文法に弱いのは, 英語教師が文法に弱く, 適切に文法を教わってこなかったからという意見。〔下線部 28 字〕　(b) 日本の学生が英文法に弱いのは, 日本語と英語の間の言語的な相違が理由であるという主張。〔下線部 21 字〕
9	B

解説

1 研究 1 2. 参照。

2 研究 1 3. 参照。attríbute *A* to *B*「A を B のせいにする, A の由来を B に帰する」の受動態。A「によって覆い隠されて」 B「とは無関係で」 C「に由来すると見なされて」 D「にもかかわらず完全に無視されて」

3 come *one's* way「～のほうへ来る」

4 it は conversation を指す。confirm は語源的には「を完全に固める」の意で, 意見や習癖について〈confirm +《人》+ in〉で「人の～を強固な〔頑固な〕ものにする」の意。remove は「を取り除く」であって「移動する (move)」ではない。

5 『強調構文』(〈It is ～ that ...〉で～の語句を強調) は疑問詞を強調するとき〈疑問詞 + is it that ...?〉の語順になる。A「警察官は私を双子の姉[妹]と間違えているようだった」(非人称の it) B「きのう窓を割ったのは私の兄[弟]でした」(強調構文の it) C「私が到着しないうちに彼が全部をやっていたというのは奇妙だ」(形式主語) D「"Help yourself." と言った場合はどんな意味になりますか」(状況主語の it)

6 比較対象は英語と日本語の thought patterns であるから, 複数形の代名詞。

7 日本人が英語学習で抱えている問題を, 筆者は日本語学習の際に経験した。A「日本語に習熟しようとする英国人男性として」 B「実際, 私は会話を通して英語に習熟した」 C「英語は全然論理的でないので」 D「私は文法が成功をもたらさないとわかっている」

8 (a) 5 の内容をまとめる。「英文法をきちんと教わっていないこと」だけでは, 英文法に弱いことの言い換えにすぎず, 不十分。(b) 日本の学生が英文法に弱い理由についての考察が始まるのは 4 。

9 A「それだけより悪く」 B→ 研究 5 5. 参照。 C「熟達が欠けて」 D「問題外で」

精講

---

1 ¹About thirty years ago, the field of child development got a shock. ²**Up until that time, it had been thought that** when babies imitate a motor movement, it was *learned*. ³**The theory was that** the visual perception of a movement and the execution of the imitative movement by the motor system were independent of each other and controlled by different parts of the brain. ⁴**Then a study of imitative behavior of young infants** done by University of Washington psychologists Andrew Meltzoff and M. Keith Moore **suggested** perhaps the visual perception of a motor movement (such as tongue protrusion or lip smacking) and the production of the movement (actually copying the movement) **were not separately acquired abilities but were linked somehow**. ⁵**Since then, many independent studies have shown that newborns** from the age of forty-two minutes to seventy-two hours **can imitate facial expressions accurately**.

語句 1. **field** 名「野，畑；分野」 **child development**「子供 [幼児・児童] の発達 [成長]」 2. **imitate** 動「をまねる，模倣する」 **motor movement**「身体の動き」 3. **theory** 名「理論，学説」 **visual** 形「視覚的な；目に見える」 **perception** 名「知覚，認知，気づき」 **movement** 名「動き，運動」 **execution** 名「実行，遂行；処刑」 **imitative** [ímətèɪtɪv] 形「模倣に関する，模倣の」 **motor system**「運動器系」 **independent** 形「独立した」 **each other**「お互い」 4. **behavior** 名「行動，ふるまい」 **infant** 名「幼児，赤ん坊」 **psychologist** 名「心理学者」 **suggest** 動「を示唆する；を提案する」 **perhaps** 副「もしかすると」 **tongue** 名「舌」 **protrusion** 名「突き出すこと；突き出した部分」 **smacking** 名「チュッと音を出すこと」 **production** 名「生産，算出」 **copy** 動「をまねる，引き写す」 **separately** 副「別々に」 **acquired** 形「獲得された；後天的な」 **ability** 名「能力」 **link** 動「を結びつける，関連づける」 **somehow** 副「なんらかの形で」 5. **newborn** 名「新生児」 **facial expression**「顔の表情」 **accurately** 副「正確に」

研究 ■ 2. **Up until that time, it had been thought that ...**「それまではずっと…だと考えられてきた」up は until ～を強調する副詞。30 年前まで続いていた状況が『過去完了』で表現されている。

■ 3. **The theory was that ...**「その理論は，…というものであった」主語の"the theory"は，前文で述べられた内容の根拠となった理論のこと。

■ 4.① **Then a study of imitative behavior of young infants ... suggested** ～「そのときに，生まれて間もない赤ん坊の模倣行動についての…ある研究が，

〜を示唆した」ここで『不定冠詞』を用いた "a study" に注目。それまでとは異なる新たな研究への言及である。したがって文頭の副詞 then は次の段階への移行を示すことがわかる。

■ 4.② **... were not separately acquired abilities but were linked somehow**「…は別個に獲得された能力なのではなく，何らかの形で結びついていた」

> **先天的・後天的** 人間の能力や性質については，それが生来の［遺伝的な］ものか，それとも誕生後に身につけたものかの観点で論じられることが多い。関連する主な形容詞：
> 〔先天的〕 innate, inherent, inborn, congenital; born with
> 〔後天的〕 acquired, learned

■ 5. **Since then, many independent studies have shown that newborns ... can imitate facial expressions accurately.**「それ以来，多くの独立した研究が，…新生児が正確に表情を模倣できることを示してきた」Since then は，4 に紹介した研究以来，ということ。新生児が「正確に」模倣できる点は，本文全体において重要な意味を持つ。

> **訳** ¹約30年前，子供の発達についての研究分野に衝撃が走った。²それまでは，赤ん坊が身体の動きをまねるときにその動きは「習得」されると考えられていた。³その理論は，一つの動きを視覚的にとらえることと，運動器系がそれをまねた動きをすることとは互いに独立しており，脳の異なる部分によって制御されている，というものだった。⁴そこへ，生まれて間もない赤ん坊の模倣行動についてワシントン大学の心理学者アンドルー・メルツォフおよびM・キース・ムーアの行った研究が，（例えば舌を出したりくちびるをチュッとやったりというような）身体の動きを視覚的にとらえることと，その動きを（実際に模倣して）生み出すこととは，もしかすると別々に獲得される能力ではなく，何らかの形で互いにつながっているのでは，と示唆したのだ。⁵それ以来，多くの個別の研究によって，生後42分から72時間までの新生児が，正確に顔の表情を模倣できることが示されてきた。

2 ¹Think about it. ²One can only be amazed what the brain is doing when it is less than one hour old. ³**It sees** there is **a face with a tongue sticking out, somehow knows it too has a face with a tongue under its command, decides it will imitate the action, finds** the tongue in its long list of body parts, **gives it a little test run, commands it to be stuck out** — and out it goes. ⁴**How does she know a tongue is a tongue?** ⁵How does she know what neural system

is in charge of the tongue, and how does she know how to move it?
⁶**Why does she even bother doing it?** ⁷Obviously, it was not learned
by looking in a mirror, **nor had anyone taught it to her**. ⁸*The ability
to imitate must be innate.*

語句　2. amaze 動「を驚かせる」　3. sticking out「突き出した」　under *one's* command「指
揮下に, 管理下に」　decide 動「を決める, 決定 [決心] する」　test run「試運転」　command
A to *do*「Aに…するよう命令する」　stick out「〜を突き出す」　5. neural system「神経系」　in
charge of「〜の責任を負って；〜の担当で」　6. bother *doing*「わざわざ…する」　7. obviously 副
「明白に, 明らかに」　mirror 名「鏡, 鏡面」　8. innate 形「生得 [生来] の, 先天的な」

研究　■ 3. ① **It sees …, somehow knows …, decides …, finds …, gives
it a little test run, commands it to be stuck out**「それは…を見て,
何らかの方法で…を知り, …を決定し, …を見つけ, それを試運転して, それが突き出される
よう命令する」主語の It が六つの動詞を従えているが, gives と commands とから
主語は「脳」であることがわかる。

■ 3. ② **a face with a tongue sticking out**「舌が突き出た状態の顔」〈with *A B*〉
は「A が B である状態で」という『付帯状況』を表す。A は文の主語とは異なる名
詞, B は主として形容詞（分詞を含む）, 副詞など。sticking out は形容詞句。

■ 3. ③ **somehow knows it too has a face with a tongue under its
command**「何らかの形でそれはまた自分の指揮下にも舌を持った顔があることを知り」が
直訳。it およびその所有格 its は, 文全体の主語と同様,「脳」を指す。相手の顔を
見て, 自分（＝脳）も支配下に顔と舌があることを, どういうわけか知る（そのメ
カニズムについて本文は触れていない）。

■ 3. ④ **decides it will imitate the action**「その行為をまねようと決め」it は「脳」
を指す。will は『意志未来』で「〜しよう」の意。

■ 3. ⑤ **gives it a little test run, commands it to be stuck out — and out
it goes**「それをちょっと試運転して, それが突き出されるよう命令する——だから実際それ
は突き出るのだ」gives および commands の目的語となる it は「舌」を指す。

　and out it goes は『倒置』（＝ and it goes out）。これによって結果が先に示さ
れ, "だから実際こうなる" という点が強調される。主語の it は「舌」を指す。

■ 4. **How does she know a tongue is a tongue?**「この子はどうやって舌が舌で
あることを知るのか」が直訳。脳の働きを話題に, 前文まで主語は機械的で無機的な
響きの it であったのが, ここでより人格的な響きのある she に交替する。「その脳
を持つ赤ん坊」の含意が加わるため, "脳による認知" と "個人の認識" との区別は
曖昧になってくる（この用法の she はやがて ■ 5〜8 に受け継がれ, はっきりと赤
ん坊本人を示すことになる）。

■ 6. **Why does she even bother doing it?**「なぜわざわざそんな面倒なことをするのか」bother *doing* だけでも「わざわざ…する」の意であるが，さらに副詞 even を添えて面倒さを強調する。doing it は 3 のように複雑なプロセスを経てまで他者の行為を模倣すること。

■ 7. **nor had anyone taught it to her**「それにだれかが（あらかじめ）その子に教えてくれていたわけでもない」= and no one had taught it to her. 接続詞 nor は否定の要素を含むので，後続部分に倒置が生じる。

■ 8. ***The ability to imitate must be innate.***「模倣の能力は生得的なものにちがいないのだ」全文を斜字体にして強調し，30 年前に起きた変化の意義を要約している。

訳 ¹考えてみてほしい。²生まれて 1 時間にも満たない時期に脳がどんなことをしているのかについては，ただただ驚く以外にない。³脳は，一つの顔があって舌が突き出ていることを視覚でキャッチし，何らかの形で自らの支配下にも舌を持った顔があることを知り，行動をまねようと決断し，身体の部位についての長いリストの中から舌を見つけて，ちょっと試運転をし，舌が突き出されるよう指示を出す——そうして実際舌が出るのだ。⁴どうやって赤ん坊は，舌が舌であることを知るのか？⁵どうやって赤ん坊は，どの神経組織が舌を担当しているとわかり，またどうやって赤ん坊は舌の動かし方を知るのか？⁶なぜ赤ん坊はまたわざわざそれをするのか？⁷明らかに，鏡をのぞいて知ったのでもなければ，だれかが赤ちゃんに教えたわけでもない。⁸つまり模倣する能力は生得的なものにちがいないのだ。

---

3 ¹Imitation is the beginning of a baby's social interaction. ²**Babies will imitate human actions, but not those of objects; they understand they are like other people.** ³The brain has specific neural circuits for identifying biological motion and inanimate object motion, along with specific circuits to identify faces and facial movement. ⁴What can a baby do to **enter the social world** before it can sit up or control its head or talk? ⁵How can she engage another person and form a social link? ⁶When you first hold a baby, **what links her to you and you to her are her imitative actions**. ⁷**You stick out your tongue, she sticks out her tongue; you purse your lips, she purses her lips.** ⁸**She** doesn't lie there like an object but **responds in a way that you can relate to.** ⁹In fact it has been shown that **infants use imitation games to check the identity of persons, and do not use only their facial features.**

PART Ⅲ

39

1. **imitation** 名「模倣」 **social** 形「社会の，社会的な；社交の」 **interaction** 名「交流」 2. **object** 名「物体」 3. **specific** 形「特殊な，特定の」 **neural circuit**「神経回路」 **identify** 動「を特定 [同定／識別] する」 **biological** 形「生物の，生物学的な」 **motion** 名「動き」 **inanimate** 形「無生物の」 **along with**「～と一緒に」 **facial** 形「顔の，顔に関する」 4. **enter** 動「に入る」 **sit up**「まっすぐ座る；[寝ずに] 起きている」 **control** *one's* **head**「自分の頭を制御できる；首が据わっている」 5. **engage** 動「[人] を引き込む，関与させる；を魅了する；を予約する」 **form** 動「を形成する」 **link** 名「つながり，関連」 6. **hold** 動「を抱く，保持する；を構える」 7. **purse** 動「をすぼめる」 8. **lie** 動「横になる；ある，存在する」 **respond** 動「反応する」 **in a way**「ある方法で」 **relate to**「～に共感する，親しみを持つ」 9. **in fact**「実際；それどころか」 **identity** 名「同一性；正体，身元」 **feature** 名「特徴」

■ 2. **Babies will imitate human actions, but not those of objects; they understand they are like other people.**「赤ん坊は人間の動作をまねるものであって，物体の動作をまねない。赤ん坊は自分が他の人間と似ていることを理解している」助動詞 will は『習性』を表す用法であって，ここでは未来の意ではない。代名詞 those は actions を指す。like が前置詞である点にも注意。

■ 4. **enter the social world**「社会的な世界に入る」が直訳。形容詞 social は「社会の，社会的；人づきあいの，社交界の」の意で，ここで social world は "人と人がかかわりあう世の中" というような意味。赤ん坊は第一に家庭の中で，親子・きょうだいとのかかわりに加わるが，それも social world の一部である。

■ 6. **what links her to you and you to her are her imitative actions**「その子をあなたと，そしてあなたをその子と結びつけるものは，その子の模倣行為である」赤ん坊のいろいろな模倣の動作をイメージし，what 節は複数扱いになっている。

　link *A* to *B*「A を B と結びつける」という以上，her to you と you to her は事実上同じことを意味するはずである。しかしあえてこのように交差させる表現（chiasmus）は，次文の技法と合わせて，相互の結びつきの強さを強調する手法である。

■ 7. **You stick out your tongue, she sticks out her tongue; you purse your lips, she purses her lips.**「あなたが舌を突き出す，するとその子も自分の舌を突き出す。あなたが口をすぼめると，その子も口をすぼめる」文法的にいえば，コンマ（, ）だけをはさんで二つの文を並置してはならず，『接続詞』が必要である。しかしここはあえて接続詞を用いていない。これは直接的には，模倣行為が即座になされる様子を表すが，含意としては抱っこしている「あなた」と赤ん坊との密接な関係性を読者に想起させる効果がある。

■ 8. **She ... responds in a way that you can relate to.**「その子は…あなたが親しみを持てるようなやり方で反応する」that は関係代名詞（= which）で，後置された前置詞 to と共に先行詞 way を修飾する。人は赤ん坊の反応のしかた（＝模倣行為）に関心を持ち，それが結果的にその子への愛着につながるということ。なお，文

末に残された to（分離前置詞）にはアクセントを置いて発音する。

■ 9. **infants use imitation games to check the identity of persons, and do not use only their facial features**「相手がだれか確認するための模倣ゲームを赤ん坊は利用しているのであって，ただ自分の顔の特徴を使用しているのではない」

to 不定詞を『副詞用法』と解釈しても意味に大差はないが，『形容詞用法』ととるのがよい（例：a game to get the things you want「欲しい物がもらえるゲーム」）。use only their〔= infants'〕facial features とは，ただ単に自分の口や舌などを使うという行為。筆者は赤ん坊の模倣がただ"同じ顔つきをすること"とは違うと述べる。"赤ん坊がしているのは，自分に関心を寄せてくれる人物かどうかを見極めるための，模倣という名のゲームだ"ということ。

訳　[1]模倣は，赤ん坊の社会的交流の始まりである。[2]赤ん坊は人間の行動をまねるのであって，物体の動きをまねるわけではない。赤ん坊は，自分が他人と似た者であることを理解している。[3]脳には生物的な動きと無生物の物体の動きを判定する専用の神経回路が，顔や表情の変化を判定する専用の神経回路と共に存在する。[4]まだ"おすわり"もできず，首も据わっておらず，しゃべることもできない時期に，人々と交わる世界にデビューするために赤ん坊に何ができるのか？ [5]どうやって赤ん坊は他人の関心を引き，社会的なつながりを形成できるのか？ [6]あなたが赤ん坊を初めて抱いたとき，あなたに対して赤ん坊を，そして赤ん坊に対してあなたを結びつけるものは，赤ん坊がまねをする行動である。[7]あなたが自分の舌を突き出し，赤ん坊が自分の舌を突き出す。あなたが口をすぼめ，赤ん坊も口をすぼめる。[8]赤ん坊は物体のようにそこにあるのではなく，あなたが親しみを持てる方法で反応を示すのである。[9]実際，幼児は相手がだれかを確かめるまね遊びを利用するのであって，ただ顔の特徴だけを利用しているのでないことが明らかにされてきた。

---

④ [1]After about three months of age, this type of imitation can no longer be elicited. [2]**Imitative abilities then develop that show that** the infant understands **the meaning of what is being copied: the imitative movements don't have to be exact but are directed toward a goal.** [3]The infant puts the sand in the bucket, but **the fingers** on the shovel **don't have to be held in exactly the same way as** the fingers of the person showing her how to use the shovel; the goal is getting the sand in the bucket. [4]We have all seen how young children play when they are together, so it comes as no surprise that **children** aged eighteen to thirty months **use imitation in their social exchanges, take turns between being the imitator and the imitatee, share topics**, and in short, use imitation as communication.

P
A
R
T
Ⅲ

㊴

⁵ Imitating others is a potent mechanism in learning and acculturation.

語句 1. **no longer**「もはや…ない」 **elicit** 動「を誘発する，引き出す」 2. **develop** 動「発達する，発展する」 **meaning** 名「意味」 **exact** 形「正確な」 **direct A toward B**「A を B の方に向かわせる」 **goal** 名「目標，目的」 3. **sand** 名「砂」 **bucket** 名「バケツ」 **finger** 名「指」 **shovel** 名「スコップ，シャベル」 **exactly** 副「まさに，正確に」 4. **exchange** 名「交換，やりとり」 **take turns**「交代する，交互に行う」 **imitator** 名「模倣者，まねする人」 **imitatée** 名「被模倣者，まねされる人」 **share** 動「を共有する」 **topic** 名「主題，話題」 **in short**「要するに」 5. **potent** 形「強力な」 **méchanism** 名「仕組み，メカニズム」 **acculturation** 名「文化的対応」

研究 ■ 2.① **Imitative abilities then develop that show that ...**「…であることを示す模倣能力がそれから発達する」develop の直後の that は関係代名詞（主格）で，先行詞は imitative abilities。述部の短い文においては，主語を修飾する関係詞節が，先行詞である主語と離れて後置されることがある。

The day will soon come when we all can understand each other.
「私たちみなが互いに理解しあえる日がまもなく来るでしょう」

■ 2.② **the meaning of what is being copied**「模倣されている対象が持つ意味」
〈*be* being *done*〉は『進行形の受動態』（⇒ p.31 問題 4 **4** の解説参照）。

　訳出の際には，曖昧な（複数の意味にとられかねない）表現を避けることが重要。もし what is being copied を「まねられていること」と訳した場合，(1)「まねられているという事実」の意か (2)「何がまねられているのか」という意か判然とせず，誤って (1) の意味と捉えかねない。不注意な訳出では，訳読理解法もかえってあだになる。訳読にあたっては原文の論理関係が精確に訳に反映できているか，常に高い意識が求められる。

■ 2.③ **the imitative movements don't have to be exact but are directed toward a goal**「模倣する動きは正確である必要はなく，一つの目的へと向けられる」**1** 5 にみたように，新生児の模倣は accurately「正確に」なされるもので，同じ行為をすることが目的であったが，ここで模倣行為とは別に目的が生じる（a goal の『不定冠詞』は，それまでにない新たなものであることを示唆）。

■ 3. **the fingers ... don't have to be held in exactly the same way as ～**「手の指は～と全く同じ形で構えられている必要はない」この hold は「〔指〕を構える」の意。

She held her finger to her lips.「彼女は指をくちびるに当てた」
＊静かに，というしぐさ

■ 4. **children ... use imitation in their social exchanges, take turns between being the imitator and the imitatee, share topics**「子供たちは…社交的なやりとりのなかで模倣を利用し，まねる人になるのとまねされる人になるのとを交互につとめ，関心を共有する」social については **3** 4. 参照。imitatee は多くの辞書に

掲載されていない語だが，以下の例から類推できる。share topics は「話題を共有する」と訳すのが通常だが，この文は生後 18 か月から 30 か月の子供の話なので，訳出には少し工夫が必要だろう。

訳　¹生後 3 か月あたりを過ぎると，この種の模倣行動はもはや誘発されなくなる。²この時期には幼児が，模倣対象となっている行動の持つ意味を理解していることを示す模倣能力が発達するのだ。つまり，模倣の動きは正確である必要がなくなり，何か目的を目指したものになる。³幼児は砂をバケツに入れるけれども，シャベルに触れる指が，その子にシャベルの使い方の手本を示す人の指と完全に同じ構えである必要はない。目的は，砂をバケツに移すことである。⁴われわれはみな，小さな子供たちが集まったとき，どんな風に遊ぶのかを見た経験があるから，生後 18 か月から 30 か月の子たちが互いのやりとりの中でまねをし，まねをする人・される人を交互につとめ，同じ関心を持っても——要するにコミュニケーションとして模倣を利用するようになっても，少しも驚きではない。⁵他者をまねることは，学習と文化的対応とにおける強力なメカニズムなのである。

解答・解説

解答

1	the brain	2	the tongue	3	in		
4	nor had anyone taught it to			5	B	6 B	7 C

8	以前は赤ん坊による運動の視覚的認識と模倣運動の実行は脳の異なる部位が関与し，別個に習得されると考えられていたが，新たに両者は何らかの形で関連していると考えられるようになった。〔87 字〕
9	赤ん坊は模倣によって周囲の人々を判別し，その人々から関与を引き出し，社会的つながりの中で生後間もない時期を生きていけるという利点。〔65 字〕
10	赤ん坊は人間の動きを模倣するが，物体の動きは模倣しないから。〔30 字〕
11	相手の行為を正確に模倣することが目的ではなくなり，何か別の目的を果たすために相手の行動を模倣するようになる。〔54 字〕

1 研究 **2** 3. ①参照。

2 out it goes は倒置で，本来の形は it goes out で，直前の表現を使えば it gets stuck out「それが突き出される」とも言える。

3 *be* in charge of「～に責任を負っている」charge については問題 18 **9** の解説参照（⇒ p.130）。

4 nor は接続詞で，否定語でもあるから，これが先行した文では倒置が生じる。

5 innate「生まれつきの，先天的な；固有の」の語幹 nat- は natural「生まれつきの」，nature「生まれ持った性質，性」，native「その地に生まれた」などと同語源。**A**「獲得された；後天的な」**B**「遺伝による，〔遺伝的に〕継承された」**C**「顕著な」**D**「回復された」

6 **A**「音を出していたのは冷蔵庫だった」〈It is ～ that ...〉の『強調構文』。**B**「私の母は『終わりよければすべてよし』と言うのが好きだ」all を先行詞とする関係代名詞（主格）。**C**「そのようなことはいつでも起こり得る」指示代名詞。**D**「私たちはその映画にはそれほど感銘を受けなかった」much を修飾する副詞（= so）。

7 **A**「比較する」第三者的で，模倣行為への参与がない。**B**「仲直りする，友情を回復する」模倣行為と無関係。**C**「交互にやる」模倣したり，されたりすることが幼児の social interaction［exchanges］である。**D**「歩き回る」模倣行為と無関係。

8 **1** 2・3 がそれまでの知見，4 が新たな研究の内容。説明の際には「以前は」や「新たに」など両者の違いが判別できる表現を含めること。

9 赤ん坊の持つ模倣能力が生来のものであることは **2** の最後に初めて言及され，その詳述は **3** 以降にある。赤ん坊の模倣行為を筆者は social interaction と位置づけており，特に(1) **3** 2 で物体と生物の区別についての意識が赤ん坊にすでに備わっていること，(2) **3** 8 で赤ん坊はただ模倣するのではなく周囲の人間の関与を引き出そうとしていることへの言及に注目。また **4** で述べられるように，このような模倣行為の特徴が生後 3 か月頃までであることを踏まえ，模倣が赤ん坊にとっての生存本能であることをまとめる。

10 **3** 2 に言及がある。

11 生後約 3 か月を境にした変化は **4** に言及される。変化についての説明では必ず，変化する前と後とがはっきりわかるように記述すること。

精講

> **1** ¹**Our days are numbered.** ²**No matter how hard we try to** prolong our time on earth, the reality is that we are mere mortals and will not live forever. ³Although we may fantasize about **what it would be like to relive the past**, ultimately we must figure out how to make the most of our time **while we are here in the living present**. ⁴**Each moment we waste is a potential source of regret and literally time lost.**

語句 1. **number** 動「を数える」　2. **prolong** 動「を延長する」　**reality** 名「現実」　**mere** 形「単なる，ただの」　**mortal** 名「やがて死すべき存在；人間」　**forever** 副「いつまでも，永遠に」　3. **fantasize** 動「空想する」　**relive**[riːlív] 動「を生き直す；を再経験［追体験］する」　**past** 名「過去」　**ultimately** 副「究極的には，最終的には」　**figure out**「〜を理解する，考え出す」　**make the most of**「〜を最大限に活用する；重要視する」　**present** 名「現在」　4. **moment** 名「瞬間」　**waste** 動「を浪費する」　**potential** 形「潜在的な」　**source** 名「源，起源，出どころ；原因」　**regret** 名「後悔」　**literally** 副「文字通りに」

研究 ■ 1. **Our days are numbered.**「われわれの日々は数えられている」人口に膾炙(かいしゃ)した旧約聖書の言葉 "Your days are numbered."「あなたの日々は数えられている」〔＝人は神が定めた以上に長くは生きられない，の意〕を土台とした言葉。次文のように人間を指して mortals（死すべき定めのもの）というのも，そうした宗教観につながりのある表現。

■ 2. **No matter how hard we try to ...**「どれだけ懸命に…しようとしても」how とhard は意味のつながりから分離不可である。× No matter how we try hard ...

■ 3. ① **what it would be like to relive the past**「過去を再び生きるということがどんな感じか」like は前置詞。

　　Life is like <u>a winding road.</u>「人生は曲がりくねった道のようである」
　　　　　　　　[wáɪndɪŋ]

　　→ <u>What</u> is life like?「人生は何に似ているか／人生を例えるなら何か」
　　この文では形式主語を用い，真主語は to relive the past である。

　　would be は『仮定法過去』。「過去をもう一度生きる」というあり得ないことを主語としている。なお，relive は「を追体験する」という比喩的意味の用法もあるが，ここでは文字通り「を再度生きる」の意。

■ 3. ② **while we are here in the living present**「まさにわれわれが今現在ここ

にいる間に」"過去を生きることはない" という Although 節の前提を受け，the present「現在」は the living present「[生きている現在, 命ある現在→] 今のまさに現在」と強調される（なお，これに対し the lifeless past「命なき過去」という表現も可能である）。

■ 4.

$$\text{Each moment we waste is} \begin{cases} \text{a potential source of regret} \\ \text{and} \\ \text{literally time lost.} \end{cases}$$

「われわれの無駄にする一瞬一瞬は，後悔を生む潜在的な原因であり，また文字通り失われた時間なのである」Each moment の直後は関係代名詞 that[which] の省略。time lost は time *being* lost の意と考えるのがよい。"lost time"「失われた時間，損失時間」と同じ意味だが，"time lost" という表現に「時間が失われてしまったという状態」という響きがこもる。

＊なお〔サッカーの〕「ロスタイム」は和製英語（英語では additional time）。

訳 ¹ われわれの日々は数えられている。² 地上で過ごす時間を延ばそうとどれだけ頑張っても，現実はというと，われわれは死すべき存在にすぎず，永遠に生きることなどないのだ。³ 過去をもう一度生きてみたらどんな感じだろうと夢想することがあるかもしれないが，究極的には，われわれは今まさにこの命ある現在のうちに，自分の時間を最大限に活用する方法を見いださなければならないのだ。⁴ われわれが無駄にする一瞬一瞬は後悔の種となり得るものであり，文字通り，失われた時間なのである。

---

2 ¹ **The question we have to ask ourselves is,** "Are we **passengers on a journey through time** or are we **explorers on a mission of discovery?**" ² **In the latter case,** each day is **an opportunity to embrace life as active participants rather than as casual observers.** ³ **Instead of being aloof and detached, we must** get engaged and **make every day count.** ⁴ Likewise, as opposed to remaining ambivalent, we need to be deliberate about how we spend our time. ⁵ **Sitting on the sidelines and watching life from afar will only result in apathy and regret.**

語句 1. **passenger** 名「乗客」 **journey** 名「旅，旅行」 **explorer** 名「探検家，探索者」 **mission** 名「使命，作戦；派遣隊」 **discovery** 名「発見」 2. **latter** 形「後者の」 **opportunity** 名「機会，チャンス」 **embrace** 動「を抱きしめる；を包容する，包み込む；を喜んで〔毅然として〕受け入れる」 **active** 形「行動的〔能動的〕な，積極的な」 **participant** 名「参加者」 **casual** 形「偶然の；うわべだけの，何気ない；気楽な」 **observer** 名「観察者；立会人」 3. **instead of** 「～の代わりに」 **aloof** 形「超然とした；お高く止まった，打ち解けない」 **detached** 形「距離を置いた；超然とした，冷

静な」 **get engaged**「関与する；婚約する」 **count** 動「数える；数のうちに入る，大切である」 4. **likewise** 副「同様に」 **as opposed to**「〜とは反対［逆］で」 **remain** 動「〜のままでいる」 **ambivalent** 形「曖昧な，両面的な」 **deliberate** 形「慎重な，用心深い；故意の；熟慮の末の；悠々とした」 5. **sit on the sidelines**「傍観者でいる，目立たない形でその場にいる」 **from afar**「遠くから，離れたところから」 **result in**「〜という結果に終わる（= end in）」 **apathy** 名「無感動，無気力」

研究 ■ 1. ① **The question we have to ask ourselves is, ...**「われわれが自問すべき問いは…」question の直後に関係代名詞 which が省略されている。この文は，文法的に 2 通りの解釈が可能。

(1) The question *which* we <u>have to</u> ask ourselves is,
「われわれが自らに問いかけなければならない問いとは…」

▶have to を「…しなければならない」の意の助動詞ととる解釈。関係詞 which（目的格）は，ask の目的語と意識される。

(2) The question *which* we <u>have</u> to ask ourselves is,
「われわれが自らに問うべく持っている問いとは…」

▶関係詞 which（目的格）を have の目的語とする解釈。この文については (1) で解釈するが，(2) でも大意は変わらない。しかし **7** 11 では峻別が必要になる。

■ 1. ② **passengers on a journey through time ... explorers on a mission of discovery**「時間の中を旅行中の乗客…発見の使命を帯びた探検家」passenger「乗客」とは"自分の足で歩かず，乗り物に任せて移動する人"という意味で受動的な人生を歩む人の例え。explorer「探検家」は，その対照となる比喩。

■ 2. ① **In the latter case,**「後者の場合には…」前出の 2 者について「後者の（the latter）場合」とはここでは If we are explorers on a mission of discovery, ということ。なお，「前者（の）」は the former という。

■ 2. ② **an opportunity to embrace life as active participants rather than as casual observers**「そこにいるだけの傍観者としてでなく，能動的な参加者として人生を受け入れるチャンス」embrace は元来「を抱きしめる」の意であるが,比喩的に「〔良いもの〕を喜んで受け入れる」「〔不幸など〕を甘んじて受け入れる」意にもなる。

active participants は極めて能動的な生き方をする人の比喩（*cf.* act「行動（する）」；participate「参加する」）。一方，casual observer は「偶然その場に居合わせた目撃者」あるいは「〔物事の〕表面だけを眺める人」のことで,積極性がない（passive「受動的」である）ばかりか，"ものの本質に決して迫れない"という否定的な含みを持つことがある。

■ 3. ① **Instead of being aloof and detached, we must ...**「お高く止まったり距離を置いたりする代わりに，われわれは…しなければならない」筆者は人生に対する正反対の態度を対照させて述べるが，instead of「〜の代わりに」はその表現法の一つ。

P
A
R
T
III

40

4 および **6** 3 では as opposed to「～とは反対に」を用いている。

---

instead of　　　「～の代わりに，～しないで」の意を表す。*A* instead of *B* といえ
ば「*B* ではなくて *A*」であるから not *B* but *A* の形で言い換えられることもある。
　Instead of going straight to work, he took a bus into town.
　= He did not go straight to work but took a bus into town.
「彼はまっすぐ会社に行かないで，バスで町へ出た」

■ 3.② **make every day count**「毎日を大切なものとする」自動詞 count は「数え
る」の意だけでなく，「～が肝心だ，重視される」の意で用いられることがある。
　　Yóu count.「君自身が大切な存在なのだ」＊ You にアクセントを置く。
　　That's what counts.「そこが重要なのです」（= That's what matters.）

■ 5.① **Sitting on the sidelines and watching life from afar**「サイドライン
の外側に座って人生を遠くから眺めることは」sideline は競技場の端に引かれた線。比
喩として生まれた sit on the sidelines は慣用句で「かかわりを持たない」の意。

■ 5.② **... will only result in apathy and regret**「…はただ無感動と後悔に終わ
るのみだろう」apathy については問題 34 **研究** **6** 1. 参照（⇒ p.245）。

---

result in ; result from　　　動詞 result は後続の前置詞による意味の違いに注意。
result from は「原因」を表す。
　His failure resulted from his carelessness.
　「彼の失敗は自分の不注意さに起因した」
result in は「結末」を表す。（= end in）
　His plot resulted in failure.「彼の悪巧みは失敗に終わった」

訳
　¹ われわれが自問しなければならない問いは，こうである。「われわれは時空を腰かけた
まま旅する旅行者か，それとも発見の任務を帯びた探検家か」² そしてその答えが後者で
あれば一日一日は，ただ見ているだけの人としてでなく能動的な参加者として人生を大切
に味わう機会となる。³ お高く止まったり，距離を置いたりするのでなく，われわれは積
極的に人生に関与し毎日を価値あるものにしなければならない。⁴ 同様に，われわれは曖
昧であり続けるのではなく，むしろ自分の時間をどう過ごすかについては周到である必要
がある。⁵ サイドラインの外側に座って［＝傍観者の立場で］離れたところから人生を眺
めるのでは，結局，無感動と後悔に終わるだけだろう。

3 ¹Several summers ago **my grandmother, whom we called Gigi, passed away** after a long and happy life of ninety-one years. ²**No one knew how to make every day count like Gigi.** ³**Until the very end, she was a world traveler, a political activist, and a philanthropist.** ⁴She had a true zest for life and loved to laugh. ⁵**She was also the first to help extended family members in need.** ⁶She was playful, funny, beautiful, thoughtful, caring, and kind. ⁷She came to every family event near or far and was **the undisputed life of the party.** ⁸**At 6:00 a.m. each day she was singing and already on the go, prepared to leave her mark on the world.** ⁹**No day was finished until Gigi had fully lived it.**

語句 1. **pass away**「亡くなる [die の婉曲語]」 3. **political**形「政治的な」 **activist**名「活動家」 **philanthropist**[fɪlǽnθrəpɪst]名「慈善活動家」 4. **zest (for)**名「(～への) 熱意, 強い関心」 5. **extended family member**「親戚の一員」 **in need**「困っている, 助けの必要な状態の」 6. **playful**形「はしゃいだ；楽しむ心 [遊び心] に満ちた」 **thoughtful**形「思いやりのある, 気が利く」 **caring**[kéərɪŋ]形「面倒見のよい, 世話心のある」 7. **undisputed**形「議論の余地のない, 誰もが認める」 **life of the party**「パーティーの主役 [人気者]」 8. **on the go**「動き回って, 元気に働いて；出かけた先で」 **prepared to** *do*「…する覚悟ができて」 **leave** *one's* **mark on**「～に自分の痕跡を残す」 9. **fully**副「十分しっかりと, めいっぱい」

研究 ■ 1. **my grandmother, whom we called Gigi, passed away**「ジジとわれわれが呼んでいた私の祖母が亡くなった」Gigi はジョージーナ (Georgina) やヴァージニア (Virginia) などの女性名や "おばあちゃん" の愛称。pass away は直訳では「過ぎゆく；去りゆく」だが, die「死ぬ」の『婉曲表現』の一つ。

■ 2. **No one knew how to make every day count like Gigi.**「ジジのように日々を大切にする方法は誰も知らなかった」が直訳。know には "知識として知っている" 以上の意味がある。know how to *do* は「…する方法を心得ている」→「上手に…することができる」との意訳も可能。「誰もジジのようには毎日をうまく大切にできなかった」ということ。

■ 3. **Until the very end, she was a world traveler, a political activist, and a philanthropist.**「まさに最後の最後まで, 彼女は世界旅行者で, 政治活動家で, 慈善運動家だった」が直訳。名詞を修飾する very は形容詞で「まさにその～」の意。
　activist や philanthropist といった『行為者名詞』は, 必ずしも専業であることを意味しない。ここでも, 政治活動のプロや慈善事業の運営者という意味ではなく, 政治的な活動にも慈善事業にも積極的に参加した, ということ。

My four-year-old daughter is a good <u>teacher</u> of songs.
「4歳になる私の娘は歌を教えるのがうまい」

■ 5. **She was also the first to help extended family members in need.**
「彼女はまた困っている親戚をまっ先に助ける人だった」the first とは the first one「最初の人」のこと。なお，the last を用いた場合は字句通り「最後の人」の意の場合と，「最も…しそうにない人」の意になる場合があるので注意が必要。(⇒ p.169 研究 **1** 9.)

■ 7. **the undisputed life of the party**「議論の余地なきパーティーの華」比喩表現。もちろん life の本来の意味は「命」であり，"命がない"なら生き生きしない。そこから，パーティーに欠かせない人物のことを the life of the party という。

■ 8. **At 6:00 a.m. each day she was singing and already on the go, prepared to leave her mark on the world.**「毎日午前6時には，彼女は歌っていて，すでに動きまわっており，この世に自分の跡を残す心構えであった」*be* on the go はイディオムで「元気に動き回る，活動している」の意。

　prepared は過去分詞，つまり prepared to leave ... は『分詞構文』である（もしこれが過去形の prepared であれば，「この世に自分の跡を残す準備をした」の意になるが，文法的にいえばその場合，直前に and を置くべきだろう）。これが『過去分詞』であるというのは，prepare *oneself* to *do*「…する心の準備をする；…するための覚悟を決める」という表現が前提にある。ジジは，この世界の表面に自分の生きた痕跡を残す気持ちでいた——つまりいつ死んでもよい覚悟ができていた，という含意である。

■ 9. **No day was finished until Gigi had fully lived it.**「どの1日もジジが十分にそれを生き切るまで完了しなかった」が直訳。「どんな日も，ジジが十分に生きることで完了した」，つまり「毎日をジジは十分に生きた」ことを美しく述べたもの。

訳 ¹何年か前の夏，われわれがジジと呼んでいた私の祖母が，91年の長く幸せな生涯を終えて，亡くなった。²ジジのように，毎日を大切に過ごす方法を心得ている人はいなかった。³まさに最後の最後まで，彼女は世界を旅したし，政治活動もしたし，慈善活動もしていた。⁴彼女は人生に対する真の情熱を持っていて，笑うことが大好きだった。⁵彼女はまた，困っている親戚を最初に助ける人だった。⁶遊び心があって，おもしろくて，美しく，思いやりがあって，世話焼きで，親切だった。⁷家族のあらゆる行事に，近くても遠くてもやって来て，誰もが認めるパーティーの人気者だった。⁸毎日，朝の6時には，彼女は歌いながら，もうせわしく用事を始めていて，この世に自分の跡を残す気持ちでいた。⁹ジジがめいっぱい生きることなしに，どんな1日も完了しなかった。

---

4 ¹What fascinated me about Gigi was that she talked about death without any fear or reluctance. ²**She made it clear that because she**

made every day count, she would have no regrets when she died. ³I can't even begin to count the times I heard her in perfect health **utter the words "When I'm dead and gone I won't regret a thing"** as she spoke openly about what she was going to bequeath to everyone.

語句 1. **fascinate** 動「を魅了する」 **fear** 名「恐怖」 **reluctance** 名「不本意，気が進まない［嫌だと思う］こと」 3. **can't begin to** *do*「とうてい…できない」 **utter** 動「〔言葉・声〕を発する」 **openly** 副「公然と，隠すことなく」 **bequeath** 動「を遺贈する；を後世に残す」

研究 ■ 2. **She made it clear that because she made every day count, she would have no regrets when she died.**「彼女は，自分は毎日を大切にしているから，自分は死んでも後悔しないだろうということを明確にしていた」it は that 以下の代用としての『形式目的語』。彼女自身の言葉を直接話法で再現すれば "Because I *make* every day count, I *will* have no regrets when I *die*." つまり that 節内の made, would, died が『過去形』であるのは主節との『時制の一致』によるもの（『仮定法』とは関係がない）。

■ 3. ① **I can't even begin to count the times I heard her ... utter the words** 〜「私は彼女が〜という言葉を口にするのを何度聞いたことか，とても数えられない」can't begin to *do* は口語表現。直訳の「…し始めることができない」の意ではなく，「〔最初から…できない〕→…する前からできないとわかっている；とうてい…できない」の意。

■ 3. ② **"When I'm dead and gone I won't regret a thing"**「自分が死んで，いなくなっても，私は何ひとつ後悔しないだろう」この文の主節は I will regret nothing. ともいえるが，あえて〈not + a ...〉という場合,「一つも［1人も］…ない」という強い否定を表すことがある。

I couldn't understand a word of it!「一言も理解できなかった！」

訳 ¹ジジのことで私が素敵だと思ったことは，彼女が死について全く恐れず，嫌な気持ちも示さずに話すことだった。²自分は毎日を大切に生きているから，死ぬときには全く後悔しないだろう，と彼女は明言していた。³全く健康だった彼女が，次のような言葉を口にするのを私が何回聞いたか，とうてい数えることはできない——「自分が死んで消え去るとき，何ひとつ後悔しないでしょう」と，自分がみなに何を遺産として与えるつもりか，包み隠さず話しながら。

---

5 ¹Less than a year before Gigi died, **she flew across the country to come visit us.** ²**Her health was noticeably deteriorating, but she**

still had her wits about her. ³ When I asked how she was feeling, she gave me a response that I'll never forget. ⁴ "Don't worry about me, darling — I've lived a great life," she said defiantly. ⁵ "I've traveled. ⁶ I was married to an amazing man. ⁷ I have twenty-two wonderful grandchildren and great-grandchildren, plus **I have twice as many nieces and nephews.** ⁸ I've had good health and lots of happiness. ⁹ **Really, now, what more could you possibly ask for?** ¹⁰ **I've seen it all and done it all!** ¹¹ **So when I die, don't you dare cry for me.** ¹² **Don't take pity on my life and waste your tears.** ¹³ I'll have no regrets because I've lived every day to the fullest."

語句 1. **flew** < **fly** 動 「飛行機で移動する」 2. **noticeably** 副 「目に見えて，明らかに」 **detériorate** 動「悪化［劣化／退化］する」 **still** 副「それでも，なお；いまだに」 **have *one's* wits about *one*** 「判断力がしっかりしている；分別がある」 3. **response** 名「反応，返答，応答」 4. **darling** 間「愛する人への呼びかけ」「ねえ」 **defiantly** [dɪfáɪəntli] 副「挑戦的に，反抗的に」 6. **be married to** 「～と結婚する［している］」 **amazing** 形「驚くべき；すばらしい」 7. **grandchild** 名「孫」 **great-grandchild** 名「ひ孫」 **plus** 接「おまけに，その上 (= and besides)」 **twice** 副「2倍；2回」 **niece** 名「姪 (めい)」 **nephew** 名「甥 (おい)」 9. **possibly** 副「一体」 11. **don't you dare (to) *do*** 「…するのはやめてくれ」 12. **take pity on** 「～に同情する；～を哀れに思う」 **tear** 名「涙」 13. **to the fullest** 「めいっぱい，最大限に」

研究 ■ 1. **she flew across the country to come visit us** 「彼女ははるばる飛行機で私たちを訪ねてきた」come visit us は，come <u>to</u> visit us あるいは come <u>and</u> visit us の略式の表現。

■ 2. **Her health was noticeably deteriorating, but she still had her wits about her.** 「彼女の健康は目に見えて衰えていたが，頭のほうはなおも元気だった」文前半は身体について，後半は精神［頭脳］についての表現。wit は（しばしば複数形で）知力や頭の回転のよさをいい，定型表現の中にしばしば見られる。

At the age of 85, the emeritus professor still <u>has his wits about him.</u>
「85歳にして，その名誉教授はなおも頭がしっかりしている」

I am <u>at my wits' end with</u> this stupid computer.
「この馬鹿コンピュータにはほとほとまいっているよ」

＊どうしてよいのかわからないほど困ったときの表現。

■ 7. **I have twice as many nieces and nephews** 「私には2倍の数の姪(めい)と甥(おい)がいる」『倍数表現』で，「孫・ひ孫の2倍」と明記するなら twice <u>as many nieces and nephews as grandchildren and great-grandchildren</u> となる。

『同等比較』の表現の直前に倍数を表す副詞を置く。

Traveling with friends is *twice*[*half*] <u>as</u> enjoyable <u>as</u> traveling alone.
「友人と旅するのは一人旅よりも2倍楽しい［楽しさが半減する］」

She has read *three times* as many books as I have this year.
「彼女が今年になって読んだ本の冊数は，私の3倍だ」

＊ many と books は不可分である点に注意（"as many as" としないこと）。

■ 9. **Really, now, what more could you possibly ask for?**「本当にね，今になってこれ以上一体何を望めるというの？」『修辞疑問』(⇒ p.63) で「これ以上望めるものはもう何もない」の意。you は聞き手を含む人々一般を指す『総称人称』。

possibly は助動詞 can / could と組み合わせたさまざまな用法があって，ここでは「一体…」の意で，疑問詞を強調する。

■ 10. **I've seen it all and done it all!**「私は〔自分に大事なことは〕何でも見てきたし，何でもやった！」it は "自分にとって大事なものごと" を含意するが，何か特定のものを指しているわけではなく『状況の it』と呼ばれる漠然とした用法。

■ 11. **So when I die, don't you dare cry for me.**「だから私が死んでも，私のために泣いたりしちゃだめよ」don't you dare (to) *do* は命令の口語表現で「…なんかしちゃ絶対だめだぞ」の意。

助動詞 dare は否定文・疑問文に用い，「あえて…する；…する勇気がある」意（平叙文では定型表現を除き，本動詞として dare to *do* の形で用いる）。

命令文中に you が含まれるのは，相手への強い促し。

    Don't you dare!「やめてくれ！」

    Don't you be so arrogant.「そんなに尊大になってはいけない」

    I am indecisive .... Yóu decide.「ぼくは優柔不断なんだ。君が決めてくれ」

■ 12. **Don't take pity on my life and waste your tears.**「私の命を哀れに思って涙を無駄遣いしないでね」and の用法に注意する。

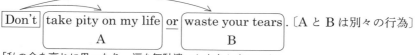

「私の命を哀れに思ったり，涙を無駄遣いしたりしないでね」

Don't	take pity on my life and waste your tears	〔AとBは一連の行為〕
	A B	

「私の命を哀れに思って涙を無駄遣いしないでね」

なお，文脈から判断して，この文での take pity on my life とは「私の人生を哀れに思って」ではなく「私が失った命を哀れに思って」の意。

訳 ¹亡くなるまでに1年を切った頃，ジジははるばる飛行機でわれわれを訪ねてきてくれた。²彼女の健康状態は目に見えて衰えてきていたが，それでも彼女は判断力がしっかりしていた。³気分はどうかと私が尋ねたときに，彼女が私に返してくれた答えを，決して忘れないだろう。⁴「私のことは心配しないでね，ダーリン。私，素敵な人生を送ってきたのよ」と，得意げに言ったのだ。「⁵旅行もした。⁶すばらしい人と結婚した。⁷22人の素敵な孫，ひ孫がいて，おまけにその2倍の数の姪や甥がいるの。⁸ずっと健康だったし，幸せいっぱい。⁹本当に，ここまできてこれ以上一体何を望めるでしょう。¹⁰あらゆることを見，あらゆることをしてきたのよ。¹¹だから私が死んでも，どうか私のことで泣かないで。¹²私の失った命を哀れに思って涙を無駄にしないでね。¹³毎日をめいっぱい私は生きてきたから，後悔なんて全くないのよ」

---

6 ¹Making every day count is something that each of us can do. ²However, **it requires more than just well-intended rhetoric for it to become a reality**. ³**It takes effort, dedication, a thirst for adventure, and the resolve to** get actively involved in life as opposed to watching it pass us by.

語句 2. require 動「を求める，要求する」 well-intended 形「善意のこもった，よかれと思ってなされた」 rhetoric 名「美辞麗句，巧みな言い回し；修辞学」 3. effort 名「努力」 dedication 名「献身，専念」 thirst 名「渇き，渇望」 adventure 名「冒険」 resolve [rɪzɑ́(ː)lv] 名「決意，決断，意志」 get involved in「〜に関与する」 actively 副「積極的に」 pass 〜 by「〜を通り過ぎる」

研究 ■ 2. **it requires more than just well-intended rhetoric for it to become a reality**「それが現実になるためには，ただ善意のこもったきれいな言葉を超えたものを必要とする」for it は直後の to 不定詞の『意味上の主語』。

more than は「〜を超えたもの」の意。「毎日を大切にする」と言葉で繰り返すだけではジジのように生きられないことは明白であろう。

■ 3. **It takes effort, dedication, a thirst for adventure, and the resolve to 〜**「それには努力や献身，冒険への渇望，〜する決意が必要だ」

take の用法 この take は「〜（すること）を必要とする」（＝require）の意。

It takes two to make a quarrel.《ことわざ》

「けんかをするには2人が必要→2人いなければけんかはできない〔両方悪い〕」

¹毎日を大切にするというのは，われわれ一人一人にできることだ。²しかし，それが本当にそうなるためには，単なる〔毎日を大切にするという〕善意のこもったせりふ以上のものが必要だ。³つまり努力，献身，冒険したいという渇望，そして人生に積極的にかかわろうという決意がいるのだ——ただ人生が通り過ぎるのを眺めるのではなく。

---

7 ¹**You have only one life to live, so start living it.** ²Strive to make the most of each day. ³Live with unbridled passion and enthusiasm. ⁴Find ways to make your day more memorable and worthwhile. ⁵**Get involved in a cause that's important to you.** ⁶Go to places you haven't been before. ⁷**Hang out with people you actually enjoy spending time with.** ⁸Splurge every once in a while. ⁹Be curious and keep learning. ¹⁰Laugh out loud. ¹¹**Make every day count so you get the most out of what life has to offer.**

語句　2. **strive to** *do*「必死に…しようとする；懸命に…する」　3. **unbridled** [ʌnbráɪdld] 形「束縛のない，完全に自由な」　**passion** 名「情熱，熱意」　**enthusiasm** [ɪnθjúːziæzm] 名「熱狂，熱中；情熱」　4. **memorable** 形「記憶に残る」　**worthwhile** 形「価値ある」　5. **cause** 名「大義，目的；原因」　7. **hang out**「自由に過ごす，遊ぶ；遊びに出かける；外に吊るされる」　**actually** 副「実際に」　8. **splurge** 動「散財する，ぜいたくする」　**(every) once in a while**「ときには」　9. **curious** 形「好奇心を持った；奇妙な，珍しい」　10. **out loud**「声に出して」　11. **get** *A* **out of** *B*「AをBから得る」　**offer** 動「を提供する」

研究　■ 1. **You have only one life to live, so start living it.**「あなたには生きる命がたった一つしかないのだから，それを生きることを始めなさい」 to live は直前の life を修飾する『形容詞用法』。

同族目的語　動詞とその目的語が同語源であるか，意味が非常に近い関係にある場合，その目的語を『同族目的語』と呼ぶ。
　　die a good death「安らかに死ぬ」　　dream a sweet dream「心地よい夢を見る」
　　live a good life「よい人生を送る」　　sing a beautiful song「美しい歌を歌う」
〔同族目的語となる名詞の省略〕
　　breathe *one's* last「息を引き取る」〔last の後ろの breath の省略〕

■ 5. **Get involved in a cause that's important to you.**「自分にとって重要な目標にかかわりなさい」cause が「原因」の意ではなく「目標，目的，大義」の意であることは問題6 研究 **1** 4. 参照（⇒ p.38）。

■ 7. **Hang out with people you actually enjoy spending time with.**「実際一緒に時間を過ごして楽しい人と遊びなさい」people の直後に who（目的格）が省略されている。

■ 11. **Make every day count so you get the most out of what life has to offer.**「毎日を大切にして，人生が与えてくれるものの中から最大のものを引き出しなさい」so は so that ...「①〔順送り訳〕その結果… ②〔返り訳〕…するように」の that が省略されたもの。

what life has to offer において，関係代名詞 what は has の目的語である。下の囲み記事および **2** 1. ① も参照。

誤りやすい同形異構文　have と to が隣接していても，助動詞 have to とは限らないので注意が必要である。

Sorry, at the moment this is the only dictionary that I have to consult.
「すみません，今はこれしか，私の調べられる辞書はないんです」
＊「私の調べ<u>なければならない</u>唯一の辞書」ではない。
→ I have a dictionary to consult.「私は調べるべき辞書を持っている」において，形容詞用法の不定詞が修飾する名詞が，関係詞の構文で前方に出てしまい，結果的に have と to が接触したもの。

訳　1自分が生きる人生は一度きりなのだから，それを生きることを始めなさい。2日々を最大限に生かす努力をしなさい。3抑えきれない情熱と熱中する心を持って生きなさい。4自分の1日を，より忘れられない，価値あるものにする方法を見いだしなさい。5自分にとって大切な目標に関与しなさい。6これまで行ったことのない場所に行きなさい。7実際一緒に時を過ごして楽しい人たちと遊びなさい。8ときにはぜいたくしなさい。9好奇心を持ち，学び続けなさい。10声を出して笑いなさい。11人生が与えてくれるものの中から最大のものを得るために，毎日を大切にしなさい。

解答・解説

1	C	2	what it would be like to

3	われわれが無駄にする一瞬一瞬は後悔の種となり得るものであり，文字通り，失われた時間なのである。

4	（ i ）C （ ii ）B	5	C	6	in

7	ジジのように，毎日を大切に過ごす方法を心得ている人はいなかった。

8	A	9	C	10	A	11	D	12	（ i ）twice （ ii ）as

13	B	14	A

15	人生が与えてくれるものの中から最大のものを得るために，毎日を大切にしなさい。

解説

1 形容詞 mortal「滅ぶべき［死すべき］運命の」が名詞化して「人間」を指すようになったもの。*cf.* immortal「不滅の」immortality「不死［不朽］性，永遠性」本文では直後に and (we) will not live forever と述べていることも参考になる。A「欠点でいっぱいの存在」B「表面的にのみ美しい存在」C「死の支配下にある存在」D「あまりに傲慢な存在」

2 like が前置詞であることを見抜く。it は形式主語として機能させる。*cf.* What is he like?「彼はどのような人ですか」

3 冒頭は Each moment *that*［*which*］we waste の省略，文末は time *being*［*which is*］lost と考える。

4 前文と同様，積極的な人生と消極的な人生の対照。A「着付け師；鏡台」B「観察者；立会人」C「参加者」D「予言者」

5 aloof は「お高く止まった，距離を置いた」の意（"stand aloof" という句動詞でよく用いられる）。A「忙しい」B「奇妙な；好奇心のある」C「無関心な」D「甘やかされた；台無しになった」

6 研究 **2** 5.②参照。result in「～に終わる」か result from「～から生じる」か。

7 論理関係を丁寧に拾う。研究 **3** 2.にもあるように，know how to *do* は「…する方法を心得ている」意で，「…するのが上手だ」という意訳も考えられる。単に「ジジほど人生を大切にする人はいなかった」だけでは know how to *do* の含意が反映できておらず，誤訳。

8 研究 **3** 8.参照。A「活動的な」B「感情的な」C「組織立った；整理された」D「死ぬ準備のできた」

9 〈否定文＋ until ...〉で「…するまで～しない」つまり「…して初めて～する」の意が生まれる。例：I didn't know the difference until I got home.「家に着くまで違いに気づかなかった」＝「家に着いて初めて違いに気づいた」（＝ It was not until I got home that I knew the difference.）

10 　研究 **4** 2. 参照。

11 　研究 **5** 2. 参照。A「自分が完全に健康だと信じていた」B「自分のことで冗談を言って楽しんだ」C「自分には何の問題もないというふりをした」D「ずっと油断なく何が起きようと準備ができた状態だった」

12 　『倍数表現』については 研究 **5** 7. 参照。

13 　「～だけでは足りない」＝「～よりも多くが必要だ」ということ。A「われわれに必要なのは，よい意味のこもった美しい言葉を追加することだけだ」all we need is (to) *do* ＝ we only need to *do* B「それはよい意味のこもった美しい言葉を超えたものを要求する」C「ただよい意味のこもった美しい言葉だけがない」*be* missing「〔～が〕ない；行方不明だ」D「ただよい意味のこもった美しい言葉が足りない」

14 　この用法は『自動詞』で，「遊ぶ；遊びに行く」の意。A「当時私は兄［弟］たちとよく裏庭で遊んでいた」B「一部の人々は車の窓から犬に顔を出させる」『他動詞』の用法。C「表通りに突き出すかもしれないこれらの枝をあなたに切りそろえていただきたい」D「われわれは勝利を記念して特別な旗を掲げるつもりだ」この用法は『他動詞』。

15 　特に what life has to offer の解釈に注意。研究 **7** 11. 参照。

今を生きる

　人間を「死すべき存在」と表現する伝統はキリスト教に限らず古代ギリシア・ローマ時代以来の伝統でもあり，欧米には時や人生を大切にすることを教える警句やモットーがたくさんある。冒頭文のもととなった旧約聖書の聖句 "Your days are numbered."「あなたの日々は数えられている」の他，ラテン語の "Carpe diem."「この日をしっかりつかみなさい」もよく知られた標語の一つで，英語圏ではそのまま発音したり（[kárpɛ díːɛm]），英訳して "Seize the day." と言ったりする。**7** の教えはずっと心に刻んでおきたいものである。

索引

色付き数字は囲み記事掲載ページを表します。